Buch-Updates

Registrieren Sie dieses Buch auf unserer Verlagswebsite. Sie erhalten dann Buch-Updates und weitere, exklusive Informationen zum Thema.

Und so geht's
> Einfach **www.galileocomputing.de** aufrufen
<<< Auf das Logo **Buch-Updates** klicken
> Unten genannten **Zugangscode** eingeben

Ihr persönlicher Zugang zu den Buch-Updates

147800040609

Thomas Theis

Einstieg in Visual Basic 2008

Liebe Leserin, lieber Leser,

»Einfach, unterhaltsam und leicht zu lernen« – mit diesem Slogan wirbt Microsoft für seine Visual Basic 2008 Express Edition. Und in der Tat: Sie haben sich für eine Sprache entschieden, die einsteigerfreundlich ist, schnell Erfolge zeigt und die zudem kostenfrei herunterzuladen ist. Perfekt!

Unser Buch möchte Sie beim Kennenlernen von Sprache und Entwicklungsumgebung tatkräftig unterstützen. Sie werden Schritt für Schritt in die VB-Programmierung eingeführt und erhalten aktuelles Wissen zur neuen Version 2008, sei es zur Programmierung grafischer Benutzeroberflächen mit der neuen Windows Presentation Foundation oder zu Abfragen direkt im VB-Code mit LINQ (Language Integrated Query).

Auf der beiliegenden DVD-ROM bieten wir Ihnen alle Microsoft Visual Studio Express Editions. Dazu gehören Visual C#, der Web Developer, Visual C++ und die SQL Server Express Edition. Vielleicht sind Sie neugierig und schauen sich auch die anderen Tools näher an. Übrigens: Obwohl Sie die nötige Software bereits vorliegen haben, lohnt es sich, sich bei Microsoft unter *http://www.microsoft.com/germany/express/registration/default.aspx* zu registrieren. Sie erhalten jede Menge Goodies und Zusatzleistungen.

Jetzt wünsche ich Ihnen viel Spaß beim Lesen!

Judith Stevens-Lemoine
Lektorat Galileo Computing

judith.stevens@galileo-press.de
www.galileocomputing.de
Galileo Press · Rheinwerkallee 4 · 53227 Bonn

Auf einen Blick

1	Einführung	15
2	Grundlagen	37
3	Fehlerbehandlung	99
4	Erweiterte Grundlagen	109
5	Objektorientierte Programmierung	151
6	Wichtige Klassen in .NET	185
7	Weitere Elemente eines Windows-Programms	223
8	Datenbank-Anwendungen mit ADO.NET	257
9	Internet-Anwendungen mit ASP.NET	313
10	Zeichnen mit GDI+	343
11	Neues in Visual Basic 2008	355
12	Beispielprojekte	383
A	Installation	407
B	Lösungen der Übungsaufgaben	413

Der Name Galileo Press geht auf den italienischen Mathematiker und Philosophen Galileo Galilei (1564–1642) zurück. Er gilt als Gründungsfigur der neuzeitlichen Wissenschaft und wurde berühmt als Verfechter des modernen, heliozentrischen Weltbilds. Legendär ist sein Ausspruch *Eppur se muove* (Und sie bewegt sich doch). Das Emblem von Galileo Press ist der Jupiter, umkreist von den vier Galileischen Monden. Galilei entdeckte die nach ihm benannten Monde 1610.

Gerne stehen wir Ihnen mit Rat und Tat zur Seite:
judith.stevens@galileo-press.de bei Fragen und Anmerkungen zum Inhalt des Buches
service@galileo-press.de für versandkostenfreie Bestellungen und Reklamationen
stefan.krumbiegel@galileo-press.de für Rezensions- und Schulungsexemplare

Lektorat Judith Stevens-Lemoine
Korrektorat Bettina Mosbach, Bonn
Cover Barbara Thoben, Köln
Typografie und Layout Vera Brauner
Herstellung Karin Kolbe
Satz SatzPro, Krefeld
Druck und Bindung Bercker Graphischer Betrieb, Kevelaer

Dieses Buch wurde gesetzt aus der Linotype Syntax Serif (9,25/13,25 pt) in FrameMaker.

Bibliografische Information der Deutschen Bibliothek
Die Deutsche Bibliothek verzeichnet diese Publikation in der Deutschen Nationalbibliografie; detaillierte bibliografische Daten sind im Internet über http://dnb.ddb.de abrufbar.

ISBN 978-3-8362-1192-5

© Galileo Press, Bonn 2008
1. Auflage 2008

Das vorliegende Werk ist in all seinen Teilen urheberrechtlich geschützt. Alle Rechte vorbehalten, insbesondere das Recht der Übersetzung, des Vortrags, der Reproduktion, der Vervielfältigung auf fotomechanischem oder anderen Wegen und der Speicherung in elektronischen Medien. Ungeachtet der Sorgfalt, die auf die Erstellung von Text, Abbildungen und Programmen verwendet wurde, können weder Verlag noch Autor, Herausgeber oder Übersetzer für mögliche Fehler und deren Folgen eine juristische Verantwortung oder irgendeine Haftung übernehmen. Die in diesem Werk wiedergegebenen Gebrauchsnamen, Handelsnamen, Warenbezeichnungen usw. können auch ohne besondere Kennzeichnung Marken sein und als solche den gesetzlichen Bestimmungen unterliegen.

Inhalt

1 Einführung ... 15

- 1.1 Aufbau dieses Buches ... 15
- 1.2 Mein erstes Windows-Programm ... 16
- 1.3 Visual Basic 2008-Entwicklungsumgebung ... 16
  - 1.3.1 Ein neues Projekt ... 16
  - 1.3.2 Einfügen von Steuerelementen ... 18
  - 1.3.3 Arbeiten mit dem Eigenschaftenfenster ... 20
  - 1.3.4 Speichern eines Projekts ... 22
  - 1.3.5 Das Codefenster ... 22
  - 1.3.6 Schreiben von Programmcode ... 24
  - 1.3.7 Kommentare ... 25
  - 1.3.8 Starten, Ausführen und Beenden des Programms ... 26
  - 1.3.9 Ausführbares Programm ... 27
  - 1.3.10 Projekt schließen, Projekt öffnen ... 27
  - 1.3.11 Übung ... 28
- 1.4 Arbeiten mit Steuerelementen ... 28
  - 1.4.1 Steuerelemente formatieren ... 28
  - 1.4.2 Steuerelemente kopieren ... 30
  - 1.4.3 Eigenschaften zur Laufzeit ändern ... 30
  - 1.4.4 Vergabe und Verwendung von Namen ... 33
  - 1.4.5 Verknüpfung von Texten, mehrzeilige Texte ... 33
  - 1.4.6 Eigenschaft BackColor, Farben allgemein ... 34

2 Grundlagen ... 37

- 2.1 Variablen und Datentypen ... 37
  - 2.1.1 Namen, Werte ... 37
  - 2.1.2 Deklarationen ... 37
  - 2.1.3 Datentypen ... 38
  - 2.1.4 Gültigkeitsbereich ... 41
  - 2.1.5 Konstanten ... 42
  - 2.1.6 Enumerationen ... 43
- 2.2 Operatoren ... 46
  - 2.2.1 Arithmetische Operatoren ... 46
  - 2.2.2 Vergleichsoperatoren ... 48
  - 2.2.3 Logische Operatoren ... 49
  - 2.2.4 Verkettungsoperator ... 50

		2.2.5	Zuweisungsoperatoren	50
		2.2.6	Rangfolge der Operatoren	51
	2.3	Panel, Zeitgeber, Textfeld, Zahlenauswahlfeld		52
		2.3.1	Panel	52
		2.3.2	Zeitgeber	54
		2.3.3	Textfelder	57
		2.3.4	Zahlenauswahlfeld	60
	2.4	Verzweigungen		61
		2.4.1	Einzeiliges If...Then...Else	62
		2.4.2	If...Then...Else-Block	63
		2.4.3	Select Case	64
		2.4.4	Funktion IIf	66
		2.4.5	Funktion Choose	66
		2.4.6	Übungen	67
	2.5	Kontrollkästchen, Optionsschaltfläche, Gruppe		67
		2.5.1	Kontrollkästchen	67
		2.5.2	Optionsschaltfläche	70
		2.5.3	Mehrere Ereignisse in einer Prozedur behandeln	72
		2.5.4	Mehrere Gruppen von Optionsschaltflächen	73
		2.5.5	Prozedur ohne Ereignis, Modularisierung	76
	2.6	Schleifen		77
		2.6.1	For ... Next	77
		2.6.2	Do ... Loop	80
		2.6.3	With	84
		2.6.4	Übungen	84
	2.7	Listenfeld und Kombinationsfeld		87
		2.7.1	Listenfeld	87
		2.7.2	Listenfeld füllen	87
		2.7.3	Wichtige Eigenschaften	88
		2.7.4	Wechsel der Auswahl	89
		2.7.5	Wichtige Methoden	91
		2.7.6	Mehrfachauswahl	94
		2.7.7	Kombinationsfelder	95

3	Fehlerbehandlung			99
	3.1	Fehlerarten		99
	3.2	Syntaxfehler und IntelliSense		99
	3.3	Laufzeitfehler und Exception Handling		101
		3.3.1	Programm mit Laufzeitfehlern	102
		3.3.2	Einfaches Exception Handling	103

	3.3.3	Erweitertes Exception Handling	105
3.4		Logische Fehler und Debugging	106
	3.4.1	Einzelschrittverfahren	106
	3.4.2	Haltepunkte	107
	3.4.3	Überwachungsfenster	108

4 Erweiterte Grundlagen ... 109

4.1		Fokus, Sichtbarkeit, Aktivierungszustand	109
	4.1.1	Ereignis GotFocus	109
	4.1.2	Eigenschaften Enabled und Visible	111
4.2		Bedienung per Tastatur	113
	4.2.1	Eigenschaften TabIndex und TabStop	114
	4.2.2	Tastenkombination für Steuerelemente	115
4.3		Ereignisgesteuerte Programmierung	115
	4.3.1	Eine Ereigniskette	116
	4.3.2	Endlose Ereignisketten	117
	4.3.3	Textfelder koppeln	118
4.4		Datenfelder	120
	4.4.1	Eindimensionale statische Datenfelder	120
	4.4.2	Ein Feld durchsuchen	122
	4.4.3	Weitere Feld-Operationen	123
	4.4.4	Mehrdimensionale statische Datenfelder	125
	4.4.5	Datenfelder initialisieren	129
	4.4.6	Datenfelder sind dynamisch	130
4.5		Strukturen	133
4.6		Prozeduren und Funktionen	136
	4.6.1	Prozeduren	137
	4.6.2	Übergabe per Referenz	139
	4.6.3	Funktionen	141
	4.6.4	Optionale Argumente	143
	4.6.5	Beliebig viele Argumente	144
	4.6.6	Datenfelder als Argumente	146
	4.6.7	Rekursiver Aufruf	148
	4.6.8	Übungen zu Prozeduren und Funktionen	150

5 Objektorientierte Programmierung ... 151

5.1		Was ist Objektorientierung?	151
5.2		Klasse, Eigenschaft, Methode, Objekt	152
	5.2.1	Objektverweis und Instanz	154

5.3	Eigenschaftsmethode	156
5.4	Konstruktor	158
5.5	Referenzen und Werte	161
	5.5.1 Objekte vergleichen	162
5.6	Statische Elemente	165
5.7	Delegates	168
5.8	Ereignisse	169
5.9	Namespaces	172
5.10	Vererbung	173
5.11	Konstruktoren bei Vererbung	176
5.12	Polymorphie	178
5.13	Schnittstellen	181

6 Wichtige Klassen in .NET 185

6.1	Klasse String für Zeichenketten	185
	6.1.1 Eigenschaften der Klasse String	186
	6.1.2 Trimmen	188
	6.1.3 Splitten	189
	6.1.4 Suchen	191
	6.1.5 Einfügen	193
	6.1.6 Löschen	195
	6.1.7 Teilzeichenkette ermitteln	197
	6.1.8 Zeichen ersetzen	198
6.2	Datum und Zeit	199
	6.2.1 Eigenschaften von DateTime	199
	6.2.2 Rechnen mit Datum und Uhrzeit	201
6.3	Dateien und Verzeichnisse	204
	6.3.1 Lesen aus einer Textdatei	204
	6.3.2 Schreiben in eine Textdatei	206
	6.3.3 Sicheres Lesen aus einer Textdatei	208
	6.3.4 Sicheres Schreiben in eine Textdatei	210
	6.3.5 Die Klassen File und Directory	211
	6.3.6 Eine Liste der Dateien	212
	6.3.7 Eine Liste der Dateien und Verzeichnisse	214
	6.3.8 Informationen über Dateien und Verzeichnisse	215
	6.3.9 Bewegen in der Verzeichnis-Hierarchie	216
6.4	Rechnen mit der Klasse Math	217

7 Weitere Elemente eines Windows-Programms 223

- 7.1 Hauptmenü 223
  - 7.1.1 Erstellung des Hauptmenüs 223
  - 7.1.2 Code des Hauptmenüs 225
  - 7.1.3 Klasse Font 227
  - 7.1.4 Schriftart 228
  - 7.1.5 Schriftgröße 229
  - 7.1.6 Schriftstil 230
- 7.2 Kontextmenü 231
  - 7.2.1 Erstellung des Kontextmenüs 231
  - 7.2.2 Code des Kontextmenüs 232
- 7.3 Symbolleiste 233
  - 7.3.1 Erstellung der Symbolleiste 233
  - 7.3.2 Code der Symbolleiste 234
- 7.4 Statusleiste 237
  - 7.4.1 Erstellung der Statusleiste 237
  - 7.4.2 Code der Symbolleiste 238
- 7.5 Eingabe-Dialogfeld 240
- 7.6 Ausgabe-Dialogfeld 243
- 7.7 Standard-Dialogfelder 249
  - 7.7.1 Datei öffnen 249
  - 7.7.2 Datei speichern unter 251
  - 7.7.3 Verzeichnis auswählen 253
  - 7.7.4 Farbe auswählen 254
  - 7.7.5 Schrifteigenschaften auswählen 255

8 Datenbank-Anwendungen mit ADO.NET 257

- 8.1 Was sind relationale Datenbanken? 257
  - 8.1.1 Beispiel »Lager« 258
  - 8.1.2 Indizes 260
  - 8.1.3 Relationen 261
  - 8.1.4 Übungen 265
- 8.2 Anlegen einer Datenbank in MS Access 266
  - 8.2.1 Aufbau von MS Access 267
  - 8.2.2 Datenbank-Entwurf in MS Access 2007 269
  - 8.2.3 Übungen 275
- 8.3 Datenbankzugriff mit Visual Basic 275
  - 8.3.1 Beispiel-Datenbank 275
  - 8.3.2 Ablauf eines Zugriffs 276

	8.3.3	Verbindung	276
	8.3.4	SQL-Befehl	276
	8.3.5	Auswahlabfrage	277
	8.3.6	Aktionsabfrage	279
8.4	SQL-Befehle		281
	8.4.1	Auswahl mit Select	281
	8.4.2	Ändern mit Update	285
	8.4.3	Löschen mit Delete	286
	8.4.4	Einfügen mit Insert	286
8.5	Ein Verwaltungsprogramm		287
	8.5.1	Initialisierung	287
	8.5.2	Alle Datensätze sehen	288
	8.5.3	Einen Datensatz einfügen	290
	8.5.4	Einen Datensatz ändern	293
	8.5.5	Einen Datensatz löschen	297
	8.5.6	Einen Datensatz suchen	298
8.6	Verbindung zu MySQL		300
	8.6.1	ODBC-Treiber	300
	8.6.2	Datenquelle	301
	8.6.3	Datenbankzugriff mit Visual Basic	303
	8.6.4	.NET-Treiber	306
8.7	Verbindung zu MS SQL Server 2005		307
	8.7.1	Anlegen einer Datenbank	307
	8.7.2	Datenbankzugriff mit Visual Basic	310

9 Internet-Anwendungen mit ASP.NET 313

9.1	Grundlagen von Internet-Anwendungen		313
	9.1.1	Statische Internet-Anwendungen	313
	9.1.2	Dynamische Internet-Anwendungen	314
	9.1.3	Vorteile von ASP.NET	315
9.2	Ein lokaler Webserver		315
	9.2.1	Basisverzeichnis, erste Internet-Anwendung	316
	9.2.2	Installation und Test des lokalen Webservers	316
	9.2.3	Starten und Beenden des lokalen Webservers	319
9.3	Eine erste ASP.NET Anwendung		319
	9.3.1	Fehlerhafte Programmierung	322
9.4	Formatierung von Internetseiten		323
9.5	Senden und Auswerten von Formulardaten		324
9.6	Kontrolle der Benutzer-Eingaben		327
9.7	Eine Auswahl treffen		329

9.8	Ein Kalender-Element	331
9.9	ASP.NET und ADO.NET	334
9.10	Eine Datenbank im Internet ändern	336

10 Zeichnen mit GDI+ 343

10.1	Grundlagen von GDI+	343
10.2	Linie, Rechteck, Polygon und Ellipse zeichnen	343
	10.2.1 Grundeinstellungen	344
	10.2.2 Linie	345
	10.2.3 Rechteck	346
	10.2.4 Polygon	347
	10.2.5 Ellipse	348
	10.2.6 Dicke und Farbe ändern, Zeichnung löschen	349
10.3	Text schreiben	349
10.4	Bilder darstellen	352
10.5	Dauerhaft zeichnen	353

11 Neues in Visual Basic 2008 355

11.1	Automatische Datentyp-Erkennung	355
11.2	Vereinfachte Objekt-Initialisierung	356
11.3	Anonyme Typen	359
	11.3.1 Vergleich von Objekten	359
	11.3.2 Schlüssel-Eigenschaften	360
11.4	Erweiterung von Klassen durch externe Methoden	362
	11.4.1 Erweiterung eines Datentyps	362
	11.4.2 Erweiterung einer eigenen Klasse	363
11.5	Lambda-Ausdrücke	365
11.6	Verbesserungen der IntelliSense-Entwicklerunterstützung	366
11.7	LINQ: Language INtegrated Query	367
	11.7.1 Klasse List	368
	11.7.2 Eine Liste von Variablen mit LINQ abfragen	370
	11.7.3 Eine Liste von Objekten mit LINQ abfragen	371
11.8	MS SQL Server Compact 3.5	374
	11.8.1 Anlegen einer Datenbank	374
	11.8.2 Datenbankzugriff mit Visual Basic	376
11.9	WPF (Windows Presentation Foundation)	378
	11.9.1 Eine einfache WPF-Anwendung	379
	11.9.2 Steuerelemente über die Toolbox hinzufügen	380
	11.9.3 Steuerelemente über XAML-Code hinzufügen	381

12 Beispielprojekte 383

- 12.1 Spielprogramm Tetris 383
  - 12.1.1 Spielablauf 384
  - 12.1.2 Programmbeschreibung 384
  - 12.1.3 Steuerelemente 385
  - 12.1.4 Initialisierung des Programms 385
  - 12.1.5 Erzeugen eines neuen Blocks 387
  - 12.1.6 Der Zeitgeber 388
  - 12.1.7 Blöcke löschen 389
  - 12.1.8 Blöcke seitlich bewegen 392
  - 12.1.9 Blöcke nach unten bewegen 393
  - 12.1.10 Pause 394
- 12.2 Lernprogramm Vokabeln 394
  - 12.2.1 Benutzung des Programms 394
  - 12.2.2 Erweiterung des Programms 396
  - 12.2.3 Initialisierung des Programms 397
  - 12.2.4 Ein Test beginnt 398
  - 12.2.5 Zwei Hilfsprozeduren 400
  - 12.2.6 Die Antwort prüfen 401
  - 12.2.7 Das Benutzermenü 402

Anhang 405

- A Installation 407
  - A.1 Inhalt der DVD zu diesem Buch 407
  - A.2 Installation von Visual Basic 2008 Express Edition .. 407
  - A.3 Arbeiten mit einer Formularvorlage 408
  - A.4 Weitergabe eigener Windows-Programme 411
    - A.4.1 Erstellung des Installationsprogramms 411
    - A.4.2 Ablauf einer Installation 412
- B Lösungen der Übungsaufgaben 413
  - B.1 Lösungen der Übungsaufgaben aus Kapitel 1 413
    - B.1.1 Lösung p0102 413
  - B.2 Lösungen der Übungsaufgaben aus Kapitel 2 413
    - B.2.1 Lösung p0202 413
    - B.2.2 Lösung p0205 414
    - B.2.3 Lösung p0206 414
    - B.2.4 Lösung p0207 414
    - B.2.5 Lösung p0208 415
    - B.2.6 Lösung p0210 415

	B.2.7	Lösung p0213	416
	B.2.8	Lösung p0214	416
	B.2.9	Lösung p0222, zwei Alternativen	418
	B.2.10	Lösung p0223	419
	B.2.11	Lösung p0228	421
	B.2.12	Lösung p0232	423
	B.2.13	Lösung p0233	424
	B.2.14	Lösung p0234	424
	B.2.15	Lösung p0235	424
	B.2.16	Lösung p0236	425
	B.2.17	Lösung p0243	426
B.3	Lösungen der Übungsaufgaben aus Kapitel 4		427
	B.3.1	Lösung p0403	427
	B.3.2	Lösung p0411	427
	B.3.3	Lösung p0412	428
	B.3.4	Lösung p0425	429
	B.3.5	Lösung p0426	429
B.4	Lösungen der Übungsaufgaben aus Kapitel 8		430
	B.4.1	Lösung zur Übung »Projektverwaltung«	430
	B.4.2	Lösung zur Übung »Mietwagen«	430

Index 431

In diesem Kapitel erlernt der Leser anhand eines ersten Projekts den Umgang mit der Entwicklungsumgebung und den Steuerelementen. Er ist anschließend in der Lage, sein erstes eigenes Windows-Programm zu erstellen.

1 Einführung

Visual Basic 2008 ist der Nachfolger von Visual Basic 2005 und damit eine weitere Version von Visual Basic .NET. Hierbei handelt es sich um eine objektorientierte Programmiersprache.

1.1 Aufbau dieses Buches

Dieses Buch vermittelt zunächst einen einfachen Einstieg in die Programmierung mit Visual Basic 2008. Die Bearbeitung der Beispiele und das selbstständige Lösen der vorliegenden Übungsaufgaben helfen dabei. Der Leser hat dadurch schnell Erfolgserlebnisse, die ihn zum Weitermachen motivieren. In späteren Kapiteln werden auch die komplexen Themen vermittelt.

Beispiele

Von Anfang an wird mit anschaulichen Windows-Anwendungen gearbeitet. Die Grundlagen der Programmiersprache und die Standardelemente einer Windows-Anwendung, wie sie der Leser schon von anderen Windows-Programmen kennt, werden gemeinsam vermittelt. Die Anschaulichkeit einer Windows-Anwendung hilft dabei, den eher theoretischen Hintergrund der Programmiersprache leichter zu verstehen.

Grundlagen

Es wird die Visual Basic 2008 Express Edition eingesetzt. Diese freie Version von Visual Basic 2008 liegt dem Buch bei. Man kann sie auch bei Microsoft herunterladen. Sie muss dann innerhalb von dreißig Tagen bei Microsoft registriert werden.

Express Edition

Die Visual Basic 2008 Express Edition bietet eine komfortable Entwicklungsumgebung. Sie umfasst einen Editor zur Erstellung des Programmcodes, einen Compiler zur Erstellung der ausführbaren Programme, einen Debugger zur Fehlersuche und vieles mehr.

Noch eine Anmerkung in eigener Sache:

Für die Hilfe bei der Erstellung dieses Buches bedanke ich mich beim Team von Galileo Press, besonders bei Judith Stevens-Lemoine und bei Bettina Mosbach sowie bei meinem Kollegen und Freund Peter Grant.

Thomas Theis

1.2 Mein erstes Windows-Programm

Anhand eines ersten Projekts werden die Schritte durchlaufen, die zur Erstellung eines einfachen Programms mithilfe von Visual Basic 2008 notwendig sind. Das Programm soll nach dem Aufruf zunächst wie folgt aussehen:

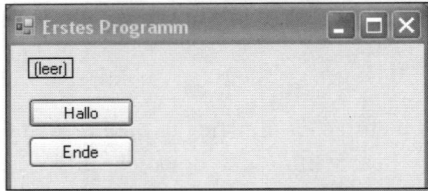

Abbildung 1.1 Erstes Programm, nach dem Aufruf

Nach Betätigung des Buttons **Hallo** soll sich der Text in der obersten Zeile verändern:

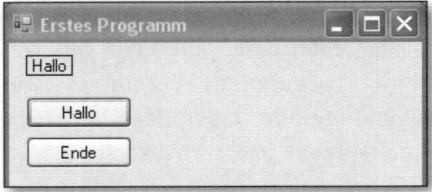

Abbildung 1.2 Nach Betätigung des Buttons »Hallo«

1.3 Visual Basic 2008-Entwicklungsumgebung

1.3.1 Ein neues Projekt

Nach dem Aufruf des Programms Visual Basic 2008 Express Edition muss zur Erstellung eines neuen Projekts der Menüpunkt **Datei • Neu • Projekt**

- **Windows Forms-Anwendung** ausgewählt werden. Es erscheinen einige Elemente der Entwicklungsumgebung. Folgende Elemente sind besonders wichtig:

▶ Das Benutzerformular (Form) enthält die Oberfläche für den Benutzer des Programms (siehe Abbildung 1.3).

Form

Abbildung 1.3   Benutzerformular

▶ Die Werkzeugsammlung (Toolbox) enthält die Steuerelemente für den Benutzer, mit denen er den Ablauf des Programms steuern kann. Sie werden vom Programm-Entwickler in das Formular eingefügt (siehe Abbildung 1.4).

Toolbox

Abbildung 1.4   Toolbox, Alle Steuerelemente

▶ Das Eigenschaftenfenster (Properties Window) dient zum Anzeigen und Ändern der Eigenschaften von Steuerelementen innerhalb des Formulars durch den Programm-Entwickler (siehe Abbildung 1.5).

Eigenschaftenfenster

17

1 | Einführung

Projektmappen-Explorer
- Der Projektmappen-Explorer (Solution Explorer) zeigt das geöffnete Projekt und die darin vorhandenen Elemente (siehe Abbildung 1.6).

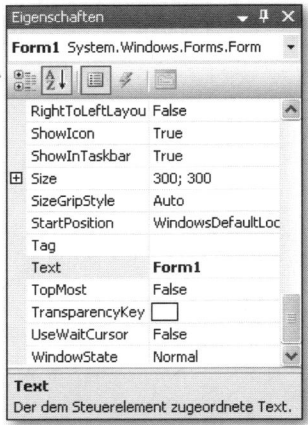

Abbildung 1.5 Eigenschaftenfenster

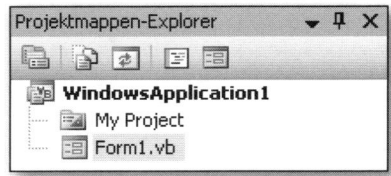

Abbildung 1.6 Projektmappen-Explorer

Sollte eines der letzten drei Elemente einmal nicht sichtbar sein, so kann es über das Menü **Ansicht** eingeblendet werden.

Zunächst werden nur einfache Programme mit wenigen Elementen geschrieben, daher wird der Projektmappen-Explorer noch nicht benötigt. Es empfiehlt sich, das Eigenschaftenfenster nach oben zu vergrößern.

Englische Terminologie
Im vorliegenden Buch werden sowohl die deutschen als auch die englischen Begriffe für die Elemente der Entwicklungsumgebung genutzt. Dies erleichtert den Umgang mit den Begriffen, mit den verschiedenen Versionen und mit der Visual Basic-Hilfe.

1.3.2 Einfügen von Steuerelementen

Label, Button
Zunächst sollen drei Steuerelemente in das Formular eingefügt werden: ein Bezeichnungsfeld (Label) und zwei Befehlsschaltflächen (Buttons).

Ein Bezeichnungsfeld dient im Allgemeinen dazu, feste oder veränderliche Texte auf der Benutzeroberfläche anzuzeigen. In diesem Programm soll das Label einen Text anzeigen. Ein Button dient zum Starten bestimmter Programmteile oder, allgemeiner ausgedrückt, zum Auslösen von Ereignissen. In diesem Programm sollen die Buttons dazu dienen, den Text anzuzeigen bzw. das Programm zu beenden.

Um ein Steuerelement einzufügen, zieht man es mithilfe der Maus von der Toolbox an die gewünschte Stelle im Formular. Alle Steuerelemente finden sich in der Toolbox unter **Alle Windows Forms**. Übersichtlicher ist der Zugriff über **Allgemeine Steuerelemente** (Common Controls):

Allgemeine Steuerelemente

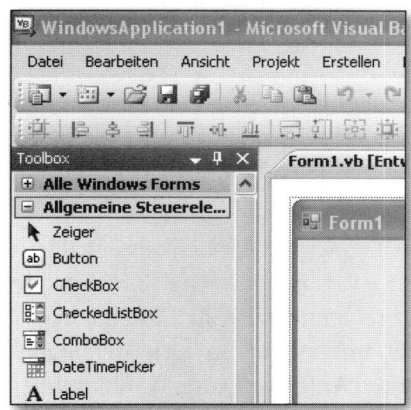

Abbildung 1.7   Toolbox, Allgemeine Steuerelemente

Ein Doppelklick auf ein Steuerelement in der Toolbox fügt es ebenfalls in die Form ein. Anschließend können Ort und Größe noch verändert werden. Dazu muss das betreffende Steuerelement vorher durch Anklicken ausgewählt werden. Ein überflüssiges Steuerelement kann durch Auswählen und Drücken der Taste [Entf] entfernt werden.

Steuerelement auswählen

Die Größe und andere Eigenschaften des Formulars selbst können auch verändert werden. Dazu muss man es vorher durch Anklicken auf einer freien Stelle auswählen.

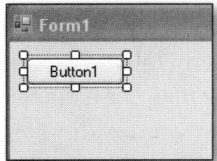

Abbildung 1.8   Ausgewählter Button

1.3.3 Arbeiten mit dem Eigenschaftenfenster

Die eingefügten Steuerelemente haben zunächst einheitliche Namen und Aufschriften, diese sollten allerdings zur einfacheren Programmentwicklung geändert werden. Es haben sich bestimmte Namenskonventionen eingebürgert, die die Lesbarkeit erleichtern. Diese Namen beinhalten den Typ (mit drei Buchstaben abgekürzt) und die Aufgabe des Steuerelements (mit großem Anfangsbuchstaben).

cmd, txt, lbl, ... Ein Button (eigentlich: Command Button), der die Anzeige der Zeit auslösen soll, wird beispielsweise mit `cmdZeit` bezeichnet. Weitere Vorsilben sind `txt` (Textfeld/Text Box), `lbl` (Bezeichnungsfeld/Label), `opt` (Optionsschaltfläche/Option Button), `frm` (Formular/Form) und `chk` (Kontrollkästchen/Check Box).

Zur Änderung des Namens eines Steuerelementes muss es zunächst ausgewählt werden. Die Auswahl kann entweder durch Anklicken des Steuerelements auf dem Formular oder durch Auswahl aus der Liste am oberen Ende des Eigenschaftenfensters geschehen.

Eigenschaftenfenster Im Eigenschaftenfenster werden alle Eigenschaften des ausgewählten Steuerelements angezeigt. Die Liste ist zweispaltig: In der linken Spalte steht der Name der Eigenschaft, in der rechten Spalte ihr aktueller Wert. Die Eigenschaft »(Name)« steht relativ am Anfang der Liste der Eigenschaften. Die betreffende Zeile wird durch Anklicken ausgewählt und der neue Name wird eingegeben. Nach Bestätigung mit der Taste ⏎ ist die Eigenschaft geändert.

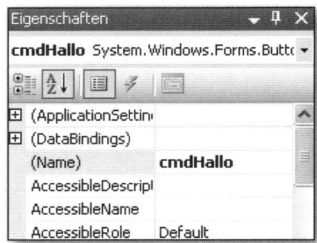

Abbildung 1.9 Button, nach der Namensänderung

Eigenschaft »Text« Die Aufschrift von Buttons, Labels und Formularen ist in der Eigenschaft `Text` angegeben. Sobald diese Eigenschaft verändert wird, erscheint die veränderte Aufschrift in dem betreffenden Steuerelement. Auch der Name und die Aufschrift des Formulars sollten geändert werden. Im Folgenden sind die gewünschten Eigenschaften für die Steuerelemente dieses Programms in Tabellenform angegeben:

1.3 Visual Basic 2008-Entwicklungsumgebung

Typ	Eigenschaft	Einstellung
Formular	Name	frm0101
	Text	Erstes Programm
Button	Name	cmdHallo
	Text	Hallo
Button	Name	cmdEnde
	Text	Ende
Label	Name	lblAnzeige
	Text	(leer)
	BorderStyle	Fixed Single

Abbildung 1.10 Label, nach der Änderung von Name und BorderStyle

Zu diesem Zeitpunkt legt man den Startzustand fest, also die Eigenschaften, die die Steuerelemente zu Beginn des Programms bzw. eventuell während des gesamten Programms haben sollen. Viele Eigenschaften kann man auch während der Laufzeit des Programms durch den Programmcode verändern lassen.

Startzustand

Bei einem Label ergibt die Einstellung der Eigenschaft Border Style auf Fixed Single einen Rahmen. Zur Änderung auf Fixed Single muss die Liste bei der Eigenschaft aufgeklappt und der betreffende Eintrag ausgewählt werden. Zur Änderung einiger Eigenschaften muss ein Dialogfeld aufgerufen werden.

Im Label soll zunächst der Text »(leer)« erscheinen. Hierzu muss der vorhandene Text durch Anklicken ausgewählt und geändert werden.

1 | Einführung

Liste der Steuerelemente

Man findet alle in diesem Formular vorhandenen Steuerelemente in der Liste, die sich am oberen Ende des Eigenschaftenfensters öffnen lässt. Dabei zeigt sich ein Vorteil der einheitlichen Namensvergabe: Die Steuerelemente des gleichen Typs stehen direkt untereinander.

1.3.4 Speichern eines Projekts

Alles speichern

Die Daten eines Visual Basic-Projekts werden in verschiedenen Dateien gespeichert. Zum Speichern des gesamten Projekts wird der Menüpunkt **Datei • Alle Speichern** verwendet. Im Dialogfeld **Projekt speichern** werden als Name und Projektmappenname *WindowsApplication1* vorgeschlagen. Beide Namen sollten in *p0101* geändert werden. Das gleiche Dialogfeld erscheint, wenn man das Projekt noch nicht gespeichert hat und den Menüpunkt **Datei • Projekt schließen** wählt.

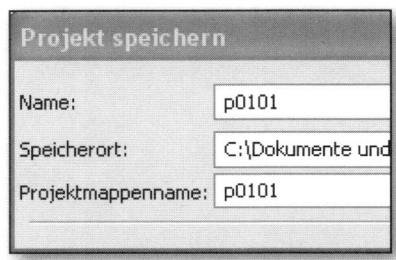

Abbildung 1.11 Projekt p0101 speichern

p0101

Die in diesem Skript angegebenen Namen dienen als Empfehlung, um die eindeutige Orientierung und das spätere Auffinden von alten Programmen zu erleichtern. Alle Namen beginnen mit »p« (für Projekt), es folgen zwei Ziffern für die Kapitelnummer (mit führender 0) und zwei Ziffern für die fortlaufende Nummerierung (mit führender 0) innerhalb des Kapitels. Das Gleiche gilt für die Formulare: Das zu diesem Projekt gehörende Formular trägt bereits den Namen `frm0101`.

1.3.5 Das Codefenster

Ereignis

Der Ablauf eines Visual Basic-Programms wird im Wesentlichen durch das Auslösen von Ereignissen durch den Benutzer gesteuert. Er löst z. B. die Anzeige des Texts »Hallo« aus, indem er auf den Button **Hallo** klickt. Der Entwickler muss dafür sorgen, dass aufgrund dieses Ereignisses der gewünschte Text angezeigt wird. Zu diesem Zweck schreibt er Programmcode und ordnet diesen Code dem Ereignis zu. Der Code wird in einer Ereignisprozedur abgelegt.

Zum Schreiben einer Ereignisprozedur führt man am besten einen Doppelklick auf das betreffende Steuerelement aus. Es erscheint das Codefenster. Zwischen der Formularansicht und der Codeansicht kann man anschließend über die Menüpunkte **Ansicht · Code** bzw. **Ansicht · Designer** hin- und herschalten. Dies ist auch über die Registerkarten oberhalb des Formulars bzw. des Codefensters möglich:

Ereignisprozedur

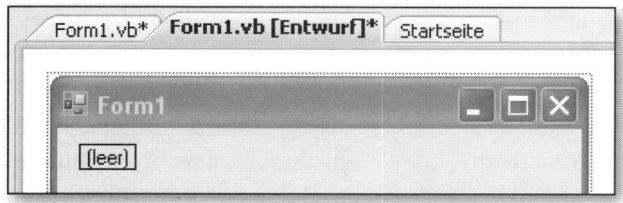

Abbildung 1.12   Registerkarten

Nach erfolgtem Doppelklick auf den Button **Hallo** erscheinen im Codefenster folgende Einträge:

```
Public Class frm0101
    Private Sub cmdHallo_Click(ByVal sender As System.Object, _
            ByVal e As System.EventArgs) Handles cmdHallo.Click
    End Sub
End Class
```

Innerhalb der Ereignisprozedur ist der Platz für den eigenen Programmcode.

VB.NET ist eine objektorientierte Sprache. Ein wichtiges Element objektorientierter Sprachen sind Klassen. Alle Elemente des aktuellen Formulars `frm0101` stehen innerhalb der Klasse `frm0101` (zwischen `Public Class` und `End Class`). Auf die Einzelheiten der Objektorientierung wird zu einem späteren Zeitpunkt eingegangen, da dies hier noch nicht notwendig ist und eher verwirren würde.

Class

Der Programmcode der Ereignisprozedur steht später zwischen `Private Sub` und `End Sub`. Der Name der Prozedur besteht aus den zwei Teilen »Name des Steuerelements« und »ausgelöstes Ereignis«.

Sub

Das Zeichen _ (= Unterstrich) am Ende einer Zeile zeigt in Visual Basic an, dass die aktuelle Zeile in der nächsten Zeile fortgesetzt wird. Dies ist hier am Ende der Zeile `Private Sub` ... der Fall. Aus Platzgründen werden in diesem Buch häufig längere Codezeilen auf mehrere Zeilen verteilt. Diesem Beispiel muss der Leser beim Erstellen des eigenen Codes nicht notwendig folgen.

Code über mehrere Zeilen

23

Am oberen Ende des Codefensters kann auf der linken Seite eine Liste der Steuerelemente aufgeklappt werden, um die Ereignisprozedur eines anderen Steuerelements anzusehen oder zu verändern.

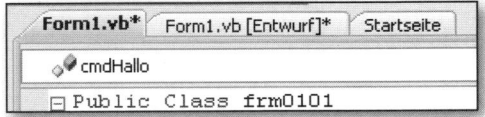

Abbildung 1.13   Liste der Steuerelemente, links

Auf der rechten Seite kann eine Liste der Ereignisse bzw. Ereignisprozeduren aufgeklappt werden, die mit diesem Steuerelement verbunden werden können. Der anfänglich ausgeführte Doppelklick führt immer zu dem Ereignis, das am häufigsten mit dem betreffenden Steuerelement verbunden wird. Dies ist beim Button natürlich das Ereignis Click.

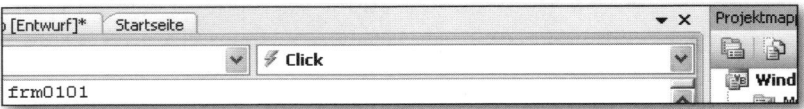

Abbildung 1.14   Liste der Ereignisse, rechts

1.3.6   Schreiben von Programmcode

In der Prozedur cmdHallo_Click() soll eine Befehlszeile eingefügt werden, die wie folgt aussieht:

```
Private Sub cmdHallo_Click(ByVal sender As System.Object, _
      ByVal e As System.EventArgs) Handles cmdHallo.Click
   lblAnzeige.Text = "Hallo"
End Sub
```

Der Text muss in Anführungszeichen gesetzt werden, da Visual Basic sonst annimmt, dass es sich um eine Variable mit dem Namen Hallo handelt.

Anweisung   Der Inhalt einer Prozedur setzt sich aus einzelnen Anweisungen zusammen, die nacheinander ausgeführt werden. Die vorliegende Prozedur enthält nur eine Anweisung; in ihr wird mithilfe des Gleichheitszeichens eine Zuweisung durchgeführt.

Zuweisung   Bei einer Zuweisung wird der Ausdruck rechts vom Gleichheitszeichen ausgewertet und der Variablen, der Objekt-Eigenschaft oder der Steuerelement-Eigenschaft links vom Gleichheitszeichen zugewiesen. Die Zeichenkette »Hallo« wird der Eigenschaft Text des Steuerelements lblAnzeige mithilfe der Schreibweise Steuerelement.Eigenschaft = Wert zugewiesen. Dies führt zur Anzeige des Werts.

Nach dem Wechsel auf die Formularansicht kann das nächste Steuerelement ausgewählt werden, für das eine Ereignisprozedur geschrieben werden soll.

Innerhalb des Codefensters kann Text mit den gängigen Methoden der Textverarbeitung editiert, kopiert, verschoben und gelöscht werden. Code editieren

Sollte man bereits bei der Eingabe des Programmcodes Syntaxfehler gemacht haben, so wird dies angezeigt. Man sollte den Code unmittelbar entsprechend korrigieren. Syntaxfehler

In der Ereignisprozedur cmdEnde_Click() soll der folgende Code stehen:

```
Private Sub cmdEnde_Click(ByVal sender As System.Object, _
        ByVal e As System.EventArgs) Handles cmdEnde.Click
    Me.Close()
End Sub
```

Die Methode Close() dient zum Schließen eines Formulars. Da es sich um das einzige Formular dieses Projekts handelt, wird dadurch das Programm beendet und die gesamte Windows-Anwendung geschlossen. Mit Me wird das aktuelle Objekt einer Klasse bezeichnet. Da wir uns innerhalb der Klasse für das aktuelle Formular befinden, bezieht sich Me auf dieses Formular. Me

Dies waren Beispiele zur Änderung der Eigenschaften eines Steuerelements zur Laufzeit des Programms durch Programmcode. Sie erinnern sich: Zu Beginn hatten wir die Start-Eigenschaften der Steuerelemente im Eigenschaftenfenster eingestellt.

1.3.7 Kommentare

Bei längeren Programmen mit vielen Anweisungen gehört es zum guten Programmierstil, Kommentarzeilen zu schreiben. In diesen Zeilen werden einzelne Anweisungen oder auch längere Blöcke von Anweisungen erläutert, damit man selber oder auch ein anderer Programmierer sie später leichter versteht. Eine Kommentarzeile beginnt mit einem einfachen Hochkomma. Alle Zeichen bis zum Ende der Zeile werden als Kommentar angesehen und folglich nicht übersetzt oder ausgeführt. Einfaches Hochkomma

Der folgende Programmcode wurde um eine Kommentarzeile ergänzt:

```
Private Sub cmdEnde_Click( ... ) Handles ...
    ' Schließt die Anwendung
    Me.Close()
End Sub
```

Code auskommentieren

Ein kleiner Trick: Sollen bestimmte Programmzeilen für einen Test des Programms kurzfristig nicht ausgeführt werden, so kann man sie »auskommentieren«, indem man das Hochkomma vor die betreffenden Zeilen setzt. Dies geht sehr schnell über das entsprechende Symbol in der Symbolleiste. Rechts daneben befindet sich das Symbol, das die Auskommentierung nach dem Test wieder rückgängig macht.

Abbildung 1.15 Kommentar ein/aus

Click(...) Handles ...

Ein Hinweis: Der Kopf der Prozedur `cmdEnde_Click()` wurde aus Gründen der Übersichtlichkeit in verkürzter Form abgebildet. Dies wird bei den meisten nachfolgenden Beispielen ebenfalls so sein, außer wenn es genau auf die Inhalte des Prozedurkopfs ankommt.

1.3.8 Starten, Ausführen und Beenden des Programms

Programm starten

Nach dem Einfügen der Steuerelemente und dem Erstellen der Ereignisprozeduren ist das Programm fertig und kann gestartet werden. Dazu wird der **Start**-Button in der Symbolleiste (dreieckiger Pfeil nach rechts) betätigt. Alternativ startet man das Programm über die Funktionstaste [F5] oder den Menüpunkt **Debuggen · Starten**. Das Formular erscheint, das Betätigen der Buttons führt zum programmierten Ergebnis.

Programm beenden

Zur regulären Beendigung eines Programms ist der Button mit der Aufschrift **Ende** vorgesehen. Möchte man ein Programm während des Verlaufs abbrechen, kann man auch den **End**-Button in der Symbolleiste (Quadrat) betätigen. Außerdem kann man, sofern vorhanden, den aus vielen Windows-Anwendungen bekannten Button **X** oben rechts betätigen; dieser erscheint nur, wenn die Eigenschaft `ControlBox` des Formulars auf `True` steht.

Tritt während der Ausführung eines Programms ein Fehler auf, so wird dies angezeigt und das Codefenster zeigt die entsprechende Ereignisprozedur sowie die fehlerhafte Zeile an. Man beendet das Programm, korrigiert den Code und startet das Programm wieder.

Fehler

Es wird empfohlen, das Programm bereits während der Entwicklung mehrmals durch Aufruf zu testen und nicht erst, wenn das Programm vollständig erstellt worden ist. Geeignete Zeitpunkte sind zum Beispiel:

Programm testen

- nach dem Einfügen der Steuerelemente und dem Zuweisen der Eigenschaften, die sie zu Programmbeginn haben sollen
- nach dem Erstellen jeder Ereignisprozedur

1.3.9 Ausführbares Programm

Nach erfolgreichem Test des Programms könnte man auch die ausführbare Datei (*.exe*-Datei) außerhalb der Entwicklungsumgebung aufrufen. Hat man an den Grundeinstellungen nichts verändert und die vorgeschlagenen Namen verwendet, so findet sich die zugehörige *.exe*-Datei des aktuellen Projekts im Verzeichnis *Eigene Dateien\Visual Studio 2008\Projects\p0101\p0101\bin\Debug*. Das Programm kann also im Windows-Explorer direkt über Doppelklick gestartet werden.

.exe-Datei

Die Weitergabe eines eigenen Windows-Programms auf einen anderen PC ist etwas aufwendiger. Der Vorgang wird im Anhang beschrieben. Im Folgenden soll jedoch zunächst die Windows-Programmierung erlernt werden.

1.3.10 Projekt schließen, Projekt öffnen

Man kann ein Projekt schließen über den Menüpunkt **Datei · Projekt schließen**. Falls man Veränderungen vorgenommen hat, wird man gefragt, ob man diese Änderungen speichern möchte.

Projekt schließen

Möchte man die Projektdaten sicherheitshalber zwischendurch speichern, so ist dies über den Menüpunkt **Datei · Alle speichern** möglich.

Zum Öffnen eines vorhandenen Projekts wählt man den Menüpunkt **Datei · Projekt öffnen**. Im darauf folgenden Dialogfeld **Projekt öffnen** wählt man zunächst das gewünschte Projektverzeichnis aus und anschließend die gleichnamige Datei mit der Endung *.sln*.

Projekt öffnen

1.3.11 Übung

Übung p0102:

Erstellen Sie ein Windows-Programm, das zwei Buttons und ein Label beinhaltet. Bei Betätigung des ersten Buttons erscheint im Label Ihr Name wie im folgenden Satz: »Dieses Programm wurde erstellt von Bodo Basic«. Bei Betätigung des zweiten Buttons wird das Programm beendet. Namensvorschläge: Projektname p0102, Buttons cmdMyName und cmdEnde, Label lblMyName.

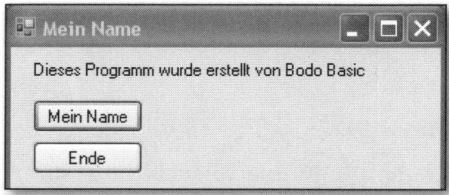

Abbildung 1.16   Übung p0102

1.4 Arbeiten mit Steuerelementen

1.4.1 Steuerelemente formatieren

Hilfslinien   Zur besseren Anordnung der Steuerelemente auf dem Formular können Sie sie mit der Maus nach Augenmaß anordnen. Beim Verschieben der Steuerelemente erscheinen automatisch Hilfslinien, falls das aktuelle Element horizontal oder vertikal parallel zu einem anderen Element steht.

Mehrere Steuerelemente markieren   Weitere Möglichkeiten bieten die Menüpunkte im Menü **Format**. In beiden Fällen müssen vorher mehrere Steuerelemente markiert werden. Dies geschieht

- entweder durch Umrahmung der Elemente mit einem Rechteck, nachdem man zuvor das Steuerelement Zeiger ausgewählt hat,
- oder durch Mehrfachauswahl, indem ab dem zweiten auszuwählenden Steuerelement die ⇧-Taste (wie für Großbuchstaben) oder die Strg-Taste gedrückt wird.

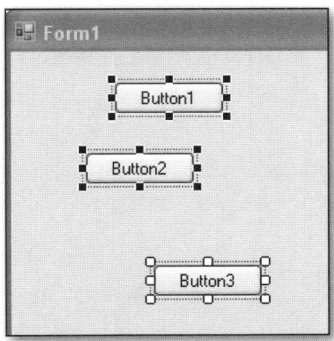

Abbildung 1.17 Mehrere markierte Elemente

Über das Menü **Format** hat man anschließend folgende Möglichkeiten zur Anpassung der Steuerelemente:

Menü »Format«

- Die ausgewählten Steuerelemente können horizontal oder vertikal zueinander ausgerichtet werden (Menü **Format • Ausrichten**).
- Die horizontalen und/oder vertikalen Dimensionen der ausgewählten Steuerelemente können angeglichen werden (Menü **Format • Größe angleichen**).
- Die horizontalen und vertikalen Abstände zwischen den ausgewählten Steuerelementen können angeglichen, vergrößert, verkleinert oder entfernt werden (Menü **Format • Horizontaler Abstand/Vertikaler Abstand**).

Einheitliche Abstände

- Die Steuerelemente können horizontal oder vertikal innerhalb des Formulars zentriert werden (Menü **Format • auf Formular zentrieren**).
- Sollten sich die Steuerelemente teilweise überlappen, kann man einzelne Steuerelemente in den Vorder- bzw. Hintergrund schieben (Menü **Format • Reihenfolge**).
- Man kann alle Steuerelemente gleichzeitig gegen versehentliches Verschieben absichern (Menü **Format • Sperren**). Diese Sperrung gilt nur während der Entwicklung des Programms.

Abbildung 1.18 zeigt ein Formular mit drei Buttons, die alle links ausgerichtet sind und im gleichen vertikalen Abstand voneinander stehen:

1 | Einführung

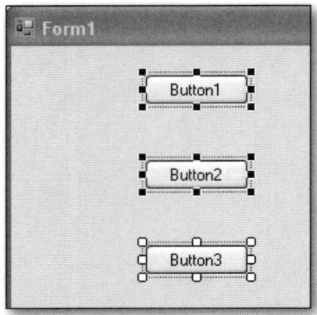

Abbildung 1.18 Nach der Formatierung

Übung:

Laden Sie das erste Projekt aus dem vorherigen Abschnitt (p0101), markieren Sie darin mehrere Steuerelemente, und testen Sie die einzelnen Möglichkeiten des **Format**-Menüs.

1.4.2 Steuerelemente kopieren

Steuerelemente kopieren

Zur schnelleren Erzeugung eines Projekts können vorhandene Steuerelemente einschließlich aller ihrer Eigenschaften kopiert werden. Markieren Sie hierzu die gewünschten Steuerelemente und kopieren Sie sie

- ▶ entweder über das Menü **Bearbeiten · Kopieren** und das Menü **Bearbeiten · Einfügen** (Menü **Edit · Copy** und Menü **Edit · Paste**)
- ▶ oder mit den Tasten [Strg]+[C] und [Strg]+[V].

Anschließend sollten die neu erzeugten Steuerelemente direkt umbenannt und an der gewünschten Stelle angeordnet werden.

Übung:

Laden Sie das erste Projekt aus dem vorherigen Abschnitt (p0101), und kopieren Sie einzelne Steuerelemente. Kontrollieren Sie anschließend die Liste der vorhandenen Steuerelemente in der Eigenschaften-Tabelle auf einheitliche Namensgebung.

1.4.3 Eigenschaften zur Laufzeit ändern

Size, Location

Steuerelemente haben die Eigenschaften Size (mit den Komponenten Width und Height) und Location (mit den Komponenten X und Y) zur Angabe von Größe und Position. X und Y geben die Koordinaten der oberen linken Ecke des Steuerelements an, gemessen von der oberen linken

Ecke des umgebenden Elements (meist das Formular). Alle Werte werden in Pixeln gemessen.

Alle diese Eigenschaften können sowohl während der Entwicklungszeit als auch während der Laufzeit eines Projekts verändert werden. Zur Änderung während der Entwicklungszeit kann die Eigenschaft wie gewohnt im Eigenschaftenfenster eingegeben werden. Als Beispiel für Änderungen während der Laufzeit soll das folgende Programm dienen:

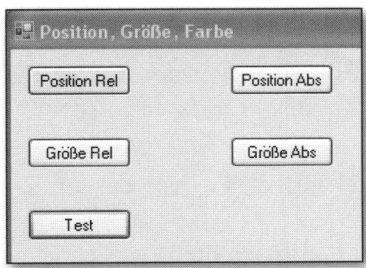

Abbildung 1.19 Position und Größe bestimmen

Der Programmcode:

```
Public Class frm0103
    Private Sub cmdPositionRel_Click( ... ) Handles ...
        cmdTest.Location = New Point(cmdTest.Location.X + 20, _
            cmdTest.Location.Y)
    End Sub

    Private Sub cmdPositionAbs_Click( ... ) Handles ...
        cmdTest.Location = New Point(100, 200)
    End Sub

    Private Sub cmdGrößeRel_Click( ... ) Handles ...
        cmdTest.Size = New Point(cmdTest.Size.Width + 20, _
            cmdTest.Size.Height)
    End Sub

    Private Sub cmdGrößeAbs_Click( ... ) Handles ...
        cmdTest.Size = New Point(50, 100)
    End Sub
End Class
```

Zur Erläuterung:

▶ Das Formular enthält fünf Buttons. Die oberen vier Buttons dienen zur Veränderung von Position und Größe des fünften Buttons.

- Die Position eines Elements kann relativ zur aktuellen Position oder auf absolute Werte eingestellt werden. Das Gleiche gilt für die Größe eines Elements.
- Bei beiden Angaben handelt es sich um Wertepaare (X/Y bzw. `Breite/Höhe`).

New Point
- Zur Einstellung dient die Struktur `Point`. Ein Objekt dieser Struktur liefert ein Wertepaar. In diesem Programm wird mit `New` jeweils ein neues Objekt der Struktur `Point` erzeugt, um das Wertepaar bereitzustellen.

X, Y
- Bei Betätigung des Buttons **Position Abs** wird die Position des fünften Buttons auf die Werte `X=100` und `Y=200` gestellt, gemessen von der linken oberen Ecke des Formulars.
- Bei Betätigung des Buttons **Position Rel** wird die Position des fünften Buttons auf die Werte `X = cmdTest.Location.X + 20` und `Y = cmdTest.Location.Y` gestellt. Bei X wird also der alte Wert der Komponente X um 20 erhöht, das Element bewegt sich nach rechts. Bei Y wird der alte Wert der Komponente Y nicht verändert, das Element bewegt sich nicht nach oben oder unten.

Width, Height
- Bei Betätigung des Buttons **Größe Abs** wird die Größe des fünften Buttons auf die Werte `Width = 50` und `Height = 100` gestellt.
- Bei Betätigung des Buttons **Größe Rel** wird die Größe des fünften Buttons auf die Werte `Width = cmdTest.Size.Width + 20` und `Height = cmdTest.Size.Height` gestellt. Bei Width wird also der alte Wert der Komponente Width um 20 erhöht, das Element wird breiter. Bei Height wird der alte Wert der Komponente Height nicht verändert, das Element verändert seine Höhe nicht.

Nach einigen Klicks sieht das Formular wie folgt aus:

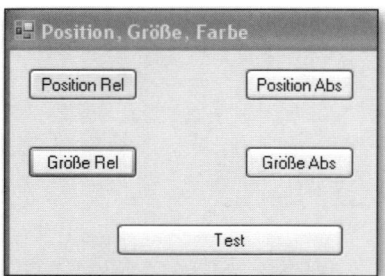

Abbildung 1.20 Veränderung von Eigenschaften zur Laufzeit

1.4.4 Vergabe und Verwendung von Namen

Beachten Sie in allen Programmen, dass jedes Steuerelement seinen eigenen, eindeutigen Namen hat und immer mit diesem Namen angesprochen werden muss. Es passiert erfahrungsgemäß besonders am Anfang häufig, dass ein Programm nicht zum gewünschten Erfolg führt, weil ein nicht vorhandener Name verwendet wurde. In diesem Zusammenhang weise ich noch einmal auf die Namenskonventionen hin:

- Buttons sollten Namen wie z. B. cmdEnde, cmdAnzeigen, cmdBerechnen usw. haben
- Labels sollten Namen wie z. B. lblAnzeige, lblName, lblUhrzeit, lblBeginnDatum haben

Diese Namen liefern eine eindeutige Information über Typ und Funktion des Steuerelements. Falls Sie beim Schreiben von Programmcode anschließend diese Namen vollständig in Kleinbuchstaben eingeben, werden sie nach Verlassen der Zeile automatisch korrigiert. Daran können Sie schnell erkennen, ob Sie ein vorhandenes Steuerelement verwendet haben.

1.4.5 Verknüpfung von Texten, mehrzeilige Texte

Es können mehrere Texte in einer Ausgabe mithilfe des Zeichens & miteinander verknüpft werden. Falls man eine mehrzeilige Ausgabe wünscht, so muss zusätzlich ein Zeilenvorschub mithilfe der integrierten Visual Basic-Konstante vbCrLf eingegeben werden. Sollte eine Zeile bei der Eingabe im Codefenster zu lang werden, so kann man sie mithilfe des Zeichens _ am Ende der Zeile teilen, wie ich dies auch bei den Codebeispielen in diesem Buch handhabe.

& und vbCrLf

Nachfolgend wird das Beispiel p0103 ergänzt um ein Label, in dem die aktuelle Position und Größe des Buttons angezeigt werden. Dies soll nach Betätigung des Buttons **Anzeige** geschehen:

```
Public Class frm0103
[ ... ]
   Private Sub cmdAnzeige_Click( ... ) Handles ...
      lblAnzeige.Text = _
         "Position: X: " & cmdTest.Location.X _
         & ", Y: " & cmdTest.Location.Y & vbCrLf _
         & "Größe: Breite: " & cmdTest.Size.Width _
         & ", Höhe: " & cmdTest.Size.Height
   End Sub
End Class
```

Nach einigen Klicks und der Betätigung des Buttons **Anzeige** sieht das Formular wie folgt aus:

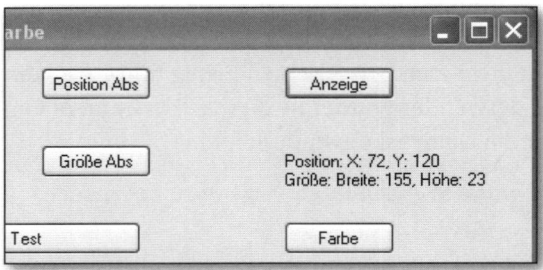

Abbildung 1.21 Anzeige der Eigenschaften

1.4.6 Eigenschaft BackColor, Farben allgemein

BackColor   Die Hintergrundfarbe eines Steuerelements wird mit der Eigenschaft BackColor festgelegt. Dabei kann die Farbe zur Entwicklungszeit leicht mithilfe einer Farbpalette oder aus Systemfarben ausgewählt werden.

Color   Hintergrundfarben und andere Farben können auch zur Laufzeit eingestellt werden, dabei bedient man sich Farbwerten. Diese Farbwerte kann man über die Struktur Color auswählen.

Ein Beispiel, ebenfalls in p0103:

```
Public Class frm0103
[ ... ]
    Private Sub cmdFarbe_Click( ... ) Handles ...
        Me.BackColor = Color.Yellow
        lblAnzeige.BackColor = Color.FromArgb(192, 255, 0)
    End Sub
End Class
```

Zur Erläuterung:

- Diese Struktur bietet vordefinierte Farbnamen als Eigenschaften, zum Beispiel Yellow. Der Wert kann der Eigenschaft BackColor des Steuerelements zugewiesen werden, hier ist dies das Formular selbst (Me).

FromArgb()
- Außerdem bietet die Struktur die Methode FromArgb(). Diese kann auf vier verschiedene Arten aufgerufen werden. Eine dieser vier Arten erwartet genau drei Parameter, nämlich die Werte für Rot, Grün und Blau, jeweils zwischen 0 und 255.

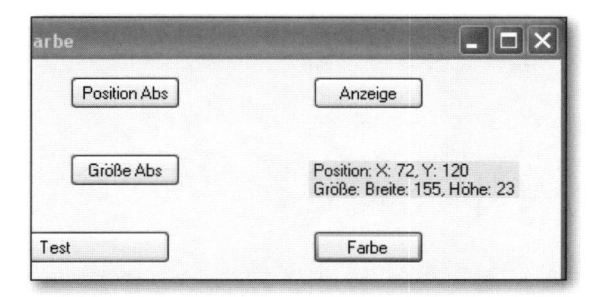

Abbildung 1.22 Nach Änderung der Eigenschaft »Farbe«

In diesem Kapitel erlernt der Leser auf anschauliche Weise die Sprachgrundlagen von Visual Basic, in Verbindung mit den gängigen Steuerelementen von Windows-Programmen.

2 Grundlagen

2.1 Variablen und Datentypen

Variablen dienen zur vorübergehenden Speicherung von Daten, die sich zur Laufzeit eines Programms ändern können. Eine Variable besitzt einen eindeutigen Namen, unter dem sie angesprochen werden kann.

2.1.1 Namen, Werte

Für die Namen von Variablen gelten in Visual Basic die folgenden Regeln: **Namensregeln**

- Sie beginnen mit einem Buchstaben.
- Sie können nur aus Buchstaben, Zahlen und einigen wenigen Sonderzeichen (z. B. dem Unterstrich _) bestehen.
- Innerhalb eines Gültigkeitsbereichs darf es keine zwei Variablen mit dem gleichen Namen geben (siehe Abschnitt 2.1.4, »Gültigkeitsbereich«).

Variablen erhalten ihre Werte durch Zuweisung per Gleichheitszeichen. Einer Variablen sollte vor ihrer ersten Benutzung ein Wert zugewiesen werden. Dadurch werden Programme eindeutiger, lesbarer und fehlerfreier.

2.1.2 Deklarationen

Neben dem Namen besitzt jede Variable einen Datentyp, der die Art der Information bestimmt, die gespeichert werden kann. Der Entwickler wählt den Datentyp danach aus, ob er Text, Zahlen ohne Nachkommastellen, Zahlen mit Nachkommastellen oder z. B. Datumsangaben speichern möchte.

2 | Grundlagen

Auswahl des Datentyps

Außerdem muss er sich noch Gedanken über die Größe des Bereichs machen, den die Zahl oder der Text annehmen könnte. Er sollte versuchen, den Datentyp mit dem geringsten Speicherbedarf zu verwenden; dieser gewährleistet gleichzeitig auch eine schnellere Verarbeitung. Im folgenden Abschnitt 2.1.3, »Datentypen«, finden Sie eine Liste der Datentypen mit Name, Speicherbedarf und Wertebereich.

Variablen sollten in Visual Basic immer mit einem Datentyp deklariert werden. Dies beugt Fehlern und unnötig hohem Speicherbedarf vor.

2.1.3 Datentypen

Die folgende Liste enthält die wichtigsten von Visual Basic unterstützten Datentypen sowie deren Speicherbedarf und Wertebereich.

- Datentyp `Boolean`, Speicherbedarf plattformabhängig, Wertebereich `True` oder `False` (»Wahr« oder »Falsch«)
- Datentyp `Byte`, Speicherbedarf 1 Byte, Wertebereich von 0 bis 255
- Datentyp `Char`, Speicherbedarf 2 Bytes, Wertebereich von 0 bis 65536
- Datentyp `Date`, Speicherbedarf 8 Bytes, Wertebereich vom 1. Januar 1 bis zum 31. Dezember 9999

Double
- Datentyp `Double`, Speicherbedarf 8 Bytes, Gleitkommazahl mit doppelter Genauigkeit, Wertebereich von −1,79769313486231570E+308 bis 4,94065645841246544E-324 für negative Werte und von 4,94065645841246544E-324 bis 1,79769313486231570E+308 für positive Werte

Integer
- Datentyp `Integer`, Speicherbedarf 4 Bytes, Wertebereich von −2.147.483.648 bis 2.147.483.647
- Datentyp `Long`, Speicherbedarf 8 Bytes, lange Ganzzahl, Wertebereich von −9.223.372.036.854.775.808 bis 9.223.372.036.854.775.807
- Datentyp `Object`, Speicherbedarf 4–8 Bytes, Wertebereich beliebig
- Datentyp `Short`, Speicherbedarf 2 Bytes, Wertebereich von −32,768 bis 32,767
- Datentyp `Single`, Speicherbedarf 4 Bytes, Gleitkommazahl mit einfacher Genauigkeit; Wertebereich: 3,4028235E+38 bis −1,401298E-45 für negative Werte und 1,401298E-45 bis 3,4028235E+38 für positive Werte

String
- Datentyp `String`, Speicherbedarf plattformabhängig, Zeichenkette mit variabler Länge

- benutzerdefinierte Struktur, Speicherbedarf abhängig von den Elementen, jedes Element hat seinen eigenen Datentyp und damit seinen eigenen Wertebereich

Im folgenden Beispiel werden Variablen der wichtigsten Typen deklariert, mit Werten versehen und in einem Label angezeigt (p0201).

```
Public Class frm0201
    Private Sub cmdAnzeige_Click( ... ) Handles ...
        Dim Bo As Boolean
        Dim By As Byte
        Dim Ch As Char
        Dim Dt As Date
        Dim Db As Double
        Dim It As Integer
        Dim Lg As Long
        Dim Sh As Short
        Dim Sg As Single
        Dim St As String

        Bo = True
        By = 200
        Ch = "a"
        Dt = "15.12.2007"
        Db = 1 / 7
        It = 2000000000
        Lg = 3000000000
        Sh = 30000
        Sg = 1 / 7
        St = "Zeichenkette"

        lblAnzeige.Text = _
            "Boolean: " & Bo & vbCrLf & _
            "Byte: " & By & vbCrLf & _
            "Char: " & Ch & vbCrLf & _
            "Double: " & Db & vbCrLf & _
            "Date: " & Dt & vbCrLf & _
            "Integer: " & It & vbCrLf & _
            "Long: " & Lg & vbCrLf & _
            "Short: " & Sh & vbCrLf & _
            "Single: " & Sg & vbCrLf & _
            "String: " & St
    End Sub
End Class
```

Das Programm hat nach Betätigung des Buttons die folgende Ausgabe:

Abbildung 2.1 Wichtige Datentypen

Zur Erläuterung:

- Variablen werden mit `Dim ... As ...` deklariert.

Wertebereich
- Bei den Zahlen-Datentypen führt eine Über- oder Unterschreitung des Wertebereichs zu einer Fehlermeldung.

Genauigkeit
- Die Datentypen `Single` und `Double` für Zahlen mit Nachkommastellen unterscheiden sich in ihrer Genauigkeit.

- Werte für Zeichen, Zeichenketten und Datumsvariablen müssen in doppelten Anführungszeichen angegeben werden.

Mehrere Variablen des gleichen Typs können, durch Kommata getrennt, in einer Zeile deklariert werden (z. B. `Dim x, y As Integer`).

Übung p0202:

Schreiben Sie ein Programm, in dem Ihr Nachname, Vorname, Ihre Adresse, Ihr Geburtsdatum und Ihr Alter jeweils in Variablen eines geeigneten Datentyps gespeichert und anschließend wie folgt ausgegeben werden:

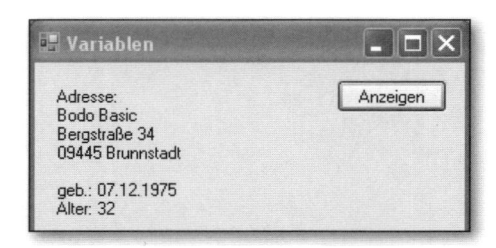

Abbildung 2.2 Übung p0202

2.1.4 Gültigkeitsbereich

Variablen, die innerhalb einer Prozedur vereinbart wurden, haben ihre Gültigkeit nur in der Prozedur. Außerhalb der Prozedur sind sowohl Name als auch Wert unbekannt. Solche Variablen bezeichnet man auch als lokale Variablen. Sobald die Prozedur abgearbeitet wurde, steht der Wert auch nicht mehr zur Verfügung. Beim nächsten Aufruf der gleichen Prozedur werden diese Variablen neu deklariert und erhalten neue Werte. *Lokal*

Anders verhält es sich mit statischen Variablen. Diese behalten ihren Wert, solange das Programm läuft. Ein wiederholter Aufruf der gleichen Prozedur kann auf den letzten gespeicherten Wert einer Variablen zugreifen. Eine statische Variable vereinbart man z. B. wie folgt: `Static Sx As Integer`. *Statisch*

Variablen, die außerhalb von Prozeduren vereinbart werden, sind modulweit gültig. Ihr Wert kann in jeder Prozedur gesetzt oder abgerufen werden und bleibt innerhalb des Moduls auch erhalten. Eine solche Variable vereinbart man wie eine lokale Variable, nur an anderer Stelle, z. B. wie folgt: `Dim Mx As Integer`. *Modulweit*

Gibt es mehrere Variablen mit dem gleichen Namen, gelten folgende Regeln:

- Lokale Variablen mit gleichem Namen in der gleichen Prozedur sind nicht zulässig.
- Eine modulweite Variable wird innerhalb einer Prozedur von einer lokalen Variablen mit dem gleichen Namen ausgeblendet. *Ausblenden*
- Eine anwendungsweite Variable wird innerhalb eines Moduls von einer modulweiten oder lokalen Variablen mit dem gleichen Namen ausgeblendet.

Im folgenden Beispiel werden lokale, statische und modulweite Variablen deklariert, in verschiedenen Prozeduren erhöht und ausgegeben (p0203).

```
Public Class frm0203
    Dim Mx As Integer

    Private Sub cmdAnzeigen1_Click( ... ) Handles ...
        Static Sx As Integer
        Dim x As Integer
        Sx = Sx + 1
        Mx = Mx + 1
```

```
        x = x + 1
        lblAnzeige.Text = "Sx: " & Sx _
            & "  x: " & x & "  MX: " & Mx
    End Sub

    Private Sub cmdAnzeigen2_Click( ... ) Handles ...
        Dim Mx As Integer
        Mx = Mx + 1
        lblAnzeige.Text = "MX: " & Mx
    End Sub
End Class
```

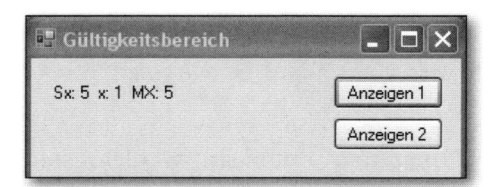

Abbildung 2.3 Statische und modulweite Variable

In der ersten Prozedur wird der Wert der statischen Variablen Sx und der modulweiten Variablen Mx bei jedem Aufruf erhöht. Die lokale Variable x wird immer wieder auf 1 gesetzt.

Abbildung 2.4 Lokale Variable

In der zweiten Prozedur blendet die lokale Variable Mx die gleichnamige modulweite Variable aus. Die lokale Variable wird immer wieder auf 1 gesetzt.

2.1.5   Konstanten

Konstanten repräsentieren Werte

Konstanten sind vordefinierte Werte, die während der Laufzeit nicht verändert werden können. Man gibt Konstanten im Allgemeinen aussagekräftige Namen, dadurch sind sie leichter zu behalten als die Werte, die sie repräsentieren. Konstanten werden an einer zentralen Stelle definiert und können an verschiedenen Stellen des Programms genutzt werden. Somit muss eine eventuelle Änderung einer Konstanten zur Entwurfszeit nur an einer Stelle erfolgen. Der Gültigkeitsbereich von Konstanten ist analog zum Gültigkeitsbereich von Variablen.

Zu den Konstanten zählen auch die integrierten Konstanten, wie z. B. vbCrLf. Auch sie repräsentieren Zahlen, die aber nicht so einprägsam sind wie die Namen der Konstanten.

Integrierte Konstanten

Im folgenden Beispiel werden mehrere Konstanten vereinbart und genutzt (p0204).

```
Public Class frm0204
   Const MaxWert = 75
   Const Eintrag = "Picture"

   Private Sub cmdKonstanten_Click( ... ) Handles ...
      Const MaxWert = 55
      Const MinWert = 5
      lblAnzeige.Text = (MaxWert - MinWert) / 2 & _
         vbCrLf & Eintrag
   End Sub
End Class
```

Zur Erläuterung:

- Die Konstanten MaxWert und Eintrag werden modulweit festgelegt.
- Innerhalb der Prozedur werden die beiden lokalen Konstanten MaxWert und MinWert festgelegt. MaxWert blendet die modulweite Konstante gleichen Namens aus, wie man an der Ausgabe im Label ersehen kann.
- Außerdem kommt noch die integrierte Konstante vbCrLf zum Einsatz.

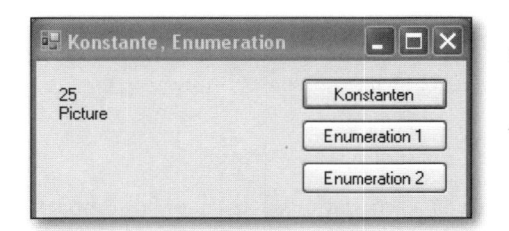

Abbildung 2.5 Konstanten

2.1.6 Enumerationen

Enumerationen sind Aufzählungen von Konstanten, die thematisch zusammengehören. Alle Enumerationen haben den gleichen Datentyp,

Konstanten aufzählen

der ganzzahlig sein muss. Bei der Deklaration werden ihnen Werte zugewiesen, am besten explizit.

Innerhalb von Visual Basic gibt es zahlreiche vordefinierte Enumerationen. Ähnlich wie bei den integrierten Konstanten sind die Namen der Enumerationen und deren Elemente besser lesbar als die durch sie repräsentierten Zahlen.

Ein Beispiel: Die Enumeration `MsgBoxResult` ermöglicht es dem Programmierer, die zahlreichen möglichen Antworten des Benutzers beim Einsatz von Windows-Standard-Dialogfeldern (**Ja**, **Nein**, **Abbrechen**, **Wiederholen**, **Ignorieren**, ...) anschaulich einzusetzen.

Im folgenden Programm wird mit einer eigenen und einer vordefinierten Enumeration gearbeitet (ebenfalls in p0204).

```
Public Class frm0204
[ ... ]
   Enum Zahl As Integer
      Eins = 1
      Zwei = 2
      Drei = 3
      Vier = 4
   End Enum
[ ... ]

   Private Sub cmdEnumeration1_Click( ... ) Handles ...
      lblAnzeige.Text = Zahl.Zwei * Zahl.Drei
   End Sub

   Private Sub cmdEnumeration2_Click( ... ) Handles ...
      lblAnzeige.Text = "Montag: " _
         & FirstDayOfWeek.Sunday & _
         ", Samstag: " & FirstDayOfWeek.Saturday
   End Sub
End Class
```

Zur Erläuterung:

- Es wird die Enumeration `Zahl` vom Datentyp `Integer` vereinbart. Da es sich um einen Typ handelt und nicht um eine Variable oder Konstante, muss sie außerhalb von Prozeduren vereinbart werden. Damit ist sie automatisch modulweit gültig
- In der ersten Ereignisprozedur werden zwei Elemente der eigenen Enumeration `Zahl` verwendet. Die beiden Zahlen, die sie repräsentieren, werden miteinander multipliziert.

▶ In der zweiten Ereignisprozedur werden zwei Elemente der vordefinierten Enumeration `FirstDayOfWeek` verwendet.

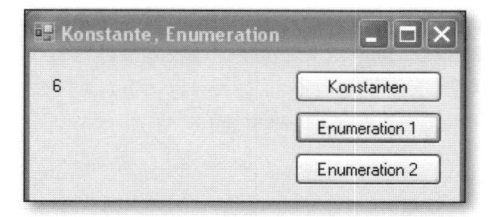

Abbildung 2.6 Erste Enumeration

Abbildung 2.7 Zweite Enumeration

Übung p0205:

Erstellen Sie ein Programm, in dem zwei Buttons, ein Label und drei Variablen eines geeigneten Datentyps eingesetzt werden:

▶ die modulweite Variable x
▶ die Variable y, die nur lokal in der Prozedur zum Click-Ereignis des ersten Buttons gültig ist
▶ die Variable z, die nur lokal in der Prozedur zum Click-Ereignis des zweiten Buttons gültig ist
▶ In der ersten Prozedur werden x und y jeweils um 0,1 erhöht und angezeigt.
▶ In der zweiten Prozedur werden x und z jeweils um 0,1 erhöht und angezeigt.

Abbildung 2.8 Ausgabe der ersten Prozedur nach einigen Klicks

Abbildung 2.9 Ausgabe der zweiten Prozedur nach weiteren Klicks

2.2 Operatoren

Zum Zusammensetzen von Ausdrücken werden in Visual Basic, wie in jeder anderen Programmiersprache auch, Operatoren verwendet. In diesem Buch wurden schon die Operatoren = für Zuweisungen und & für Verkettungen verwendet.

Priorität Es gibt verschiedene Kategorien von Operatoren. Vorrangregeln (Prioritäten) sind für die Reihenfolge der Abarbeitung zuständig, falls mehrere Operatoren innerhalb eines Ausdrucks verwendet werden. Diese Vorrangregeln sind weiter unten in diesem Abschnitt angegeben. Falls man sich bei der Verwendung dieser Regeln nicht sicher ist, so empfiehlt es sich, durch eigene Klammersetzung die Reihenfolge explizit festzulegen.

2.2.1 Arithmetische Operatoren

Rechen-Operatoren Arithmetische Operatoren dienen zur Durchführung von Berechnungen. Die folgende Tabelle listet die arithmetischen Operatoren auf:

Operator	Beschreibung
+	Addition
-	Subtraktion oder Negation
*	Multiplikation
/	Division
\	Ganzzahl-Division
^	Potenzierung
Mod	Modulo

Die Ganzzahl-Division wird in zwei Schritten durchgeführt. Im ersten Schritt werden Dividend und Divisor einzeln gerundet. Im zweiten Schritt werden die beiden verbliebenen Zahlen geteilt, anschließend werden die Ziffern nach dem Komma abgeschnitten. Beispiele:

Ausdruck	Ergebnis
19 / 4	4.75
19 \ 4	4
19 \ 4.6	3
19.5 \ 4.2	5

Der Modulo-Operator Mod berechnet den Rest einer Division. Beispiele: Modulo

Ausdruck	Ergebnis
19 Mod 4	3
19.5 Mod 4.2	2.7

Zur Potenzierung einer Zahl dient der Operator ^ (hoch). Beispiele:

Ausdruck	Ergebnis
2 ^ 5	32
3 ^ 2 ^ 3	729
2 ^ 5.4	-42.2242531447326
(-2) ^ 5	-32

Multiplikation und Division innerhalb eines Ausdrucks sind gleichrangig und werden von links nach rechts in der Reihenfolge ihres Auftretens ausgewertet. Dasselbe gilt für Additionen und Subtraktionen, die zusammen in einem Ausdruck auftreten.

Mit Klammern kann diese Rangfolge außer Kraft gesetzt werden, damit Klammern
bestimmte Teilausdrücke vor anderen Teilausdrücken ausgewertet werden. In Klammern gesetzte Operationen haben grundsätzlich Vorrang. Innerhalb der Klammern gilt jedoch wieder die normale Rangfolge der Operatoren.

Übung p0206:

Berechnen Sie die beiden folgenden Ausdrücke, speichern Sie das Ergebnis in einer Variablen eines geeigneten Datentyps und zeigen Sie es an:

- 1. Ausdruck: 3 * -2.5 + 4 * 2
- 2. Ausdruck: 3 * (-2.5 + 4) * 2

2.2.2 Vergleichsoperatoren

Vergleich | Vergleichsoperatoren dienen dazu festzustellen, ob bestimmte Bedingungen zutreffen oder nicht. Das Ergebnis nutzt man unter anderem zur Ablaufsteuerung von Programmen. Der Abschnitt 2.4, »Verzweigung« geht hierauf genauer ein. Die folgende Tabelle führt die Vergleichsoperatoren auf:

Operator	Beschreibung
<	kleiner als
<=	kleiner als oder gleich
>	größer als
>=	größer als oder gleich
=	gleich
<>	ungleich

Einige Beispiele:

Ausdruck	Ergebnis
5 > 3	True
3 = 3.2	False
5 + 3 * 2 >= 12	False

Like | Darüber hinaus gibt es noch den Operator Like, der zum Mustervergleich dient. Dabei kann man unter anderem die Platzhalter * (eines oder mehrere Zeichen) und ? (genau ein Zeichen) einsetzen. Beispiele:

Ausdruck	Ergebnis
"abxba" Like "a*a"	True
"abxba" Like "a?a"	False
"aba" Like "a?a"	True
"asdlfigc" Like "a?d?f*c"	True

Übung p0207:

Ermitteln Sie das Ergebnis der beiden folgenden Ausdrücke, speichern Sie es in einer Variablen eines geeigneten Datentyps und zeigen Sie es an:

- 1. Ausdruck: 12 - 3 >= 4 * 2.5
- 2. Ausdruck: "Maier" Like "M??er"

2.2.3 Logische Operatoren

Logische Operatoren dienen dazu, mehrere Bedingungen zusammenzufassen. Das Ergebnis nutzt man ebenfalls u. a. zur Ablaufsteuerung von Programmen (siehe hierzu auch den Abschnitt 2.4, »Verzweigungen«). Die logischen Operatoren listet die folgende Tabelle auf:

Logik

Operator	Beschreibung	Das Ergebnis ist True, wenn ...
Not	Nicht	... der Ausdruck False ist
And	Und	... beide Ausdrücke True sind
Or	Inklusives Oder	... mindestens ein Ausdruck True ist
Xor	Exklusives Oder	... genau ein Ausdruck True ist

Es seien die Variablen A = 1, B = 3 und C = 5 gesetzt. Die folgenden Ausdrücke ergeben dann jeweils:

Ausdruck	Ergebnis
Not (A < B)	False
(B > A) And (C > B)	True
(B < A) Or (C < B)	False
(B < A) Xor (C > B)	True

Eine Zusammenstellung der Funktionsweise der logischen Operatoren liefert auch die folgende Wahrheitstabelle:

Ausdruck 1	Ausdruck 2	Not	And	Or	Xor
True	True	False	True	True	False
True	False	False	False	True	True
False	True	True	False	True	True
False	False	True	False	False	False

Übung p0208:

Ermitteln Sie das Ergebnis der beiden folgenden Ausdrücke, speichern Sie es in einer Variablen eines geeigneten Datentyps und zeigen Sie es an:

- 1. Ausdruck: 4 > 3 And -4 > -3
- 2. Ausdruck: 4 > 3 Or -4 > -3

2.2.4 Verkettungsoperator

Umwandlung in String — Der Operator & dient zur Verkettung von Zeichenfolgen. Ist einer der Ausdrücke keine Zeichenfolge, sondern eine Zahl oder Datumsangabe, so wird er in einen String verwandelt. Das Gesamtergebnis ist dann wiederum eine Zeichenfolge. Beispiel:

```
Public Class frm0209
    Private Sub cmdAnzeige_Click( ... ) Handles ...
        Dim a As String
        Dim s As Single
        Dim d As Date
        d = "5.11.2007"
        s = 4.6
        a = "t " & s & " " & d
        lblAnzeige.Text = a
    End Sub
End Class
```

Das Ergebnis:

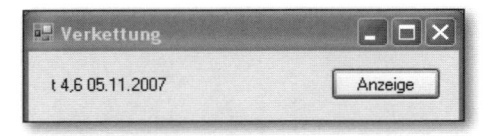

Abbildung 2.10 Verkettung

2.2.5 Zuweisungsoperatoren

Zeichen = — Der einfachste Zuweisungsoperator, das Gleichheitszeichen, wurde bereits genutzt. Es gibt zur Verkürzung von Anweisungen noch einige weitere Zuweisungsoperatoren:

Operator	Beispiel	Ergebnis
=	x = 7	x erhält den Wert 7
+=	x += 5	der Wert von x wird um 5 erhöht
-=	x -= 5	der Wert von x wird um 5 verringert
*=	x *= 3	der Wert von x wird auf das Dreifache erhöht
/=	x /= 3	der Wert von x wird auf ein Drittel verringert
\=	x \= 3	der Wert von x wird auf ein Drittel verringert, Nachkommastellen werden abgeschnitten
^=	x ^= 3	der Wert von x wird auf x hoch 3 erhöht
&=	z &= "abc"	die Zeichenkette z wird um den Text »abc« verlängert

2.2.6 Rangfolge der Operatoren

Enthält ein Ausdruck mehrere Operationen, so werden die einzelnen Teilausdrücke in einer bestimmten Rangfolge ausgewertet und aufgelöst, die als Rangfolge bzw. Priorität der Operatoren bezeichnet wird. Es gilt die folgende Rangfolge:

Priorität

Operator	Beschreibung
^	Exponentialoperator
-	negatives Vorzeichen
*, /	Multiplikation, Division
\	Ganzzahl-Division
Mod	Modulo
+, -	Addition, Subtraktion
&	Verkettung
=, <>, <, >, <=, >=, Like	Vergleichsoperatoren (das Zeichen = steht für den Vergleich, nicht für die Zuweisung)
Not	logisches NICHT
And	logisches UND
Or	logisches ODER

Die Operatoren, die in der Tabelle weiter oben stehen, haben die höchste Priorität.

Wie schon bei den arithmetischen Operatoren erwähnt: Mit Klammern kann diese Rangfolge außer Kraft gesetzt werden, damit bestimmte Teilausdrücke vor anderen Teilausdrücken ausgewertet werden. In Klammern gesetzte Operationen haben grundsätzlich Vorrang. Innerhalb der Klammern gilt jedoch wieder die normale Rangfolge der Operatoren.

Klammern

Übung p0210:

Sind die folgenden Bedingungen wahr oder falsch? Lösen Sie die Aufgabe möglichst ohne PC.

Nr.	Werte	Bedingung
1	a=5 b=10	a>0 And b<>10
2	a=5 b=10	a>0 Or b<>10
3	z=10 w=100	z<>0 Or z>w Or w-z=90
4	z=10 w=100	z=11 And z>w Or w-z=90
5	x=1.0 y=5.7	x>=.9 And y<=5.8
6	x=1.0 y=5.7	x>=.9 And Not(y<=5.8)

Nr.	Werte	Bedingung
7	n1=1 n2=17	n1>0 And n2>0 Or n1>n2 And n2<>17
8	n1=1 n2=17	n1>0 And (n2>0 Or n1>n2) And n2<>17

2.3 Panel, Zeitgeber, Textfeld, Zahlenauswahlfeld

Windows-Programmierung mit Visual Basic besteht aus zwei Teilen: der Arbeit mit visuellen Steuerelementen und der Programmierung mit der Sprache. Beides soll in diesem Buch parallel vermittelt werden, damit die eher theoretischen Abschnitte zur Programmiersprache durch eine anschauliche Praxis vertieft werden können.

Daher wird in diesem Abschnitt mit vier weiteren Steuerelementen gearbeitet, bevor im nächsten Abschnitt die Verzweigungen zur Programmsteuerung vorgestellt werden.

2.3.1 Panel

Container
Ein Panel dient normalerweise als Container für andere Steuerelemente. In diesem Abschnitt wird es zur visuellen Darstellung eines Rechtecks und für eine kleine Animation genutzt.

Die Eigenschaften BackColor (Hintergrundfarbe), Location (Position) und Size (Größe) sind schon von anderen Steuerelementen bekannt.

Mithilfe des nachfolgenden Programms p0211 wird ein Panel durch Betätigung von vier Buttons um 10 Pixel nach oben, unten, links oder rechts verschoben. Es hat die Größe 100 x 100 Pixel, die Startposition X=100 und Y=100 sowie eine eigene Hintergrundfarbe. Die Bewegung wird mithilfe der Struktur Point durchgeführt.

```
Public Class frm0211
    Private Sub cmdOben_Click( ... ) Handles ...
        panMove.Location = New Point(_
            panMove.Location.X, _
            panMove.Location.Y - 10)
    End Sub

    Private Sub cmdUnten_Click( ... ) ...
        panMove.Location = New Point(_
            panMove.Location.X, _
            panMove.Location.Y + 10)
    End Sub
```

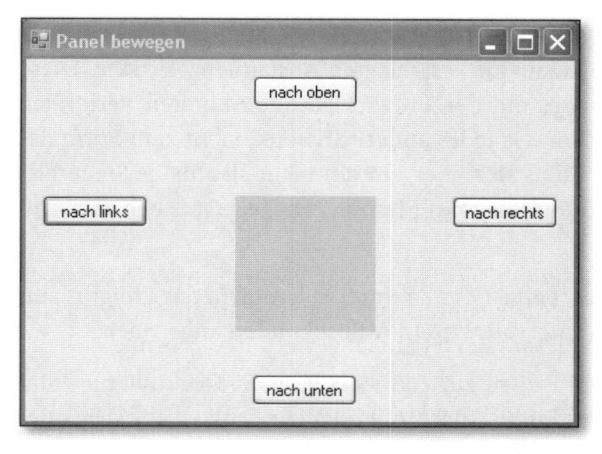

Abbildung 2.11 Panel, Startzustand

```
    Private Sub cmdLinks_Click( ... ) Handles ...
       panMove.Location = New Point(_
          panMove.Location.X - 10, _
          panMove.Location.Y)
    End Sub

    Private Sub cmdRechts_Click( ... ) Handles ...
       panMove.Location = New Point(_
          panMove.Location.X + 10, _
          panMove.Location.Y)
    End Sub
End Class
```

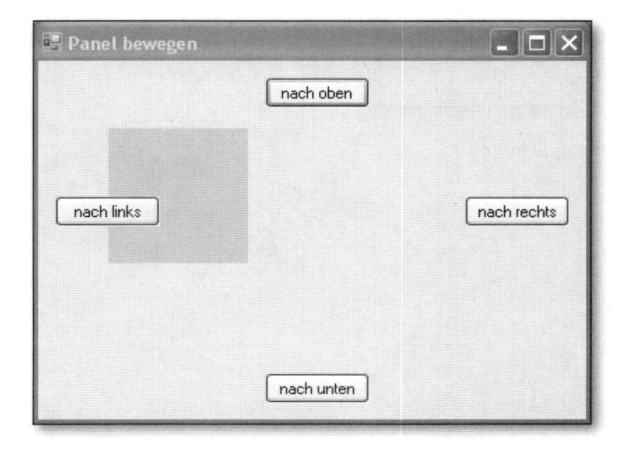

Abbildung 2.12 Panel nach Verschiebung

2.3.2 Zeitgeber

Timer Ein Zeitgeber (Timer) erzeugt in festgelegten Abständen Zeittakte. Diese Zeittakte sind Ereignisse, die der Entwickler mit Aktionen verbinden kann. Ein Zeitgeber kann wie jedes andere Steuerelement zum Formular hinzugefügt werden. Da es sich aber um ein nicht sichtbares Steuerelement handelt, wird er unterhalb des Formulars angezeigt. Auch zur Laufzeit ist er nicht sichtbar.

Intervall Seine wichtigste Eigenschaft ist das Zeitintervall, in dem das Ereignis auftreten soll. Dieses Zeitintervall wird in Millisekunden angegeben.

Enabled Die Eigenschaft Enabled dient zur Aktivierung bzw. Deaktivierung des Zeitgebers. Sie kann zur Entwicklungszeit oder zur Laufzeit auf True oder False gestellt werden.

Im nachfolgenden Programm p0212 erscheint zunächst ein Formular mit zwei Buttons. Betätigt man den **Start**-Button, so erscheint ein »x« in einem Bezeichnungsfeld. Alle 0,5 Sekunden erscheint automatisch ein weiteres »x«. Dies wird durch den Timer gesteuert, bei dem der Wert für die Eigenschaft Interval auf 500 gesetzt wurde. Nach Betätigung des Stop-Buttons kommt kein weiteres »x« hinzu.

Abbildung 2.13 Nach einigen Sekunden

```
Public Class frm0212
    Private Sub timAnzeige_Tick( ... ) Handles ...
        lblAnzeige.Text &= "x"
    End Sub

    Private Sub cmdStart_Click( ... ) Handles ...
        timAnzeige.Enabled = True
    End Sub

    Private Sub cmdStop_Click( ... ) Handles ...
```

```
        timAnzeige.Enabled = False
    End Sub
End Class
```

Übung p0213:

Erstellen Sie eine Windows-Anwendung. In der Mitte eines Formulars sollen zu Beginn vier Panels verschiedener Farbe der Größe 20 × 20 Pixel platziert werden. Sobald ein Start-Button betätigt wurde, sollen diese vier Panels sich diagonal in ca. 5–10 Sekunden zu den Ecken des Formulars bewegen, jedes Panel in eine andere Ecke.

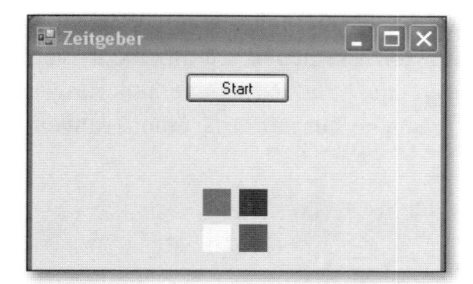

Abbildung 2.14 Start-Zustand

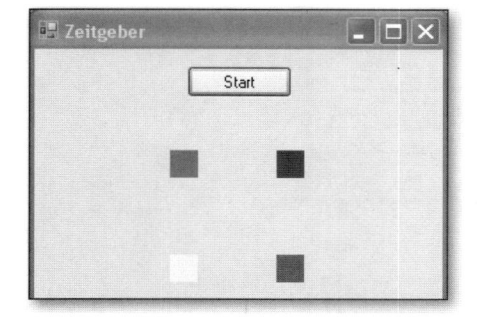

Abbildung 2.15 Nach einigen Sekunden

Übung p0214:

Diese Übung gehört nicht zum »Pflichtprogramm«. Sie ist etwas umfangreicher, verdeutlicht aber die Möglichkeiten einer schnellen Visualisierung von Prozessen durch Visual Basic mit wenigen Programmzeilen.

Konstruieren Sie aus mehreren Panels einen Kran (Fundament, senkrechtes Hauptelement, waagrechter Ausleger, senkrechter Haken am Ausleger). Der Benutzer soll die Möglichkeit haben, über Buttons die folgenden Aktionen auszulösen:

- Haken um 10 Pixel ausfahren
- Haken um 10 Pixel einfahren
- Ausleger um 10 Pixel ausfahren
- Ausleger um 10 Pixel einfahren
- Kran um 10 Pixel nach rechts fahren
- Kran um 10 Pixel nach links fahren
- Kran um 10 Pixel in der Höhe ausfahren
- Kran um 10 Pixel in der Höhe einfahren

Denken Sie daran, dass bei vielen Bewegungen mehrere Steuerelemente bewegt werden müssen, da der Kran sonst seinen »Zusammenhalt« verliert. Manche Aktionen resultieren nur aus Größenveränderungen (Eigenschaften Width und Height), manche nur aus Ortsveränderungen, manche aus beidem.

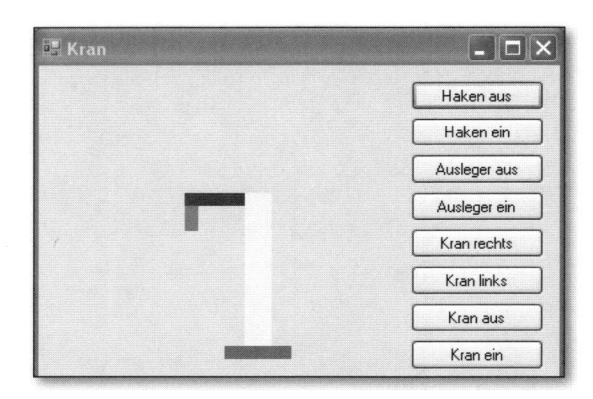

Abbildung 2.16 Start-Zustand

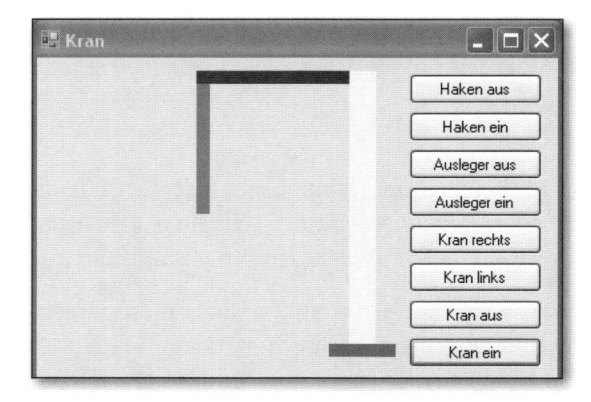

Abbildung 2.17 Nach einigen Aktionen

2.3.3 Textfelder

Ein Textfeld dient in erster Linie dazu, die Eingabe von Text oder Zahlen vom Benutzer entgegenzunehmen. Diese Eingaben werden in der Eigenschaft Text des Textfelds gespeichert. Das Aussehen und das Verhalten eines Textfelds werden unter anderem durch folgende Eigenschaften gekennzeichnet:

Eingabefeld

- MultiLine: Steht MultiLine auf True, so kann bei der Eingabe und bei der Anzeige mit mehreren Textzeilen gearbeitet werden.
- ScrollBars: Man kann ein Textfeld mit vertikalen und/oder horizontalen Bildlaufleisten zur Eingabe und Anzeige längerer Texte versehen.
- MaxLength: Mit dieser Eigenschaft lässt sich die Anzahl der Zeichen des Textfelds beschränken. Ist keine Beschränkung vorgesehen, kann das Textfeld 32K Zeichen aufnehmen.
- PasswordChar: Falls für diese Eigenschaft im Entwurfsmodus ein Platzhalter-Zeichen eingegeben wurde, wird während der Laufzeit für jedes eingegebene Zeichen nur dieser Platzhalter angezeigt. Diese Eigenschaft wird vor allem bei Passwort-Abfragen verwendet.

Passwort

Im nachfolgenden Programm p0215 kann der Benutzer in einem Textfeld einen Text eingeben. Nach Betätigung des Buttons **Ausgabe** wird der eingegebene Text in einem zusammenhängenden Satz ausgegeben.

Abbildung 2.18 Eingabe in Textfeld

Der Code lautet wie folgt:

```
Public Class frm0215
    Private Sub cmdAusgabe_Click( ... ) Handles ...
        lblAusgabe.Text = "Sie haben '" _
            & txtEingabe.Text & "' eingegeben"
    End Sub
End Class
```

2 | Grundlagen

Zur Erläuterung:

- In der Eigenschaft Text des Textfelds wird die Eingabe gespeichert. Die Eigenschaft wird in einen längeren Ausgabetext eingebettet.

Zahlen eingeben Bei der Eingabe und Auswertung von Zahlen sind einige Besonderheiten zu beachten. Im nachfolgenden Programm, ebenfalls in Projekt p0215, kann der Benutzer in einem Textfeld eine Zahl eingeben. Nach Betätigung des Buttons **Rechnen 1** wird der Wert dieser Zahl verdoppelt, das Ergebnis wird in einem Label darunter ausgegeben.

```
Public Class frm0215
[ ... ]
   Private Sub cmdRechnen1_Click( ... ) Handles ...
      lblAusgabe.Text = txtEingabe.Text * 2
   End Sub
End Class
```

Zur Erläuterung:

- Wenn eine Zeichenkette eingegeben wurde, die eine Zahl darstellt, dann wird sie implizit, d. h. automatisch, in eine Zahl umgewandelt, mit der dann gerechnet werden kann.
- Stellt die eingegebene Zeichenkette keine Zahl dar, kommt es zu einem Laufzeitfehler. Diese Situation sollte natürlich vermieden werden:
  - Man kann vorher überprüfen, ob es sich bei der Zeichenkette um eine gültige Zahl handelt und entsprechend reagieren. Dies wird möglich, sobald man Verzweigungen zur Programmsteuerung beherrscht.

Ausnahme-behandlung
  - Allgemein kann man Programme so schreiben, dass ein Programmabbruch abgefangen werden kann. Dies wird möglich, sobald man die Ausnahmebehandlung (siehe hierzu Kapitel 3, »Fehlerbehandlung«) beherrscht.

Einige Beispiele:

Abbildung 2.19 zeigt die Eingabe einer Zahl mit Nachkommastellen.

Die Eingabe einer Zeichenkette, z. B. »abc«, führt zu einer Ausnahme. Die Zeile, in der der Fehler auftritt, wird im Code markiert, damit der Fehler beseitigt werden kann (siehe Abbildung 2.20).

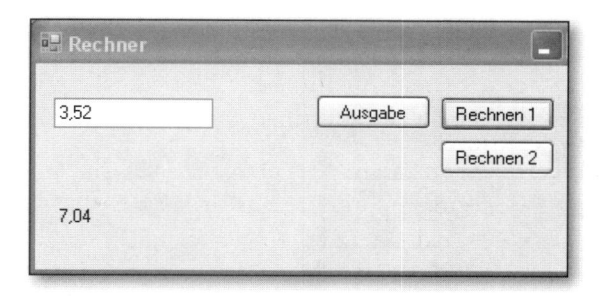

2.3 | Panel, Zeitgeber, Textfeld, Zahlenauswahlfeld

Abbildung 2.19 Eingabe einer Zahl mit Nachkommastellen

```
Private Sub cmdRechnen1_Click(ByVal sender
    lblAusgabe.Text = txtEingabe.Text * 2
End Sub
```

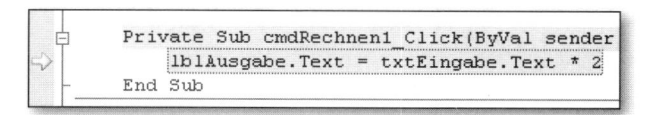

Abbildung 2.20 Markierung der Fehlerzeile nach Eingabe des Textes »abc«

Die Eingabe einer Zahl, bei der ein Punkt statt einem Komma zur Abtrennung von Nachkommastellen eingegeben wird, führt zu einem ganz anderen Rechenergebnis:

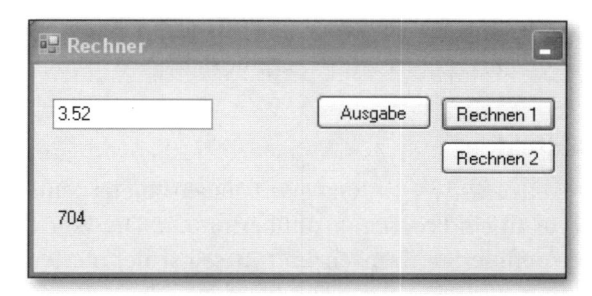

Abbildung 2.21 Eine Zahl mit einem Punkt vor den Nachkommastellen

Der Punkt wird ignoriert, die Zahl wird als 352 angesehen und führt so zu dem Ergebnis 704.

Eine Verbesserung, gleichzeitig aber eine Umstellung ergibt sich, wenn man die Funktion Val() verwendet. Die Eingabe einer Zeichenkette (z. B. »abc«) führt nicht mehr zu einer Ausnahme, da die Funktion Val() aus einer Zeichenkette den Wert 0 ermittelt. Mit 0 kann gerechnet werden.

Val()

Allerdings sollten die Zahlen nun in englischer Schreibweise eingegeben werden, also mit einem Punkt vor den Nachkommastellen.

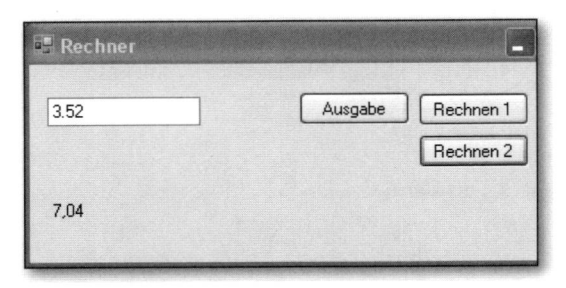

Abbildung 2.22 Funktion Val()

```
Public Class frm0215
[ ... ]
    Private Sub cmdRechnen2_Click( ... ) Handles ...
        lblAusgabe.Text = Val(txtEingabe.Text) * 2
    End Sub
End Class
```

Zur Erläuterung:

- Der eingegebene Text wird mit der Funktion Val() in eine Zahl umgewandelt. Falls keine Zahl eingegeben wurde, ergibt sich als Wert 0.

2.3.4 Zahlenauswahlfeld

NumericUpDown

Das Steuerelement Zahlenauswahlfeld (NumericUpDown) bietet eine andere Möglichkeit, Werte an ein Programm zu übermitteln. Die Werte können innerhalb selbst definierter Grenzen und in selbst definierten Schritten über zwei kleine Pfeiltasten ausgewählt werden.

Wichtige Eigenschaften des Steuerelements sind:

Value

- Value: Bezeichnet zur Entwicklungszeit den Startwert und zur Laufzeit den vom Benutzer aktuell eingestellten Wert.
- Maximum, Minimum: Bestimmt den größtmöglichen Wert und den kleinstmöglichen Wert der Eigenschaft Value. Es handelt sich also um die Werte, die durch die Auswahl mit den Pfeiltasten ganz oben und ganz unten erreicht werden können.
- Increment: Mit Increment wird die Schrittweite eingestellt, mit der sich der Wert (Eigenschaft Value) ändert, wenn der Benutzer eine der kleinen Pfeiltasten betätigt.

- `DecimalPlaces`: Bestimmt die Anzahl der Nachkommastellen in der Anzeige des Zahlenauswahlfelds.

Das wichtigste Ereignis dieses Steuerelements ist `ValueChanged`. Es tritt bei der Veränderung der Eigenschaft `Value` ein und sollte anschließend zur Programmsteuerung verwendet werden.

ValueChanged

Im nachfolgenden Programm p0216 werden alle diese Eigenschaften und das genannte Ereignis genutzt. Der Benutzer kann Zahlenwerte zwischen -5,0 und +5,0 in Schritten von 0,1 über ein Zahlenauswahlfeld einstellen. Der ausgewählte Wert wird unmittelbar in einem Label angezeigt.

Abbildung 2.23 Zahlenauswahlfeld

Die Eigenschaften wurden zur Entwicklungszeit wie folgt eingestellt:

- `Value`: Wert 2, die Anwendung startet bei dem Wert 2,0 für das Zahlenauswahlfeld
- `Maximum`, `Minimum`: Wert -5 und +5
- `Increment`: Wert 0,1
- `DecimalPlaces`: Wert 1, zur Anzeige einer einzelnen Nachkommastelle

Der Code lautet:

```
Public Class frm0216
    Private Sub numEingabe_ValueChanged( ... ) Handles ...
        lblAusgabe.Text = numEingabe.Value
    End Sub
End Class
```

2.4 Verzweigungen

Der Programmcode wurde bisher rein sequentiell abgearbeitet, d. h. eine Anweisung nach der anderen. Kontrollstrukturen ermöglichen eine Steuerung dieser Reihenfolge. Die Kontrollstrukturen unterteilen sich in Verzweigungen und Schleifen. Verzweigungen gestatten dem Programm, in verschiedene alternative Anweisungsblöcke zu verzweigen.

Es gibt die beiden Verzweigungsstrukturen `If...Then...Else` und `Select Case`.... Diese Auswahlmöglichkeiten übergeben aufgrund von Bedingungen die Programmausführung an einen bestimmten Anweisungsblock. Bedingungen werden mithilfe der bereits vorgestellten Vergleichsoperatoren erstellt.

Seltener genutzt werden außerdem noch die Auswahlfunktionen `IIf()` und `Choose()`.

2.4.1 Einzeiliges If...Then...Else

Das einzeilige `If...Then...Else` hat folgenden Aufbau:

```
If Bedingung Then Anweisungen1 [ Else Anweisungen2 ]
```

If...Then...Else Die Bedingung wird ausgewertet, sie ist entweder wahr oder falsch (`True` oder `False`). Ist das Ergebnis der Auswertung `True`, so wird der `Then`-Teil mit den `Anweisungen1` ausgeführt. Ist das Ergebnis der Auswertung `False` und gibt es einen `Else`-Teil, so wird der `Else`-Teil mit den `Anweisungen2` ausgeführt.

Dabei kann es sich sowohl um eine einzelne Anweisung als auch um mehrere Anweisungen handeln, die dann durch einen Doppelpunkt (:) voneinander getrennt sind. In jedem Fall muss der gesamte Block in einer Zeile untergebracht werden. `If`-Strukturen können auch ineinander verschachtelt werden.

Einzeilig Im nachfolgenden Programm `p0217` wird das einzeilige `If` in vier verschiedenen Beispielen genutzt. Dabei ist zu beachten, dass die einzelnen Zeilen zu lang für den Druck in diesem Buch sind. Es handelt sich aber in jedem Fall um einzeilige `If`-Verzweigungen.

```
Public Class frm0217
    Private Sub cmdAnzeige_Click( ... ) Handles ...
        Dim x As Integer
        x = -1
        If x > 0 Then lblAnzeige.Text = "Positiv"
        If x > 0 Then lblAnzeige.Text = "Positiv" Else _
            lblAnzeige.Text = "Negativ oder Null"
        If x > 0 Then lblAnzeige.Text = "Positiv" Else _
            If x = 0 Then lblAnzeige.Text = "Null" _
            Else lblAnzeige.Text = "Negativ"
        If x > 0 Then _
```

```
            x = x + 1 : lblAnzeige.Text = "Positiv " & x _
            Else x = x - 1 : lblAnzeige.Text = _
            "Negativ oder Null " & x
    End Sub
End Class
```

Zur Erläuterung:

- Die Integer-Variable x erhält den Wert 1. Für die Tests in den einzelnen Beispielen muss dieser Wert natürlich auch einmal auf 0 oder einen anderen Wert (positiv oder negativ) gesetzt werden.
- Beim ersten Beispiel wird nur etwas angezeigt, falls die Variable x positiv ist.
- Beim zweiten Beispiel wird in jedem Falle etwas angezeigt.
- Beim dritten Beispiel wird für den Fall, dass die Variable x nicht positiv ist, eine weitere Verzweigung durchlaufen. Man nennt diese Verzweigung auch eine innere Verzweigung, im Gegensatz zu einer äußeren Verzweigung. Ist die Variable x = 0, so wird wegen der inneren Verzweigung »Null« angezeigt, andernfalls wird »Negativ« angezeigt.
- Beim vierten Beispiel werden für beide möglichen Fälle jeweils zwei Anweisungen durchlaufen, die durch : (Doppelpunkt) voneinander getrennt sind.

Natürlich sieht man die Ergebnisse der einzelnen Beispiele nur dann im Label, wenn man die Beispiele, die danach kommen, auskommentiert.

2.4.2 If...Then...Else-Block

Bei einfachen Entscheidungen und einzelnen Anweisungen ist das einzeilige If geeignet. Sobald mehrere Anweisungen auszuführen sind, wird der Programmcode schnell unübersichtlich. Für diese Zwecke ist ein If...Then...Else -Block wesentlich besser geeignet. Der Block hat folgenden Aufbau:

Mehrzeilig, Block

```
If Bedingung1 Then
    Anweisungen1
[ ElseIf Bedingung2
    Anweisungen2 ] ...
[ Else
    AnweisungenX ]
End If
```

Das Programm verzweigt zu den Anweisungen hinter der ersten zutreffenden Bedingung. Falls keine Bedingung zutrifft, werden die Anweisungen hinter dem `Else` ausgeführt, sofern es diesen `Else`-Zweig gibt. Andernfalls wird keine Anweisung durchgeführt. Ein `If...Then...Else`-Block endet immer mit einem `End If`.

Im nachfolgenden Programm p0218 werden vier verschiedene Fälle geprüft. Trifft keiner dieser Fälle zu, so wird der `Else`-Zweig ausgeführt:

```
Public Class frm0218
    Private Sub cmdAnzeige_Click( ... ) Handles ...
        Dim x As Integer
        Dim y As Integer
        x = 0
        y = 0
        If x >= 0 And y >= 0 Then
            lblAnzeige.Text = _
                "Beide größer oder gleich Null"
        ElseIf x >= 0 And y < 0 Then
            lblAnzeige.Text = _
                "Nur X größer oder gleich Null"
        ElseIf x < 0 And y >= 0 Then
            lblAnzeige.Text = _
                "Nur Y größer oder gleich Null"
        ElseIf x >= 0 Then
            lblAnzeige.Text = "Wird nie angezeigt"
        Else
            lblAnzeige.Text = "Beide kleiner Null"
        End If
    End Sub
End Class
```

2.4.3 Select Case

Mehrfachauswahl

Die Anweisung `Select Case ...` kann als Alternative zum `If...Then ...Else`-Block gelten. Sie vereinfacht eine Mehrfachauswahl, wenn nur ein Wert untersucht werden muss, und ist wie folgt aufgebaut:

```
Select Case Testausdruck
    [ Case Ausdrucksliste1
        Anweisungen1 ]
    [ Case Ausdrucksliste2
        Anweisungen2 ] ...
    [ Case Else
        AnweisungenX ]
End Select
```

Die Anweisung Select Case ... verwendet nur einen Testausdruck, der am Beginn der Struktur ausgewertet wird. Sein Wert wird anschließend der Reihe nach mit den Werten der Ausdruckslisten verglichen. Eine Ausdrucksliste kann aus mehreren Ausdrücken oder einer Bereichsangabe mit dem Schlüsselwort To bestehen. Ein Ausdruck kann aus einem Wert oder einer Bedingung mit dem Schlüsselwort Is bestehen.

To, Is

Bei der ersten Übereinstimmung wird der zugehörige Anweisungsblock ausgeführt und dann mit der nächsten Anweisung hinter dem End Select fortgefahren.

End Select

Der optionale Anweisungsblock hinter dem Case Else wird ausgeführt, falls vorher keine Übereinstimmung gefunden wurde.

Case Else

Im nachfolgenden Programm p0219 werden ebenfalls vier verschiedene Fälle geprüft. Trifft keiner dieser Fälle zu, wird der Case Else-Zweig ausgeführt:

```
Public Class frm0219
    Private Sub cmdAnzeige_Click( ... ) Handles ...
        Dim x As Integer
        x = 16
        Select Case x
            Case 1, 3, 5, 7, 9
                lblAnzeige.Text = "Ungerade, Einstellig"
            Case 2, 4, 6, 8
                lblAnzeige.Text = "Gerade, Einstellig"
            Case Is < 1, Is > 20
                lblAnzeige.Text = _
                    "Kleiner Eins oder größer 20"
            Case 11 To 15
                lblAnzeige.Text = "Größer gleich 11 " _
                    & "und kleiner gleich 15"
            Case Else
                lblAnzeige.Text = _
                    "Größer 15 und kleiner 21"
        End Select
    End Sub
End Class
```

In diesem Beispiel sind nur die Zahlen größer 15 und kleiner 21 in keiner Ausdrucksliste enthalten. Der entsprechende Text ist also im Case Else-Zweig zu finden.

2.4.4 Funktion IIf

Liefert Wert Die Funktion `IIf()` ähnelt dem einzeiligen `If...Then...Else`, liefert allerdings im Unterschied zu diesem direkt einen Wert zurück. Ihre Syntax lautet:

```
IIf(Bedingung, True-Ausdruck, False-Ausdruck)
```

Sowohl `True`-Ausdruck als auch `False`-Ausdruck müssen angegeben werden. Im nachfolgenden Programm wird das Maximum der beiden Zahlen x und y ermittelt und ausgegeben:

```
Public Class frm0220
    Private Sub cmdAnzeige_Click( ... ) Handles ...
        Dim x As Integer
        Dim y As Integer
        x = 5
        y = 3
        lblAnzeige.Text = IIf(x > y, x, y)
    End Sub
End Class
```

2.4.5 Funktion Choose

Wert aus Liste Die Funktion `Choose()` gibt den Wert aus einer Liste zurück, dessen Position dem Indexwert entspricht. Die Positionen in der Liste beginnen allerdings bei 1, nicht bei 0. Die Syntax lautet:

```
Choose(Index, Ausdruck1, [Ausdruck2] ...)
```

Im nachfolgenden Programm wird eine Währung aus einer Liste von Währungen ausgewählt und ausgegeben:

```
Public Class frm0221
    Private Sub cmdAnzeige_Click( ... ) Handles ...
        Dim x As Integer
        x = 2
        lblAnzeige.Text = Choose(x, "US Dollar", _
            "Pfund", "Euro")
    End Sub
End Class
```

Zur Erläuterung:

▸ Der Wert x = 2 führt zur Ausgabe von »Pfund«.

2.4.6 Übungen

Übung p0222:

Schreiben Sie ein Programm, das zu einem eingegebenen Gehalt den Steuerbetrag berechnet und ausgibt. In der folgenden Tabelle sind die Steuersätze angegeben.

Gehalt	Steuersatz
bis einschl. 12.000 €	12 %
von 12.000 bis einschl. 20.000 €	15 %
von 20.000 bis einschl. 30.000 €	20 %
über 30.000 €	25 %

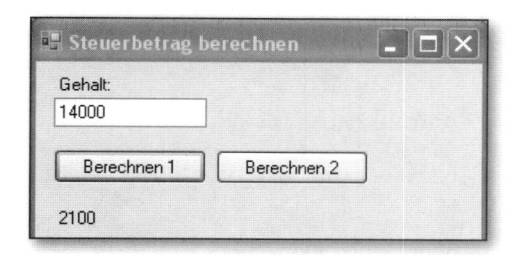

Abbildung 2.24 Übung p0222

Übung p0223:

Erweitern Sie die Übung p0214. Die Bewegung des Krans soll kontrolliert werden. Kein Teil des Krans darf zu groß oder zu klein werden. Der Kran darf sich nicht über die sinnvollen Begrenzungen hinaus bewegen. Nutzen Sie Bedingungen und Verzweigungen, um dies zu verhindern.

2.5 Kontrollkästchen, Optionsschaltfläche, Gruppe

Mithilfe der beiden Steuerelemente Kontrollkästchen und Optionsschaltfläche können Zustände unterschieden bzw. Eigenschaften eingestellt werden. Dazu werden Verzweigungen benötigt, die Gegenstand des vorherigen Abschnitts waren.

2.5.1 Kontrollkästchen

Das Kontrollkästchen (Checkbox) bietet dem Benutzer die Möglichkeit, zwischen zwei Zuständen zu wählen, z. B. **An** oder **Aus**, wie bei einem

Checkbox

2 | Grundlagen

Schalter. Man kann damit auch kennzeichnen, ob man eine bestimmte optionale Erweiterung wünscht oder nicht. Der Benutzer bedient ein Kontrollkästchen, indem er ein Häkchen setzt oder entfernt.

CheckedChanged Das wichtigste Ereignis ist beim Kontrollkästchen nicht der `Click`, sondern das Ereignis `CheckedChanged`. Dieses Ereignis zeigt nicht nur an, dass das Kontrollkästchen vom Benutzer bedient wurde, sondern auch, dass es seinen Zustand geändert hat. Dies kann beispielsweise auch durch Programmcode geschehen. Eine Ereignisprozedur zu `CheckedChanged` löst in jedem Fall etwas aus, sobald das Kontrollkästchen (vom Benutzer oder vom Programmcode) geändert wurde.

An/Aus Allerdings wird der Programmablauf meist so gestaltet, dass bei einem anderen Ereignis der aktuelle Zustand des Kontrollkästchens (**An/Aus**) abgefragt und anschließend je nach Zustand unterschiedlich reagiert wird.

Die wichtigen Eigenschaften des Kontrollkästchens sind:

Checked
- `Checked` - der Zustand der Checkbox, mit den Werten `True` und `False`
- `Text` – die Beschriftung neben dem Kontrollkästchen

Im nachfolgenden Programm p0224 werden alle oben genannten Möglichkeiten genutzt:

Abbildung 2.25 Zustand nach Klik auf Kontrollkästchen

```
Public Class frm0224
    Private Sub cmdEreignis_Click( ... ) Handles ...
        If chkSchalter.Checked Then
            lblTest1.Text = "An"
        Else
            lblTest1.Text = "Aus"
        End If
    End Sub
```

```
    Private Sub chkSchalter_CheckedChanged( ... ) _
        Handles ...
        If chkSchalter.Checked Then
            lblTest2.Text = "An"
        Else
            lblTest2.Text = "Aus"
        End If
    End Sub

    Private Sub cmdAnschalten_Click( ... ) Handles ...
        chkSchalter.Checked = True
    End Sub
End Class
```

Zur Erläuterung:

- Der Zustand eines Kontrollkästchens (Häkchen gesetzt oder nicht) kann im Programm mithilfe einer einfachen Verzweigung ausgewertet werden.

- Normalerweise werden bei einer Bedingung in einer Verzweigung zwei Werte durch Vergleichsoperatoren miteinander verglichen und eines der beiden Ergebnisse `True` oder `False` ermittelt. Da die Eigenschaft `Checked` aber bereits einem solchen Wahrheitswert entspricht, kann die Bedingung auch verkürzt formuliert werden. `If chkSchalter.Checked = True` ... hätte also das gleiche Ergebnis erzeugt.

  Wahrheitswert

- Die Prozedur `cmdEreignis_Click()` wird aufgerufen, wenn der Benutzer den Button **Ereignis** betätigt. Erst in diesem Moment wird der Zustand des Kontrollkästchens (Eigenschaft `Checked = True` oder `False`) abgefragt und im ersten Label ausgegeben. Es kann also sein, dass das Kontrollkästchen vor längerer Zeit oder noch nie benutzt wurde.

- Dagegen wird die Prozedur `chkSchalter_CheckedChanged()` sofort aufgerufen, wenn der Benutzer das Kontrollkästchen benutzt, also ein Häkchen setzt oder entfernt. Die Prozedur wird auch dann aufgerufen, wenn der Benutzer den Zustand des Kontrollkästchens durch Programmcode ändert. Hier wird der Zustand des Kontrollkästchens also unmittelbar nach der Änderung ausgegeben (im zweiten Label).

- Die Prozedur `cmdAnschalten_Click()` dient zum Setzen des Häkchens beim Kontrollkästchen per Programmcode. Dies kommt in Windows-Anwendungen häufig vor, wenn es logische Zusammenhänge zwischen mehreren Steuerelementen gibt. Die Eigenschaft `Checked` wird auf `True` gesetzt. Dies führt wiederum zum Ereignis `chkSchalter_CheckedChanged` und dem Ablauf der zugehörigen, oben erläuterten Ereignisprozedur.

2.5.2 Optionsschaltfläche

Radio Button — Optionsschaltflächen (Radio Buttons) treten immer in Gruppen auf und bieten dem Benutzer die Möglichkeit, zwischen zwei oder mehr Möglichkeiten zu wählen, etwa zwischen den Farben Rot, Grün oder Blau. Bei zusammengehörigen Optionsschaltflächen kann der Benutzer genau eine per Klick auswählen. Alle anderen werden dann unmittelbar als »Nicht ausgewählt« gekennzeichnet.

CheckedChanged — Analog zum Kontrollkästchen ist das wichtigste Ereignis bei einer Optionsschaltfläche `CheckedChanged`. Dieses Ereignis zeigt nicht nur an, dass die betreffende Optionsschaltfläche vom Benutzer ausgewählt wurde, sondern auch, dass sie ihren Zustand geändert hat. Dies kann auch durch Programmcode geschehen.

Der Programmablauf wird auch hier meist so gestaltet, dass bei einem anderen Ereignis der aktuelle Zustand der Gruppe abgefragt wird und anschließend je nach Zustand unterschiedlich reagiert wird.

Es ist guter Programmierstil und verringert Folgefehler, wenn man eine der Optionsschaltflächen der Gruppe bereits zur Entwicklungszeit auf `True` setzt. Dies muss nicht notwendigerweise die erste Optionsschaltfläche der Gruppe sein.

Checked — Die wichtigen Eigenschaften der Optionsschaltflächen sind `Checked` (mit den Werten `True` und `False`) und `Text` (zur Beschriftung). Im nachfolgenden Programm p0225 werden alle genannten Möglichkeiten genutzt. Es wird der Zustand angezeigt, nachdem der Benutzer

- Blau gewählt,
- den Button **Ereignis** betätigt,
- Grün gewählt hat (siehe Abbildung 2.26).

```
Public Class frm0225
    Private Sub cmdEreignis_Click( ... ) Handles ...
        If optFarbeRot.Checked Then
            lblAnzeige1.Text = "Rot"
        ElseIf optFarbeGrün.Checked Then
            lblAnzeige1.Text = "Grün"
        Else
            lblAnzeige1.Text = "Blau"
```

```
            End If
        End Sub

        Private Sub optFarbeRot_CheckedChanged( ... ) _
                Handles ...
            If optFarbeRot.Checked Then
                lblAnzeige2.Text = "Rot"
            End If
        End Sub

        Private Sub optFarbeGrün_CheckedChanged( ... ) _
                Handles ...
            If optFarbeGrün.Checked Then
                lblAnzeige2.Text = "Grün"
            End If
        End Sub

        Private Sub optFarbeBlau_CheckedChanged( ... ) _
                Handles ...
            If optFarbeBlau.Checked Then
                lblAnzeige2.Text = "Blau"
            End If
        End Sub

        Private Sub cmdSchalter_Click( ... ) Handles ...
            optFarbeRot.Checked = True
        End Sub
End Class
```

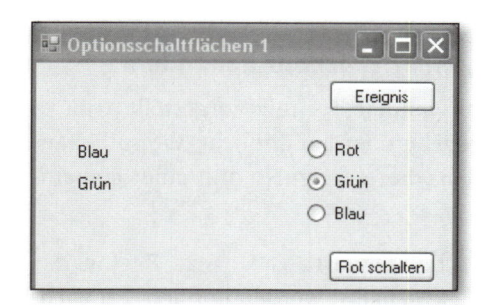

Abbildung 2.26 Zustand nach zwei Klicks

Zur Erläuterung:

▶ Der Zustand einer einzelnen Optionsschaltfläche kann im Programm mithilfe einer einfachen Verzweigung ausgewertet werden.

- Der Zustand einer Gruppe von Optionsschaltflächen kann im Programm mithilfe einer mehrfachen Verzweigung ausgewertet werden.
- Die Prozedur `cmdEreignis_Click()` wird aufgerufen, wenn der Benutzer den Button **Ereignis** betätigt. Erst in diesem Moment wird der Zustand der Gruppe abgefragt und im ersten Label ausgegeben.
- Dagegen wird eine der Prozeduren `optFarbeRot_CheckedChanged()` (bzw. ...Grün... oder ...Blau...) sofort aufgerufen, wenn der Benutzer eine der Optionsschaltflächen auswählt. Diese Prozeduren werden jeweils auch dann aufgerufen, wenn der Benutzer den Zustand der zugehörigen Optionsschaltfläche durch Programmcode ändert. Hier wird der Zustand der Gruppe also unmittelbar nach der Änderung ausgegeben (im zweiten Label).
- Die Prozedur `cmdAnschalten_Click()` dient zur Auswahl einer bestimmten Optionsschaltfläche per Programmcode. Dies kommt in Windows-Anwendungen häufig vor, wenn es logische Zusammenhänge zwischen mehreren Steuerelementen gibt. Die Eigenschaft `Checked` wird auf `True` gesetzt. Dies führt wiederum zum Ereignis `CheckedChanged` der jeweiligen Optionsschaltfläche und zum Ablauf der zugehörigen, oben erläuterten Ereignisprozedur.

Innerhalb eines Formulars oder einer GroupBox (siehe übernächster Abschnitt) kann immer nur bei einer Optionsschaltfläche die Eigenschaft `Checked` den Wert `True` haben. Sobald eine andere Optionsschaltfläche angeklickt wird, ändert sich der Wert der Eigenschaft bei der bisher gültigen Optionsschaltfläche.

2.5.3 Mehrere Ereignisse in einer Prozedur behandeln

Im Folgenden wird eine häufig verwendete Technik vorgestellt. Gibt es mehrere Ereignisse, die auf die gleiche oder auf ähnliche Weise behandelt werden sollen, ist es vorteilhaft, diese Ereignisse mit einer gemeinsamen Ereignisprozedur aufzurufen.

Handles — Dies ist möglich, da nach dem Schlüsselwort `Handles` zu Beginn der Ereignisprozedur mehrere Ereignisse genannt werden können. Im nachfolgenden Programm wird diese Technik verwendet, um den Zustand einer Gruppe von Optionsschaltflächen sofort anzuzeigen, wenn der Benutzer eine der Optionsschaltflächen auswählt.

```
Public Class frm0226
    Private Sub optFarbeRot_CheckedChanged( ... ) _
            Handles optFarbeRot.CheckedChanged, _
```

```
            optFarbeGrün.CheckedChanged, _
            optFarbeBlau.CheckedChanged
        If optFarbeRot.Checked Then
            lblAnzeige.Text = "Rot"
        ElseIf optFarbeGrün.Checked Then
            lblAnzeige.Text = "Grün"
        Else
            lblAnzeige.Text = "Blau"
        End If
    End Sub
End Class
```

Abbildung 2.27 Mehrere Ereignisse in einer Prozedur

Zur Erläuterung:

▶ Die Prozedur `optFarbeRot_CheckedChanged()` wird durch alle drei `CheckedChanged`-Ereignisse aufgerufen: ... `Handles optFarbeRot.CheckedChanged, optFarbeGrün.CheckedChanged, optFarbeBlau.CheckedChanged`

2.5.4 Mehrere Gruppen von Optionsschaltflächen

Falls im vorherigen Programm weitere Optionsschaltflächen hinzugefügt wurden, so gilt nach wie vor: Nur eine der Optionsschaltflächen ist ausgewählt.

Benötigt man aber innerhalb eines Formulars mehrere voneinander unabhängige Gruppen von Optionsschaltflächen, wobei in jeder der Gruppen jeweils nur eine Optionsschaltfläche ausgewählt sein soll, so muss man jede Gruppe einzeln in einen Container setzen. Ein Formular ist bereits ein Container, wir benötigen also einen weiteren Container. *Container*

Als ein solcher Container kann beispielsweise das Steuerelement `Gruppe` (GroupBox) dienen. Die Optionsschaltfläche, die zu einem (und damit auch in einen) Container gehören soll, muss zuerst erzeugt werden. Anschließend wird sie in die gewünschte GroupBox verschoben. Mit der Zuweisung der Eigenschaft `Text` der GroupBox gibt man eine Beschriftung an. *Group Box*

2 | Grundlagen

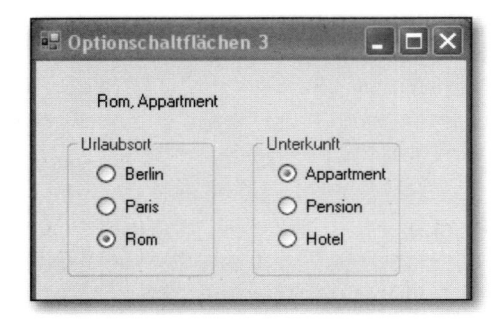

Abbildung 2.28 Gruppen von Optionsschaltflächen

```
Public Class frm0227
    Dim AusgabeUrlaubsort As String
    Dim AusgabeUnterkunft As String

    Private Sub optBerlin_CheckedChanged( ... ) Handles _
        optBerlin.CheckedChanged, _
        optParis.CheckedChanged, _
        optRom.CheckedChanged
        ' Urlaubsort
        If optBerlin.Checked Then
            AusgabeUrlaubsort = "Berlin"
        ElseIf optParis.Checked Then
            AusgabeUrlaubsort = "Paris"
        Else
            AusgabeUrlaubsort = "Rom"
        End If
        lblAnzeige.Text = AusgabeUrlaubsort _
            & ", " & AusgabeUnterkunft
    End Sub

    Private Sub optAppartment_CheckedChanged( ... ) _
        Handles optAppartment.CheckedChanged, _
        optPension.CheckedChanged, _
        optHotel.CheckedChanged
        ' Unterkunft
        If optAppartment.Checked Then
            AusgabeUnterkunft = "Appartment"
        ElseIf optPension.Checked Then
            AusgabeUnterkunft = "Pension"
        Else
            AusgabeUnterkunft = "Hotel"
        End If
```

```
        lblAnzeige.Text = AusgabeUrlaubsort _
            & ", " & AusgabeUnterkunft
    End Sub
End Class
```

Zur Erläuterung:

- Bei einer Urlaubsbuchung können Zielort und Art der Unterkunft unabhängig voneinander gewählt werden. Es gibt also zwei Gruppen von Optionsschaltflächen, jede in einer eigenen GroupBox.
- Bei Auswahl einer der drei Optionsschaltflächen in einer Gruppe wird jeweils die gleiche Prozedur aufgerufen. In den Prozeduren wird der modulweiten Variablen `AusgabeUrlaubsort` bzw. `AusgabeUnterkunft` ein Wert zugewiesen. Anschließend werden die beiden Variablen ausgegeben.
- Die Variablen mussten modulweit deklariert werden, damit sie in der jeweils anderen Prozedur zur Verfügung stehen.

Übung p0228:

Erweitern Sie die Übung p0223. Die Bewegung des Krans soll per Zeitgeber (Timer) gesteuert werden. Der Benutzer wählt zunächst über eine Gruppe von Optionsschaltflächen aus, welche Bewegung der Kran ausführen soll. Anschließend betätigt er den **Start**-Button. Die Bewegung wird so lange ausgeführt, bis er den **Stop**-Button drückt oder eine Begrenzung erreicht wurde.

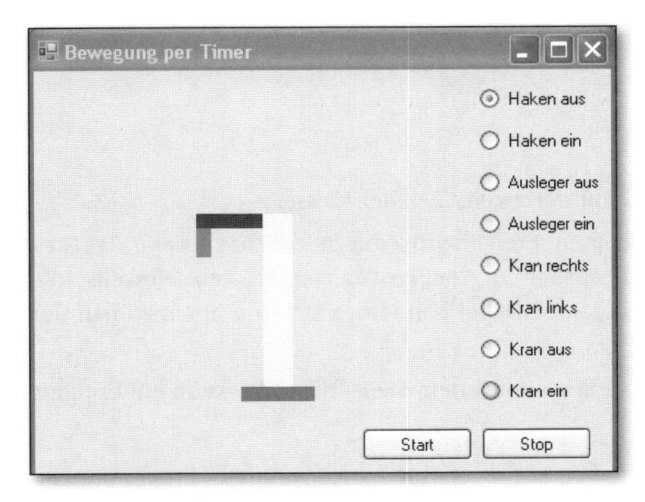

Abbildung 2.29   Übung p0228

2.5.5 Prozedur ohne Ereignis, Modularisierung

Allgemeine Prozedur

Bisher wurden nur Prozeduren behandelt, die mit einem Ereignis zusammenhingen. Darüber hinaus kann man aber auch unabhängige, allgemeine Prozeduren schreiben, die von anderen Stellen des Programms aus aufgerufen werden. Diese Prozeduren können direkt im Codefenster eingegeben werden.

Nachfolgend eine geänderte Version des Programms p0227:

```
...
Private Sub optAppartment_CheckedChanged( ... ) _
    Handles optAppartment.CheckedChanged, _
    optPension.CheckedChanged, _
    optHotel.CheckedChanged
  ' Unterkunft
  If optAppartment.Checked Then
      AusgabeUnterkunft = "Appartment"
  ElseIf optPension.Checked Then
      AusgabeUnterkunft = "Pension"
  Else
      AusgabeUnterkunft = "Hotel"
  End If
  Anzeigen()
End Sub

Private Sub Anzeigen()
    lblAnzeige.Text = AusgabeUrlaubsort _
        & ", " & AusgabeUnterkunft
End Sub
End Class
```

Zur Erläuterung:

▶ Abgebildet wird nur der zweite Teil der Klasse.

▶ Am Ende der beiden Ereignisprozeduren `optAppartment_Checked Changed()` und `optBerlin_CheckedChanged()` steht jeweils die Anweisung `Anzeigen()`. Dabei handelt es sich um einen Aufruf der Prozedur `Anzeigen()`.

▶ Diese Prozedur steht weiter unten. Sie ist nicht direkt an ein Ereignis gekoppelt.

Vorteil dieser Vorgehensweise: Gemeinsam genutzte Programmteile können ausgelagert werden und müssen nur einmal geschrieben werden. Man nennt diesen Vorgang bei der Programmierung auch Modularisierung. In Abschnitt 4.6, »Prozeduren und Funktionen«, wird dieses Thema noch genauer behandelt.

2.6 Schleifen

Schleifen werden in Programmen häufig benötigt. Sie ermöglichen den mehrfachen Durchlauf von Anweisungen. Darin liegt eine besondere Stärke der Programmierung allgemein: die schnelle wiederholte Bearbeitung ähnlicher Vorgänge.

Es gibt die Schleifenstrukturen: `Do...Loop`, `For...Next`, `For Each... In...` und `With`.

Mithilfe der ersten beiden Strukturen steuert man die Wiederholungen eines Anweisungsblocks (die Anzahl der Schleifendurchläufe). Dabei wird der Wahrheitswert eines Ausdrucks (der Schleifenbedingung) oder der Wert eines numerischen Ausdrucks (Wert des Schleifenzählers) benötigt.

Die Schleife `For Each...In...` wird meist bei Feldern oder Collections (Auflistungen) eingesetzt. Die Anweisung `With` dient zur Steuerung einer besonderen Schleife mit nur einem Durchlauf.

2.6.1 For ... Next

Falls die Anzahl der Schleifendurchläufe bekannt oder vor Beginn der Schleife berechenbar ist, sollte man die `For...Next`-Schleife verwenden. Ihr Aufbau sieht wie folgt aus:

```
For Zähler = Anfang To Ende [ Step = Schritt ]
   [ Anweisungen ]
   [ Exit For ]
   [ Anweisungen ]
Next [ Zähler ]
```

Die Zahlen-Variable `Zähler` wird zunächst auf den Wert von `Anfang` gesetzt. Nach jedem Durchlauf wird sie um den Wert von `Schritt` verändert, also vergrößert oder verkleinert. Falls `Step = Schritt` nicht angegeben wurde, wird die Variable um 1 vergrößert. Der neue Wert von `Zähler` wird mit dem Wert von `Ende` verglichen.

Step

▶ Falls die Schrittweite positiv ist und der Wert von `Zähler` nicht größer als der Wert von `Ende` ist, wird die Schleife wiederum durchlaufen.

2 | Grundlagen

- Falls die Schrittweite negativ ist und der Wert von Zähler nicht kleiner als der Wert von Ende ist, wird die Schleife ebenfalls wiederum durchlaufen.

- Falls die Schrittweite positiv ist und der Wert von Zähler größer als der Wert von Ende ist oder falls die Schrittweite negativ ist und der Wert von Zähler kleiner als der Wert von Ende ist, wird die Schleife beendet.

Exit For Die Anweisung Exit For kann eingesetzt werden, um die Schleife aufgrund einer speziellen Bedingung sofort zu verlassen.

In dem folgenden Programm (p0229) werden durch Aufruf von vier Buttons vier unterschiedliche Schleifen durchlaufen:

```
Public Class frm0229
[ ... ]
    Private Sub cmdSchleife1_Click( ... ) Handles ...
        Dim i As Integer
        lblAnzeige.Text = ""
        For i = 3 To 7
            lblAnzeige.Text &= i & vbCrLf
        Next
    End Sub
[ ... ]
End Class
```

Zur Erläuterung:

- Als Zählervariable dient i.
- Die Schleife wird erstmalig mit i = 3 und letztmalig mit i = 7 durchlaufen.
- Es ist keine Schrittweite angegeben, also wird als Schrittweite 1 genommen.
- Statt Next hätte man zur größeren Deutlichkeit auch Next i schreiben können.

Das Ergebnis zeigt Abbildung 2.30.

```
Public Class frm0229
[ ... ]
    Private Sub cmdSchleife2_Click( ... ) Handles ...
        Dim i As Integer
        lblAnzeige.Text = ""
        For i = 3 To 11 Step 2
            lblAnzeige.Text &= i & vbCrLf
```

```
            Next
        End Sub
    [ ... ]
    End Class
```

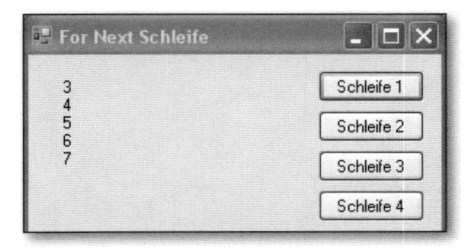

Abbildung 2.30 Erste Schleife

Das Ergebnis zeigt die Abbildung 2.31:

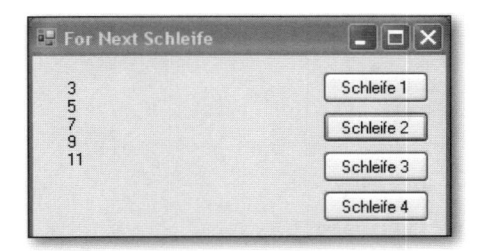

Abbildung 2.31 Zweite Schleife

```
Public Class frm0229
[ ... ]
    Private Sub cmdSchleife3_Click( ... ) Handles ...
        Dim i As Integer
        lblAnzeige.Text = ""
        For i = 7 To 3 Step -1
            lblAnzeige.Text &= i & vbCrLf
        Next
    End Sub
[ ... ]
End Class
```

Das Ergebnis zeigt Abbildung 2.32.

```
Public Class frm0229
[ ... ]
    Private Sub cmdSchleife4_Click( ... ) Handles ...
        Dim d As Double
        lblAnzeige.Text = ""
```

```
      For d = 3.5 To 7.5 Step 1.5
          lblAnzeige.Text &= d & vbCrLf
      Next
   End Sub
[ ... ]
End Class
```

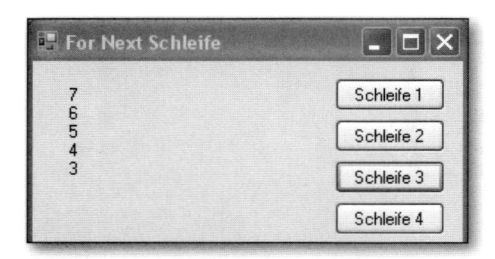

Abbildung 2.32 Dritte Schleife

Das Ergebnis sehen Sie in Abbildung 2.33:

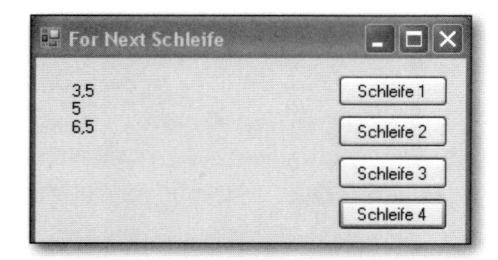

Abbildung 2.33 Vierte Schleife

2.6.2 Do ... Loop

Steuerung über Bedingung Ist die Anzahl der Schleifendurchläufe nicht bekannt bzw. vor Beginn der Schleife nicht berechenbar, so sollte man die `Do ... Loop`-Schleife verwenden. Es gibt sie in fünf verschiedenen Varianten:

While
- `Do While...Loop`: Prüft die Bedingung zum Weiterlaufen der Schleife am Anfang der Schleife.
- `Do...Loop While`: Prüft die Bedingung zum Weiterlaufen der Schleife am Ende der Schleife.

Until
- `Do Until...Loop`: Prüft die Bedingung zum Abbruch der Schleife am Anfang der Schleife.
- `Do...Loop Until`: Prüft die Bedingung zum Abbruch der Schleife am Ende der Schleife.

- Do...Loop: Die Bedingung zum Weiterlaufen oder Abbruch der Schleife wird nicht geprüft, daher ist eine Verzweigung in der Schleife und ein Exit Do zur Beendigung der Schleife notwendig.

Der allgemeine Aufbau sieht wie folgt aus:

```
Do { While | Until } Bedingung
    [ Anweisungen ]
    [ Exit Do ]
    [ Anweisungen ]
Loop
```

oder

```
Do
    [ Anweisungen ]
    [ Exit Do ]
    [ Anweisungen ]
Loop { While | Until } Bedingung
```

Im folgenden Programm (p0230) werden alle fünf Möglichkeiten genutzt. Es sollen jeweils so lange Zahlen addiert werden, bis die Summe der Zahlen 5 erreicht. Da die Zahlen durch einen Zufallsgenerator erzeugt werden, ist die Anzahl der Schleifendurchläufe nicht vorhersagbar.

Zufallsgenerator

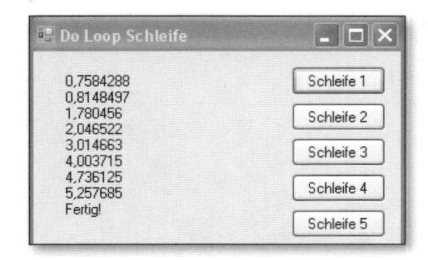

Abbildung 2.34 Do...Loop-Schleife

Der Zufallszahlengenerator wird mithilfe der Funktion Rnd() realisiert. Diese liefert quasizufällige Zahlen zwischen 0 und 1. Der Zufallszahlengenerator muss mithilfe der Prozedur Randomize() vor der Benutzung initialisiert werden, da andernfalls immer die gleichen »Zufallszahlen« geliefert würden. Die Initialisierung wird pro Programmaufruf einmalig beim Laden des Formulars vorgenommen.

Randomize, Rnd

Dieser Zeitpunkt wird durch das Ereignis Load gekennzeichnet. Man erstellt den Rahmen dieser Ereignisprozedur, indem man einen Doppelklick auf einer freien Stelle des Formulars ausführt. Die zugehörige Ereignisprozedur behandelt das Ereignis MyBase.Load. Mit MyBase kann

Load, MyBase

man auf die Klasse zugreifen, in der man sich befindet; in diesem Fall ist das die Klasse des Formulars `frm0230`.

```
Public Class frm0230
    Private Sub frm0230_Load( ... ) Handles MyBase.Load
        Randomize()
    End Sub

    Private Sub cmdSchleife1_Click( ... ) Handles ...
        Dim Summe As Single
        lblAnzeige.Text = ""
        Summe = 0
        Do While Summe < 5
            Summe += Rnd()
            lblAnzeige.Text &= Summe & vbCrLf
        Loop
        lblAnzeige.Text &= "Fertig!"
    End Sub

    Private Sub cmdSchleife2_Click( ... ) Handles ...
        Dim Summe As Single
        lblAnzeige.Text = ""
        Summe = 0
        Do
            Summe += Rnd()
            lblAnzeige.Text &= Summe & vbCrLf
        Loop While Summe < 5
        lblAnzeige.Text &= "Fertig!"
    End Sub

    Private Sub cmdSchleife3_Click( ... ) Handles ...
        Dim Summe As Single
        lblAnzeige.Text = ""
        Summe = 0
        Do Until Summe >= 5
            Summe += Rnd()
            lblAnzeige.Text &= Summe & vbCrLf
        Loop
        lblAnzeige.Text &= "Fertig!"
    End Sub

    Private Sub cmdSchleife4_Click( ... ) Handles ...
        Dim Summe As Single
        lblAnzeige.Text = ""
        Summe = 0
```

```
        Do
            Summe += Rnd()
            lblAnzeige.Text &= Summe & vbCrLf
        Loop Until Summe >= 5
        lblAnzeige.Text &= "Fertig!"
    End Sub

    Private Sub cmdSchleife5_Click( ... ) Handles ...
        Dim Summe As Single
        lblAnzeige.Text = ""
        Summe = 0
        Do
            Summe += Rnd()
            lblAnzeige.Text &= Summe & vbCrLf
            If Summe >= 5 Then Exit Do
        Loop
        lblAnzeige.Text &= "Fertig!"
    End Sub
End Class
```

Zur Erläuterung:

Im Folgenden wird nur die erste Ereignisprozedur `cmdSchleife1_Click()` erläutert. Die anderen sind vergleichbar aufgebaut, und auf die unterschiedliche Schleifensteuerung wurde bereits weiter oben eingegangen.

- Der Inhalt des Labels wird von alten Ausgaben gelöscht.
- Die Variable Summe wird zunächst mit dem Wert 0 initialisiert. Dies ist in Visual Basic eigentlich nicht nötig, gehört aber zum guten Programmierstil, da man auf diese Weise den Wert der Variablen zu Beginn der Schleife sicherstellen kann.

  Summe berechnen

- Zu Beginn der Schleife wird geprüft, ob die Summe der Zahlen kleiner als 5 ist. Trifft dies zu, kann die Schleife durchlaufen werden.

  Hinweis: Bei einer solchen kopfgesteuerten Schleife (es wird im Kopf der Schleife geprüft) kann es vorkommen, dass sie niemals durchlaufen wird.

- Der Wert der Variablen Summe wird um eine Zufallszahl zwischen 0 und 1 erhöht.
- Der Inhalt des Labels wird um den aktuellen Wert der Summe und einen Zeilenumbruch verlängert.
- Man kommt zum Ende der Schleife, zur Anweisung Loop. Sie führt dazu, dass das Programm wieder zu Beginn der Schleife fortsetzt. Es wird wiederum geprüft, ob die Summe der Zahlen kleiner als 5 ist.

Sobald dies nicht mehr zutrifft, läuft das Programm hinter der Anweisung `Loop` weiter.
- Es wird die Ausgabe »Fertig!« erzeugt.

2.6.3 With

Mithilfe von `With` führt man eine Reihe von Anweisungen für ein einzelnes Objekt durch. Dabei wird der einmal erstellte Bezug zum Objekt mehrfach verwendet. Bei einem längeren Objektnamen ist dies sehr nützlich und übersichtlich. Der Aufbau sieht wie folgt aus:

```
With Objekt
    [ Anweisungen ]
End With
```

Ein Beispiel (p0231):

```
Public Class frm0231
    Private Sub cmdAnzeige_Click( ... ) Handles ...
        With lblAnzeige
            .BorderStyle = BorderStyle.Fixed3D
            .BackColor = Color.Yellow
            .Text = "Test"
            .Location = New Point(50, 100)
        End With
    End Sub
End Class
```

Zur Erläuterung:

- Die Eigenschaften des Labels `lblAnzeige` werden mithilfe von `With` geändert.
- Die Eigenschaften `Rahmenstil`, `Hintergrundfarbe`, `Textinhalt` und `Position` werden nacheinander gesetzt. Dabei muss zu Beginn der Anweisung jeweils nur ein Punkt angegeben werden. Da das Programm sich innerhalb des `With`-Blocks befindet, ist es klar, auf welches Objekt sich die Änderungen beziehen.

2.6.4 Übungen

Anhand einer Reihe von Übungsaufgaben zu Schleifen (und Verzweigungen) werden im Folgenden einige typische Probleme der Programmierung in Visual Basic trainiert. Der visuelle Teil der Lösung enthält in der Regel nur ein einfaches Textfeld zur Eingabe, einen oder zwei Buttons zum Durchführen der Aufgabe und ein einfaches Label zur Ausgabe.

Übung p0232:

For-Schleife: Schreiben Sie ein Programm mit einer einfachen Schleife, das nacheinander die folgenden Zahlen ausgibt: 35, 32.5, 30, 27.5, 25, 22.5, 20.

Übung p0233:

For-Schleife: Erweitern Sie die vorherige Aufgabe. Am Ende der Zeile sollen Summe und Mittelwert aller Zahlen angezeigt werden.

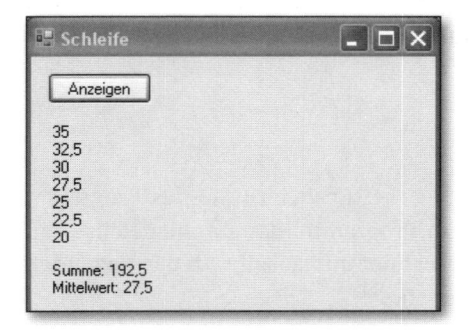

Abbildung 2.35 Übung p0232 bzw. p0233

Übung p0234:

Do...Loop-Schleife: Schreiben Sie ein Programm, mit dessen Hilfe eine eingegebene Zahl wiederholt halbiert und ausgegeben wird. Das Programm soll beendet werden, wenn das Ergebnis der Halbierung kleiner als 0,001 ist.

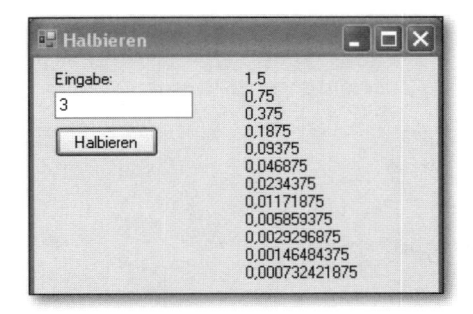

Abbildung 2.36 Übung p0234

Übung p0235:

If... Else-Schleife: Schreiben Sie ein Programm, mit dem das Spiel »Zahlenraten« gespielt werden kann: Per Zufallsgenerator wird eine Zahl zwischen 1 und 100 erzeugt, aber nicht angezeigt. Der Benutzer soll so lange Zahlen eingeben, bis er die Zahl erraten hat. Als Hilfestellung soll jedes Mal ausgegeben werden, ob die eingegebene Zahl größer oder kleiner als die zu ratende Zahl ist.

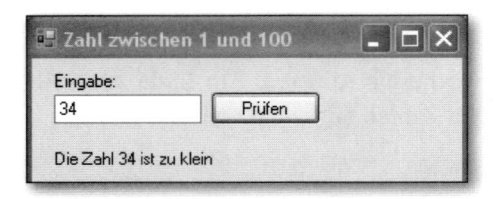

Abbildung 2.37 Übung p0235

Übung p0236:

For-Schleife, If...Else oder Select Case: Erweitern Sie das Programm aus Übung p0222. Schreiben Sie ein Programm, das zu einer Reihe von Gehältern u. a. den Steuerbetrag berechnet und ausgibt. In der folgenden Tabelle sind die Steuersätze angegeben.

Gehalt	Steuersatz
bis einschl. 12.000 €	12 %
von 12.000 bis einschl. 20.000 €	15 %
von 20.000 bis einschl. 30.000 €	20 %
über 30.000 €	25 %

Es sollen für jedes Gehalt von 5.000 € bis 35.000 € in Schritten von 3.000 € folgende vier Werte ausgegeben werden: Gehalt, Steuersatz, Steuerbetrag, Gehalt abzüglich Steuerbetrag. Jedes Gehalt soll mit den zugehörigen Werten in einer eigenen Zeile ausgegeben werden.

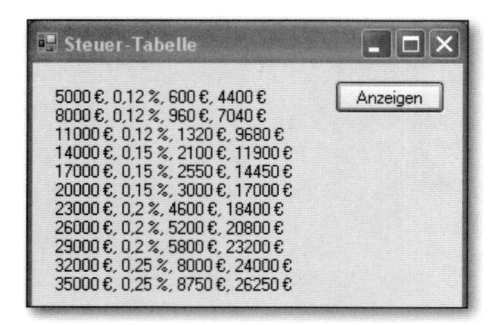

Abbildung 2.38 Übung p0236

2.7 Listenfeld und Kombinationsfeld

Mithilfe der Steuerelemente »Listenfeld« und »Kombinationsfeld« kann eine einfache oder mehrfache Auswahl aus mehreren Möglichkeiten getroffen werden. Im Zusammenhang mit diesen Feldern werden häufig Schleifen benötigt, wie sie im vorherigen Abschnitt behandelt wurden.

2.7.1 Listenfeld

Ein Listenfeld (ListBox) zeigt eine Liste mit Einträgen an, aus denen der Benutzer einen oder mehrere auswählen kann. Enthält das Listenfeld mehr Einträge, als gleichzeitig angezeigt werden können, erhält es automatisch einen Scrollbalken.

ListBox

Die wichtigste Eigenschaft des Steuerelements ListBox ist die Auflistung Items. Sie enthält die einzelnen Listeneinträge. Listenfelder können zur Entwurfszeit gefüllt werden, indem der Eigenschaft Items in einem eigenen kleinen Dialogfeld die Einträge hinzugefügt werden. In der Regel wird man ein Listenfeld aber zur Laufzeit füllen.

Items

2.7.2 Listenfeld füllen

Bisher wurden die Eigenschaften und Ereignisse von Steuerelementen behandelt. Darüber hinaus gibt es jedoch auch spezifische Methoden, die auf diese Steuerelemente bzw. auf deren Eigenschaften angewendet werden können. Beim Listenfeld ist dies u. a. die Methode Add() der Eigenschaft Items. Diese wird am sinnvollsten zum Zeitpunkt des Ladens des Formulars genutzt.

Items.Add

Im nachfolgenden Programm p0237 wird ein Listenfeld für »Italienische Speisen« zu Beginn des Programms mit den folgenden Werten gefüllt: »Spaghetti«, »Grüne Nudeln«, »Tortellini«, »Pizza«, »Lasagne«.

Abbildung 2.39 Listenfeld mit Scrollbalken

```
Public Class frm0237
    Private Sub frm0237_Load( ... ) Handles MyBase.Load
        lstSpeisen.Items.Add("Spaghetti")
```

2 | Grundlagen

```
        lstSpeisen.Items.Add("Grüne Nudeln")
        lstSpeisen.Items.Add("Tortellini")
        lstSpeisen.Items.Add("Pizza")
        lstSpeisen.Items.Add("Lasagne")
    End Sub
End Class
```

Zur Erläuterung:

- Das Ereignis `frm0237_Load` wird ausgelöst, wenn das Formular geladen wird, das diesen Namen trägt und dessen Verhalten in der gleichnamigen Klasse beschrieben wird.
- Die einzelnen Speisen werden der Reihe nach dem Listenfeld hinzugefügt. »Lasagne« steht anschließend ganz unten.

2.7.3 Wichtige Eigenschaften

Die folgenden Eigenschaften eines Listenfelds bzw. der Auflistung `Items` werden in der Praxis häufig benötigt:

- `Items.Count` gibt die Anzahl der Elemente in der Liste an.

SelectedItem
- `SelectedItem` beinhaltet das aktuell vom Benutzer ausgewählte Element der Liste. Falls kein Element ausgewählt wurde, ergibt `SelectedItem` nichts.

- `SelectedIndex` gibt die laufende Nummer des aktuell vom Benutzer ausgewählten Elements an, beginnend bei 0 für das oberste Element. Falls kein Element ausgewählt wurde, ergibt `SelectedIndex` den Wert –1.

Items(i)
- Über `Items(Index)` kann man die einzelnen Elemente ansprechen, das oberste Element ist `Items(0)`.

Das folgende Programm p0238 veranschaulicht alle diese Eigenschaften:

```
Public Class frm0238
    Private Sub frm0238_Load( ... ) Handles MyBase.Load
        [ ... wie oben ... ]
    End Sub

    Private Sub cmdAnzeige_Click( ... ) Handles ...
        lblAnzeige1.Text = "Anzahl: " _
            & lstSpeisen.Items.Count
        lblAnzeige2.Text = "Ausgewählter Eintrag: " _
            & lstSpeisen.SelectedItem
        lblAnzeige3.Text = "Nummer des ausgewählten " _
```

```
            & "Eintrags: " & lstSpeisen.SelectedIndex
        lblAnzeige4.Text = "Alle Einträge:" & vbCrLf
        For i = 0 To lstSpeisen.Items.Count - 1
            lblAnzeige4.Text &= lstSpeisen.Items(i) _
                & vbCrLf
        Next
    End Sub
End Class
```

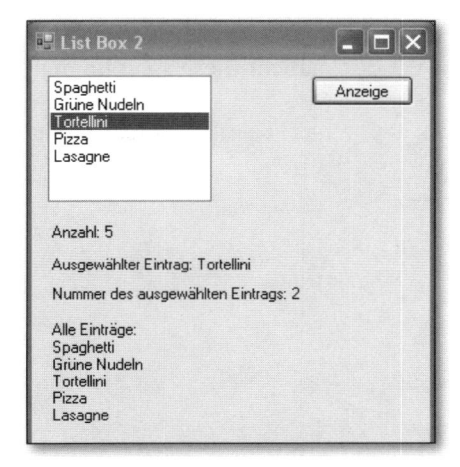

Abbildung 2.40 Anzeige nach Auswahl eines Elements

Zur Erläuterung:

- Die Anzahl der Elemente wird über `lstSpeisen.Items.Count` ausgegeben, in diesem Fall sind es 5.
- Der ausgewählte Eintrag steht in `lstSpeisen.SelectedItem`, seine Nummer in `lstSpeisen.SelectedIndex`.
- Eine `For`-Schleife dient zur Ausgabe aller Elemente. Sie läuft von 0 bis `lstSpeisen.Items.Count - 1`. Dies liegt daran, dass bei einer Liste mit fünf Elementen die Elemente mit 0 bis 4 nummeriert sind.
- Die einzelnen Elemente werden mit `lstSpeisen.Items(i)` angesprochen. Die Variable `i` beinhaltet bei der Schleife die aktuelle laufende Nummer.

2.7.4 Wechsel der Auswahl

Ähnlich wie beim Kontrollkästchen oder bei der Optionsschaltfläche ist das wichtigste Ereignis einer ListBox nicht der `Click`, sondern das Ereignis `SelectedIndexChanged`. Dieses Ereignis zeigt nicht nur an, dass die

SelectedIndex-Changed

ListBox vom Benutzer bedient wurde, sondern auch, dass sie ihren Zustand geändert hat. Dies kann z. B. auch durch Programmcode geschehen. Eine Ereignisprozedur zu `SelectedIndexChanged()` wird in jedem Fall durchlaufen, sobald die ListBox (vom Benutzer oder vom Programmcode) geändert wurde.

Allerdings wird der Programmablauf meist so gestaltet, dass bei einem anderen Ereignis die aktuelle Auswahl der ListBox abgefragt wird und anschließend je nach Zustand unterschiedlich reagiert wird.

Das nachfolgende Programm p0239 veranschaulicht diesen Zusammenhang:

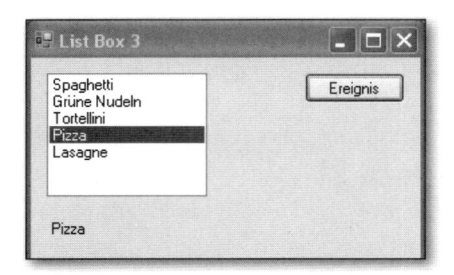

Abbildung 2.41 Anzeige nach dem Ereignis

```
Public Class frm0239
    Private Sub frm0239_Load( ... ) Handles MyBase.Load
        [ ... wie oben ... ]
    End Sub

    Private Sub cmdEreignis_Click( ... ) Handles ...
        lstSpeisen.SelectedIndex = 3
    End Sub

    Private Sub lstSpeisen_SelectedIndexChanged( ... ) _
            Handles ...
        lblAnzeige.Text = lstSpeisen.SelectedItem
    End Sub
End Class
```

Zur Erläuterung:

▶ In der Ereignisprozedur `cmdEreignis_Click()` wird die Nummer des ausgewählten Elements auf 3 gesetzt. Dadurch wird in der ListBox »Pizza« ausgewählt. Im Label wird die geänderte Auswahl sofort angezeigt, da das Ereignis `lstSpeisen_SelectedIndexChanged` ausgelöst wurde.

- In der zugehörigen Ereignisprozedur `lstSpeisen_SelectedIndexChanged()` wird die Anzeige des ausgewählten Elements ausgelöst. Dieses wird unmittelbar nach der Auswahl angezeigt. Die Auswahl kann durch einen Klick des Benutzers in der Liste oder auch durch Programmcode ausgelöst werden.

2.7.5 Wichtige Methoden

Die Methoden `Insert()` und `RemoveAt()` kann man zur Veränderung der Inhalte des Listenfelds nutzen:

- Mithilfe der Methode `Insert()` kann man Elemente zum Listenfeld an einer gewünschten Stelle hinzufügen. **Insert**
- Die Methode `RemoveAt()` löscht ein Element an der gewünschten Stelle. **RemoveAt**

Im nachfolgenden Programm p0240 werden die beiden Methoden eingesetzt, um ein Listenfeld zu verwalten. Es können Elemente eingefügt, gelöscht und geändert werden. Um sicherzustellen, dass es sich hierbei um sinnvolle Operationen handelt, sind jeweils bestimmte Bedingungen zu beachten.

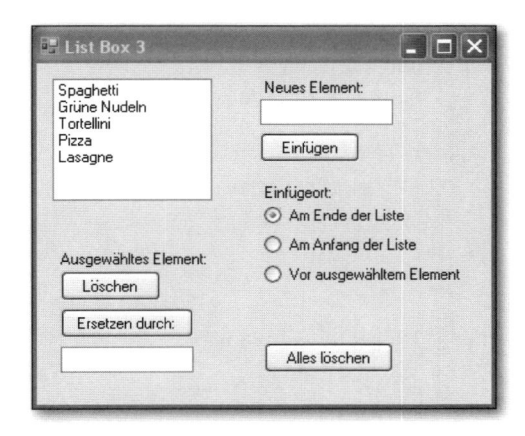

Abbildung 2.42 Verwaltung eines Listenfelds

```
Public Class frm0240
    Private Sub frm0240_Load( ... ) Handles MyBase.Load
        [ ... wie oben ... ]
    End Sub

    Private Sub cmdLöschen_Click( ... ) Handles ...
        If lstSpeisen.SelectedIndex <> -1 Then
```

```vb
            lstSpeisen.Items.RemoveAt(_
                lstSpeisen.SelectedIndex)
        End If
    End Sub

    Private Sub cmdEinfügen_Click( ... ) Handles ...
        If txtNeu.Text = "" Then
            Exit Sub
        End If
        If optAnfang.Checked Then
            lstSpeisen.Items.Insert(0, txtNeu.Text)
        ElseIf optAuswahl.Checked And _
                lstSpeisen.SelectedIndex <> -1 Then
            lstSpeisen.Items.Insert(_
                lstSpeisen.SelectedIndex, _
                txtNeu.Text)
        Else
            lstSpeisen.Items.Add(txtNeu.Text)
        End If
        txtNeu.Text = ""
    End Sub

    Private Sub cmdErsetzen_Click( ... ) Handles ...
        Dim X As Integer
        If txtErsetzen.Text <> "" And _
                lstSpeisen.SelectedIndex <> -1 Then
            X = lstSpeisen.SelectedIndex
            lstSpeisen.Items.RemoveAt(X)
            lstSpeisen.Items.Insert(X, txtErsetzen.Text)
            txtErsetzen.Text = ""
        End If
    End Sub

    Private Sub cmdAllesLöschen_Click( ... ) Handles ...
        lstSpeisen.Items.Clear()
    End Sub
End Class
```

Zur Erläuterung:

▶ In der Prozedur `cmdLöschen_Click()` wird zunächst untersucht, ob ein Element ausgewählt wurde, ob also der Wert von `SelectedIndex` ungleich -1 ist. Falls dies der Fall ist, wird dieses Element mit der Methode `RemoveAt()` gelöscht. Diese benötigt den Wert von `SelectedIndex` zur Auswahl des zu löschenden Elements. Wurde kein Element ausgewählt, geschieht nichts.

Listenfeld und Kombinationsfeld | **2.7**

- In der Prozedur `cmdEinfügen_Click()` wird zunächst untersucht, ob in der TextBox etwas zum Einfügen steht. Ist dies der Fall, wird untersucht, welcher Einfügeort über die Optionsschaltflächen ausgesucht wurde.
  - Wurde als Einfügeort das Ende der Liste gewählt, so wird der Inhalt der TextBox mit der bekannten Methode `Add()` am Ende der Liste angefügt.
  - In den beiden anderen Fällen wird die Methode `Insert()` zum Einfügen des Inhalts der TextBox vor einem vorhandenen Listeneintrag genutzt. Diese Methode benötigt den Index des Elements, vor dem eingefügt werden soll. Dies ist entweder der Wert 0, falls am Anfang der Liste eingefügt werden soll, oder der Wert von `SelectedIndex`, falls vor dem ausgewählten Element eingefügt werden soll.
- Anschließend wird die TextBox gelöscht, damit nicht versehentlich zweimal das gleiche Element eingefügt wird.
- In der Prozedur `cmdErsetzen_Click()` wird untersucht, ob in der TextBox etwas zum Ersetzen steht und ob ein Element zum Ersetzen ausgewählt wurde. Ist dies der Fall, wird
  - der Wert von `SelectedIndex` in der Variablen X gespeichert,
  - das zugehörige Element mit der Methode `RemoveAt()` gelöscht,
  - der neue Text an der gleichen Stelle mit der Methode `Insert()` eingefügt
  - und die TextBox gelöscht, damit nicht versehentlich zweimal das gleiche Element eingefügt wird.
- In der Prozedur `cmdAllesLöschen_Click()` dient die Methode `Clear()` zum Leeren der ListBox.

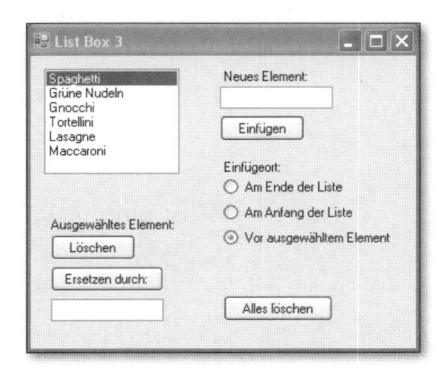

Abbildung 2.43 Nach einigen Veränderungen

2.7.6 Mehrfachauswahl

SelectionMode — Man kann dem Benutzer ermöglichen, gleichzeitig mehrere Einträge aus einer Liste auszuwählen, wie er dies auch aus anderen Windows-Programmen kennt. Dazu wird zur Entwicklungszeit die Eigenschaft SelectionMode auf den Wert MultiExtended gesetzt. Der Benutzer kann anschließend mithilfe der [Strg]-Taste mehrere einzelne Elemente auswählen oder mithilfe der [⇧]-Taste (wie für Großbuchstaben) einen zusammenhängenden Bereich von Elementen markieren.

Hinweis: Nach dem Einfügen einer neuen ListBox in ein Formular steht die Eigenschaft SelectionMode zunächst auf dem Standardwert One, d.h. es kann nur ein Element ausgewählt werden.

SelectedIndices — Die Eigenschaften SelectedIndices und SelectedItems beinhalten die Nummern bzw. die Einträge der ausgewählten Elemente. Sie ähneln in ihrem Verhalten der Eigenschaft Items. Das nachfolgende Programm p0241 verdeutlicht dies:

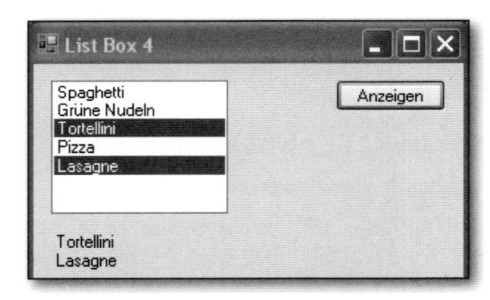

Abbildung 2.44 Mehrere ausgewählte Elemente

```
Public Class frm0241
    Private Sub frm0241_Load( ... ) Handles MyBase.Load
        [ ... wie oben ... ]
    End Sub

    Private Sub cmdAnzeigen_Click( ... ) Handles ...
        Dim i As Integer
        lblAnzeige.Text = ""
        For i = 0 To lstSpeisen.SelectedItems.Count - 1
            lblAnzeige.Text &= _
                lstSpeisen.SelectedItems(i) & vbCrLf
        Next
    End Sub
End Class
```

Zur Erläuterung:

- In der Prozedur `cmdAnzeigen_Click()` werden alle ausgewählten Elemente mithilfe einer Schleife durchlaufen. Diese Schleife läuft von 0 bis `SelectedItems.Count` − 1. Die ausgewählten Elemente selbst werden über `SelectedItems(i)` angesprochen.

SelectedItems(i)

2.7.7 Kombinationsfelder

Das Steuerelement Kombinationsfeld (ComboBox) vereinigt die Merkmale eines Listenfelds mit denen eines Textfelds. Der Benutzer kann einen Eintrag aus dem Listenfeldbereich auswählen oder im Textfeldbereich eingeben. Das Kombinationsfeld hat im Wesentlichen die Eigenschaften und Methoden des Listenfelds.

Man kann mithilfe der Eigenschaft `DropDownStyle` zwischen drei Typen von Kombinationsfeldern wählen:

DropDownStyle

- `DropDown`: Dies ist der Standard – Auswahl aus einer Liste (Aufklappen der Liste mit der Pfeiltaste) oder Eingabe in das Textfeld. Das Kombinationsfeld hat die Größe einer TextBox.
- `DropDownList`: Die Auswahl ist begrenzt auf die Einträge der aufklappbaren Liste, also ohne eigene Eingabemöglichkeit. Dieser Typ Kombinationsfeld verhält sich demnach wie ein Listenfeld, ist allerdings so klein wie eine TextBox. Ein Listenfeld könnte zwar auch auf diese Größe verkleinert werden, aber die Scroll-Pfeile sind dann sehr klein.
- `Simple`: Die Liste ist immer geöffnet und wird bei Bedarf mit einer Bildlaufleiste versehen. Wie beim Typ `DropDown` ist die Auswahl aus der Liste oder die Eingabe in das Textfeld möglich. Beim Erstellen eines solchen Kombinationsfelds kann die Höhe wie bei einer ListBox eingestellt werden.

Die Eigenschaft `SelectionMode` gibt es bei Kombinationsfeldern nicht. Das folgende Programm (p0242) führt alle drei Typen von Kombinationsfeldern vor:

```
Public Class frm0242
    Private Sub frm0242_Load( ... ) Handles MyBase.Load
        cmbWerkzeug1.Items.Add("Zange")
        cmbWerkzeug1.Items.Add("Hammer")
        cmbWerkzeug1.Items.Add("Bohrer")
        cmbWerkzeug1.Items.Add("Schraubendreher")
        [ ... das Gleiche für Feld 2 und 3 ... ]
    End Sub
```

```
    Private Sub cmdAnzeigen1_Click( ... ) Handles ...
        lblAnzeige1.Text = cmbWerkzeug1.Text
    End Sub

    Private Sub cmdAnzeigen2_Click( ... ) Handles ...
        lblAnzeige2.Text = cmbWerkzeug2.SelectedItem
    End Sub

    Private Sub cmdAnzeigen3_Click( ... ) Handles ...
        lblAnzeige3.Text = cmbWerkzeug3.Text
    End Sub
End Class
```

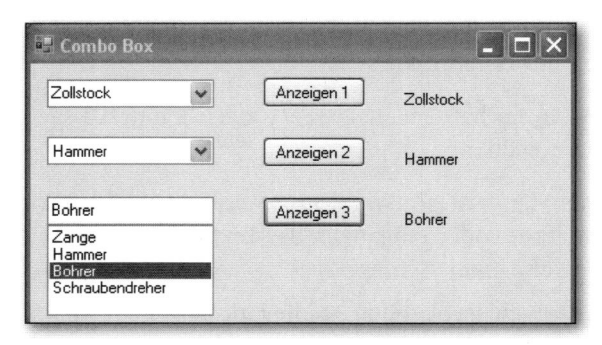

Abbildung 2.45 Drei verschiedene Kombinationsfelder

Zur Erläuterung:

- Das erste Kombinationsfeld hat den DropDownStyle DropDown. Hat der Benutzer einen Eintrag ausgewählt, so erscheint dieser in der TextBox des Kombinationsfelds. Falls er selber einen Eintrag eingibt, wird dieser ebenfalls dort angezeigt. Die Eigenschaft Text enthält den Inhalt dieser TextBox, also immer den »Wert« des Kombinationsfelds.
- Das zweite Kombinationsfeld hat den DropDownStyle DropDownList. Es gibt also keine TextBox. Wie beim Listenfeld ermittelt man die Auswahl des Benutzers über die Eigenschaft SelectedItem.
- Das dritte Kombinationsfeld hat den DropDownStyle Simple. Im Programm kann es genauso wie das erste Kombinationsfeld behandelt werden. Die Eigenschaft Text beinhaltet also immer den »Wert« des Kombinationsfelds.

Übung p0243:

Schreiben Sie ein Programm, das zwei Listenfelder beinhaltet, in denen jeweils mehrere Elemente markiert werden können. Zwischen den beiden Listenfeldern befinden sich zwei Buttons, jeweils mit einem Pfeil nach rechts bzw. nach links. Bei Betätigung eines der beiden Buttons sollen die ausgewählten Elemente in Pfeilrichtung aus der einen Liste in die andere Liste verschoben werden.

Bei der Lösung kann neben der Eigenschaft `SelectedItems` z. B. auch die Eigenschaft `SelectedIndices` genutzt werden. Eine solche Auflistung beinhaltet dann nicht die ausgewählten Einträge, sondern deren Indizes. Mit dem Löschen mehrerer Einträge aus einem Listenfeld sollte man vom Ende der Liste her beginnen. Der Grund hierfür ist: Löscht man eines der vorderen Elemente zuerst, stimmen die Indizes in der Auflistung `SelectedIndices` nicht mehr.

Abbildung 2.46   Liste vor dem Verschieben

Abbildung 2.47   Liste nach dem Verschieben

Nur aus Fehlern lernt man. In diesem Kapitel werden die verschiedenen Arten von Fehlern und ihre Behandlung vorgestellt.

3 Fehlerbehandlung

3.1 Fehlerarten

Während man ein Programm entwickelt und testet, treten normalerweise noch häufig Fehler auf. Diese Fehler lassen sich in drei Gruppen untergliedern: Syntaxfehler, Laufzeitfehler und logische Fehler.

Syntaxfehler können mithilfe des Editors und der Entwicklerunterstützung IntelliSense vermieden werden. Laufzeitfehler, also Fehler zur Laufzeit des Programms, die einen Programmabsturz zur Folge haben, gibt es streng genommen in Visual Basic nicht mehr. Stattdessen werden Ausnahmen (Exceptions) erzeugt, die mit einer Ausnahmebehandlung (Exception Handling) umgangen werden müssen. Logische Fehler sind erfahrungsgemäß am schwersten zu finden. Hier bietet das Debugging eine gute Hilfestellung.

3.2 Syntaxfehler und IntelliSense

Syntaxfehler treten zur Entwicklungszeit des Programms auf und haben ihre Ursache in falsch oder unvollständig geschriebenem Programmcode. Bereits beim Schreiben des Codes wird man von Visual Basic auf Syntaxfehler aufmerksam gemacht. Ein nicht korrekt geschriebenes Schlüsselwort, ein Block If ohne End If oder andere Fehler werden sofort erkannt und markiert.

Fehler wird markiert

Der Programmierer erhält eine Warnmeldung, häufig wird eine Information mit Hilfestellung zur Fehlerkorrektur angeboten. Manchmal wird die Fehlerkorrektur sogar schon automatisch ausgeführt. Wird der Fehler nicht behoben, so wird eine Übersetzung und Ausführung des Programms abgelehnt.

Die Entwicklerunterstützung IntelliSense trägt in hohem Maße dazu bei, solche Syntaxfehler erst gar nicht auftreten zu lassen. Während des

IntelliSense

Schreibens einer Anweisung werden zahlreiche Hilfestellungen angeboten.

Einige Beispiele:

- Sobald man den Punkt hinter den Namen eines Objekts, z. B. eines Steuerelements, gesetzt hat, erscheinen die Eigenschaften und Methoden dieses Elements zur Auswahl.

Hilfsliste
- Beginnt man, einen beliebigen Namen zu schreiben, so wird sofort eine Hilfsliste mit Anweisungen oder Objekten angeboten, die im Zusammenhang mit der aktuellen Anwendung stehen und die gleichen Anfangsbuchstaben haben.

- Zu dem aktuell verwendeten Programmierelement (Klasse, Objekt, Eigenschaft, Methode usw.) wird ein QuickInfo eingeblendet, das den Entwickler über die Einsatzmöglichkeiten des jeweiligen Elements informiert.

Hat man sich einmal an dieses Verhalten gewöhnt, bietet IntelliSense eine wertvolle Hilfe zur Codierung und Fehlervermeidung.

Syntaxfehler und IntelliSense sollen mithilfe des nachfolgenden Programms p0301 verdeutlicht werden. Das Programm soll eigentlich zur Überprüfung dienen, ob eine eingegebene Zahl positiv, negativ oder gleich 0 ist.

In den Programmcode wurde allerdings eine Reihe von typischen Fehlern eingebaut. Diese werden bereits während der Codierung durch blaue Wellenlinien und rote Kästen kenntlich gemacht.

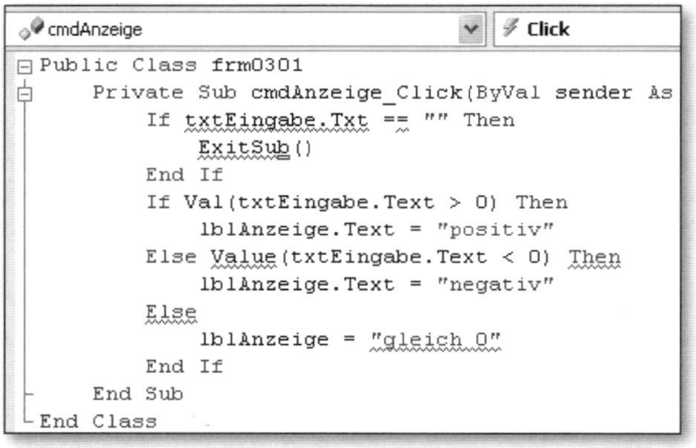

```
cmdAnzeige                              Click
Public Class frm0301
    Private Sub cmdAnzeige_Click(ByVal sender As
        If txtEingabe.Txt == "" Then
            ExitSub()
        End If
        If Val(txtEingabe.Text > 0) Then
            lblAnzeige.Text = "positiv"
            Else Value(txtEingabe.Text < 0) Then
                lblAnzeige.Text = "negativ"
            Else
                lblAnzeige = "gleich 0"
        End If
    End Sub
End Class
```

Abbildung 3.1 Programmcode mit Fehlern

Zur Erläuterung:

- In der Zeile `If txtEingabe.Txt == ""  Then` verbergen sich zwei Fehler. Die Eigenschaft `Text` der TextBox und der Vergleichsoperator = wurden falsch geschrieben.
- Falls die TextBox leer ist, soll die Prozedur sofort verlassen werden. Die Anweisung `Exit Sub` wurde ebenfalls falsch geschrieben.
- Die Funktion zur Wertermittlung heißt korrekt `Val()` und nicht `Value()`.
- Das `Then` in der gleichen Zeile und das `Else` zwei Zeilen tiefer werden angemerkt, weil der `If`-Block zwei `Else`-Zweige hat. In der Zeile mit `Value()` müsste folglich ein `ElseIf` stehen.
- In der Zeile vor dem `End If` wird der Text »gleich 0« markiert, da er einem Objekt (`lblAnzeige`) und nicht der Eigenschaft des Objekts (`Text`) zugewiesen werden soll.
- Einige Fehler wurden während der Codierung bereits automatisch behoben und sind im obigen Bild gar nicht mehr zu sehen:
    - Am Ende einer Zeile, die mit `If` beginnt, wurde beim Zeilenwechsel das `Then` eingefügt.
    - Am Ende einer Zeile, die mit einer Zeichenkette endet, wurde beim Zeilenwechsel der zunächst fehlende Anführungsstrich ergänzt.

Bewegt man den Cursor über eine der Fehlerstellen im Code, so erscheint eine QuickInfo mit einer Fehlermeldung. Erst nach Korrektur der Fehler sollte ein erneuter Versuch zum Übersetzen und Ausführen gestartet werden.

QuickInfo

3.3 Laufzeitfehler und Exception Handling

Das Exception Handling dient zum Abfangen von Laufzeitfehlern und zum Behandeln von Ausnahmen. Diese treten auf, wenn das Programm versucht, eine unzulässige Operation durchzuführen, beispielsweise eine Division durch Null oder das Öffnen einer nicht vorhandenen Datei.

Ausnahmen

Es ist natürlich besser, Laufzeitfehler von an Anfang an zu unterbinden. Dies ist allerdings unmöglich, da es Vorgänge gibt, auf die der Programm-Entwickler keinen Einfluss hat, etwa die fehlerhafte Eingabe eines Benutzers oder ein beim Druckvorgang ausgeschalteter Drucker.

3 | Fehlerbehandlung

3.3.1 Programm mit Laufzeitfehlern

Im nachfolgenden Beispiel p0302 werden verschiedene Arten von Exceptions hervorgerufen und mit dem Exception Handling von Visual Basic behandelt.

Der Benutzer soll zwei Zahlen eingeben. Nach Betätigung des Buttons **Rechnen** wird die erste Zahl durch die zweite geteilt und das Ergebnis der Division in einem Label ausgegeben.

```
Public Class frm0302
    Private Sub cmdRechnen_Click( ... ) Handles ...
        Dim x, y, z As Integer
        x = txtEingabe1.Text
        y = txtEingabe2.Text
        z = x / y
        lblAusgabe.Text = z
    End Sub
End Class
```

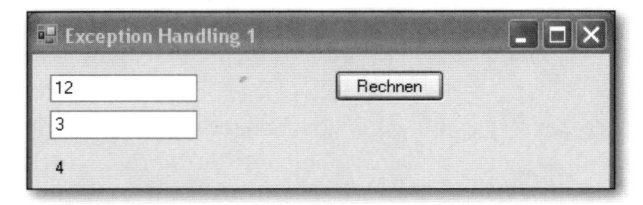

Abbildung 3.2 Eingabe korrekter Zahlen

OverFlow-Exception

Gibt der Benutzer die Zahlen 12 und 3 ein, erscheint als Ergebnis erwartungsgemäß die Zahl 4. Wenn er dagegen die Zahlen 12 und 0 eingibt, dann tritt eine unbehandelte Ausnahme des Typs »OverFlowException« auf.

Abbildung 3.3 OverFlowException

Die Division einer Zahl durch 0 ergibt »unendlich«. Dieser Wert liegt außerhalb des Zahlenbereichs des Datentyps Integer, daher wurde der Zahlenbereich überschritten (Overflow).

Gibt der Benutzer eine der beiden Zahlen gar nicht ein, so tritt eine unbehandelte Ausnahme des Typs »InvalidCastException« auf.

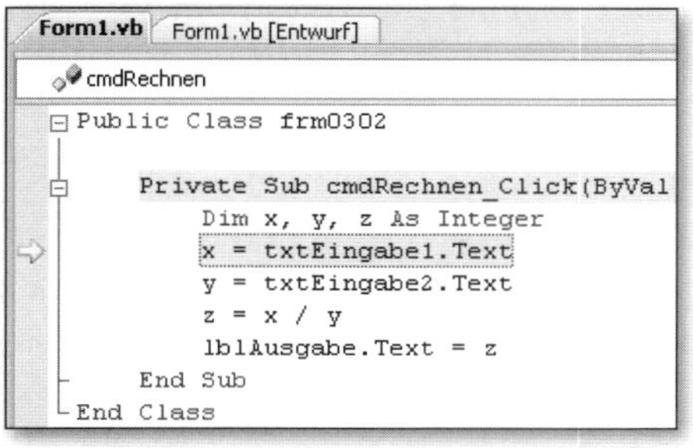

InvalidCast-Exception

```
Public Class frm0302
    Private Sub cmdRechnen_Click(ByVal
        Dim x, y, z As Integer
        x = txtEingabe1.Text
        y = txtEingabe2.Text
        z = x / y
        lblAusgabe.Text = z
    End Sub
End Class
```

Abbildung 3.4 InvalidCastException

Die leere Zeichenkette im Eingabefeld konnte nicht in eine Zahl vom Typ Integer umgewandelt werden. Dieser Fehler könnte natürlich durch Einsatz der Funktion Val() umgangen werden, er soll aber zu Demonstrationszwecken erhalten bleiben.

3.3.2 Einfaches Exception Handling

Das Programm p0302 wird nun zur Behandlung der Exceptions wie folgt verbessert:

```
Public Class frm0302
    Private Sub cmdRechnen_Click( ... ) Handles ...
        Dim x, y, z As Integer
        Try
            x = txtEingabe1.Text
            y = txtEingabe2.Text
            z = x / y
            lblAusgabe.Text = z
        Catch ex As Exception
            lblAusgabe.Text = "Fehler: " & ex.Message
        End Try
    End Sub
End Class
```

3 | Fehlerbehandlung

Zur Erläuterung:

Try
- Das Schlüsselwort Try leitet das Exception Handling ein. Ab diesem Punkt »versucht« das Programm, einen Anweisungsblock auszuführen.

Catch
- Tritt während der nachfolgenden Anweisungen eine Exception auf, so wird sie mithilfe von Catch »abgefangen«: Das Programm wechselt sofort bei Auftreten der Exception in einen Catch-Block und führt die dort angegebenen Anweisungen aus.
- Im Catch-Block steht ein Objekt der Klasse »Exception« zur Verfügung, hier ist dies ex. Dieses Objekt beinhaltet weitere Informationen zu dem Fehler, unter anderem die Fehlermeldung in der Eigenschaft Message. Diese Fehlermeldung wird im vorliegenden Fall ausgegeben.

Falls der Benutzer die Zahlen 12 und 3 eingibt, erscheint nach wie vor die Zahl 4. Im Try-Block ist keine Exception aufgetreten. Bei Eingabe der Zahlen 12 und 0 erscheint die folgende Fehlermeldung im Label:

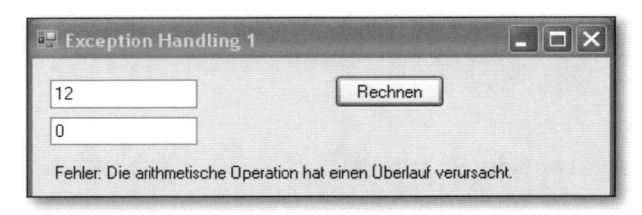

Abbildung 3.5 Überlauf abgefangen

Gibt der Benutzer eine der beiden Zahlen gar nicht ein, so erscheint die andere Fehlermeldung im Label:

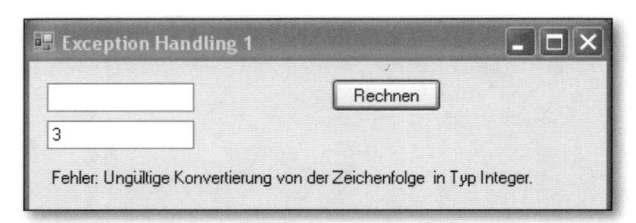

Abbildung 3.6 Ungültige Konvertierung abgefangen

Anders als in der ersten Version kann das Programm trotz der Fehlermeldungen weiterlaufen.

3.3.3 Erweitertes Exception Handling

Die Klasse Exception ist die Basis mehrerer Exception-Klassen. Dies bedeutet, dass ein Fehler wesentlich spezifischer abgefangen und behandelt werden kann. Das Programm p0302 erfährt im Folgenden eine weitere Verbesserung:

Exception-Klassen

```
Public Class frm0302
    Private Sub cmdRechnen_Click( ... ) Handles ...
        Dim x, y, z As Integer
        Try
            x = txtEingabe1.Text
            y = txtEingabe2.Text
            z = x / y
            lblAusgabe.Text = z
        Catch ex As InvalidCastException
            lblAusgabe.Text = "Fehler: Konvertierung"
        Catch ex As OverflowException
            lblAusgabe.Text = "Fehler: Überlauf"
        Catch ex As Exception
            lblAusgabe.Text = "Fehler: allgem. Exception"
        End Try
    End Sub
End Class
```

Zur Erläuterung:

- Es gibt nunmehr drei Catch-Blöcke, die in der Lage sind, drei verschiedene Fehler durch unterschiedliche Anweisungen zu behandeln.
- Im ersten Catch-Block wird der Konvertierungsfehler mit Unterstützung eines Objekts der Klasse InvalidCastException abgefangen.
- Im zweiten Catch-Block wird der Überlauf-Fehler mit Unterstützung eines Objekts der Klasse OverFlowException abgefangen.
- Im dritten Catch-Block werden alle nicht spezifisch abgefangenen Fehler mit Unterstützung eines Objekts der allgemeinen Klasse »Exception« behandelt.

Klasse Exception

Die Reihenfolge der Catch-Blöcke ist wichtig, da die Blöcke bei Auftreten eines Fehlers der Reihe nach durchlaufen werden. Der erste zutreffende Catch-Block wird genutzt. Hätte man also den dritten Block mit der allgemeinen Klasse Exception nach vorne gesetzt, so wäre in jedem Fehlerfall die Meldung »Fehler: allgemeine Exception« erschienen.

3 | Fehlerbehandlung

IntelliSense — Die Entwicklerunterstützung IntelliSense bemerkt und markiert eine falsche Reihenfolge der Catch-Blöcke aber bereits zur Entwicklungszeit und ermöglicht so die rechtzeitige Korrektur.

3.4 Logische Fehler und Debugging

Logische Fehler treten auf, wenn eine Anwendung zwar ohne Syntaxfehler übersetzt und ohne Laufzeitfehler ausgeführt wird, aber nicht das geplante Ergebnis liefert. Dies liegt daran, dass die Programmlogik falsch aufgebaut wurde.

Debugging — Die Ursache logischer Fehler zu finden, ist oft schwierig und kann nur durch intensives Testen und Analysieren der Abläufe und Ergebnisse durchgeführt werden. Visual Basic stellt im Zusammenhang mit dem Debugging einige wertvolle Hilfen zur Verfügung.

3.4.1 Einzelschrittverfahren

Taste F8 — Man kann ein Programm im Einzelschrittverfahren ablaufen lassen, um sich dann bei jedem einzelnen Schritt die aktuellen Inhalte von Variablen und Steuerelementen anzuschauen. Dabei beginnt man mit dem Menüpunkt **Debuggen · Einzelschritt** (Funktionstaste F8).

Als Beispiel dient wiederum das Programm p0302 zur Division zweier Zahlen (in seiner ursprünglichen, fehlerhaften Form). Nach dem Start des Einzelschrittverfahrens startet die Anwendung zunächst »normal« und man kann zwei Zahlen (hier 12 und 3) eingeben.

Markierte Zeile — Beim Betätigen des Buttons wird nun allerdings die Ereignisprozedur angezeigt: Ein gelber Pfeil vor einer gelb markierten Zeile kennzeichnet den Punkt, an dem das Programm gerade angehalten wurde und auf die Reaktion des Entwicklers wartet.

Nach zwei weiteren Einzelschritten (Funktionstaste F8) steht das Programm auf der Zeile y = txtEingabe2.Text.

Wert anzeigen — Platziert man den Cursor über einer Variablen oder einer Steuerelement-Eigenschaft (z. B. über der Variablen x), so sieht man den aktuellen Wert (hier der Wert 12 für x). Man kann auch erkennen, dass die Variable y noch den Wert 0 hat, da die aktuell markierte Anweisung noch nicht ausgeführt wurde. Bereits nach dem nächsten Einzelschritt hat die Variable y den Wert 3. Nach Durchführung aller Einzelschritte erscheint das Ergebnis des Programms wie gewohnt in der Anwendung.

Logische Fehler und Debugging | **3.4**

```
Form1.vb  Form1.vb [Entwurf]
 cmdRechnen
Public Class frm0302

    Private Sub cmdRechnen_Click(ByVal
        Dim x, y, z As Integer
        x = txtEingabe1.Text
        y = txtEingabe2.Text
        z = x / y
        lblAusgabe.Text = z
    End Sub
End Class
```

Abbildung 3.7 Debuggen

Dieses einfache Beispiel zeigt, dass man mit dem Einzelschrittverfahren bereits den Ablauf eines Programms stückweise verfolgen kann und so den Ursprung eines logischen Fehlers leichter lokalisieren kann.

3.4.2 Haltepunkte

Dauert das Einzelschrittverfahren bei einem bestimmten Programm zu lange, kann man auch mit Haltepunkten (Breakpoints) arbeiten. Das Programm durchläuft dann alle Anweisungen bis zu einem solchen Haltepunkt. Man setzt einen Haltepunkt in die Nähe der Stelle, an der man den Ursprung eines Fehlers vermutet.

Das Setzen eines Haltepunkts geschieht mithilfe des Menüpunkts **Debuggen • Haltepunkt setzen** (Funktionstaste F9). Es wird ein Haltepunkt in der Zeile gesetzt, in der sich der Cursor befindet. Im Beispiel bietet sich hierfür die Zeile an, in der z = x / y berechnet wird.

Taste F9

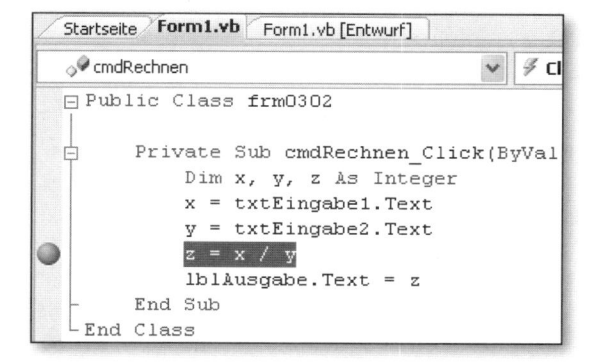

```
Startseite  Form1.vb  Form1.vb [Entwurf]
 cmdRechnen
Public Class frm0302

    Private Sub cmdRechnen_Click(ByVal
        Dim x, y, z As Integer
        x = txtEingabe1.Text
        y = txtEingabe2.Text
        z = x / y
        lblAusgabe.Text = z
    End Sub
End Class
```

Abbildung 3.8 Haltepunkt gesetzt

107

Das Programm wird nun über die Funktionstaste [F5] gestartet. Es unterbricht vor der Ausführung der Zeile mit dem Haltepunkt. Ab diesem Punkt kann man das Programm wiederum im Einzelschrittverfahren ablaufen lassen und die Werte der Variablen wie oben beschrieben kontrollieren.

Es können auch mehrere Haltepunkte gesetzt werden. Ein Haltepunkt wird wieder entfernt, indem man den Cursor in die betreffende Zeile setzt und wiederum die Funktionstaste [F9] betätigt. Über das Menü **Debuggen** können auch alle Haltepunkte auf einmal entfernt werden.

Darüber hinaus gibt es die Möglichkeit, alle Haltepunkte zu deaktivieren. Dies ist sehr nützlich, wenn man die Haltepunkte bei einer späteren Fehlersuche gegebenenfalls wieder aktivieren möchte.

3.4.3 Überwachungsfenster

Das Überwachungsfenster bietet während des Debuggens eine weitere komfortable Möglichkeit der Variablenkontrolle. Es kann während des Debuggens über den Menüpunkt **Debuggen • Fenster • Überwachen** eingeblendet werden.

Werte anzeigen
Es bietet die Möglichkeit, die Namen von Variablen oder von Steuerelement-Eigenschaften in der Spalte **Name** einzugeben. In der Spalte **Wert** erscheint dann jeweils der aktuelle Wert beim Ablauf der Einzelschritte. Auf diese Weise lässt sich die Entwicklung mehrerer Werte gleichzeitig komfortabel verfolgen.

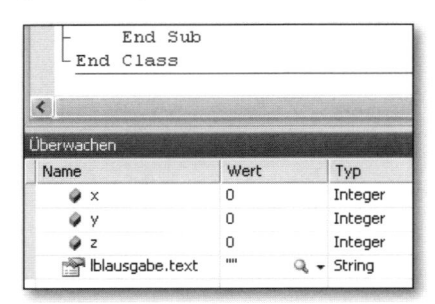

Abbildung 3.9 Überwachungsfenster

Dieses Kapitel widmet sich erstmals einigen fortgeschrittenen Themen: dem Umgang mit Ereignissen, Feldern und Strukturen sowie der Modularisierung von Programmen.

4 Erweiterte Grundlagen

4.1 Fokus, Sichtbarkeit, Aktivierungszustand

Neben so »offensichtlichen« Eigenschaften und Ereignissen wie Text oder Click gibt es weitere Eigenschaften, Methoden und Ereignisse von Steuerelementen, die den Ablauf und die Benutzerführung innerhalb eines Windows-Programms verbessern können. Einige von ihnen sollen im Folgenden vorgestellt werden.

Benutzerführung

4.1.1 Ereignis GotFocus

Das Ereignis GotFocus eines Steuerelements tritt immer dann auf, wenn der Benutzer das betreffende Steuerelement angewählt hat, also zum aktuellen Steuerelement gemacht hat. Man sagt auch: Das Steuerelement hat jetzt den Eingabefokus.

Steuerelemente können per Maus oder per Tastatur angewählt werden. Wird z. B. ein Kontrollkästchen per Maus angewählt, so ändert sich auch sein Zustand (Häkchen an/aus). Wird es jedoch per Tastatur angewählt, ändert sich der Zustand nicht. In beiden Fällen hat es aber den Eingabefokus, ist also das Ereignis GotFocus eingetreten.

Fokus

Im nachfolgenden Programm p0401 soll mithilfe des Ereignisses GotFocus zu einzelnen Elementen eines Eingabeformulars jeweils eine passende Hilfestellung erscheinen:

```
Public Class frm0401
   Private Sub frm0401_Load( ... ) Handles MyBase.Load
      lstPaketdienst.Items.Add("DHL")
      lstPaketdienst.Items.Add("Hermes")
      lstPaketdienst.Items.Add("UPS")
   End Sub
```

```
    Private Sub frm0401_Activated( ... ) _
        Handles Me.Activated
      lblHilfe.Text = ""
    End Sub

    Private Sub txtName_GotFocus( ... ) _
        Handles txtName.GotFocus
      lblHilfe.Text = "Bitte geben Sie Nachname, " _
        & "Vorname ein"
    End Sub

    Private Sub chkKunde_GotFocus( ... ) _
        Handles chkKunde.GotFocus
      lblHilfe.Text = "Kreuzen Sie hier an, " _
        & "ob Sie bereits Kunde sind"
    End Sub

    Private Sub optKreditkarte_GotFocus( ... ) _
        Handles optKreditkarte.GotFocus, _
        optLastschrift.GotFocus, _
        optÜberweisung.GotFocus
      lblHilfe.Text = "Wählen Sie Ihre Zahlungsform aus"
    End Sub

    Private Sub lstPaketdienst_GotFocus( ... ) _
          Handles lstPaketdienst.GotFocus
      lblHilfe.Text = _
         "Wählen Sie Ihren bevorzugten Paketdienst aus"
    End Sub
End Class
```

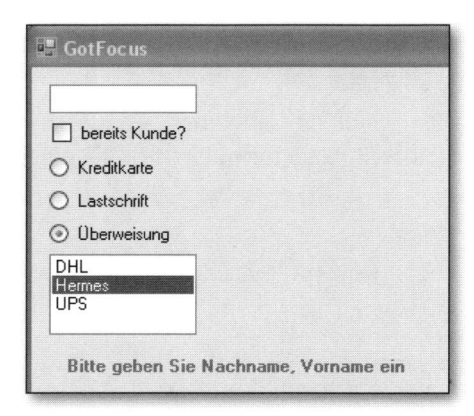

Abbildung 4.1 Ereignis GotFocus

Zur Erläuterung:

- Das Listenfeld wird wie gewohnt beim Ereignis `Formular_Load` gefüllt.
- Das Ereignis `Formular_Activated` tritt kurze Zeit darauf ein, wenn das Formular zur Benutzung bereit steht. In diesem Moment wird das Label mit dem Hilfetext geleert. Dadurch wird gewährleistet, dass es leer ist, unabhängig davon, welches Steuerelement zu Beginn den Eingabefokus hat.

  Formular_Activated

- Zum Ereignis `GotFocus` der einzelnen Steuerelemente (Textfeld, Kontrollkästchen, Optionsschaltflächen und Listenfeld) gibt es jeweils eine eigene Ereignisprozedur. Sie sorgt dafür, dass der zugehörige Hilfetext angezeigt wird. Der Hilfetext zu den drei Optionsschaltflächen wird in einer gemeinsamen Ereignisprozedur erzeugt.

4.1.2 Eigenschaften Enabled und Visible

Fast jedes Steuerelement verfügt über die Eigenschaften `Enabled` (= anwählbar, benutzbar) und `Visible` (= sichtbar). Weist man der Eigenschaft `Enabled` eines Steuerelements den Wert `False` zu, so wird es vorübergehend gesperrt, wenn seine Benutzung nicht sinnvoll oder riskant ist.

Ein gesperrtes Steuerelement ist nur noch abgeblendet sichtbar. Dadurch kann eine bessere Benutzerführung erreicht werden, da der Benutzer immer jeweils nur diejenigen Steuerelemente verwenden kann, die zu einem sinnvollen Ergebnis führen.

Benutzerführung

In diesem Zusammenhang wird auch, allerdings seltener, die Eigenschaft `Visible` auf den Wert `False` gesetzt, um ein Steuerelement ganz unsichtbar zu machen.

Im nachfolgenden Programm p0402 hat der Benutzer die Möglichkeit, zwei Zahlen in zwei Textfeldern einzugeben. Erst wenn beide Textfelder nicht mehr leer sind,

- wird der zuvor abgeblendete erste Button zum Addieren der beiden Zahlen aktiviert
- und der zuvor unsichtbare zweite Button zum Addieren der beiden Zahlen sichtbar gemacht.

```
Public Class frm0402
    Private Sub txtEingabe1_TextChanged( ... ) Handles _
```

```
            txtEingabe1.TextChanged, _
            txtEingabe2.TextChanged
        If txtEingabe1.Text <> "" And _
            txtEingabe2.Text <> "" Then
            cmdRechnen1.Enabled = True
            cmdRechnen2.Visible = True
        Else
            cmdRechnen1.Enabled = False
            cmdRechnen2.Visible = False
        End If
    End Sub

    Private Sub cmdRechnen1_Click( ... ) Handles _
        cmdRechnen1.Click, cmdRechnen2.Click
        lblAusgabe.Text = _
            Val(txtEingabe1.Text) + Val(txtEingabe2.Text)
    End Sub
End Class
```

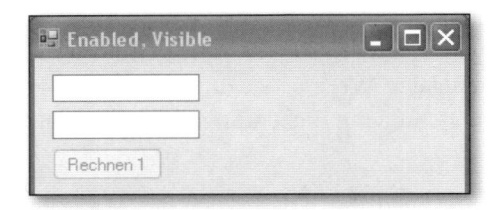

Abbildung 4.2   Enabled und Visible vor der Eingabe

Zur Erläuterung:

- Zu Beginn ist nur ein deaktivierter Button sichtbar.
- Das Ereignis `TextChanged` eines Textfelds zeigt an, dass sich der Inhalt geändert hat. Da beide Textfelder zu Beginn leer sind, wird dieses Ereignis aufgerufen, sobald in einem der beiden Textfelder eine Eingabe vorgenommen wurde.
- Beide `TextChanged`-Ereignisse führen hier zum Aufruf der gleichen Prozedur (`Handles txtEingabe1.TextChanged, txtEingabe2.Text-Changed`). Innerhalb der Prozedur wird der Inhalt beider Textfelder geprüft.
- Sind beide Textfelder gefüllt, wird die Eigenschaft `Enabled` des ersten Buttons und die Eigenschaft `Visible` des zweiten Buttons auf `True` gesetzt. Der erste Button wird also aktiviert und der zweite Button sichtbar gemacht.

▶ Der Vorgang wird wieder rückgängig gemacht, sobald eines der beiden Textfelder geleert wurde.

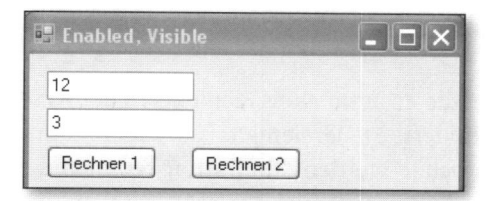

Abbildung 4.3 Enabled und Visible nach der Eingabe

Übung p0403:

Erstellen Sie eine Anwendung mit einem Listenfeld, das mit einigen Elementen gefüllt ist, und mit einem deaktivierten Button. Der Button soll nur aktiviert sein, wenn ein Element markiert ist. Sobald der Benutzer den Button drückt, wird das aktuell markierte Element aus dem Listenfeld gelöscht. Sobald die Liste leer ist, wird der Button deaktiviert. Er wird auch deaktiviert, wenn kein Element im Listenfeld markiert ist.

Abbildung 4.4 Oberfläche vor dem Markieren

Abbildung 4.5 Oberfläche nach dem Markieren

4.2 Bedienung per Tastatur

In manchen Situationen kann ein Windows-Programm schneller per Tastatur als per Maus bedient werden. Der Benutzer muss dann nicht immer zwischen Maus und Tastatur hin und her wechseln.

4 | Erweiterte Grundlagen

4.2.1 Eigenschaften TabIndex und TabStop

Tab-Taste Bei der Bedienung eines Windows-Programms mit der Tastatur ist die Aktivierungsreihenfolge wichtig. Das ist die Reihenfolge, in der man mit der ⭾-Taste von einem Steuerelement zum nächsten gelangt.

TabIndex Die Eigenschaft TabIndex legt die Position eines Elements in der Aktivierungsreihenfolge fest. Das aktivierte Steuerelement kann dann unmittelbar über die Tastatur angesprochen werden. Ein Button kann dann z. B. direkt durch die Taste ↵ betätigt werden; in ein Textfeld kann unmittelbar eingegeben werden, ohne dass man es vorher anklicken muss. Den aktiven Button erkennt man am gestrichelten Rahmen, das aktive Textfeld am blinkenden Cursor.

Beim Einfügen in ein neues Formular erhalten die Steuerelemente zunächst automatisch die Nummern 0 bis n-1 für die Eigenschaft TabIndex (bei insgesamt n Steuerelementen). Der Entwickler kann die Eigenschaft TabIndex für Steuerelemente auf andere Werte setzen und dadurch die Aktivierungsreihenfolge ändern.

TabStop Die Eigenschaft TabStop legt fest, ob ein Steuerelement überhaupt in die Aktivierungsreihenfolge eingebunden wird. Wird der Wert dieser Eigenschaft auf False gesetzt wird, so wird das betreffende Steuerelement beim Betätigen der ⭾-Taste übersprungen. Setzt man den Wert auf True, so nimmt es wieder seine ursprüngliche Position in der Aktivierungsreihenfolge ein.

Im nachfolgenden Beispiel p0404 wurden vier Textfelder eingeführt. Die Eigenschaften werden vom Entwickler wie folgt eingestellt:

Name	TabIndex	TabStop
txtEingabe1	0	True
txtEingabe2	3	True
txtEingabe3	1	False
txtEingabe4	2	True

Wenn der Benutzer die ⭾-Taste bedient, werden der Reihe nach aktiviert: txtEingabe1, txtEingabe4, txtEingabe2. Falls keine weiteren Elemente vorhanden sind, beginnt die Reihenfolge wieder bei txtEingabe1. Das Element txtEingabe3 wird nie per ⭾-Taste erreicht, kann jedoch mit der Maus angewählt werden.

4.2.2 Tastenkombination für Steuerelemente

Bei einem Steuerelement kann in der Eigenschaft Text vor einem beliebigen Buchstaben das Zeichen & gesetzt werden. Der Buchstabe, der diesem Zeichen folgt, wird unterstrichen. Bei Betätigung der Taste [Alt] werden die anwählbaren Buchstaben sichtbar. Nach der Eingabe des betreffenden Buchstabens wird das Click-Ereignis dieses Steuerelements ausgeführt.

Taste Alt

Man sollte vermeiden, dass auf einem Formular mehrere Steuerelemente den gleichen Auswahl-Buchstaben haben. Sollte dies dennoch der Fall sein, so werden sie in der Aktivierungsreihenfolge ausgewählt.

Das Programm p0404 wurde um einige Steuerelemente erweitert, die die folgenden Start-Eigenschaften haben:

Typ	(Name)	Checked	Text	Tasten-kombination
Button	cmdBestellen		&Bestellen	[Alt]+[B]
Optionsschaltfläche	optBerlin	True	Berl&in	[Alt]+[I]
Optionsschaltfläche	optParis	False	&Paris	[Alt]+[P]
Optionsschaltfläche	optPrag	False	P&rag	[Alt]+[R]
Kontrollkästchen	chkMietwagen	False	Miet&wagen	[Alt]+[W]

Abbildung 4.6 Man beachte die unterstrichenen Buchstaben

4.3 Ereignisgesteuerte Programmierung

In diesem Abschnitt wird das Verständnis für die ereignisgesteuerte Programmierung vertieft.

In Visual Basic-Programmen löst der Benutzer Ereignisse aus, die der Entwickler mit Ereignisprozeduren besetzt hat. In diesen Ereignisprozeduren wird der entsprechende Code zu diesem Ereignis ausgeführt. Der

Benutzer bestimmt den Ablauf des Programms in höherem Maße, als dies bei der klassischen Programmierung der Fall war.

4.3.1 Eine Ereigniskette

Ereignis simulieren

Es gibt auch die Möglichkeit, Ereignisse statt durch den Benutzer durch Programmcode auszulösen, indem die Ereignisprozedur mit ihrem Namen aufgerufen wird. Man »simuliert« sozusagen die Tätigkeit des Benutzers. Dies kann die Programmentwicklung vereinfachen, weil dadurch die Folgen mehrerer Ereignisse »zusammengefasst« werden können, die aber auch nach wie vor einzeln ausgelöst werden können.

Das Programm p0405 im nachfolgenden Beispiel beinhaltet drei Buttons und zwei Label. Bei Betätigung des Buttons ❶ erscheint ein Text in Label 1, bei Betätigung des Buttons ❷ erscheint ein Text in Label 2. Bei Betätigung des Buttons ❸ soll beides gleichzeitig passieren. Ein weiterer Button soll zum Löschen der Label-Inhalte führen.

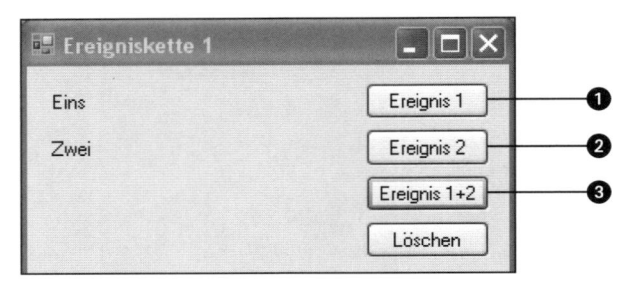

Abbildung 4.7 Zwei Ereignisse gleichzeitig auslösen

Der zugehörige Programmcode lautet:

```
Public Class frm0405
    Private Sub cmdEreignis1_Click(ByVal sender As _
        System.Object, ByVal e As System.EventArgs) _
        Handles cmdEreignis1.Click
      lblAnzeige1.Text = "Eins"
    End Sub

    Private Sub cmdEreignis2_Click(ByVal sender As _
        System.Object, ByVal e As System.EventArgs) _
        Handles cmdEreignis2.Click
      lblAnzeige2.Text = "Zwei"
    End Sub
```

```
    Private Sub cmdEreignis3_Click(ByVal sender As _
          System.Object, ByVal e As System.EventArgs) _
          Handles cmdEreignis3.Click
        cmdEreignis1_Click(sender, e)
        cmdEreignis2_Click(sender, e)
    End Sub

    Private Sub cmdLöschen_Click(ByVal sender As _
          System.Object, ByVal e As System.EventArgs) _
          Handles cmdLöschen.Click
        lblAnzeige1.Text = ""
        lblAnzeige2.Text = ""
    End Sub
End Class
```

Zur Erläuterung:

▸ In der Prozedur `cmdEreignis3_Click()` werden die beiden Ereignisse `cmdEreignis1_Click` und `cmdEreignis2_Click()` per Programmcode aufgerufen. Die beiden Parameter `sender` und `e` werden dabei vom Button **3** übernommen. In beiden Labels wird anschließend Text angezeigt.

4.3.2 Endlose Ereignisketten

Man kann durch Aufrufe von Ereignisprozeduren allerdings auch (unbeabsichtigt) endlose Ereignisketten auslösen. Dabei stapeln sich die Prozedur-Aufrufe, und das Programm endet mit der Ausnahme »StackOverFlowException«. Solche endlosen Ereignisketten sind natürlich zu vermeiden. Nachfolgend sind zwei Beispiele angegeben:

StackOverFlow

Beispiel p0406: Zwei Buttons rufen sich gegenseitig auf:

```
Public Class frm0406
    Private Sub cmdEreignis1_Click(ByVal sender As _
          System.Object, ByVal e As System.EventArgs) _
          Handles cmdEreignis1.Click
        cmdEreignis2_click(sender, e)
    End Sub

    Private Sub cmdEreignis2_Click(ByVal sender As _
          System.Object, ByVal e As System.EventArgs) _
          Handles cmdEreignis2.Click
        cmdEreignis1_Click(sender, e)
    End Sub
End Class
```

Zur Erläuterung:

▶ Die Betätigung eines der Buttons »simuliert« die Betätigung des jeweils anderen Buttons.

Beispiel p0407: Zwei Textfelder ändern sich gegenseitig:

```
Public Class frm0407
    Private Sub txtEingabe1_TextChanged(ByVal sender _
        As System.Object, ByVal e As System.EventArgs) _
        Handles txtEingabe1.TextChanged
      txtEingabe2_TextChanged(sender, e)
    End Sub

    Private Sub txtEingabe2_TextChanged(ByVal sender _
        As System.Object, ByVal e As System.EventArgs) _
        Handles txtEingabe2.TextChanged
      txtEingabe1_TextChanged(sender, e)
    End Sub
End Class
```

Zur Erläuterung:

▶ Die Eingabe in eines der Textfelder »simuliert« die Änderung des Inhalts des jeweils anderen Textfelds. Dies »simuliert« wiederum die Änderung des Inhalts des ersten Textfelds usw.

4.3.3 Textfelder koppeln

Eine nützliche Simulation ist in diesem Zusammenhang das Kopieren von einem Textfeld in ein anderes Textfeld während der Eingabe. Man kann dieses Verhalten beobachten, wenn man in Visual Basic ein Projekt speichert.

Textfelder simultan

Im Dialogfeld **Projekt speichern** ist das Textfeld **Projektmappenname** zunächst an das Textfeld **Name** gekoppelt. Gibt man im Textfeld **Name** etwas ein, so wird der eingegebene Text parallel in das andere Textfeld übernommen. Dieses Verhalten ändert sich allerdings, sobald man den Cursor in das Textfeld **Projektmappenname** setzt: Nun sind die beiden Textfelder wieder entkoppelt.

Das beschriebene Verhalten soll mithilfe des folgenden Programms p0408 vorgeführt werden:

```
Public Class frm0408
    Dim Kopplung As Boolean
```

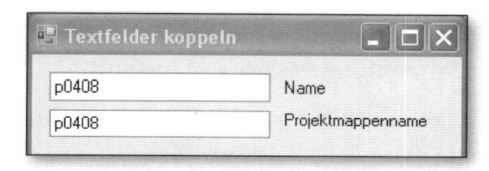

```
    Private Sub frm0408_Load( ... ) Handles MyBase.Load
        txtName.SelectAll()
        Kopplung = True
    End Sub

    Private Sub txtName_TextChanged( ... ) ...
        If Kopplung Then
            txtProjektmappenname.Text = txtName.Text
        End If
    End Sub

    Private Sub txtProjektmappenname_Click( ... ) _
            Handles ...
        Kopplung = False
    End Sub
End Class
```

Abbildung 4.8 Gekoppelte Textfelder

Zur Erläuterung:

▶ Es wird eine modulweite Variable vom Typ `Boolean` deklariert. Diese Variable repräsentiert den Zustand der Kopplung. Sie wird beim Ereignis `Formular_Load` auf `True` gesetzt, da dies dem Anfangszustand entspricht: Die beiden Textfelder sind gekoppelt.

▶ Außerdem wird mit der Methode `SelectAll()` der gesamte voreingetragene Inhalt des Textfelds (das Wort »Standard«) selektiert, also markiert. Dadurch erreicht man, dass der Inhalt durch eine Eingabe des Benutzers unmittelbar überschrieben werden kann.

<small>SelectAll</small>

▶ Ändert sich der Inhalt des Textfelds **Name**, so wird in der Ereignisprozedur `txtName_TextChanged()` geprüft, ob die beiden Textfelder noch gekoppelt sind. Ist dies der Fall, wird der Inhalt unmittelbar in das Textfeld **Projektmappenname** kopiert.

▶ Klickt der Benutzer in das Textfeld **Projektmappenname**, so wird die Kopplung gelöst. Die Variable `Kopplung` wird auf `False` gestellt.

4 | Erweiterte Grundlagen

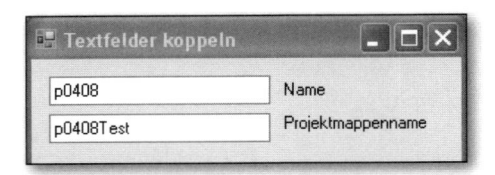

Abbildung 4.9 Entkoppelte Textfelder

4.4 Datenfelder

Man verwendet Datenfelder, um eine größere Menge zusammengehöriger Daten des gleichen Datentyps mit dem gleichen Variablennamen anzusprechen und zu speichern.

Dynamische Felder Datenfelder können ein- oder mehrdimensional sein. Sie sind in Visual Basic .NET eigentlich immer dynamisch, also in der Größe veränderlich. Zum besseren Verständnis für den Einsteiger werden sie hier jedoch zunächst in einer statischen Form, also mit fester Größe eingeführt.

Im Zusammenhang mit Feldern werden häufig Schleifen eingesetzt. Diese ermöglichen es, alle Elemente eines Felds anzusprechen.

4.4.1 Eindimensionale statische Datenfelder

Im nachfolgenden Beispiel p0409 werden sieben Werte aus einer Reihe von Temperaturmessungen in einem statischen Feld vom Typ Integer gespeichert und in einem Listenfeld ausgegeben:

```
Public Class frm0409
    Private Sub frm0409_Load( ... ) Handles MyBase.Load
        Randomize()
    End Sub

    Private Sub cmdAnzeigen1_Click( ... ) ...
        Dim T(6) As Integer
        Dim i As Integer
        lstFeld.Items.Clear()
        For i = 0 To 6
            T(i) = Rnd() * 10 + 20
            lstFeld.Items.Add(T(i))
        Next i
    End Sub
End Class
```

Datenfelder | **4.4**

Abbildung 4.10 Eindimensionales Feld

Zur Erläuterung:

- Die Werte sollen per Zufallsgenerator ermittelt werden. Daher wird der Zufallsgenerator in der Prozedur Formular_Load() initialisiert.
- Mit der Anweisung Dim T(6) As Integer wird ein eindimensionales Feld mit sieben (!) Elementen deklariert. Jedes einzelne Element entspricht einer einzelnen Integer-Variablen.

  Anzahl Elemente

- Die einzelnen Elemente werden durch eine laufende Nummer, den sogenannten Index, voneinander unterschieden. Der Index beginnt immer bei 0. Das erste Element des Felds hat die Bezeichnung T(0), das nächste T(1) usw. bis T(6).

  Index

- Es können Felder aller bereits genannten Datentypen deklariert werden.
- Das Listenfeld wird zunächst gelöscht. Dies ist sinnvoll, falls man den Button mehrmals hintereinander betätigt.
- Innerhalb einer For-Schleife wird jedem Element des Felds ein Wert zugewiesen. Innerhalb der Schleife wird das aktuelle Element mit T(i) angesprochen, da die Schleifenvariable i die Werte von 0 bis 6 durchläuft, die als Index benötigt werden.
- Der Wert für das Feldelement wird per Zufallsgenerator ermittelt. Dieser liefert Zahlen (mit Nachkommastellen) zwischen 0 und 1. Multipliziert man diese mit 10, so ergeben sich Zahlen zwischen 0 und 10. Addiert man 20 hinzu, erhält man Zahlen zwischen 20 und 30. Da diese Zahlen einer Integer-Variablen zugewiesen werden, werden die Nachkommastellen abgeschnitten und es ergeben sich ganze Zahlen zwischen 20 und 30.
- Mit der Methode Add() der Eigenschaft Items des Listenfelds werden diese Zahlen einem Listenfeld hinzugefügt, sodass nach dem Ablauf der Ereignisprozedur alle Elemente des Felds im Listenfeld angezeigt werden.

4.4.2 Ein Feld durchsuchen

Im folgenden Beispiel geht es um eine typische Operation mit einem Feld: Man möchte wissen, welches das größte und welches das kleinste Element des Felds ist (Maximum bzw. Minimum). Dies soll mithilfe des nachfolgenden Programms (ebenfalls in p0409) ermittelt werden:

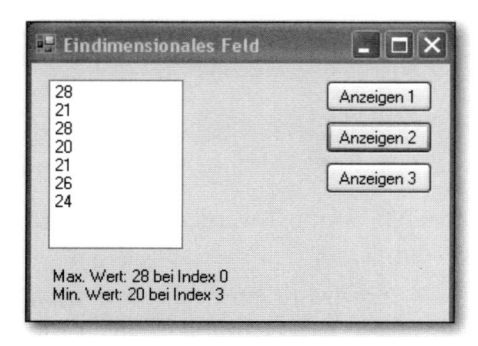

Abbildung 4.11 Maximum und Minimum

```
Public Class frm0409
[ ... ]
   Private Sub cmdAnzeigen2_Click( ... ) Handles ...
      Dim T(6) As Integer
      Dim MaxWert, MinWert As Integer
      Dim i, MaxWertIndex, MinWertIndex As Integer

      ' Feld füllen
      lstFeld.Items.Clear()
      For i = 0 To 6
         T(i) = Rnd() * 10 + 20
         lstFeld.Items.Add(T(i))
      Next i

      ' Max/Min initialisieren
      MaxWert = T(0)
      MinWert = T(0)
      MaxWertIndex = 0
      MinWertIndex = 0

      ' Max/Min suchen
      For i = 0 To 6
         If T(i) > MaxWert Then
            MaxWert = T(i)
            MaxWertIndex = i
         End If
```

```
            If T(i) < MinWert Then
                MinWert = T(i)
                MinWertIndex = i
            End If
        Next i

        ' Max/Min ausgeben
        lblAnzeige.Text = "Max. Wert: " & MaxWert _
            & " bei Index " & MaxWertIndex & vbCrLf _
            & "Min. Wert: " & MinWert _
            & " bei Index " & MinWertIndex
    End Sub
[ ... ]
End Class
```

Zur Erläuterung:

▶ Es werden insgesamt vier Variablen vorgesehen, die den größten und den kleinsten Wert sowie deren Feld-Indizes speichern sollen.

▶ Nach dem Füllen und Anzeigen des Felds werden die oben angegebnen vier Variablen initialisiert. Es werden die Werte des ersten Feld-Elements als größtes und als kleinstes Element vorbesetzt. Dessen Index (also 0) wird als Index des größten und als Index des kleinsten Elements vorbesetzt.

▶ Anschließend wird das gesamte Feld untersucht. Wenn eines der Elemente größer ist als das bisherige Maximum, dann haben wir ein neues Maximum. Wert und Index des neuen Maximums werden gespeichert. Die analoge Operation wird für das Minimum durchgeführt.

▶ Zum Abschluss werden die ermittelten Werte und ihre Indizes ausgegeben.

4.4.3 Weitere Feld-Operationen

Visual Basic stellt für Datenfelder automatisch eine Reihe von Möglichkeiten (über die Klasse `Array`) zur Verfügung. Diese werden teilweise über den Namen des Felds, teilweise auch über den Klassennamen selber (`Array`) aufgerufen.

Klasse Array

Als Beispiel für die zahlreichen Möglichkeiten soll im nachfolgenden Programm (ebenfalls in p0409) ein Feld geklont werden. Anschließend wird das geklonte Feld sortiert und nach einem bestimmten Wert durchsucht:

4 | Erweiterte Grundlagen

Abbildung 4.12 Wert gesucht und gefunden

```
Public Class frm0409
[ ... ]
    Private Sub cmdAnzeigen3_Click( ... ) Handles ...
        Dim T(6), U(6) As Integer
        Dim SuchIndex As Integer
        Dim i As Integer

        lstFeld.Items.Clear()
        For i = 0 To 6
            T(i) = Rnd() * 10 + 20
        Next i

        U = T.Clone()
        Array.Sort(U)

        For i = 0 To 6
            lstFeld.Items.Add(U(i))
        Next i

        SuchIndex = Array.IndexOf(U, 25)
        lblAnzeige.Text = "Gesuchter Wert 25 bei Index: " _
            & SuchIndex
    End Sub
[ ... ]
End Class
```

Zur Erläuterung:

▶ Es wird ein zweites Feld (U) mit der gleichen Größe wie das Originalfeld (T) deklariert.

- Die Methode `Clone()` dient zum Kopieren eines ganzen Felds. Anschließend stehen im Feld U die gleichen Werte wie im Feld T zur Verfügung.

  Clone

- Die Methode `Sort()` der Klasse `Array` wird zur aufsteigenden Sortierung des Felds U genutzt.

  Sort

- Die Elemente des sortierten Felds werden ausgegeben.
- Die Methode `IndexOf()` der Klasse `Array` liefert zu einem Suchwert (25) den ersten Index im Suchfeld (U). Dies ist die Position, bei der der gesuchte Wert erstmalig im Feld gefunden wird. Falls der Wert nicht existiert, wird -1 zurückgegeben.

  IndexOf

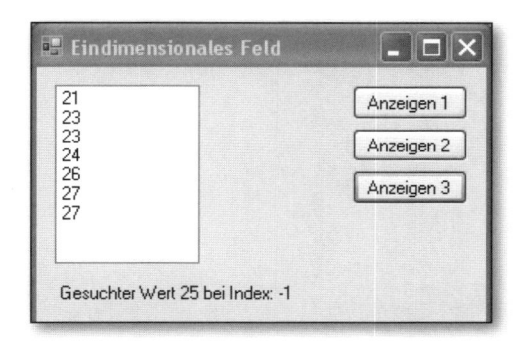

Abbildung 4.13 Wert gesucht und nicht gefunden

4.4.4 Mehrdimensionale statische Datenfelder

Hat man nicht nur sieben Temperaturwerte, die man speichern möchte, sondern wurden die Temperaturwerte darüber hinaus an drei verschiedenen Orten aufgenommen, so bietet sich ein zweidimensionales Feld an. Die Elemente eines solchen Felds werden über zwei Indizes angesprochen. Der erste Index steht für die laufende Nummer der Messung, der zweite Index für den Ort, an dem die Messung durchgeführt wurde.

Das nachfolgende Programm, bei dem die Werte eines Orts jeweils in einem eigenen Listenfeld angezeigt werden, veranschaulicht dies:

```
Public Class frm0410
    Private Sub frm0410_Load( ... ) Handles MyBase.Load
        Randomize()
    End Sub

    Private Sub cmdAnzeige_Click( ... ) Handles ...
        Dim T(6, 2) As Integer
        Dim i, k As Integer
```

4 | Erweiterte Grundlagen

```
        lstSpalte0.Items.Clear()
        lstSpalte1.Items.Clear()
        lstSpalte2.Items.Clear()
        For i = 0 To 6
            For k = 0 To 2
                T(i, k) = Rnd() * 10 + 20
            Next k
            lstSpalte0.Items.Add(T(i, 0))
            lstSpalte1.Items.Add(T(i, 1))
            lstSpalte2.Items.Add(T(i, 2))
        Next i
    End Sub
End Class
```

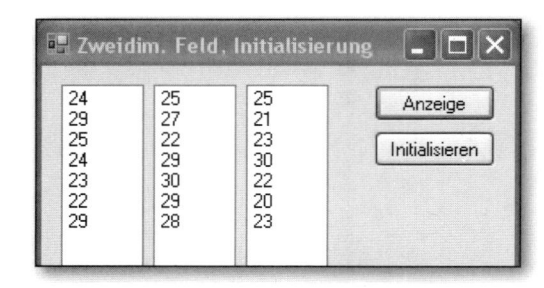

Abbildung 4.14   Zweidimensionales Feld

Zur Erläuterung:

Mehrere Indizes
- In der Prozedur `cmdAnzeige_Click()` wird mit `Dim T(6, 2) As Integer` ein zweidimensionales Feld der Größe 7 x 3 Elemente vom Datentyp `Integer` deklariert. Der Index beginnt in jeder Dimension bei 0.
- Die drei Listenfelder werden zunächst gelöscht. Dies ist sinnvoll, wenn man den Button mehrmals hintereinander betätigt.
- Es folgen zwei geschachtelte `For`-Schleifen. Geschachtelte Schleifen bestehen aus einer äußeren und einer inneren Schleife. Die äußere Schleife arbeitet mit der Schleifenvariablen `i`, die von 0 bis 6 läuft. Die innere Schleife arbeitet mit der Schleifenvariablen `k`, die von 0 bis 2 läuft.

Geschachtelte Schleife
- Eine solche geschachtelte Schleife hat folgenden Ablauf: `i` erhält den Wert 0, `k` durchläuft dann die Werte 0 bis 2, dann erhält `i` den Wert 1, und `k` erhält wieder die Werte von 0 bis 2 usw.

- Auf diese Weise werden alle 21 Elemente des zweidimensionalen Felds erreicht. Das jeweils aktuelle Element T(i,k) erhält seinen Wert wieder über den Zufallsgenerator.
- Anschließend werden die drei neuen Werte ihren jeweiligen Listenfeldern mit Items.Add() hinzugefügt.
- Das Feld wird auf diese Weise vollständig erzeugt und angezeigt.

Wählt der Benutzer eines der Elemente per Mausklick an, so werden dessen Indizes in einem Label angezeigt.

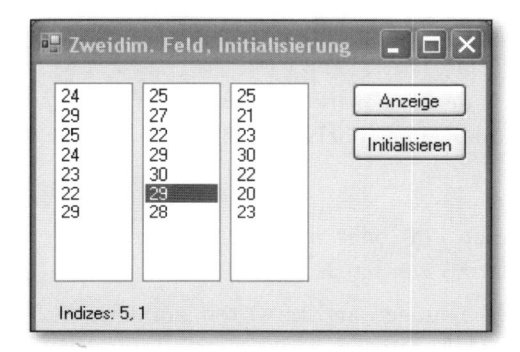

Abbildung 4.15 Indizes des ausgewählten Elements

Zur Anzeige der Indizes dienen die drei folgenden Prozeduren (ebenfalls in p0410):

```
Public Class frm0410
[ ... ]
   Private Sub lstSpalte0_Click( ... ) Handles ...
      lstSpalte1.SelectedIndex = -1
      lstSpalte2.SelectedIndex = -1
      lblAnzeige.Text = "Indizes: " _
         & lstSpalte0.SelectedIndex & ", 0"
   End Sub

   Private Sub lstSpalte1_Click( ... ) Handles ...
      lstSpalte0.SelectedIndex = -1
      lstSpalte2.SelectedIndex = -1
      lblAnzeige.Text = "Indizes: " _
         & lstSpalte1.SelectedIndex & ", 1"
   End Sub

   Private Sub lstSpalte2_Click( ... ) Handles ...
      lstSpalte0.SelectedIndex = -1
```

4 | Erweiterte Grundlagen

```
        lstSpalte1.SelectedIndex = -1
        lblAnzeige.Text = "Indizes: " _
            & lstSpalte2.SelectedIndex & ", 2"
    End Sub
[ ... ]
End Class
```

Zur Erläuterung:

- Bei einem Mausklick auf ein Element der ersten Liste werden zunächst eventuell vorhandene Markierungen in der zweiten oder dritten Liste entfernt, indem die Eigenschaft SelectedIndex der beiden Listen jeweils auf -1 gesetzt wird.
- Anschließend werden der Index des markierten Elements und der Index des Listenfelds (0, 1 oder 2) im Label angezeigt.

Weitere Möglichkeiten:

- Wie bereits erwähnt, können ein- oder mehrdimensionale Felder beliebiger Datentypen deklariert werden.

Dreidimensional
- Hat man nicht nur sieben Messungen an drei Orten, sondern auch noch Messungen an z. B. 31 Tagen, so benötigt man eine dritte Dimension. Die Deklaration sähe dann wie folgt aus: Dim T(6, 2, 30) As Integer (oder besser: As Single). Es ergäben sich also 7 x 2 x 31 Elemente.

Vierdimensional
- Dieses Beispiel lässt sich leicht erweitern: Wie bisher haben wir sieben Messungen an drei Orten an 31 Tagen. Es wird aber jeweils nicht nur die Temperatur, sondern auch die Windrichtung, die Windgeschwindigkeit und die Luftfeuchtigkeit gemessen. Dazu benötigt man ein vierdimensionales Feld, das wie folgt deklariert würde: Dim T(6, 2, 30, 3) As Integer.

- Man sieht, dass Datenfelder nahezu unbegrenzte Möglichkeiten zur Speicherung und Verarbeitung größerer Datenmengen bieten. Der Begriff »Speicherung« ist hier natürlich nur bedingt, nämlich für die Speicherung während der Verarbeitung zu verstehen. Für eine dauerhafte Speicherung auf Festplatte benötigt man Dateien (siehe Abschnitt 6.3, »Dateien und Verzeichnisse«) oder besser noch Datenbanken (siehe Kapitel 8, »Datenbankanwendungen mit ADO.NET«).

Übung p0411:

Schreiben Sie ein Programm, in dem den Elementen eines eindimensionalen Felds, das 10 Integer-Werte beinhaltet, zufällige Werte zugewiesen werden. Anschließend sollen alle Positionen des kleinsten Feldelements ermittelt und ausgegeben werden.

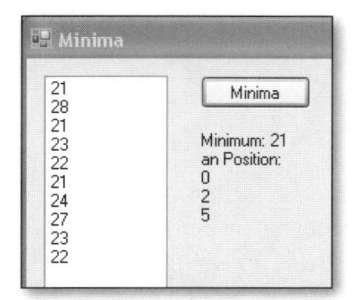

Abbildung 4.16 Übung p0411

Übung p0412:

Schreiben Sie ein Programm, in dem den Elementen eines dreidimensionalen Felds, das 6 × 3 × 4 `Integer`-Werte beinhaltet, zufällige Werte zugewiesen werden. Anschließend sollen alle Positionen des kleinsten Elements des Felds ermittelt und ausgegeben werden.

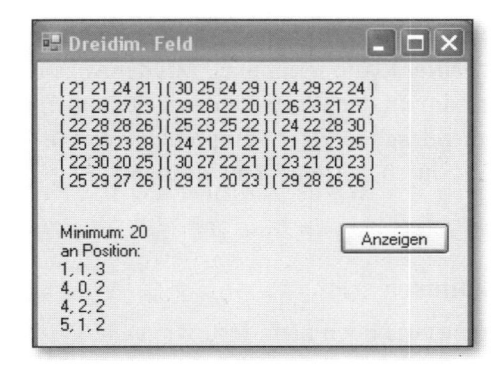

Abbildung 4.17 Übung p0412

4.4.5 Datenfelder initialisieren

Datenfelder können auch direkt bei ihrer Erzeugung mit Werten besetzt werden. Dabei darf man allerdings keine expliziten Größen für die einzelnen Dimensionen angeben. Zur Initialisierung wird für jede Dimension ein Paar geschweifter Klammern { und } benötigt. Siehe hierzu das folgende Beispiel (auch in `p0410`):

Geschweifte Klammern

```
Public Class frm0410
[ ... ]
```

```
Private Sub cmdInit_Click( ... ) Handles ...
    Dim T() As Integer = {0, 5, -2, 7}
    Dim U(,) As Integer = {{6, 2, 8}, {9, 6, -3}}
    lblAnzeige.Text = U(1, 2)
    Dim V(,,) As Integer = {{{9, -3, 2}, _
        {2, 1, -5}}, {{3, 9, 8}, {6, 3, -8}}}
    lblAnzeige.Text &= vbCrLf & V(1, 0, 2)
End Sub
End Class
```

Zur Erläuterung:

▸ Das Feld T ist eindimensional und hat vier Elemente. Die einzelnen Elemente werden durch Kommata voneinander getrennt. Das gesamte Feld steht innerhalb eines Paares geschweifter Klammern. Das erste Element hat den Index 0 usw.

▸ Das Feld U ist zweidimensional und hat 2 × 3 Elemente. Die Elemente einer Zeile stehen in geschweiften Klammern. Die beiden Spalten des Felds sind durch Kommata voneinander getrennt. Das gesamte Feld steht wiederum in geschweiften Klammern. Angezeigt wird der Wert -3.

▸ Das Feld V ist dreidimensional und hat 4 × 3 Elemente. Pro Dimension kommen weitere Paare geschweifter Klammern hinzu. Mit der Anzahl an Dimensionen wird die Zuordnung der Werte zu den Feldelementen auf diese Weise zunehmend schwieriger. Empfehlenswert ist daher die explizite Zuordnung durch einzelne Zuweisungen. Angezeigt wird der Wert 8.

4.4.6 Datenfelder sind dynamisch

Steht zum Zeitpunkt des Programmstarts noch nicht fest, wie viele Variablen in einem Feld gespeichert werden sollen, kann man die Größe auch zur Laufzeit verändern. Datenfelder sind in Visual Basic immer dynamisch.

ReDim, Preserve — Die Größenveränderung (Redimensionierung, Schlüsselwort ReDim) kann mehrmals geschehen. Mithilfe von Preserve vereinbart man, dass die bereits vorhandenen Werte erhalten bleiben sollen.

Im folgenden Beispiel wird ein Feld modulweit deklariert. Seine gewünschte Größe kann anschließend mit oder ohne Preserve geändert werden (p0413):

4.4 Datenfelder

```
Public Class frm0413
    Dim T(6) As Integer

    Private Sub frm0413_Load( ... ) Handles MyBase.Load
        Randomize()
    End Sub

    Private Sub cmdOriginal_Click( ... ) Handles ...
        Dim i As Integer
        lstFeld.Items.Clear()
        For i = 0 To 6
            T(i) = Rnd() * 10 + 20
            lstFeld.Items.Add(T(i))
        Next i
    End Sub

    Private Sub cmdNeu_Click( ... ) Handles ...
        If optMitPreserve.Checked Then
            ReDim Preserve T(numGröße.Value - 1)
        Else
            ReDim T(numGröße.Value - 1)
        End If
        lstFeld.Items.Clear()
        For i = 0 To T.GetUpperBound(0)
            lstFeld.Items.Add(T(i))
        Next i
    End Sub
End Class
```

Abbildung 4.18 Feld original

4 | Erweiterte Grundlagen

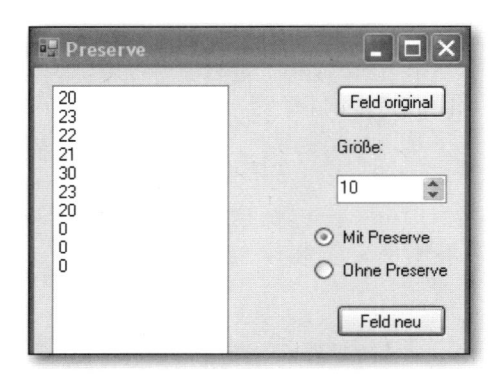

Abbildung 4.19 Feld vergrößert, mit Preserve

Zur Erläuterung:

- Das Feld T wird zunächst »original« modulweit mit sieben Elementen deklariert, damit es in allen Prozeduren zur Verfügung steht.
- Die aktuelle Anzahl der Elemente wird im Zahlenauswahlfeld angezeigt. Dieses Feld ist hier auf die Eigenschaftswerte Minimum = 1 bzw. Maximum = 30 begrenzt. Ein Feld mit weniger als einem Element ergibt keinen Sinn.
- In der Prozedur cmdOriginal_Click() wird das Feld gefüllt und ausgegeben.
- In der Prozedur cmdNeu_Click() wird zunächst geprüft, ob die Größenänderung »mit Preserve« oder »ohne Preserve« erfolgen soll.

ReDim
- Hat der Benutzer »mit Preserve« gewählt, so wird der eingestellte Wert des Zahlenauswahlfelds (Eigenschaft Value) ermittelt. Das Feld T wird in der gewünschten Größe mit der Anweisung ReDim Preserve T(numGröße.Value - 1) geändert und neu angezeigt.

GetUpperBound
- Zur Anzeige wird wiederum eine Schleife verwendet. Diese Schleife läuft von 0 bis T.GetUpperBound(0). Die Methode GetUpperBound() ermittelt den größten Index eines Felds für die angegebene Dimension. Bei einem eindimensionalen Feld gibt es ausschließlich die Dimension 0. Da die Feldgröße durch den Benutzer eingestellt wurde, ist sie zur Entwicklungszeit unbekannt und muss auf diese Weise ermittelt werden.
- Wurde das Feld vergrößert, so werden die bereits vorhandenen Werte, ergänzt um die Werte der neuen Elemente, angezeigt. Den neuen Elementen wurde noch kein Wert zugewiesen, daher haben sie den Wert 0.

- Wenn das Feld verkleinert wurde, dann werden nur noch die Werte der verbliebenen Elemente angezeigt. Die restlichen Elemente wurden gelöscht.
- Wenn der Benutzer »ohne Preserve« gewählt hat, dann wird das Feld ebenfalls in seiner neuen Größe angezeigt. Alle Elemente haben den Wert 0, die Originalwerte sind verloren.

Abbildung 4.20 Feld vergrößert, ohne Preserve

4.5 Strukturen

Strukturen sind benutzerdefinierte Datentypen. In ihnen werden Variablen unterschiedlichen Datentyps zusammengefasst, die sachlich zusammengehören. Der Entwurf eines benutzerdefinierten Datentyps geschieht im Deklarationsteil eines Moduls, der Gültigkeitsbereich kann mit Private oder Public geregelt werden.

Strukturen können in Visual Basic .NET allerdings noch wesentlich mehr. Sie ähneln eher einer Klasse. Klassen werden im fünften Kapitel, »Objektorientierte Programmierung«, noch ausführlich vorgestellt. Möchte man zunächst aber nur Daten unterschiedlichen Typs zu einer logischen Einheit zusammenfassen, so reichen die hier vorgestellten Möglichkeiten aus.

Daten zusammenfassen

Im folgenden Beispiel (p0415) wird eine Struktur modulweit definiert. Innerhalb einer Prozedur werden zwei Variablen dieses benutzerdefinierten Datentyps deklariert. Den Komponenten (also Bestandteilen) einer Variablen dieses Typs werden Werte zugewiesen, anschließend wird der gesamte »Datensatz« an eine andere Variable des gleichen Typs übergeben.

```vb
Public Class frm0415
    Structure Person
        Dim Nachname As String
        Dim Vorname As String
        Dim Kind() As String
        Dim PLZ As Integer
        Dim Ort As String
        Dim GebDatum As Date
        Dim Gehalt As Single
    End Structure

    Private Sub cmdAnzeigen_Click( ... ) Handles ...
        Dim PA As Person
        Dim PB As Person
        Dim i As Integer

        ' Zuweisung zu PA
        PA.Nachname = "Hansen"
        PA.Vorname = "Bernd"
        ReDim PA.Kind(3)
        PA.Kind(0) = "Svenja"
        PA.Kind(1) = "Torsten"
        PA.Kind(2) = "Gerd"
        PA.PLZ = 74388
        PA.Ort = "Bergstadt"
        PA.GebDatum = "15.05.1975"
        PA.Gehalt = 3522.55

        ' Zuweisung zu PB
        PB = PA

        ' Ausgabe
        lblAnzeige.Text = PB.Vorname & " " _
            & PB.Nachname & vbCrLf & "Kinder: "
        For i = 0 To PB.Kind.GetUpperBound(0)
            lblAnzeige.Text &= PB.Kind(i) & " "
        Next
        lblAnzeige.Text &= vbCrLf & PB.PLZ & " " _
            & PB.Ort & vbCrLf & "geb. " _
            & PB.GebDatum & vbCrLf & "Gehalt: " _
            & PB.Gehalt & " €"
    End Sub
End Class
```

Abbildung 4.21 Anzeige der Strukturvariablen

Zur Erläuterung:

- Innerhalb von `Structure ... End Structure` wird der Aufbau des benutzerdefinierten Datentyps festgelegt. Eine Strukturdefinition muss immer modulweit vorgenommen werden. Im vorliegenden Beispiel handelt es sich um die Definition für einen Datensatz für Personendaten. **Structure**

- Ein solcher Datensatz besteht aus sieben Elementen. Diese haben unterschiedliche Datentypen (`Integer`, `String`, `Date`, `Single`). Eines der Elemente ist ein Feld. Bei der Definition eines Felds innerhalb einer Struktur darf die Feldgröße noch nicht festgelegt werden. Dies kann erst bei der Deklaration einer Variablen dieses Datentyps erfolgen.

- In der Prozedur `cmdAnzeigen_Click()` werden zwei Variablen (`PA` und `PB`) des benutzerdefinierten Datentyps deklariert. Diese Deklaration wird analog zur Deklaration einer Variablen eines Basis-Datentyps vorgenommen.

- Hinweis: Man kann auch Felder von Variablen eines benutzerdefinierten Datentyps deklarieren.

- Den Komponenten der ersten Variablen werden Werte zugewiesen. Dabei werden die Komponenten in der Form `Variablenname.Komponentenname` angesprochen, damit klar ist, welcher Variablen ein Vorname, ein Nachname usw. zugewiesen wird.

- Der Eigenschaft eines Steuerelements wird mit der gleichen Schreibweise ein Wert zugewiesen. Tatsächlich handelt es sich auch aus der objektorientierten Sicht um nichts anderes: Objekt-Eigenschaft = Wert. Steuerelemente oder Variablen eines benutzerdefinierten Datentyps sind Objekte, die gemäß einer (Klassen-)Definition erstellt wurden.

- Eine Besonderheit: Bei der Komponente `Kind` handelt es sich um ein Feld, dessen Größe noch nicht festgelegt wurde. Vor der Zuweisung einzelner Feldelemente muss die Größe allerdings gewählt werden, mithilfe von `ReDim`. Natürlich kann auch ein solches Feld noch seine Größe zu einem späteren Zeitpunkt der Laufzeit verändern (siehe Abschnitt 4.4.6 über dynamische Datenfelder).

- Die Zuweisung `PB = PA` sorgt dafür, dass man auch über `PB` auf die Komponenten der Variablen `PA` zugreifen kann.
- Zu guter Letzt werden alle Komponenten von `PB` ausgegeben.
- Bei der Komponente `Kind` werden die einzelnen Feldelemente mithilfe einer Schleife ausgegeben. Dabei kommt die Methode `GetUpperBound()` zur Ermittlung des höchsten Feld-Indizes zum Einsatz.

With Als übersichtliche Alternative hätte sich auch die Benutzung von `With` angeboten (siehe Abschnitt 2.6.3). Die Komponenten der ersten Variablen hätten dann wie folgt ihre Werte erhalten:

```
ReDim PA.Kind(3)
With PA
    .Nachname = "Hansen"
    .Vorname = "Bernd"
    .Kind(0) = "Svenja"
    .Kind(1) = "Torsten"
    .Kind(2) = "Gerd"
    .PLZ = 74388
    .Ort = "Bergstadt"
    .GebDatum = "15.05.1975"
    .Gehalt = 3522.55
End With
```

4.6 Prozeduren und Funktionen

In Visual Basic hat der Entwickler die Möglichkeit, eigene Prozeduren und Funktionen zu schreiben. Dies hat folgende Vorteile:

- Gleiche oder ähnliche Vorgänge müssen nur einmal beschrieben werden und können dann beliebig oft ausgeführt werden.
- **Modularisierung** Umfangreiche Programme werden modularisiert, d. h. sie werden in kleinere Bestandteile zerlegt, die übersichtlicher sind und einfacher gewartet werden können.

Im Wesentlichen unterscheiden sich Funktionen von Prozeduren dadurch, dass sie nicht nur eine Reihe von Anweisungen ausführen, sondern auch einen Funktionswert, beispielsweise das Ergebnis einer Berechnung, zurückliefern können.

Im Zusammenhang mit der Objektorientierung wurde bereits der Begriff der »Methode« verwendet. Methoden sind Funktionen, die auf ein bestimmtes Objekt oder eine bestimmte Klasse bezogen sind. Sie verfügen über die Möglichkeiten von Prozeduren und Funktionen und weitergehende Möglichkeiten.

Methoden

4.6.1 Prozeduren

In einer Prozedur sind Anweisungen zusammengefasst, die als logische Einheit zusammen ausgeführt werden sollen. Durch eine klare Aufgabenteilung dieser Prozeduren wird der Programmcode eines Moduls übersichtlicher und kann einfacher gewartet werden. Wir haben bereits Ereignisprozeduren und (in einem kleinen Beispiel) allgemeine Prozeduren kennengelernt.

Allgemeine Prozeduren sind nicht mit Ereignissen verbunden und haben folgenden (vereinfachten) Aufbau:

Allgemeine Prozedur

```
Sub Prozedurname (Argumentliste)
    [ Anweisungsblock ]
    [ Exit Sub ]
    [ Anweisungsblock ]
End Sub
```

Besteht die Argumentliste aus mehreren Argumenten, so werden diese durch Kommata voneinander getrennt.

Argumente

Die Anweisung Exit Sub kann eingesetzt werden, um die Prozedur aufgrund einer speziellen Bedingung sofort und nicht erst am Ende zu verlassen.

Exit Sub

Der Aufruf erfolgt üblicherweise wie folgt:

```
Prozedurname(Argumentliste)
```

Hinweis: Statt des Begriffs »Argument« (bzw. »Argumentenliste«) wird auch häufig der Begriff »Parameter« (bzw. »Parameterliste«) verwendet.

Parameter

Im nachfolgenden Beispiel wird die Prozedur ZeigeMaximum() von zwei verschiedenen Stellen aus aufgerufen. Sie berechnet jeweils das Maximum der beiden übergebenen Argumente und gibt dieses aus (p0417).

```
Public Class frm0417
    Private Sub cmdAnzeige1_Click( ... ) Handles ...
```

```
    Dim a As Double
    Dim b As Double
    a = 4.5
    b = 7.2
    ZeigeMaximum(a, b)
End Sub

Private Sub cmdAnzeige2_Click( ... ) Handles ...
    Dim c As Double
    Dim d As Double
    c = 23.9
    d = 5.6
    ZeigeMaximum(c, d)
End Sub

Sub ZeigeMaximum(ByVal x As Double, ByVal y As Double)
    If x > y Then
        lblAnzeige.Text = x
    Else
        lblAnzeige.Text = y
    End If
End Sub
End Class
```

Zur Erläuterung:

- Die Prozedur `ZeigeMaximum()` hat zwei Argumente, die beiden `Double`-Variablen x und y. Folglich muss die Prozedur auch mit zwei (möglichst `Double`-) Variablen aufgerufen werden, denn sie erwartet dies.

ByVal
- In der ersten Ereignisprozedur wird die Prozedur `ZeigeMaximum()` mit den Variablen a und b, in der zweiten Ereignisprozedur mit den Variablen c und d aufgerufen. Genauer gesagt werden der Prozedur `ZeigeMaximum()` nicht die Variablen selbst, sondern deren Werte übergeben. Dafür sorgt das Schlüsselwort `ByVal`, das uns schon häufig begegnet ist. Es steht für »Übergabe der Argumente mit ihrem Wert (per Wert = By Value)«. Im Unterschied dazu gibt es auch eine Übergabe per Referenz (siehe hierzu Abschnitt 4.6.2).

- In beiden Fällen werden also zwei Zahlenwerte an x und y übergeben. Innerhalb der Prozedur wird mithilfe einer Verzweigung das Maximum dieser beiden Zahlen ermittelt und ausgegeben. Anschließend endet die Prozedur `ZeigeMaximum()`, und der Programmablauf kehrt zur aufrufenden Ereignisprozedur zurück.

- Die Variablen, mit denen eine Prozedur aufgerufen wird, müssen also nicht die gleichen Namen haben wie die Variablen, die zur Speicherung der übergebenen Werte bereitstehen. Prozeduren werden im Allgemeinen von beliebigen Stellen des Programms aus mit unterschiedlichen Argumenten wiederholt aufgerufen.
- Wichtig ist hierbei, dass Anzahl, Reihenfolge und Datentyp der Argumente übereinstimmen.

Anzahl, Reihenfolge und Datentyp

An dieser Stelle soll noch einmal das Thema »Gültigkeitsbereich von Variablen« verdeutlicht werden:

- Die beiden lokalen Variablen a und b sind nur innerhalb der ersten Ereignisprozedur bekannt und gültig. Bezogen auf die zweite Ereignisprozedur trifft dies für die beiden lokalen Variablen c und d zu.
- Ebenso gilt dies für die beiden Parameter x und y, bezogen auf die allgemeine Prozedur ZeigeMaximum().
- Somit kann es nicht zu Verwechslungen kommen. Selbst wenn einzelne Variablennamen in mehr als einer Prozedur vorkommen, ist die Eindeutigkeit aufgrund des Gültigkeitsbereichs gegeben.

Lokal

4.6.2 Übergabe per Referenz

Sobald man in Visual Basic die Kopfzeile einer Prozedur (oder auch einer Funktion) abgeschlossen hat, wird automatisch das Schlüsselwort ByVal vor den einzelnen Argumenten in der Argumentenliste eingefügt. Dies gilt für die Basis-Datentypen und natürlich nur, sofern man nicht selbst eines der Schlüsselworte ByVal oder ByRef eingefügt hat.

Visual Basic geht also auf »Nummer sicher«: Es sorgt dafür, dass bei den Basis-Datentypen eine Veränderung der Argumente in der Prozedur (oder Funktion) keine Rückwirkung auf die Original-Variable hat.

Wenn man allerdings wünscht, dass es solche Rückwirkungen gibt, dann muss man vor der betreffenden Variablen das Schlüsselwort ByRef (statt ByVal) einfügen. Dies bedeutet, dass eine Referenz auf die Original-Variable an die Prozedur (oder Funktion) übergeben wird. Über diese Referenz kann die Original-Variable verändert werden.

ByRef

Im nachfolgenden Programm werden beide Möglichkeiten einander gegenübergestellt.

```
Public Class frm0418
    Private Sub cmdKopie_Click( ... ) Handles ...
```

```vb
    Dim x, y As Integer
    x = 5
    y = 12
    lblAnzeige.Text = "Vorher: x: " & x & ", y: " & y
    TauscheKopie(x, y)
    lblAnzeige.Text &= vbCrLf _
        & "Nachher: x: " & x & ", y: " & y
End Sub

Private Sub cmdReferenz_Click( ... ) Handles ...
    Dim x, y As Integer
    x = 5
    y = 12
    lblAnzeige.Text = "Vorher: x: " & x & ", y: " & y
    TauscheReferenz(x, y)
    lblAnzeige.Text &= vbCrLf _
        & "Nachher: x: " & x & ", y: " & y
End Sub

Sub TauscheKopie(ByVal a As Integer, ByVal b As Integer)
    Dim c As Integer
    c = a
    a = b
    b = c
End Sub

Sub TauscheReferenz(ByRef a As Integer, ByRef b As Integer )
    Dim c As Integer
    c = a
    a = b
    b = c
End Sub
End Class
```

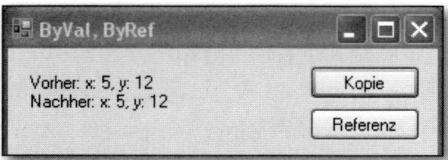

Abbildung 4.22 Nach Übergabe ByVal und Tausch

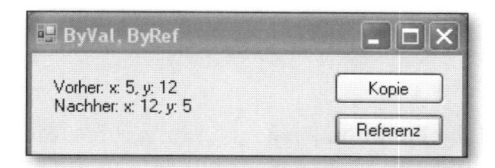

Abbildung 4.23 Nach Übergabe ByRef und Tausch

Zur Erläuterung:

- In den beiden Ereignisprozeduren `cmdKopie()` und `cmdReferenz()` werden jeweils zwei `Integer`-Variablen mit Startwerten belegt. Anschließend wird eine Prozedur aufgerufen (`TauscheKopie()` bzw. `TauscheReferenz()`). Schließlich werden die Endwerte der beiden Variablen ausgegeben.

- In den beiden aufgerufenen Prozeduren werden jeweils die beiden übergebenen Variablen mithilfe einer dritten Variablen vertauscht (Ringtausch).

- Im Fall der Prozedur `TauscheKopie()` wurde `ByVal` verwendet. Die Endwerte stimmen jedoch mit den Startwerten überein, denn der Tausch hat nur intern in der Prozedur `TauscheKopie()` stattgefunden, er hat keine Wirkung nach außen.

- In der Prozedur `TauscheReferenz()` wurde `ByRef` verwendet. Die Endwerte stimmen nicht mehr mit den Startwerten überein, der Tausch hat eine dauerhafte Auswirkung auf die beiden Original-Variablen.

4.6.3 Funktionen

Funktionen haben folgenden (vereinfachten) Aufbau:

```
Function Funktionsname (Argumentliste) As Typ
    [ Anweisungsblock ]
    [ Exit Function ]
    [ Anweisungsblock ]
End Function
```

Jede Funktion besitzt wie eine Variable einen bestimmten Datentyp, der hinter `As` angegeben wird. Funktionen werden im Allgemeinen dazu verwendet, einen Wert zu berechnen. Sie liefern diesen Rückgabewert in ihrem Namen zurück, nachdem er ihnen innerhalb der Prozedur zugewiesen wurde.

As

4 | Erweiterte Grundlagen

Exit Function Die Anweisung `Exit Function` kann eingesetzt werden, um die Funktion aufgrund einer speziellen Bedingung sofort und nicht erst am Ende zu verlassen.

Im nachfolgenden Beispiel wird die Funktion `MaxWert()` aufgerufen. Sie berechnet das Maximum der beiden übergebenen Argumente und gibt dieses an die aufrufende Stelle (p0419) zurück.

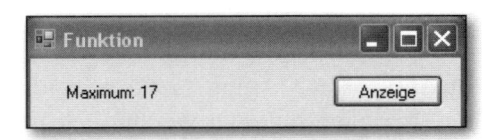

Abbildung 4.24 Funktion

```
Public Class frm0419
    Private Sub cmdAnzeigen_Click( ... ) Handles ...
        Dim a, b, c As Integer
        a = 12
        b = 17
        c = MaxWert(a, b)
        lblAnzeige.Text = "Maximum: " & c
    End Sub

    Function MaxWert(ByVal x As Integer, _
            ByVal y As Integer) As Integer
        If x > y Then
            MaxWert = x
        Else
            MaxWert = y
        End If
    End Function
End Class
```

Zur Erläuterung:

Durch die Anweisung `c = MaxWert(a, b)` passiert nacheinander Folgendes:

- Die Funktion `MaxWert()` wird aufgerufen, dabei werden zwei Zahlenwerte an die Funktion übergeben.

Rückgabewert
- Innerhalb der Funktion wird mithilfe einer Verzweigung das Maximum dieser beiden Zahlen ermittelt und als Rückgabewert der Funktion gespeichert. Die Funktion endet und der Programmablauf kehrt zu der Zeile mit dem Aufruf zurück.

- Dort wird der ermittelte Wert über die Zuweisung der Variablen c übergeben. Diese Variable wird anschließend ausgegeben.
- Hätte die Anweisung `MaxWert(a, b)`gelautet, so hätten alle diese Schritte stattgefunden, außer der Übergabe an c. Der Funktionsaufruf wäre in diesem Fall vergeblich gewesen – ein häufiger Fehler bei Programmier-Einsteigern.
- Bezüglich der Übergabe (`ByVal` oder `ByRef`) und auch bezüglich der Inhalte der nachfolgenden Abschnitte unterscheiden sich Prozedur und Funktion nicht.

4.6.4 Optionale Argumente

Normalerweise müssen Zahl und Reihenfolge der Argumente in Aufruf und Deklaration einer Prozedur (oder Funktion) übereinstimmen. Man kann allerdings auch optionale Argumente verwenden. Diese müssen beim Aufruf nicht angegeben werden. Sie werden in der Argumentliste durch das Schlüsselwort `Optional` gekennzeichnet, müssen immer am Ende der Argumentenliste stehen und mit einem Wert initialisiert werden.

Optional

Im nachfolgenden Beispiel wird die Funktion `Addiere()` insgesamt dreimal aufgerufen, einmal mit zwei Argumenten, einmal mit drei Argumenten und einmal mit vier Argumenten. Sie berechnet jeweils die Summe der übergebenen Argumente und liefert diese zurück (p0420).

```
Public Class frm0420
    Private Sub cmdAnzeigen1_Click( ... ) Handles ...
        Dim a As Double = 4.5, b As Double = 7.2, _
            c As Double = 10.3, d As Double = 9.2
        lblAnzeige.Text = Addiere(a, b, c, d)
    End Sub

    Private Sub cmdAnzeigen2_Click( ... ) Handles ...
        Dim a As Double = 4.5, b As Double = 7.2, _
            c As Double = 10.3
        lblAnzeige.Text = Addiere(a, b, c)
    End Sub

    Private Sub cmdAnzeigen3_Click( ... ) Handles ...
        Dim a As Double = 4.5, b As Double = 7.2
        lblAnzeige.Text = Addiere(a, b)
    End Sub
```

4 | Erweiterte Grundlagen

```
    Function Addiere(ByVal x As Double, _
        ByVal y As Double, _
        Optional ByVal z As Double = 0, _
        Optional ByVal q As Double = 0) As Double
      Addiere = x + y + z + q
    End Function
End Class
```

Zur Erläuterung:

- Die Funktion `Addiere()` erwartet insgesamt vier Parameter vom Datentyp `Double`. Die beiden letzten Parameter sind optional und werden mit dem Wert 0 initialisiert.
- Werden also die beiden letzten Parameter bei einem Aufruf der Funktion nicht angegeben, so haben sie den Wert 0. Da innerhalb der Funktion eine Addition der vier Parameter stattfindet, ist dies der geeignete Wert; das Ergebnis der Funktion wird nicht verfälscht.
- Bei Prozeduren oder Funktionen mit optionalen Argumenten, die andere Aufgaben zu erfüllen haben, können andere Werte zur Initialisierung sinnvoll sein.
- In den drei Ereignisprozeduren wird die Funktion `Addiere()` mit vier, drei oder zwei Parametern aufgerufen. In allen Fällen führt dies erfolgreich zur Addition und Ausgabe der Werte.
- Ein Aufruf mit nur einem Parameter hätte zu einer Fehlermeldung geführt, da der Parameter `y` nicht optional ist.
- Der Anweisungsteil `Optional ByVal z As Double = 0` vereinbart `z` als optionales Argument vom Datentyp `Double` und initialisiert ihn mit 0. Alle anderen Variablen können ebenfalls bei ihrer Deklaration mit einem Wert initialisiert werden. Dies wurde in den verschiedenen Ereignisprozeduren vorgenommen.

4.6.5 Beliebig viele Argumente

ParamArray

Mithilfe des Schlüsselwortes `ParamArray` kann man eine Prozedur formulieren, an die beliebig viele Parameter übergeben werden können. `ParamArray` verträgt sich nicht mit `Optional`, man muss sich also für eine der beiden Lösungen entscheiden.

Im nachfolgenden Beispiel wird die Funktion `Mittelwert()` insgesamt dreimal aufgerufen, einmal ohne Argument, einmal mit zwei Argumenten und einmal mit vier Argumenten. Sie berechnet jeweils den Mittelwert der übergebenen Argumente und liefert diesen zurück (p0421).

```
Public Class frm0421
    Private Sub cmdAnzeigen1_Click( ... ) Handles ...
        lblAnzeige.Text = Mittelwert()
    End Sub

    Private Sub cmdAnzeigen2_Click( ... ) Handles ...
        Dim a As Double = 4.5, b As Double = 7.2
        lblAnzeige.Text = Mittelwert(a, b)
    End Sub

    Private Sub cmdAnzeigen3_Click( ... ) Handles ...
        Dim a As Double = 4.5, b As Double = 7.2, _
            c As Double = 10.3, d As Double = 9.2
        lblAnzeige.Text = Mittelwert(a, b, c, d)
    End Sub

    Function Mittelwert(ByVal ParamArray x() _
        As Double) As Double
        Dim i As Integer
        Dim Summe As Double = 0
        Dim Anzahl As Double

        For i = 0 To x.GetUpperBound(0)
            Summe += x(i)
        Next

        Anzahl = x.GetUpperBound(0) + 1
        If Anzahl > 0 Then
            Mittelwert = Summe / Anzahl
        End If
    End Function
End Class
```

Zur Erläuterung:

- Die Funktion `Mittelwert()` wird mit unterschiedlichen Anzahlen von Parametern aufgerufen (0, 2 und 4).
- Zur Aufnahme der Parameter steht der Parameter-Array x zur Verfügung. Dabei handelt es sich um ein Feld, dessen Größe nicht festgelegt ist.
- Innerhalb der Funktion werden die Parameter mithilfe einer Schleife summiert. Die Obergrenze für die Schleife wird über die Methode `GetUpperBound()` ermittelt, da jeweils zunächst festgestellt werden muss, wie viele Elemente der Parameter-Array hat.

4 | Erweiterte Grundlagen

- Der Mittelwert einer Reihe von Zahlen ist bekanntlich die Summe der Zahlen geteilt durch ihre Anzahl. Wird die Funktion ohne Parameter aufgerufen, so ergibt GetUpperBound() den Wert -1. Es würde dann eine Division durch 0 durchgeführt werden. Dies gilt es zu vermeiden.

- Konnte innerhalb einer Funktion kein Wert für die Funktion ermittelt werden, so gilt wie bei Variablen auch hier der Startwert 0. Im Sinne eines sauberen Programmierstils sollte dies ebenfalls vermieden werden. Eine Funktion sollte während ihres Verlaufs immer explizit einen Wert erhalten.

4.6.6 Datenfelder als Argumente

Datenfelder können auch an Prozeduren oder Funktionen in der Argumentenliste übergeben werden. Hierbei sind einige Besonderheiten zu beachten:

Per Referenz
- Der Name eines Felds stellt lediglich eine Referenz auf das Feld dar. Daher haben Veränderungen von Elementen eines Felds in einer Prozedur immer Rückwirkungen auf das Originalfeld, selbst wenn das Feld mit ByVal übergeben wird.

- Bei einem Feld in der Argumentenliste muss keine Dimensionsgröße angegeben werden, ähnlich wie bei ParamArray. Dadurch ist eine Funktion flexibler und kann unterschiedliche Felder verarbeiten.

- Allerdings muss die Anzahl der Dimensionen gekennzeichnet werden. Es kann also kein eindimensionales Feld an ein zweidimensionales Feld übergeben werden.

Das nachfolgende Programm (p0422) veranschaulicht eine solche Übergabe. Es wird eine Funktion Verdoppeln() aufgerufen, die alle Elemente des Originalfelds verdoppelt.

```
Public Class frm0422
    Private Sub cmdAnzeigen_Click( ... ) Handles ...
        Dim x(4, 2) As Integer
        Dim i, k As Integer
        For i = 0 To 4
            For k = 0 To 2
                x(i, k) = (i + 1) * (k + 1)
                lblAnzeige1.Text &= x(i, k) & " "
            Next
            lblAnzeige1.Text &= vbCrLf
```

```
        Next
        lblAnzeige1.Text &= vbCrLf

        Verdoppeln(x)

        For i = 0 To 4
           For k = 0 To 2
              lblAnzeige1.Text &= x(i, k) & " "
           Next
           lblAnzeige1.Text &= vbCrLf
        Next
    End Sub

    Sub Verdoppeln(ByVal z(,) As Integer)
        For i = 0 To z.GetUpperBound(0)
           For k = 0 To z.GetUpperBound(1)
              z(i, k) = z(i, k) * 2
           Next
        Next
    End Sub
End Class
```

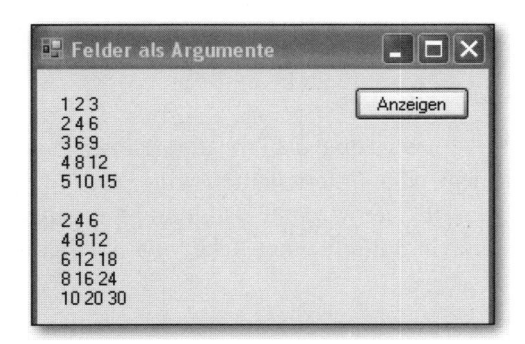

Abbildung 4.25 Feld an Prozedur übergeben

Zur Erläuterung:

- In der Ereignisprozedur wird ein Feld mit 5 x 3 Elementen mit Zahlen gefüllt. Es wird dann zweimal vollständig angezeigt, einmal vor dem Aufruf der Prozedur Verdoppeln(), einmal danach. Man sieht, dass alle Elemente verdoppelt wurden.
- Im Kopf der Prozedur Verdoppeln() wird mit z(,) angezeigt, dass diese Prozedur ein zweidimensionales Feld erwartet, ohne Festlegung auf die Größe der beiden Dimensionen.

- Die Prozedur könnte also mit einem Feld der Größe 5 × 3 Elemente, aber auch mit einem Feld der Größe 1000 × 1000 Elemente aufgerufen werden.
- Innerhalb der Prozedur wird eine geschachtelte Schleife durchlaufen. Die Methode `GetUpperBound()` wird dabei eingesetzt, um die unterschiedlichen Obergrenzen (aufgrund der unterschiedlichen Dimensionsgrößen) für den Index der inneren bzw. den Index der äußeren Schleife zu ermitteln.

4.6.7 Rekursiver Aufruf

Funktionen und Prozeduren können jederzeit andere Funktionen oder Prozeduren aufrufen. Man spricht hier von geschachtelten Aufrufen. Das Programm kehrt jeweils – aus einer beliebigen »Schachtelungstiefe« – zur aufrufenden Stelle zurück.

Rekursion Funktionen und Prozeduren können sich auch selbst aufrufen. Dieser Vorgang wird als Rekursion bezeichnet. Eine rekursive Funktion muss eine Verzweigung beinhalten, die die Rekursion wieder beendet, da es sonst zu einer endlosen Kette von Selbst-Aufrufen kommt, ähnlich wie bei einer endlosen Ereigniskette (siehe Abschnitt 4.3.1). Bestimmte Problemstellungen lassen sich programmiertechnisch am elegantesten durch eine Rekursion lösen.

Im nachfolgenden Programm (p0423) wird eine Zahl so lange halbiert, bis ein bestimmter Grenzwert erreicht oder unterschritten wird. Zur Verdeutlichung der unterschiedlichen Abläufe wird der Halbierungsvorgang einmal mithilfe einer Schleife, einmal mithilfe einer Rekursion durchgeführt.

```
Public Class frm0423
   Private Sub cmdSchleife_Click( ... ) Handles ...
      Dim x As Double
      x = 22
      lblAnzeige.Text = "x: " & x & vbCrLf
      Do
         x = x / 2
         lblAnzeige.Text &= "x: " & x & vbCrLf
      Loop While x > 0.1
   End Sub

   Private Sub cmdRekursion_Click( ... ) Handles ...
      Dim x As Double
      x = 22
```

```
        lblAnzeige.Text = "x: " & x & vbCrLf
        Halbieren(x)
        lblAnzeige.Text &= "x: " & x & vbCrLf
    End Sub

    Sub Halbieren(ByRef z As Double)
        z = z / 2
        If z > 0.1 Then
            lblAnzeige.Text &= "z: " & z & vbCrLf
            Halbieren(z)
        End If
    End Sub
End Class
```

Zur Erläuterung der Schleife:

▶ In der Ereignisprozedur `cmdSchleife_Click()` wird die Variable x mit 22 initialisiert. Anschließend wird sie in einer `Do ... Loop While` Schleife so lange halbiert, bis sie den Wert 0,1 erreicht oder unterschritten hat. Bei jedem Durchlauf der Schleife wird der aktuelle Wert angezeigt, sodass man die fortlaufende Halbierung mitverfolgen kann.

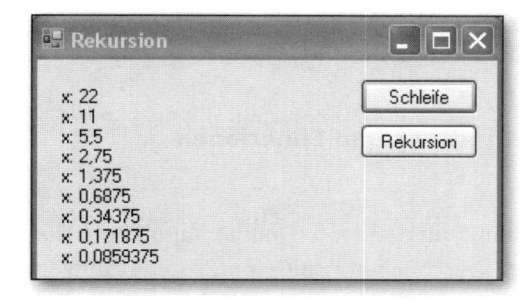

Abbildung 4.26 Halbierung per Schleife

Zur Erläuterung der Rekursion:

▶ In der Ereignisprozedur `cmdRekursion_Click` wird die Variable x ebenfalls mit 22 initialisiert. Anschließend wird allerdings die Prozedur `Halbieren()` aufgerufen. Diese führt eine Halbierung durch.

▶ Anschließend wird geprüft, ob der Grenzwert erreicht oder unterschritten wurde.

▶ Ist dies der Fall, endet die Prozedur `Halbieren()` und das Programm endet mit der letzten Anweisung in der Ereignisprozedur `cmdRekursion_Click()`.

- Ist der Grenzwert noch nicht erreicht, so ruft die Prozedur `Halbieren` sich selbst wieder auf. Dieser Vorgang kann sich mehrmals wiederholen.
- Sobald der Grenzwert erreicht oder unterschritten wird, wird die Funktion `Halbieren()` beendet, ggf. mehrmals nacheinander, und das Programm endet mit der letzten Anweisung in der Ereignisprozedur `cmdRekursion_Click()`.
- Hätte sich der rekursive Aufruf nicht innerhalb einer Verzweigung befunden, so hätte sich die Prozedur endlos aufgerufen.
- Die Variable x (in der Prozedur heißt sie z) wurde jeweils per Referenz übergeben, daher wurde immer die Original-Variable x halbiert. Dies kann man auch an der letzten Ausgabe erkennen.

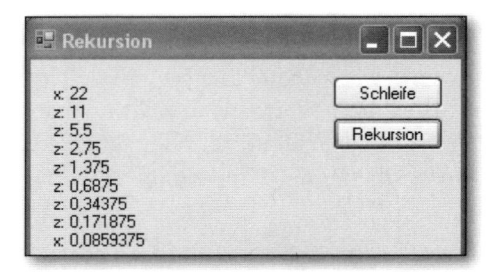

Abbildung 4.27 Halbierung per Rekursion

4.6.8 Übungen zu Prozeduren und Funktionen

Übung p0425:

Schreiben Sie ein Programm, in der zwei Double-Variablen beliebige Werte zugewiesen werden. Anschließend soll eine Prozedur aufgerufen werden, der diese beiden Variablen übergeben werden. Innerhalb der Prozedur wird der Mittelwert der beiden Zahlen berechnet und ausgegeben.

Übung p0426:

Schreiben Sie ein Programm, in der zwei Double-Variablen beliebige Werte zugewiesen werden. Anschließend soll eine Funktion aufgerufen werden, in der der Mittelwert der beiden Zahlen berechnet und zurückgeliefert wird. Die Ausgabe soll in der aufrufenden Prozedur erfolgen.

Visual Basic .NET ist rein objektorientiert. In diesem Kapitel wird das Verständnis für die Objektorientierung anhand von eigenen Klassen und Objekten vertieft.

5 Objektorientierte Programmierung

5.1 Was ist Objektorientierung?

Die Objektorientierung ist ein Denkansatz, der dem Programmierer dabei hilft, die Abläufe der realen Welt in einem Programm nachzubilden. Sie dient zur Klassifizierung der Objekte und Daten, die in einem Programm behandelt werden sollen. Die Eigenschaften und Methoden ähnlicher Objekte werden durch gemeinsame Definitionen, die Klassen, zusammengefasst und besser handhabbar.

Visual Basic 2008 ist eine rein objektorientierte Sprache. Wir haben eigentlich schon die ganze Zeit in diesem Buch mit Objekten gearbeitet:

- Zum einen wurden Steuerelemente und ihre Eigenschaften genutzt. Jeder Button, jedes Textfeld usw. ist ein Objekt einer speziellen Klasse, in der die Eigenschaften von Buttons bzw. Textfeldern festgelegt sind.

    Eigenschaften

- Zum anderen wurde sowohl mit einzelnen Variablen als auch mit Datenfeldern gearbeitet. Einzelne Variablen sind Objekte ihres Datentyps (`Double`, `Integer`, ...). Es können festgelegte Operationen mit ihnen ausgeführt werden (Addition, Subtraktion usw.). Objekten der Klasse `Array` (Datenfeld) stehen vordefinierte Methoden zur Verfügung (`Clone()`, `Sort()`, ...).

Der nächste Schritt, die Erzeugung eigener Klassen und der zugehörigen Objekte, sollte also nicht schwer fallen.

Hinweis: Die in diesem Kapitel dargestellten Programme sind ein Kompromiss, denn sie erklären zwar die sprachlichen Elemente der Objektorientierung in Visual Basic, tun dies aber nicht anhand von umfangreichen Programmen, bei denen sich der Vorteil der Objektorientierung besonders auswirken würde.

5 | Objektorientierte Programmierung

Stattdessen werden eigene, kleine und übersichtliche Klassen definiert und genutzt. Dadurch verbessert sich das Verständnis für die Objektorientierung allgemein und gleichzeitig für die Nutzung der bereits vorhandenen Klassen von Visual Basic.

5.2 Klasse, Eigenschaft, Methode, Objekt

Methoden   In einer Klassendefinition werden die Eigenschaften und Methoden gleichartiger Objekte festgelegt. Die Eigenschaften kennzeichnen das Objekt. Den Methoden entsprechen Prozeduren und Funktionen, die auf eine bestimmte Klasse bezogen sind.

Diese Begriffe sollen anhand eines kleinen Programms gemeinsam eingeführt werden. Es wird eine Klasse für Fahrzeuge definiert. Die Fahrzeuge haben eine Bezeichnung und eine Geschwindigkeit, man kann sie beschleunigen und man kann ihre Eigenschaften auf dem Bildschirm ausgeben.

Eigene Datei   Zunächst wird eine Windows-Anwendung wie gewohnt erzeugt. Anschließend wird eine eigene Datei für die Definition der Klasse genutzt. Dies erleichtert die Übersicht und die spätere Wiederverwendbarkeit der Klasse.

Klassendefinition   Über den Menüpunkt **Projekt • Klasse hinzufügen** gelangt man zu einem Dialogfeld mit Vorlagen. Hier wählt man die bereits voreingestellte Vorlage **Klasse**. Diese beinhaltet eine leere Klassendefinition. Im Feld **Name** sollte man den Namen der zu erzeugenden Klasse (hier: Fahrzeug) eintragen. Die Datei erhält dadurch den Namen Fahrzeug.vb und die neue, leere Klasse in der Datei den Namen Fahrzeug.

Class   Es erscheint ein Codefenster mit einem leeren Klassenrahmen, zwischen Public Class Fahrzeug und End Class. Die Klasse Fahrzeug soll nun wie folgt aussehen:

```
Public Class Fahrzeug
    Dim geschwindigkeit As Integer

    Function ausgabe() As String
        ausgabe = "Geschwindigkeit: " & geschwindigkeit
    End Function

    Sub beschleunigen(ByVal wert As Integer)
        geschwindigkeit += wert
```

```
    End Sub
End Class
```

Zur Erläuterung:

- Die Klassendefinition steht in der Datei `Fahrzeug.vb`.
- Eine Klasse ist automatisch `Public`, damit sie vom eigentlichen Programm, in dem mit Objekten dieser Klasse gearbeitet wird, erreicht werden kann.
- Ein Fahrzeug hat die Eigenschaft `geschwindigkeit`, hier vom Datentyp `Integer`.
- Eigenschaften sind in einer Klasse zunächst einmal gekapselt. Das bedeutet, dass sie von einem Programm außerhalb der Klasse aus nicht direkt erreichbar sind. Dies ist eines der wichtigen Konzepte der objektorientierten Programmierung: Eigenschaften sollen nur über definierte Zugänge erreichbar bzw. veränderbar sein. *Datenkapselung*
- Die Deklaration `Public geschwindigkeit As Integer` würde diesem Prinzip der Datenkapselung widersprechen.
- Die Funktion `ausgabe()` dient zur kommentierten Ausgabe des Werts der Eigenschaft `geschwindigkeit`. Daher wird ihrem Namen eine Zeichenkette zugewiesen, die unter anderem den Wert der Eigenschaft beinhaltet.
- Funktionen und Prozeduren einer Klasse sind zunächst einmal öffentlich (`Public`), d. h. sie sind von einem Programm, das außerhalb der Klasse steht, erreichbar. Soll es klasseninterne Funktionen oder Prozeduren geben, die nur von anderen Funktionen oder Prozeduren innerhalb der Klasse erreichbar sind, so kann man sie mit dem Schlüsselwort `Private` aber ebenso kapseln wie Eigenschaften. *Öffentliche Methoden*
- Die Prozedur `beschleunigen()` soll dazu dienen, den Wert der Eigenschaft `geschwindigkeit` zu verändern. Beim Aufruf wird der Prozedur ein (positiver oder negativer) Wert übergeben, der zu dem bisherigen Wert der Eigenschaft `geschwindigkeit` hinzuaddiert wird.

Damit steht eine Klasse zur Benutzung bereit. In der Ereignisprozedur des Programms `p0501` wird nun ein Objekt dieser Klasse erzeugt. Seine Eigenschaft wird ausgegeben, verändert und wieder ausgegeben:

```
Public Class frm0501
    Private Sub cmdAnzeigen1_Click( ... ) Handles ...
        Dim vespa As New Fahrzeug
        lblAnzeige.Text = vespa.ausgabe()
        vespa.beschleunigen(20)
```

5 | Objektorientierte Programmierung

```
        lblAnzeige.Text &= vbCrLf & vespa.ausgabe()
        ' lblAnzeige.Text = vespa.geschwindigkeit
    End Sub
End Class
```

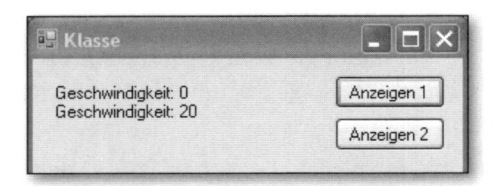

Abbildung 5.1 Objekt erzeugen, verändern, ausgeben

Zur Erläuterung:

New
- Die Anweisung `Dim vespa As New Fahrzeug` erzeugt ein Objekt der Klasse `Fahrzeug`, das über den Namen `vespa` erreicht werden kann.

Instanzierung
- Dieses Objekt verfügt über die Eigenschaften und Methoden, die in der Klassendefinition festgelegt wurden. Man spricht auch von einer Instanz der Klasse `Fahrzeug` bzw. vom Instanzieren dieser Klasse.

- Mit der Anweisung `lblAnzeige.Text = vespa.ausgabe()` wird die Methode `ausgabe()` für das Objekt `vespa` aufgerufen. Diese Methode liefert gemäß Definition den Wert der Geschwindigkeit. Dieser Wert wird dem Label zugewiesen.

- Die Anweisung `vespa.beschleunigen(20)` ruft die Methode `ausgabe()` für das Objekt `vespa` auf. In dieser Methode wird die Eigenschaft `geschwindigkeit` um den übergebenen Wert erhöht.

- Anschließend folgt wieder die Ausgabe. Man sieht, wie das Objekt sich verändert hat.

- In der letzten Zeile steht (auskommentiert) eine Anweisung, die nicht durchgeführt werden kann. Das Objekt `vespa` hat zwar eine Eigenschaft `geschwindigkeit`, aber diese ist nicht öffentlich erreichbar. Daher wird ein Fehler gemeldet. Ein Hinweis ist bereits die Tatsache, dass diese Eigenschaft nicht in der IntelliSense-Liste enthalten ist, die sich im Editor nach Eingabe des Punkts hinter `vespa` öffnet.

5.2.1 Objektverweis und Instanz

Mit der Anweisung `Dim vespa As New Fahrzeug` wurde in der oben genannten Ereignisprozedur ein Objekt erzeugt und benannt. Dies ist die gängigste Form der Instanzierung eines Objekts und kann so auch beibehalten werden. Streng genommen besteht diese Anweisung allerdings aus zwei einzelnen Anweisungen:

- Es wird ein Objektverweis erzeugt. Dieser ist in der Lage, auf Objekte der Klasse Fahrzeug zu verweisen.

Objektverweis

- Es wird ein Objekt der Klasse Fahrzeug (eine Instanz) erzeugt. Diese Instanz kann über den Objektverweis erreicht werden.

In der folgenden Ereignisprozedur (ebenfalls in p0501) werden die beiden genannten Vorgänge einzeln durchgeführt:

```
Public Class frm0501
[ ... ]
    Private Sub cmdAnzeigen2_Click( ...) Handles ...
        Dim vespa As Fahrzeug
        vespa = New Fahrzeug()

        Try
            vespa.beschleunigen(10)
        Catch ex As Exception
            MsgBox(ex.Message)
        End Try
    End Sub
End Class
```

Zur Erläuterung:

- Die Anweisung Dim vespa As Fahrzeug erzeugt den Objektverweis.
- Die Anweisung vespa = New Fahrzeug() erzeugt das Objekt und weist es dem Objektverweis zu. Wird diese Anweisung weggelassen oder auskommentiert, so erscheint aufgrund der auftretenden Ausnahme die folgende Fehlermeldung:

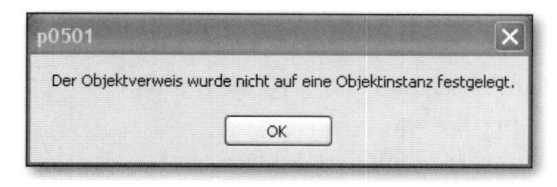

Abbildung 5.2 Objektverweis ohne Objekt

- Diese Situation gilt es natürlich zu vermeiden. In den meisten Fällen ist es möglich und auch sinnvoll, die Objekterzeugung wie in der ersten Ereignisprozedur vorzunehmen.

5.3 Eigenschaftsmethode

Kontrolle Eigenschaftsmethoden (Properties) ermöglichen einen verbesserten Schutz von Klassen-Eigenschaften und eine weitergehende Kontrolle bei den Veränderungen der Eigenschaften. Um dies zu verdeutlichen, wurde die Klasse Fahrzeug im folgenden Programm (p0502) verändert.

Zunächst die neue Klassendefinition:

```
Public Class Fahrzeug
    Dim geschwindigkeit As Integer

    Property PGeschwindigkeit() As Integer
        Get
            Return geschwindigkeit
        End Get
        Private Set(ByVal wert As Integer)
            If wert > 100 Then
                geschwindigkeit = 100
            ElseIf wert < 0 Then
                geschwindigkeit = 0
            Else
                geschwindigkeit = wert
            End If
        End Set
    End Property

    Sub beschleunigen(ByVal wert As Integer)
        PGeschwindigkeit += wert
    End Sub
End Class
```

Zur Erläuterung:

- Es gibt nach wie vor die geschützte Eigenschaft geschwindigkeit.

Property
- Zu dieser Eigenschaft wurde die Eigenschaftsmethode (Property) PGeschwindigkeit() hinzugefügt.

Get, Set
- Eigenschaftsmethoden werden mit dem Schlüsselwort Property eingeleitet und sind zunächst öffentlich. Sie bestehen aus einem Get-Teil und einem Set-Teil. Der Get-Teil ist verantwortlich für die Lesen der Eigenschaft geschwindigkeit. Der Set-Teil ist verantwortlich für das Schreiben in die Eigenschaft geschwindigkeit.

5.3 | Eigenschaftsmethode

- Die Teile Get und Set sind öffentlich, wenn die Eigenschaftsmethode öffentlich ist. Sie sind gekapselt, wenn die Eigenschaftsmethode gekapselt ist.
- Im vorliegenden Programm wurde der Set-Teil der Eigenschaftsmethode mit Private gekapselt. Die Eigenschaft geschwindigkeit soll also nach wie vor nur über die öffentliche Methode beschleunigen() verändert werden können.
- Im Set-Teil der Eigenschaftsmethode wird durch eine Verzweigung dafür gesorgt, dass der Wert der Eigenschaft geschwindigkeit nicht kleiner als 0 und nicht größer als 100 werden darf (eine Geschwindigkeitsbegrenzung). Eine solche Kontrolle ist einer der Einsatzzwecke einer Eigenschaftsmethode.
- In der Methode beschleunigen() wird der Wert zu der Eigenschaftsmethode hinzuaddiert. Auf diese Weise wird dafür gesorgt, dass sich auch bei Aufruf der Methode beschleunigen() der Wert der Eigenschaft geschwindigkeit innerhalb der erlaubten Grenzen bewegt.

Es folgt das Programm, in dem die veränderte Klasse benutzt wird:

```
Public Class frm0502
    Private Sub cmdAnzeigen_Click( ... ) Handles ...
        Dim vespa As New Fahrzeug
        lblAnzeige.Text = vespa.PGeschwindigkeit
        vespa.beschleunigen(120)
        ' vespa.PGeschwindigkeit = 100
        lblAnzeige.Text &= vbCrLf & vespa.PGeschwindigkeit
    End Sub
End Class
```

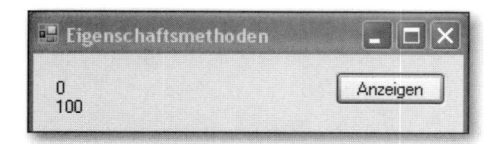

Abbildung 5.3 Kontrolle durch Eigenschaftsmethode

Zur Erläuterung:

- Zur Ausgabe wird der öffentlich zugängliche Get-Teil der Eigenschaftsmethode PGeschwindigkeit() benutzt.
- Es wird »versucht«, das Fahrzeug um 120 zu beschleunigen. Dies gelingt allerdings nicht, da der Set-Teil der Eigenschaftsmethode PGeschwindigkeit() dies verhindert.

- In der vorletzten Zeile steht (auskommentiert) eine Anweisung, die nicht durchgeführt werden kann. Der Set-Teil der Eigenschaftsmethode PGeschwindigkeit() ist gekapselt, daher führt die Anweisung vespa.PGeschwindigkeit = 100 zu einem Fehler.

5.4 Konstruktor

Objekterzeugung — Konstruktoren dienen dazu, Objekte bei ihrer Erzeugung mit Werten zu versehen. Es kann pro Klasse mehrere Konstruktoren geben, wenn man es dem Benutzer der Klasse ermöglichen möchte, seine Objekte auf verschiedene Art und Weise zu erzeugen.

New — Ein Konstruktor wird in der Klasse wie eine Methode vereinbart. Er hat immer den Namen New. Im nachfolgenden Beispiel wurde die Klasse Fahrzeug wiederum verändert, mit dem besonderen Augenmerk auf Konstruktoren.

Zunächst die Klasse:

```
Public Class Fahrzeug
    Dim bezeichnung As String
    Dim geschwindigkeit As Integer

    Sub New()
        bezeichnung = "(leer)"
        geschwindigkeit = 0
    End Sub

    Sub New(ByVal b As String)
        bezeichnung = b
        geschwindigkeit = 0
    End Sub

    Sub New(ByVal g As Integer)
        bezeichnung = "(leer)"
        geschwindigkeit = g
    End Sub

    Sub New(ByVal b As String, ByVal g As Integer)
        bezeichnung = b
        geschwindigkeit = g
    End Sub
```

```
    Function ausgabe() As String
        ausgabe = "Bezeichnung: " & bezeichnung _
            & vbCrLf & "Geschwindigkeit: " _
            & geschwindigkeit & vbCrLf
    End Function

    Sub beschleunigen(ByVal wert As Integer)
        geschwindigkeit += wert
    End Sub
End Class
```

Zur Erläuterung:

- Fahrzeuge haben nun zwei Eigenschaften: eine Bezeichnung (mit dem Datentyp `String`) und eine Geschwindigkeit (mit dem Datentyp `Integer`).

- Es sind vier Konstruktor-Methoden vereinbart, diese unterscheiden sich nicht durch ihren Namen (`New`), aber durch Anzahl und Datentyp der Parameter. Durch diese Unterscheidung kann das Programm bei der Objekterzeugung erkennen, welche der vier Konstruktor-Methoden verwendet werden soll.
  Mehrere Konstruktoren

- Man bezeichnet dies als Methoden-Überladung. Außer der Konstruktor-Methode können auch andere Methoden auf diese Weise überladen werden. Dies ist eine häufige Vorgehensweise: Man »macht« etwas mit dem Objekt, sendet dabei bestimmte Daten und das Objekt weiß aufgrund der Klassen-Definition und der verschiedenen Methoden-Definitionen, wie es mit den Daten verfahren soll.
  Überladung

- Der erste Konstruktor erwartet keine Parameter. Die beiden Eigenschaften werden mit »(leer)« und 0 vorbesetzt.

- Der zweite Konstruktor erwartet eine Zeichenkette. Diese wird der Bezeichnung zugewiesen. Die Geschwindigkeit wird mit 0 vorbesetzt.

- Analog dazu erwartet der dritte Konstruktor eine `Integer`-Zahl. Diese wird der Geschwindigkeit zugewiesen. Die Bezeichnung wird mit »(leer)« vorbesetzt.

- Im vierten Konstruktor, der eine Zeichenkette und eine `Integer`-Zahl erwartet, werden beide Eigenschaften mit den gewünschten Werten vorbesetzt.

- Mithilfe der Ausgabe-Methode werden beide Eigenschaften kommentiert ausgegeben.

Das Programm (p0503) kann diese Klasse jetzt wie folgt nutzen:

```
Public Class frm0503
    Private Sub cmdAnzeigen_Click( ... ) Handles ...
        Dim vespa As New Fahrzeug
        Dim schwalbe As New Fahrzeug("Moped")
        Dim yamaha As New Fahrzeug(50)
        Dim honda As New Fahrzeug("Motorrad", 75)
        lblAnzeige.Text = vespa.ausgabe & vbCrLf _
            & schwalbe.ausgabe() & vbCrLf _
            & yamaha.ausgabe() & vbCrLf _
            & honda.ausgabe()
    End Sub
End Class
```

Abbildung 5.4 Vier Objekte nach ihrer Konstruktion

Zur Erläuterung:

- ▶ Es werden vier Objekte der Klasse Fahrzeug erzeugt. Jedes der Objekte nutzt einen anderen Konstruktor.

IntelliSense
- ▶ Während der Codierung erscheint nach Eingabe des Klassennamens (Fahrzeug) ein IntelliSense-QuickInfo. Darin werden dem Entwickler die vier Möglichkeiten zur Objekterzeugung, also die vier Konstruktoren mit Anzahl und Typ der Parameter, zur Auswahl angeboten. Dieses Verhalten kennen wir schon von der Benutzung der vordefinierten Methoden.

- ▶ Sobald eigene Konstruktoren definiert sind, können nur noch diese genutzt werden. Falls es keine eigenen Konstruktoren gibt, wird ein interner, parameterloser Konstruktor verwendet, wie im ersten Beispiel dieses Abschnitts.

5.5 Referenzen und Werte

Mithilfe einer Zuweisung kann einem Objektverweis A ein gleichartiger Objektverweis B zugewiesen werden. Dabei ist allerdings zu beachten, dass nicht das Objekt, sondern nur eine Referenz (der Objektverweis) zugewiesen wurde. Die Objektverweise A und B verweisen nach der Zuweisung auf dasselbe Objekt. Falls im weiteren Verlauf des Programms eine Veränderung über einen der beiden Objektverweise vorgenommen wird, hat dies Auswirkungen auf dasselbe Objekt.

Objektverweis

Bei der Übergabe von Parametern an eine Prozedur oder Funktion haben wir bereits ein ähnliches Verhalten kennengelernt. Wenn ein Parameter mit `ByRef` übergeben wurde, dann hatte eine Änderung Auswirkungen auf die Original-Variable. Dieser Vorgang wurde daher auch als »Übergabe per Referenz« bezeichnet.

Referenztyp

Anders verhält es sich bekanntlich bei der Zuweisung einer Variablen eines Basis-Datentyps (z. B. `Integer` oder `Double`). Nach der Zuweisung einer Variablen A an eine Variable B haben zwar beide zunächst den gleichen Wert. Es handelt sich aber um zwei verschiedene Variablen, die im weiteren Verlauf des Programms unabhängig voneinander agieren können.

Werttyp

Bezüglich dieses Verhaltens spricht man auch von Referenztypen (Objekte) und Werttypen (der Basis-Datentypen).

Es folgt ein Beispielprogramm (p0504), das diesen Unterschied verdeutlicht. Es basiert auf der gleichen Klasse wie das vorherige Programm zum Thema Konstruktor, daher muss die Klasse nicht mehr gesondert dargestellt werden.

```
Public Class frm0504
   Private Sub cmdAnzeigen1_Click( ... ) Handles ...
      Dim vespa As New Fahrzeug("Moped", 50)
      Dim schwalbe As New Fahrzeug
      schwalbe = vespa
      vespa.beschleunigen(35)
      lblAnzeige.Text = schwalbe.ausgabe()
   End Sub

   Private Sub cmdAnzeigen2_Click( ... ) Handles ...
      Dim x As Integer = 12
      Dim y As Integer
      y = x
      lblAnzeige.Text = "x: " & x & ", y: " & y
```

```
        x = 25
        lblAnzeige.Text &= vbCrLf & "x: " & x _
           & ", y: " & y
   End Sub
End Class
```

Zur Erläuterung:

- Nach der Erzeugung zweier Objekte der Klasse Fahrzeug erfolgt eine Zuweisung des ersten Objekts zum zweiten Objektverweis.
- Damit sind schwalbe und vespa Verweise auf dasselbe Objekt. Wird die Vespa »beschleunigt«, so erfährt auch das Objekt, das über schwalbe angesprochen wird, diese Veränderung.

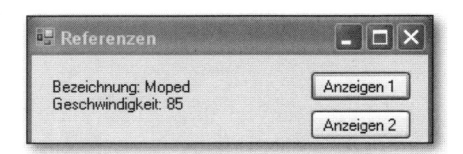

Abbildung 5.5 Zwei Verweise auf ein Objekt

- Im Gegensatz dazu zeigt die Prozedur mit den beiden Integer-Variablen ein anderes Verhalten. Kurzfristig haben x und y den gleichen Wert. Nach einer weiteren Veränderung von x trifft dies nicht mehr zu.

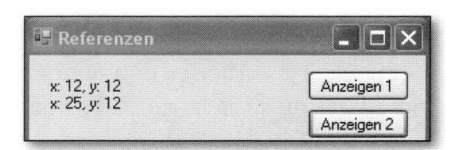

Abbildung 5.6 Zwei verschiedene Variablen

5.5.1 Objekte vergleichen

Equals   In diesem Zusammenhang ist auch die Methode Equals() der Basisklasse Object von Interesse. Diese Methode erbt jede Klasse, weil jede Klasse von der Basisklasse Object abgeleitet wird. Das Thema »Vererbung« wird im Abschnitt 5.10 noch vertieft.

Mithilfe der Methode Equals() kann man feststellen, ob Objekte gleich sind. Gleichheit bedeutet:

- bei Referenztypen, dass beide auf dasselbe Objekt verweisen,
- bei Werttypen, dass sie den gleichen Wert haben.

Referenzen und Werte | **5.5**

Das folgende Beispielprogramm (ebenfalls in p0504) verwendet die gleiche Klasse Fahrzeug:

```
Public Class frm0504
[ ... ]
    Private Sub cmdAnzeigen3_Click( ... ) Handles ...
        Dim vespa As New Fahrzeug("Roller", 35)
        Dim schwalbe As New Fahrzeug("Roller", 35)

        If vespa.Equals(schwalbe) Then
            MsgBox("1: Die beiden Objektverweise zeigen " _
                & "auf dasselbe Objekt")
        Else
            MsgBox("1: Die beiden Objektverweise zeigen " _
                & "nicht auf dasselbe Objekt")
        End If

        vespa = schwalbe

        If vespa.Equals(schwalbe) Then
            MsgBox("2: Die beiden Objektverweise zeigen " _
                & "auf dasselbe Objekt")
        Else
            MsgBox("2: Die beiden Objektverweise zeigen " _
                & "nicht auf dasselbe Objekt")
        End If
    End Sub
[ ... ]
End Class
```

Zur Erläuterung:

- Die beiden Objekte der Klasse Fahrzeug werden mit identischen Werten erzeugt.
- Auf das Objekt vespa wird die geerbte Methode Equals() angewendet. Als Parameter wird der Objektverweis auf das andere Objekt übergeben. Die beiden Objekte haben zwar die gleichen Werte, aber die Methode Equals() liefert dennoch False, da die Objektverweise nicht auf dasselbe Objekt verweisen.
- Anschließend erfolgt die Zuweisung vespa = schwalbe.
- Nun verweisen beide auf dasselbe Objekt. Equals() liefert True.

Die Methode Equals() kann in einer abgeleiteten Klasse überschrieben werden. Sie kann dann benutzt werden, um nach klassenspezifischen Merkmalen festzustellen, ob die Objekte gleich sind.

Überschreiben

Dazu wird im folgenden Beispiel zunächst die Klasse Fahrzeug wie folgt ergänzt:

```
Public Class Fahrzeug
[ ... ]
    Overloads Function Equals(ByVal x As Fahrzeug) As Boolean
        If bezeichnung = x.bezeichnung _
            And geschwindigkeit = x.geschwindigkeit Then
            Equals = True
        Else
            Equals = False
        End If
    End Function
End Class
```

Zur Erläuterung:

▶ Die Funktion liefert True, wenn die Werte der beiden Eigenschaften bezeichnung und geschwindigkeit gleich sind.

▶ Mehr zum Schlüsselwort Overloads folgt im Abschnitt über Vererbung.

Das folgende Beispielprogramm (ebenfalls in p0504) verwendet die veränderte Klasse Fahrzeug:

```
Public Class frm0504
[ ... ]
    Private Sub cmdAnzeigen4_Click( ... ) Handles ...
        Dim vespa As New Fahrzeug("Roller", 35)
        Dim schwalbe As New Fahrzeug("Roller", 35)
        If vespa.Equals(schwalbe) Then
            MsgBox("Die beiden Objekte sind gleich")
        Else
            MsgBox("Die beiden Objekte sind nicht gleich")
        End If
    End Sub
End Class
```

Zur Erläuterung:

▶ Beim Vergleich wird nun die eigene Methode Equals() der Klasse Fahrzeug aufgerufen.

▶ Es werden die Werte der Eigenschaften verglichen. Diese sind gleich, also liefert die Methode Equals() den Wert True.

5.6 Statische Elemente

Bisher haben wir nur Eigenschaften kennengelernt, die bestimmten Objekten zugeordnet sind, und Methoden, die für ein bestimmtes Objekt ausgeführt werden. Darüber hinaus gibt es aber auch klassenbezogene Eigenschaften und Methoden:

- Klassenbezogene Eigenschaften, sogenannte statische Eigenschaften, sind thematisch mit der Klasse verbunden. Ihre Werte stehen allen Objekten der Klasse zur Verfügung. Falls sie öffentlich deklariert werden, stehen sie auch außerhalb der Klasse zur Verfügung. — **Statische Eigenschaften**

- Klassenbezogene Methoden, sogenannte statische Methoden, sind ebenfalls thematisch mit der Klasse verbunden. — **Statische Methoden**

Im nachfolgenden Beispiel werden zwei statische Eigenschaften genutzt, eine ist in der Klasse gekapselt, die andere öffentlich. Außerdem kommt noch eine statische Methode zum Einsatz. Zunächst die Klassendefinition:

```
Public Class Zahl
    Dim wert As Double
    Dim nummer As Integer
    Shared anzahl As Integer = 0
    Public Shared pi As Double = 3.1415926

    Sub New(ByVal x As Double)
        anzahl += 1
        nummer = anzahl
        wert = x
    End Sub

    Function maldrei() As Double
        maldrei = wert * 3
    End Function

    Shared Function verdoppeln(ByVal x As Double) As Double
        verdoppeln = x * 2
    End Function

    Function ausgabe() As String
        ausgabe = "Objekt Nr. " & nummer & ", Wert: " & wert
    End Function
End Class
```

Zur Erläuterung:

- Es wurde die Klasse Zahl definiert, mit deren Hilfe einige einfache Zahlenoperationen ausgeführt werden sollen.
- Die beiden Variablen wert und nummer sind objektbezogene Eigenschaften. Jedes Objekt hat also seinen eigenen Wert und seine eigene laufende Nummer.

Shared
- Die Variable anzahl ist eine klassenbezogene und gekapselte Eigenschaft. Diese statische Eigenschaft gibt es insgesamt nur einmal, unabhängig von der Anzahl der erzeugten Objekte. Sie steht innerhalb der Klasse allen Objekten gemeinsam zur Verfügung, sie wird von Objekten gemeinsam genutzt bzw. »geshared«. Das Schlüsselwort Shared kennzeichnet die Variable als eine statische Eigenschaft.
- Innerhalb des Konstruktors der Klasse wird die statische Eigenschaft anzahl bei jeder Erzeugung eines Objekts um 1 erhöht. Diese Eigenschaft repräsentiert also die Anzahl der Objekte. Darüber hinaus wird sie genutzt, um jedem Objekt bei seiner Erzeugung eine individuelle, laufende Nummer zu geben.
- Die Variable pi ist eine klassenbezogene und öffentliche Eigenschaft. Sie ist ebenfalls einmalig, steht aber nicht nur innerhalb, sondern auch außerhalb der Klasse zur Verfügung. Sie ist aber thematisch mit der Klasse Zahl verbunden, daher wird sie in der Klasse deklariert.
- Die Funktion maldrei() ist eine objektbezogene Methode. Sie kann auf ein Objekt angewendet werden und verändert dieses Objekt gegebenenfalls.
- Die Funktion verdoppeln() ist eine klassenbezogene Methode. Sie wird nicht auf ein individuelles Objekt angewendet. Sie ist aber thematisch mit der Klasse Zahl verbunden und wird daher in der Klasse definiert. Innerhalb der Methode steht keine objektbezogene Eigenschaft (wie wert oder nummer) zur Verfügung.

Im folgenden Programm (p0505) werden alle genannten statischen Elemente genutzt:

```
Public Class frm0505
    Private Sub cmdAnzeigen_Click( ... ) Handles ...
        Dim x As New Zahl(2.5)
        Dim p As New Zahl(-5)
        Dim y, r As Double
```

```
        ' Objektbezogene Methoden
        x.maldrei()
        lblAnzeige.Text = x.ausgabe()
        lblAnzeige.Text &= vbCrLf & p.ausgabe()

        ' Klassenbezogene Methode
        y = 4
        lblAnzeige.Text &= vbCrLf & "Zahl: " & y
        lblAnzeige.Text &= vbCrLf _
            & "Nach Verdopplung: " _
            & Zahl.verdoppeln(y)

        ' Klassenbezogene und öffentliche Eigenschaft
        r = 6
        lblAnzeige.Text &= vbCrLf & "Radius: " & r
        lblAnzeige.Text &= vbCrLf & "Fläche: " _
            & r * r * Zahl.pi
    End Sub
End Class
```

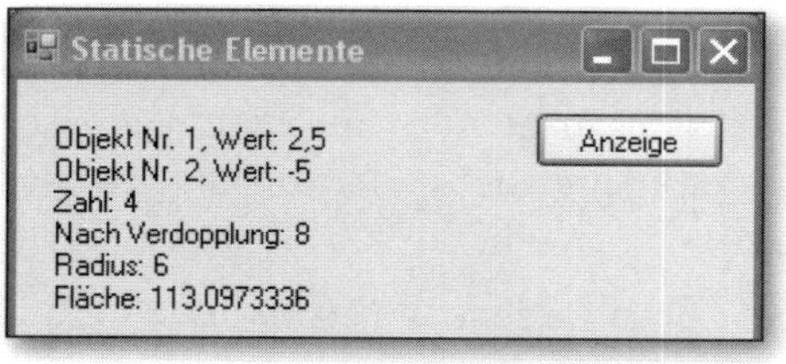

Abbildung 5.7 Statische Elemente

Zur Erläuterung:

▶ Es werden die beiden Objekte x und p der Klasse Zahl erzeugt. Dabei wird jeweils der Konstruktor durchlaufen, die Objekte erhalten ihre Startwerte sowie eine laufende Nummer.

▶ Auf das Objekt x wird eine objektbezogene Methode angewendet. Anschließend werden beide Objekte mit ihren Eigenschaften ausgegeben.

▶ Die statische Methode verdoppeln() wird auf eine Double-Variable angewendet.

▶ Die statische und öffentliche Eigenschaft pi der Klasse wird genutzt, um aus dem Radius eines Kreises die Fläche zu berechnen.

5.7 Delegates

Signatur Bei Prozeduren und Funktionen ist es bekanntlich wichtig, sie mit den richtigen Parametern aufzurufen. Anzahl, Reihenfolge und Datentyp der Parameter, sowie bei Funktionen der Rückgabewert dienen zur eindeutigen Kennzeichnung. Man nennt dies auch die Signatur. Diese Eindeutigkeit gilt auch für die Prozeduren und Funktionen innerhalb einer Klasse, also für die Methoden.

Delegate Ein Delegate dient dazu, die Signatur einer Methode nach außen bekannt zu machen. Er verweist auf die Funktion und sorgt dafür, dass sie nur mit den richtigen Parametern aufgerufen werden kann.

Im nachfolgenden Beispiel wird eine Funktion max() verwendet, um das Maximum von zwei Zahlen zu ermitteln. Diese Funktion wird allerdings nicht direkt aufgerufen, sondern über den Delegate, also über den Verweis auf die Funktion:

```
Public Class frm0506
    Delegate Function maxdelegate(_
        ByVal x As Double, _
        ByVal y As Double) As Double

    Function max(ByVal x As Double, ByVal y As Double) As _
    Double
        If x > y Then
            max = x
        Else
            max = y
        End If
    End Function

    Private Sub cmdAnzeigen_Click( ... ) Handles ...
        Dim a As Double = 12
        Dim b As Double = 17
        Dim maxverweis As New maxdelegate(AddressOf max)
        lblAnzeige.Text = maxverweis(a, b)
    End Sub
End Class
```

Zur Erläuterung:

▶ Zu Beginn wird mit dem Schlüsselwort Delegate ein »Delegierter« für eine Funktion deklariert, die zwei Double-Variablen erwartet und eine Double-Variable als Ergebnis zurückliefert.

- Die Funktion max() ermittelt das Maximum von zwei Double-Zahlen, die als Parameter übermittelt werden und liefert das Maximum der beiden Zahlen zurück.
- In der Ereignisprozedur wird ein Verweis vom Typ des vorher deklarierten Delegates erzeugt. Bei der Erzeugung wird ihm mit dem Schlüsselwort AddressOf die Adresse der Funktion max() zugewiesen. Er verweist also jetzt auf diese Funktion.

AddressOf

- Dieser Verweis wird dann wie die Funktion selber aufgerufen und führt dazu, dass die Funktion mit den übergebenen Parametern ausgeführt wird.
- Die Anweisung lblAnzeige.Text = max (a, b) hätte zum gleichen Ergebnis geführt, mit dem Unterschied, dass über den Delegate die Funktions-Signatur auch nach außen bekannt ist. Die Funktion kann nicht mehr falsch aufgerufen werden.

5.8 Ereignisse

Windows-Programme sind ereignisgesteuerte Programme. In diesem Buch wurden schon viele Programme vorgestellt, in denen Ereignisse und als Folge dieser Ereignisse bestimmte Programmteile abliefen.

Das Ereignis »Benutzer betätigt den Button mit dem Namen Anzeigen« führt z. B. zum Aufruf der Ereignisprozedur cmdAnzeigen_Click(). Diese wurde anhand des Schlüsselworts Handles dazu definiert, auf das Ereignis cmdAnzeige.Click zu reagieren: Private Sub cmdAnzeige_Click (ByVal sender As System.Object, ByVal e As System.EventArgs) Handles cmdAnzeige.Click.

Handles

Es gibt in diesem Zusammenhang einige wichtige Schlüsselworte:

Event

- Event – zur Definition eines Ereignisses
- RaiseEvent – zum Auslösen eines Ereignisses
- Handles, AddHandler – zum Zuordnen eines Ereignisses zu einer Ereignisprozedur

Im nachfolgenden Beispiel (p0507) wird der Einsatz verdeutlicht. Der Benutzer soll in einem Textfeld eine Zahl zwischen 10 und 50 eingeben. Sobald der Inhalt des Textfelds txtEingabe sich ändert, tritt bekanntlich das Ereignis txtEingabe_TextChanged auf. Auf dieses Ereignis kommt es allerdings in diesem Programm nicht an.

Stattdessen gibt es einige »künstlich« erzeugte Ereignisse:

- Die eingegebene Zahl ist zu groß.
- Die eingegebene Zahl ist zu klein.
- Die eingegebene Zahl ist kleiner als 0.
- Die eingegebene Zahl ist im richtigen Bereich.

In all diesen Fällen wird ein Ereignis erzeugt, das jeweils mit einer Ereignisprozedur verbunden ist:

```
Public Class frm0507
    Event KleinerNullEreignis(ByVal x As Double)
    Event ZuKleinEreignis(ByVal x As Double)
    Event ZuGrossEreignis(ByVal x As Double)
    Event RichtigEreignis()

    Sub ZuKleinReaktion(ByVal x As Double) Handles _
            Me.KleinerNullEreignis, Me.ZuKleinEreignis
        lblAnzeige.Text = "Die Zahl " & x _
          & " ist zu klein, sie muss >= 10 sein"
    End Sub

    Sub ZuGrossReaktion(ByVal x As Double)
        lblAnzeige.Text = "Die Zahl " & x _
          & " ist zu gross, sie muss <= 50 sein"
    End Sub

    Sub RichtigReaktion() Handles Me.RichtigEreignis
        lblAnzeige.Text = "Die Zahl liegt im " _
          & "richtigen Bereich"
    End Sub

    Private Sub txtEingabe_TextChanged( ... ) Handles ...
        Dim z As Double
        AddHandler ZuGrossEreignis, _
            AddressOf ZuGrossReaktion

        z = Val(txtEingabe.Text)
        If z < 0 Then
            RaiseEvent KleinerNullEreignis(z)
        ElseIf z < 10 Then
            RaiseEvent ZuKleinEreignis(z)
        ElseIf z > 50 Then
            RaiseEvent ZuGrossEreignis(z)
        Else
```

```
        RaiseEvent RichtigEreignis()
      End If
   End Sub
End Class
```

Die Abbildungen 5.8 bis 5.10 zeigen mögliche Ereignisse:

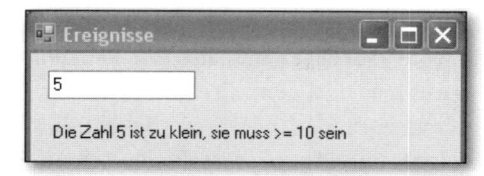

Abbildung 5.8   ZuKleinEreignis

Abbildung 5.9   RichtigEreignis

Abbildung 5.10   ZuGrossEreignis

Zur Erläuterung:

- Zunächst werden mithilfe von `Event` vier Ereignisse definiert: das `KleinerNullEreignis`, das `ZuKleinEreignis`, das `ZuGrossEreignis` und das `RichtigEreignis`. Zunächst handelt es sich noch um mögliche Ereignisse, die erst in der betreffenden Situation ausgelöst werden. Sie können Parameter haben, mit deren Hilfe sie Informationen an die betreffende Ereignisprozedur übermitteln können.

  Event

- Es gibt drei verschiedene Prozeduren als mögliche Reaktionen auf die Ereignisse: die `ZuKleinReaktion`, die `ZuGrossReaktion` und die `RichtigReaktion`. Diese können mit bestimmten Ereignissen verbunden werden.

- Die Prozedur `ZuKleinReaktion` behandelt die Ereignisse `KleinerNullEreignis` und `ZuKleinEreignis` mithilfe des Schlüsselworts

  Handles

5 | Objektorientierte Programmierung

Handles. Dieses Schlüsselwort kennen wir bereits, denn mit ihm wurden auch die Ereignisse von Steuerelementen mit Prozeduren verbunden.

- Die Prozedur ZuGrossReaktion behandelt noch kein Ereignis.
- Die Prozedur RichtigReaktion behandelt das Ereignis Richtig-Ereignis.
- Innerhalb der Prozedur txtEingabe_TextChanged, also zur Laufzeit, wird die Prozedur ZuGrossReaktion mit dem Ereignis ZuGross-Ereignis verbunden. Das Schlüsselwort AddHandler ermöglicht dies. Diese Verbindung zwischen Ereignis und Prozedur ist dynamisch und kann wieder gelöst werden.

RaiseEvent
- In der Verzweigung werden, in Abhängigkeit des Zahlenwertes, verschiedene Ereignisse mithilfe von RaiseEvent ausgelöst. Dies sind natürlich nur »künstliche« Ereignisse, sie verdeutlichen aber die Abläufe. Erst jetzt können die Ereignisprozeduren reagieren.

5.9 Namespaces

Namensraum
Namespaces, also Namensräume, dienen zur Strukturierung der großen Menge an Namen für Klassen, Funktionen, Variablen usw. Sie definieren Gültigkeitsbereiche.

Bei Variablen hatten wir bereits die Problematik der Gültigkeitsbereiche kennengelernt:

- Lokale Variablen gelten nur in einer Prozedur oder Funktion.
- Modulweite Variablen gelten im gesamten Modul.
- Public-Variablen gelten in der gesamten Anwendung.

Je nachdem, an welcher Stelle im Programm man sich befindet, sind unterschiedliche Namen bekannt.

Hierarchie
In Visual Basic stehen zahlreiche vordefinierte Klassen für die verschiedensten Einsatzzwecke zur Verfügung. Eine klare Hierarchie von Namespaces und Klassen verhindert Verwechslungen oder Doppeldeutigkeiten.

5.10 Vererbung

Eine Klasse kann ihre Elemente an eine andere Klasse vererben. Dieser Mechanismus wird häufig angewendet, um bereits vorhandene Definitionen übernehmen zu können. Man erzeugt durch Vererbung eine Hierarchie von Klassen, die die Darstellung von Objekten mit teils übereinstimmenden, teils unterschiedlichen Merkmalen ermöglichen.

Visual Basic stellt bereits eine große Menge an Klassen zur Verfügung, die in eigenen Programmen geerbt werden können. Dadurch kann man komplexe Objekte mit ihrem Verhalten, ihren Eigenschaften und Möglichkeiten in sein eigenes Programm einfügen.

Erben

In den Beispielen dieses Buchs wurde dies bereits vielfach praktiziert. So wurde beim Einfügen eines Formulars von der Klasse für Formulare geerbt. Alle Eigenschaften eines Formulars (Titel, Hintergrundfarbe, Größe, ...), alle Methoden eines Formulars (New(), Finalize(), ...) und alle Ereignisse eines Formulars (Click, Load, Activated, ...) stehen nach dem Einfügen zur Verfügung.

Im nachfolgenden Beispiel wird eine Klasse PKW definiert, mit deren Hilfe die Eigenschaften und Methoden von Personenkraftwagen dargestellt werden sollen. Bei der Erzeugung bedient man sich der existierenden Klasse Fahrzeug, in der ein Teil der gewünschten Eigenschaften und Methoden bereits vorhanden sind. Bei der Klasse PKW kommen noch einige Merkmale hinzu.

In diesem Zusammenhang nennt man die Klasse PKW auch eine spezialisierte Klasse. Die Klasse Fahrzeug nennt man eine allgemeine Klasse. Von der Klasse PKW aus gesehen ist die Klasse Fahrzeug eine Basisklasse. Von der Klasse Fahrzeug aus gesehen ist die Klasse PKW eine abgeleitete Klasse.

Basisklasse, abgeleitete Klasse

Bei der Projekterzeugung werden beide Klassen in eigenen Klassendateien gespeichert, jeweils über den Menüpunkt **Projekt · Klasse hinzufügen**.

Zunächst die Basisklasse Fahrzeug:

```
Public Class Fahrzeug
    Dim geschwindigkeit As Integer

    Sub beschleunigen(ByVal wert As Integer)
        geschwindigkeit += wert
    End Sub
```

```
Function ausgabe() As String
   ausgabe = "Geschwindigkeit: " _
      & geschwindigkeit & vbCrLf
End Function
End Class
```

Davon abgeleitet wird die Klasse PKW:

```
Public Class PKW
      Inherits Fahrzeug
   Dim insassen As Integer

   Sub einsteigen(ByVal anzahl As Integer)
      insassen += anzahl
   End Sub

   Sub aussteigen(ByVal anzahl As Integer)
      insassen -= anzahl
   End Sub

   Overloads Function ausgabe() As String
      ausgabe = "Insassen: " & insassen _
         & vbCrLf & MyBase.ausgabe()
   End Function
End Class
```

Zur Erläuterung:

Inherits
- Nach dem Beginn der Klassendefinition (Public Class PKW) folgt in der nächsten Zeile Inherits Fahrzeug. Dadurch wird gekennzeichnet, dass die Klasse PKW alle Elemente von der Klasse Fahrzeug erbt.
- Die Klasse PKW verfügt nun über zwei Eigenschaften: die geerbte Eigenschaft geschwindigkeit und die eigene Eigenschaft insassen.
- Außerdem verfügt sie über fünf Methoden: die geerbten Methoden beschleunigen() und ausgabe(), sowie die eigenen Methoden einsteigen(), aussteigen() und ausgabe().

Overloads
- Da die Methode ausgabe() bereits in der Basisklasse mit der gleichen Signatur vorkommt, sollte die gleichnamige Methode der abgeleiteten Klasse durch Overloads besonders gekennzeichnet werden. Damit teilt man mit, dass diese Methode eine andere, gleichnamige Methode überlädt.

MyBase
- In der Methode ausgabe() der Klasse PKW wird allerdings weiterhin die Methode der Basisklasse benötigt, denn sie soll alle Eigenschaften ausgeben und sich dabei möglichst der bereits vorhandenen Methode

ausgabe() der Basisklasse bedienen. Die Elemente der Basisklasse erreicht man in einer abgeleiteten Klasse über MyBase.

In dem Programm, das diese Klassen benutzt, werden zwei Objekte erzeugt, ein Objekt der Basisklasse und ein Objekt der abgeleiteten Klasse.

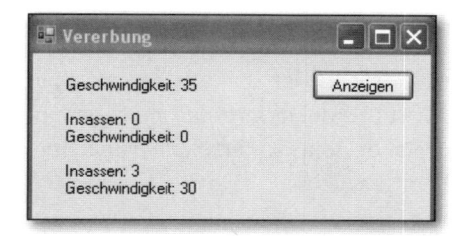

Abbildung 5.11 Objekte der Basisklasse und der abgeleiteten Klasse

```
Public Class frm0508
    Private Sub cmdAnzeigen_Click( ... ) Handles ...
        Dim vespa As New Fahrzeug
        Dim fiat As New PKW

        vespa.beschleunigen(35)
        lblAnzeige.Text = vespa.ausgabe()

        lblAnzeige.Text &= vbCrLf & fiat.ausgabe()
        fiat.einsteigen(3)
        fiat.beschleunigen(30)
        lblAnzeige.Text &= vbCrLf & fiat.ausgabe()
    End Sub
End Class
```

Zur Erläuterung:

- Im Programm werden zwei Objekte verschiedener Klassen erzeugt.
- Wenn eine Methode für ein Objekt einer abgeleiteten Klasse aufgerufen wird, dann wird diese Methode zunächst in dieser abgeleiteten Klasse gesucht. Wird sie dort gefunden wird, so wird sie aufgerufen. Andernfalls wird sie eine Ebene höher in der Klasse gesucht, von der die Klasse des Objekts abgeleitet wurde. Falls sie dort auch nicht gefunden wird, wird wiederum die zugehörige Basisklasse durchsucht usw.
- Für das Objekt fiat der Klasse PKW werden die Methoden ausgabe() und einsteigen() aufgerufen. Diese werden zuerst in der Klasse PKW gefunden und ausgeführt.

- Innerhalb der Methode ausgabe() der Klasse PKW wird die Methode der Basisklasse Fahrzeug über MyBase aufgerufen und ausgeführt.
- Die Methode beschleunigen() wird für das Objekt fiat ebenfalls zunächst in der Klasse PKW gesucht, aber nicht gefunden. Da PKW von Fahrzeug geerbt hat, wird die Methode nun in der Klasse Fahrzeug gesucht, dort gefunden und ausgeführt.

Hinweis: Eigenschaften der Basisklasse sind von der abgeleiteten Klasse aus normalerweise nicht erreichbar, da sie in der Basisklasse gekapselt sind. Sie wurden mit dem Schlüsselwort Dim deklariert, das gleichbedeutend ist mit Private. Möchte man sie aber dennoch erreichbar machen, so hat man zwei Möglichkeiten:

- Man deklariert die Eigenschaften mit Public. Dann sind sie, wie standardmäßig auch die Methoden, öffentlich zugänglich und von überall aus zu erreichen. Dies widerspricht aber dem Prinzip der Datenkapselung vollständig.

Protected
- Man deklariert die Eigenschaften mit Protected. Nun sind sie von der Klasse, in der sie deklariert wurden, und von allen aus dieser abgeleiteten Klassen aus erreichbar. Somit bleibt noch eine gewisse Datenkapselung gewährleistet.

5.11 Konstruktoren bei Vererbung

Bei der Erzeugung eines Objekts einer abgeleiteten Klasse können Konstruktoren eingesetzt werden. Es ist darauf zu achten, wie die Konstruktoren der Basisklasse aufgebaut sind, damit diese intern richtig aufgerufen werden können.

Zunächst eine Basisklasse mit zwei Konstruktoren:

```
Public Class Fahrzeug
    Dim bezeichnung As String
    Dim geschwindigkeit As Integer

    Sub New()
        bezeichnung = "(leer)"
        geschwindigkeit = 0
    End Sub

    Sub New(ByVal b As String, ByVal g As Integer)
        bezeichnung = b
```

```
      geschwindigkeit = g
   End Sub
[ ... ]
End Class
```

Zur Erläuterung:

- Einer der beiden Konstruktoren benötigt keine Parameter. Die Eigenschaften werden mit »(leer)« bzw. 0 initialisiert.
- Der andere Konstruktor benötigt eine String-Variable und eine Integer-Variable. Mit den übergebenen Werten werden die Eigenschaften vorbesetzt.

Es folgt die abgeleitete Klasse, ebenfalls mit zwei Konstruktoren:

```
Public Class PKW
      Inherits Fahrzeug
   Dim insassen As Integer

   Sub New()
      MyBase.New()
      insassen = 0
   End Sub

   Sub New(ByVal b As String, ByVal g As Integer, _
       ByVal i As Integer)
      MyBase.New(b, g)
      insassen = i
   End Sub
[ ... ]
End Class
```

Zur Erläuterung:

- In dieser Klasse gibt es ebenfalls einen parameterlosen Konstruktor. Im Konstruktor einer abgeleiteten Klasse muss zunächst ein passender Konstruktor der Basisklasse aufgerufen werden. Die Basisklasse heißt von der abgeleiteten Klasse aus gesehen MyBase, ein Konstruktor heißt New(), daher lautet die Anweisung MyBase.New().

  MyBase.New

- Der andere Konstruktor benötigt eine String-Variable und zwei Integer-Variablen. Zwei der übergebenen Werte werden an die Basisklasse weitergereicht. Der dritte Wert wird in dieser Klasse zum Vorbesetzen der Eigenschaften genutzt.

Das Programm:

```
Public Class frm0509
    Private Sub cmdAnzeigen_Click( ... ) Handles ...
        Dim fiat As New PKW("Limousine", 50, 2)
        Dim peugeot As New PKW
        lblAnzeige.Text = fiat.ausgabe()
        lblAnzeige.Text &= vbCrLf & peugeot.ausgabe()
    End Sub
End Class
```

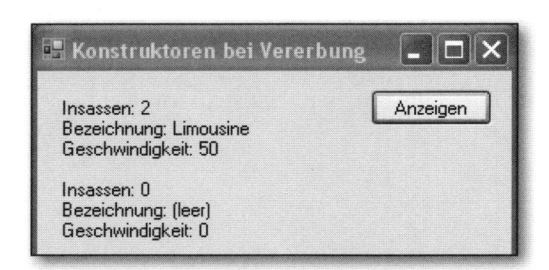

Abbildung 5.12 Nutzung verschiedener Konstruktoren

Zur Erläuterung:

- Die beiden Objekte `fiat` und `peugeot` werden unterschiedlich erzeugt.
- Das Objekt `fiat` wird mit drei Werten initialisiert; somit wird der passende Konstruktor gefunden. Dieser reicht die Werte für Geschwindigkeit und Bezeichnung weiter.
- Das Objekt `peugeot` wird ohne Werte initialisiert. Auch hier werden beide Konstruktoren durchlaufen und Standardwerte festgehalten.

5.12 Polymorphie

Vielgestaltigkeit

Polymorphie bedeutet Vielgestaltigkeit. Innerhalb der objektorientierten Programmierung bedeutet dieser Begriff, dass ein Objektverweis auf Objekte unterschiedlicher Art verweisen kann. Er ist anschließend in der Lage, den Abruf der jeweils zugehörigen Objektelemente zu unterstützen. Dies vergrößert die Flexibilität bei der Programmierung mit Objekten verwandter Klassen.

Feld von Objektverweisen

Im nachfolgenden Beispiel werden Objekte zweier Klassen erzeugt. Eine der Klassen ist aus der anderen Klasse abgeleitet. Die Objekte werden anschließend über ein Feld von Elementen der Basisklasse gemeinsam erreichbar gemacht. Innerhalb einer Schleife werden alle Objekte ausgegeben.

Zunächst die Basisklasse:

```
Public Class Fahrzeug
    Dim bezeichnung As String
    Dim geschwindigkeit As Integer

    Sub New()
        bezeichnung = "(leer)"
        geschwindigkeit = 0
    End Sub

    Sub New(ByVal b As String, ByVal g As Integer)
        bezeichnung = b
        geschwindigkeit = g
    End Sub

    Overridable Function ausgabe() As String
        ausgabe = "Bezeichnung: " & bezeichnung _
            & vbCrLf & "Geschwindigkeit: " _
            & geschwindigkeit & vbCrLf
    End Function
End Class
```

Zur Erläuterung:

▸ Die Klasse hat zwei Konstruktoren.

▸ Die Ausgabe-Methode wird mit `Overridable` als »überschreibbar« **Overridable** gekennzeichnet. Das bedeutet, dass sie in einer abgeleiteten Klasse überschrieben werden darf. Dies ist eine wichtige Voraussetzung für das polymorphe Verhalten.

Die abgeleitete Klasse:

```
Public Class PKW
        Inherits Fahrzeug
    Dim insassen As Integer

    Sub New()
        MyBase.New()
        insassen = 0
    End Sub
```

5 | Objektorientierte Programmierung

```
    Sub New(ByVal b As String, ByVal g As Integer, _
            ByVal i As Integer)
        MyBase.New(b, g)
        insassen = i
    End Sub

    Overrides Function ausgabe() As String
        ausgabe = MyBase.ausgabe() _
            & "Insassen: " & insassen & vbCrLf
    End Function
End Class
```

Zur Erläuterung:

- ▶ Die Klasse hat ebenfalls zwei Konstruktoren.

Overrides ▶ Die Ausgabe-Funktion wird mit `Overrides` als »überschreibend« gekennzeichnet. Das bedeutet, dass sie die gleichnamige Methode der Basisklasse überschreibt. Dies ist nur gestattet, wenn die betreffende Funktion der Basisklasse als `Overridable` gekennzeichnet ist.

Das Programm:

```
Public Class frm0510
    Private Sub cmdAnzeigen_Click( ... ) Handles ...
        Dim vespa As New Fahrzeug("Roller", 35)
        Dim schwalbe As New Fahrzeug("Moped", 45)
        Dim fiat As New PKW("Limousine", 90, 4)
        Dim porsche As New PKW("Sportwagen", 130, 1)

        Dim sammlung(3) As Fahrzeug
        Dim i As Integer
        sammlung(0) = vespa
        sammlung(1) = schwalbe
        sammlung(2) = fiat
        sammlung(3) = porsche

        For i = 0 To 3
            lblAnzeige.Text &= sammlung(i).ausgabe()
        Next
    End Sub
End Class
```

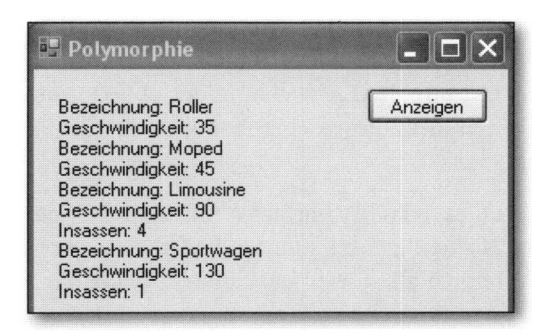

Abbildung 5.13 Vier Objekte in einem Feld

Zur Erläuterung:

- Es werden jeweils zwei Objekte der beiden Klassen erzeugt und mit allen Eigenschaften initialisiert.
- Zusätzlich wird ein Feld von Verweisen auf Objekte der Basisklasse deklariert. Diese Verweise haben noch kein Verweisziel, d. h. sie zeigen noch auf kein Objekt.
- Nacheinander werden die vier Objekte den vier Verweisen zugewiesen.
- Bei der Ausgabe aller Feldelemente mithilfe einer Schleife wird jeweils die Methode ausgabe() aufgerufen. Zu den Verweisen wird jeweils die passende Methode des Objekts, auf das verwiesen wird, gefunden.

5.13 Schnittstellen

Im Zusammenhang mit der Vererbung gibt es bei Visual Basic (und bei vielen anderen objektorientierten Programmiersprachen) das Konzept der Schnittstellen (Interface). Eine Schnittstelle sieht aus wie eine Klasse, enthält aber nur Definitionen, keinen Programmcode. Von einer Schnittstelle können keine Objekte erzeugt werden.

Interface

Schnittstellen werden erst »zum Leben erweckt«, wenn sie von einer Klasse verwendet bzw. »implementiert« werden. Die Klasse ist dabei verpflichtet, alle Elemente der Schnittstelle zu implementieren.

Implementation

Durch eine Schnittstelle wird die Verwandtschaft zwischen Klassen ermöglicht. Dies ist, wie im vorherigen Abschnitt über Polymorphie zu sehen war, eine Voraussetzung für polymorphes Verhalten.

In einer Klasse können mehrere Schnittstellen implementiert werden. Dadurch ergibt sich eine Verwandtschaft dieser Klasse mit mehreren anderen Klassen. Es hat sich im Laufe der Entwicklung der objektorientierten Programmierung erwiesen, dass dieses Vorgehen günstiger ist als die sogenannte Mehrfachvererbung.

Hinweis: Bei Visual Basic gibt es keine Mehrfachvererbung. Bei der Mehrfachvererbung erbt eine Klasse Eigenschaften und Methoden mehrerer Basisklassen, das Verfahren hat allerdings verschiedene Nachteile.

Der Visual Basic Editor unterstützt die Implementation einer Schnittstelle, indem er das Codegerüst für die Elemente der implementierten Schnittstellen sofort automatisch in die Klasse einfügt, nachdem die Implementation begonnen wurde.

Beim nachfolgenden Beispiel werden nur die elementaren Bestandteile für die Implementierung von Schnittstellen vorgeführt. Die sich hierbei ergebende Klasse ist nur bedingt sinnvoll einsetzbar, hält das Beispiel aber überschaubar.

Es folgen zwei Schnittstellendefinitionen, jede in einer eigenen Klassendatei, wie bisher die eingesetzten Klassen. Zunächst die Schnittstelle `Fahrzeug`:

```
Public Interface Fahrzeug
    Function einsteigen() As String
    Function reifenwechseln() As String
End Interface
```

Es folgt die Schnittstelle `Schiff`:

```
Public Interface Schiff
    Function schwimmen() As String
    Function anlegen() As String
End Interface
```

Zur Erläuterung:

- Analog zu einer Klasse steht eine Schnittstelle zwischen `Interface` und `End Interface`.
- Beiden Klassen werden typische Fähigkeiten verliehen: In ein Fahrzeug kann man einsteigen und man kann die Reifen des Fahrzeugs wechseln; ein Schiff kann schwimmen und am Ufer anlegen.
- Der genaue Ablauf dieser Vorgänge wird hier nicht (durch Programmcode) festgelegt. Dies geschieht erst bei der Implementation in einer Klasse.

Die Klasse `AmphiCar` implementiert diese beiden Schnittstellen:

```
Public Class AmphiCar
      Implements Fahrzeug, Schiff
   Public Function reifenwechseln() _
         As String Implements _
         Fahrzeug.reifenwechseln
      reifenwechseln = "wechselt alle vier Reifen"
   End Function

   Public Function einsteigen() _
         As String Implements Fahrzeug.einsteigen
      einsteigen = "bekommt Fahrgäste"
   End Function

   Public Function anlegen() _
         As String Implements Schiff.anlegen
      anlegen = "legt am Ufer an"
   End Function

   Public Function schwimmen() _
         As String Implements Schiff.schwimmen
      schwimmen = "fährt auf dem Wasser"
   End Function
End Class
```

Zur Erläuterung:

- Das Schlüsselwort `Implements` leitet die Implementation ein.   **Implements**
- Es erscheinen die vier Methoden, die zu implementieren sind. Bei jeder dieser Methoden wird mit dem Schlüsselwort `Implements` notiert, welche Methode aus welcher Schnittstelle hier implementiert wird.
- Alle vier Methoden liefern in diesem Beispiel nur Text zurück.
- Die Schnittstellen können jeweils auch von anderen Klassen implementiert werden. Dadurch ergibt sich eine Verwandtschaft der Klasse `AmphiCar` mit dieser anderen Klasse.

Im Programm wird ein Objekt der Klasse `AmphiCar` erzeugt. Anschließend werden alle vier Methoden aufgerufen:

```
Public Class frm0511
   Private Sub cmdAnzeigen_Click( ... ) Handles ...
      Dim a As New AmphiCar
      lblAnzeige.Text = a.einsteigen()
```

```
            lblAnzeige.Text &= vbCrLf & a.schwimmen()
            lblAnzeige.Text &= vbCrLf & a.anlegen()
            lblAnzeige.Text &= vbCrLf & a.reifenwechseln()
    End Sub
End Class
```

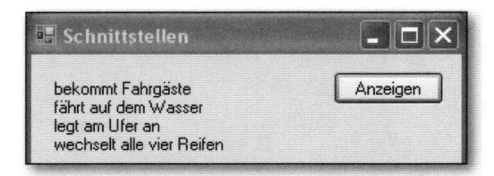

Abbildung 5.14   Vier implementierte Schnittstellen-Methoden

Zur Erläuterung:

- Ein Objekt der Klasse AmphiCar »kann« alles, was ein Fahrzeug oder ein Schiff kann (z. B. schwimmen). Wie es diese Tätigkeit genau ausführt, wird erst in der Klasse AmphiCar festgelegt.

ICloneable

Hinweis: Visual Basic stellt bereits eine ganze Reihe von Schnittstellen zur Verfügung. Diese können in eigenen Klassen implementiert werden. Als Beispiel soll das Interface ICloneable dienen: Es unterstützt das Klonen von Objekten einer Klasse, also das vollständige Kopieren eines Objekts in ein anderes Objekt der gleichen Klasse. Jede Klasse, die diese Schnittstelle implementiert, muss die Methode Clone() implementieren und darin genau festlegen, wie der Klon-Vorgang in dieser speziellen Klasse ablaufen soll. Dies trifft z. B. für die bereits behandelte Klasse Array zu (siehe hierzu auch den Abschnitt 4.4, »Datenfelder«).

In diesem Kapitel werden einige Klassen vorgestellt, die zur Lösung von »alltäglichen« Problemen bei der Programmierung mit Visual Basic benötigt werden.

6 Wichtige Klassen in .NET

Folgende Klassen werden in vielen Projekten eingesetzt:

- die Klasse `String` zur Bearbeitung von Zeichenketten
- die Klassen `DateTime` und `TimeSpan` zum Rechnen mit Datum und Uhrzeit
- die Klassen `FileStream`, `StreamWriter`, `StreamReader`, `File` und `Directory` zum Arbeiten mit Dateien und Verzeichnissen
- die Klasse `Math` zur Durchführung von mathematischen Berechnungen

6.1 Klasse String für Zeichenketten

Zeichenketten werden in Strings gespeichert. Bisher haben wir den Begriff `String` als die Bezeichnung eines einfachen Datentyps angesehen. Tatsächlich ist `String` aber eine Klasse. Objekte der Klasse `String`, also Zeichenketten, verfügen somit über Eigenschaften und Methoden, ähnlich wie man dies bereits bei Datenfeldern (Klasse `Array`) sehen konnte.

String

Beim Kopieren verhält sich ein Objekt der Klasse `String` allerdings wie eine einfache Variable und nicht wie ein Objekt: Falls eine Zeichenkette einer anderen Zeichenkette zugewiesen wird, dann sind diese beiden Zeichenketten voneinander unabhängig. Eine Veränderung des Originals hat keine Veränderung der Kopie zur Folge.

Sonderfall

Die Methoden der Klasse `String` (wie auch die Methoden vieler anderer Klassen, die Visual Basic bereitstellt) sind häufig überladen, d. h. es gibt mehrere Möglichkeiten sie aufzurufen. In diesem Buch werden nicht alle Überladungen erläutert, sondern nur das grundsätzliche Verhalten der Methoden an Beispielen gezeigt. Dank IntelliSense kann man sich aber

6 | Wichtige Klassen in .NET

über die weiteren Möglichkeiten schnell informieren, wenn man einmal erkannt hat, welche Methode für den gedachten Einsatzzweck benötigt wird.

6.1.1 Eigenschaften der Klasse String

Ein Objekt der Klasse String hat folgende Eigenschaften:

- Length: gibt die Anzahl der Zeichen, also die Zeichenkettenlänge an
- Chars: eine Liste der einzelnen Zeichen der Zeichenkette

Im nachfolgenden Programm (p0601) wird die Länge ausgegeben:

Abbildung 6.1 Länge einer Zeichenkette

```
Public Class frm0601
    Private Sub cmdLänge_Click( ... ) Handles ...
        Dim eingabe As String
        Dim anzeige As String

        eingabe = txtEingabe.Text
        anzeige = "Länge: " & eingabe.Length
        lblAnzeige.Text = anzeige
        ' lblAnzeige.Text = "Länge: " & txtEingabe.Text.Length
    End Sub
[ ... ]
End Class
```

Zur Erläuterung:

- Die im Textfeld eingegebene Zeichenkette wird in einer Variablen von Datentyp String gespeichert.
- Length — Die Länge der Zeichenkette wird mit eingabe.Length ermittelt.
- Die auszugebende Zeichenkette wird zusammengesetzt und ausgegeben.
- Man hätte diesen gesamten Ablauf auch auf die letzte, auskommentierte Anweisung verkürzen können. Die Eigenschaft Text des Textfelds ist ebenfalls vom Typ String. Somit können die Eigenschaften

und Methoden auch direkt auf `txtEingabe.Text` angewendet werden. In diesem Abschnitt wird jedoch bewusst die ausführlichere und übersichtlichere Variante gewählt.

Die einzelnen Zeichen einer Zeichenkette werden wie Feldelemente nummeriert, also beginnend bei 0. Im folgenden Programm (auch in p0601) werden alle Zeichen der Zeichenkette mit ihrer laufenden Nummer ausgegeben:

Abbildung 6.2 Einzelne Zeichen mit laufender Nummer

```
Public Class frm0601
[ ... ]
    Private Sub cmdZeichen_Click( ... ) Handles ...
        Dim eingabe As String
        Dim zeichen As Char
        Dim i As Integer
        Dim anzeige As String

        eingabe = txtEingabe.Text
        anzeige = "Zeichen:" & vbCrLf
        For i = 0 To eingabe.Length - 1
            zeichen = eingabe.Chars(i)
            anzeige &= i & ": " & zeichen & vbCrLf
        Next
        lblAnzeige.Text = anzeige
    End Sub
[ ... ]
End Class
```

Zur Erläuterung:

▶ Die Variable `zeichen` wird deklariert mit dem Datentyp `Char`. In einer solchen Variablen kann genau ein Zeichen gespeichert werden.

▶ Die Zeichenkette wird mithilfe einer `For`-Schleife vom ersten bis zum letzten Element durchlaufen. Zur Begrenzung der Schleife wird wie-

Char

derum die Eigenschaft `Length` benötigt. Innerhalb der Schleife werden die beiden folgenden Schritte durchlaufen:

Chars
- Die Eigenschaft `Chars(nummer)` liefert das Zeichen der Zeichenkette an der Position `nummer`. Dieses Zeichen wird einzeln gespeichert.
- Die laufende Nummer des Zeichens und das Zeichen selber werden ausgegeben.

6.1.2 Trimmen

Trim Die Methode `Trim()` dient zum Entfernen von unerwünschten Zeichen am Anfang und am Ende einer Zeichenkette. Meist werden dies Leerzeichen sein, `Trim()` kann allerdings auch mehrere verschiedene Zeichen gleichzeitig entfernen. Die Methoden `TrimStart()` und `TrimEnd()` bewirken das Gleiche wie `Trim()`, nur eben am Anfang oder am Ende.

Man stellt häufig fest, dass Benutzer eines Programms bei der Eingabe von größeren Datenmengen dazu neigen, unnötige Leerzeichen einzufügen. Zumindest die Leerzeichen am Anfang und am Ende lassen sich schnell mit `Trim()` entfernen, bevor diese Daten in einer Datei oder Datenbank gespeichert werden. Für die Leerzeichen mitten im Text benötigt man die Methode `Replace()`, die im Abschnitt 6.1.8, »Zeichen ersetzen«, genauer erläutert wird.

Ein Beispiel, auch in `p0601`:

Abbildung 6.3 Leerzeichen an Anfang und Ende entfernt

```
Public Class frm0601
[ ... ]
    Private Sub cmdTrimmen_Click( ... ) Handles ...
        Dim eingabe As String
        Dim getrimmt As String
        Dim anzeige As String

        eingabe = txtEingabe.Text
        getrimmt = eingabe.Trim(" ", ";", "#")
```

```
        anzeige = "Getrimmt: |" & getrimmt & "|"
        lblAnzeige.Text = anzeige
    End Sub
[ ... ]
End Class
```

Zur Erläuterung:

- Die Methode `Trim()` erwartet eine beliebig lange Reihe von Variablen des Datentyps `Char`. Im vorliegenden Fall sind dies das Leerzeichen, das Semikolon und die Raute.
- Diese Zeichen werden am Anfang und am Ende der Zeichenkette gelöscht.
- In der Ausgabe wurde zur Verdeutlichung das Pipe-Zeichen als optischer Begrenzer am Anfang und am Ende angefügt.
- Falls gar kein Zeichen übergeben wird, also `Trim()` ohne Parameter aufgerufen wird, dann werden Leerzeichen entfernt.

6.1.3 Splitten

Die Methode `Split()` wird benötigt, wenn eine Zeichenkette anhand eines Trennzeichens zerlegt werden soll. Dies kann eine Zeile aus einer Datei sein, die aus mehreren Einzelinformationen besteht. Es kann ebenso ein Satz sein, der in seine Worte zerlegt werden soll, oder ein Datensatz, dessen einzelne Felder durch das Zeichen ; (Semikolon) voneinander getrennt sind.

Split, Trennzeichen

Das Semikolon wird häufig als Trennzeichen bei der Erstellung sogenannter CSV-Dateien benutzt. Diese CSV-Dateien können beim Export aus fast allen Datenbanksystemen erstellt werden und stellen somit ein universelles Austauschformat dar.

CSV-Datei

Es wird ein Feld von Strings zurückgeliefert. Die einzelnen Elemente des Felds sind die Teile der Gesamtzeichenkette vor und nach dem Trennzeichen. Das Trennzeichen selber wird nicht mehr gespeichert.

Ein Beispiel dazu, auch in p0601:

```
Public Class frm0601
[ ... ]
    Private Sub cmdSplitten_Click( ... ) Handles ...
        Dim eingabe As String
        Dim teil() As String
```

```
        Dim i As Integer
        eingabe = txtEingabe.Text
        teil = eingabe.Split(";")
        lblAnzeige.Text = "Worte:" & vbCrLf
        For i = 0 To teil.Count - 1
            lblAnzeige.Text &= "Wort " & i _
                & ": " & teil(i) & vbCrLf
        Next
    End Sub
[ ... ]
End Class
```

Abbildung 6.4 Zerlegte Zeichenkette

Zur Erläuterung:

- Ein Feld von Strings wird mit dem Namen `teil` deklariert. Dieses Feld hat keine Größenangabe, denn zum einen sind Felder in Visual Basic immer dynamisch, zum Anderen ist die Größe des Felds unbekannt, da man nicht weiß, wie viele Bestandteile die Zeichenkette hat.

- Die Methode `Split()` erwartet eine beliebig lange Reihe von Variablen des Datentyps `Char` als Trennzeichen. Im vorliegenden Fall ist dies nur das Semikolon.

Leerzeichen
- Wird gar kein Zeichen übergeben, also `Split()` ohne Parameter aufgerufen, so wird das Leerzeichen als Trennzeichen genommen.

- `Split()` liefert ein Feld von Strings, diese werden in dem Feld `teil` gespeichert.

For, Count
- Mithilfe einer `For`-Schleife wird das Feld vollständig durchlaufen. Zur Begrenzung der Schleife wird die Eigenschaft `Count` des Felds benötigt. Sie gibt die Anzahl der Feldelemente an.

- Innerhalb der Schleife wird jeder einzelne Teil der Zeichenkette, zusammen mit seiner laufenden Nummer, ausgegeben.

6.1.4 Suchen

Muss untersucht werden, ob (und an welcher Stelle) eine bestimmte Zeichenkette in einer anderen Zeichenkette vorkommt, so kann man die Methoden `IndexOf()`, `LastIndexOf()` oder `IndexOfAny()` nutzen. Verläuft die Suche erfolglos, so wird der Wert –1 zurückgegeben.

Bei `IndexOf()` wird normalerweise die erste Position gefunden, an der die Suchzeichenkette beginnt. Man kann `IndexOf()` aber auch veranlassen, die Suche erst ab einer bestimmten Stelle innerhalb der Zeichenkette zu beginnen.

IndexOf

Es folgt ein Beispiel mit einer einfachen Suche (auch in p0601):

Abbildung 6.5 Suche nach dem Suchtext »a«

```
Public Class frm0601
[ ... ]
    Private Sub cmdSucheEins_Click( ... ) Handles ...
        Dim eingabe As String
        Dim such As String
        Dim position As Integer
        Dim anzeige As String

        eingabe = txtEingabe.Text
        such = txtSuche.Text

        position = eingabe.IndexOf(such)
        anzeige = "Suchtext bei Zeichen: " & position
        lblAnzeige.Text = anzeige
    End Sub
[ ... ]
End Class
```

6 | Wichtige Klassen in .NET

Zur Erläuterung:

- Der gesuchte Text wird eingegeben und in der Variablen such gespeichert.
- Durch den Aufruf eingabe.IndexOf(such) wird nach der ersten Position gesucht, an der such innerhalb von eingabe steht.
- Diese Position wird ausgegeben. Erscheint als Ergebnis der Wert 0, bedeutet dies, dass die Suchzeichenkette unmittelbar am Anfang der untersuchten Zeichenkette steht.

Im nächsten Beispiel wird nach allen Vorkommen einer Suchzeichenkette innerhalb einer anderen Zeichenkette gesucht (auch in p0601):

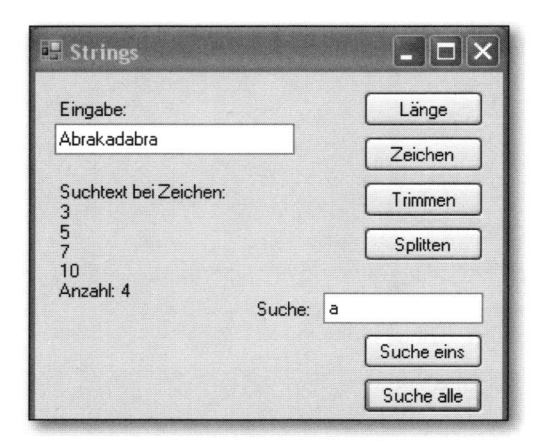

Abbildung 6.6 Suchtext mehrfach gefunden

```
Public Class frm0601
[ ... ]
    Private Sub cmdSucheAlle_Click( ... ) Handles ...
        Dim eingabe As String
        Dim such As String
        Dim position As Integer
        Dim suchstart As Integer = 0
        Dim anzeige As String
        Dim anzahl As Integer = 0

        eingabe = txtEingabe.Text
        such = txtSuche.Text

        anzeige = "Suchtext bei Zeichen:" & vbCrLf
        Do
            position = eingabe.IndexOf(such, suchstart)
```

```
            suchstart = position + 1
            If position = -1 Then
                Exit Do
            Else
                anzeige &= position & vbCrLf
                anzahl += 1
            End If
        Loop
        anzeige &= "Anzahl: " & anzahl
        lblAnzeige.Text = anzeige
    End Sub
[ ... ]
End Class
```

Zur Erläuterung:

- Innerhalb einer `Do-Loop`-Schleife wird mehrmals nach der Suchzeichenkette gesucht. Da es von den Benutzereingaben abhängt, wie häufig die Suchzeichenkette vorkommt und ob sie überhaupt vorkommt, kann keine `For`-Schleife eingesetzt werden.

    Mehrmals suchen

- Die Startposition (die Variable `suchstart`) wird bei diesem Suchlauf immer wieder neu eingestellt. Sie steht zunächst bei 0, folglich beginnt die Suche am Anfang der untersuchten Zeichenkette. Beim nächsten Durchlauf beginnt die Suche ein Zeichen hinter dem letzten gefundenen Vorkommen.

- Die Schleife wird verlassen, sobald ein Suchlauf ergibt, dass die Suchzeichenkette nicht noch einmal vorhanden ist. Andernfalls wird die gefundene Position ausgegeben und der Zähler erhöht.

- Zuletzt wird der Zähler ausgegeben.

6.1.5 Einfügen

Die Methode `Insert()` ermöglicht das Einfügen einer Zeichenkette in eine andere Zeichenkette. Mit dieser Methode umgeht man das Zerlegen und erneute Zusammensetzen der Zeichenkette.

Insert

Die Position der Einfügestelle muss angegeben werden. Sie muss innerhalb der Zeichenkette liegen, da sonst eine Ausnahme vom Typ »ArgumentOutOfRangeException« auftritt.

ArgumentOutOfRange

Entweder muss man also diese Ausnahme behandeln oder dafür sorgen, dass die Einfügestelle richtig gewählt wird. Im folgendem Programm (p0602) wurde mithilfe einer Ereignissteuerung die zweite Möglichkeit gewählt:

```
Public Class frm0602
    Private Sub cmdEinfügen_Click( ... ) Handles ...
        Dim eingabe As String
        Dim einfügen As String
        Dim anzeige As String

        eingabe = txtEingabe.Text
        einfügen = txtEinfügen.Text
        anzeige = eingabe.Insert(numEinfügen.Value, einfügen)
        lblAnzeige.Text = anzeige
    End Sub

    Private Sub txtEingabe_TextChanged( ... ) Handles ...
        Dim eingabe As String
        eingabe = txtEingabe.Text
        numEinfügen.Maximum = eingabe.Length
    End Sub
End Class
```

Abbildung 6.7 Einfügen von Zeichen in eine Zeichenkette

Zur Erläuterung:

- Der Benutzer gibt einen einzufügenden Text ein und wählt in dem Zahlenauswahlfeld eine Einfügeposition aus.
- Anschließend wird der einzufügende Text an dieser Position in die Originalzeichenkette gesetzt. Die folgenden Zeichen werden entsprechend nach hinten verschoben.
- Das Zahlenauswahlfeld (NumericUpDown) wird zur Entwicklungszeit auf die Werte Minimum = 0, Value = 0 und Maximum = 0 eingestellt. Es kann also zunächst nur die Einfügeposition 0 ausgewählt werden.

- Beim Ereignis `txtEingabe_TextChanged`, also bei jeder Eingabe oder Änderung der Originalzeichenkette, wird sofort die zugehörige Ereignisprozedur aufgerufen. Darin wird die Länge des eingegebenen Textes ermittelt. Dieser Wert wird als neues Maximum für das Zahlenauswahlfeld genommen. Damit ist gewährleistet, dass der Benutzer keine Einfügeposition wählen kann, die außerhalb der Originalzeichenkette liegt.
- Wenn der Benutzer im Zahlenauswahlfeld z. B. die Position des letzten Zeichens als Einfügeposition gewählt hat und anschließend die Originalzeichenkette verkürzt, dann verändert sich auch sofort der eingestellte Wert des Zahlenauswahlfelds. Grund hierfür ist, dass der aktuelle Wert oberhalb des Maximums liegt – dies lässt das Zahlenauswahlfeld nicht zu.

6.1.6 Löschen

Die Methode `Remove()` dient zum Löschen von Zeichen aus einer Zeichenkette. Auch mit dieser Methode umgeht man ein Zerlegen und erneutes Zusammensetzen der Zeichenkette. Die Position der Löschstelle muss angegeben werden. *Remove*

Weder die Position der Löschstelle noch eines der zu löschenden Zeichen darf außerhalb der Zeichenkette liegen, da sonst wiederum eine Ausnahme vom Typ »ArgumentOutOfRangeException« auftritt. *ArgumentOutOfRange*

Im folgenden Programm (p0603) wurde dies ähnlich wie im vorherigen Programm umgangen:

Abbildung 6.8 Löschen von Zeichen aus einer Zeichenkette

```
Public Class frm0603
    Private Sub cmdLöschen_Click( ... ) Handles ...
        Dim eingabe As String
        Dim anzeige As String
        eingabe = txtEingabe.Text
        anzeige = eingabe.Remove(_
            numPosition.Value, numAnzahl.Value)
        lblAnzeige.Text = anzeige
    End Sub

    Private Sub txtEingabe_TextChanged( ... ) Handles ...
        Dim eingabe As String
        eingabe = txtEingabe.Text
        numAnzahl.Maximum = eingabe.Length
        numPosition.Maximum = eingabe.Length - 1
    End Sub

    Private Sub numPosition_ValueChanged( ... ) _
            Handles ...
        Dim eingabe As String
        eingabe = txtEingabe.Text
        numAnzahl.Maximum = eingabe.Length - _
            numPosition.Value
    End Sub
End Class
```

Zur Erläuterung:

▶ Der Benutzer wählt in den beiden Zahlenauswahlfeldern aus, ab welcher Position er wie viele Zeichen löschen möchte.

▶ Anschließend werden die entsprechenden Zeichen gelöscht und die folgenden Zeichen werden nach vorne verschoben.

▶ Beide Zahlenauswahlfelder werden zur Entwicklungszeit auf die Werte `Minimum = 0`, `Value = 0` und `Maximum = 0` eingestellt. Es können also zunächst nur die Löschposition 0 und die Anzahl 0 ausgewählt werden.

▶ Bei jeder Eingabe oder Änderung der Originalzeichenkette werden die Maxima für die beiden Zahlenauswahlfelder neu eingestellt. Damit ist gewährleistet, dass der Benutzer keine Löschposition wählen kann, die außerhalb der Originalzeichenkette liegt. Außerdem kann die Anzahl der zu löschenden Zeichen nicht größer sein, als die Anzahl der vorhandenen Zeichen.

- Sobald der Benutzer die Löschposition verändert, wird die maximal wählbare Anzahl der zu löschenden Zeichen ebenfalls verändert. Gibt es z. B. ab der Löschposition noch drei Zeichen und wird die Löschposition um 1 erhöht, so wird die Anzahl um 1 herabgesetzt.

6.1.7 Teilzeichenkette ermitteln

Zur Extraktion eines Teils einer Zeichenkette nutzt man die Methode SubString(). Es müssen Startposition und Länge der gewünschten Teilzeichenkette angegeben werden.

SubString

Weder die Position noch eines der zu extrahierenden Zeichen darf außerhalb der Zeichenkette liegen, da sonst wiederum eine Ausnahme vom Typ »ArgumentOutOfRangeException« auftritt.

ArgumentOutOfRange

Analog zu den vorherigen Programmen wurde diese Vorgabe wie folgt (p0604) gelöst:

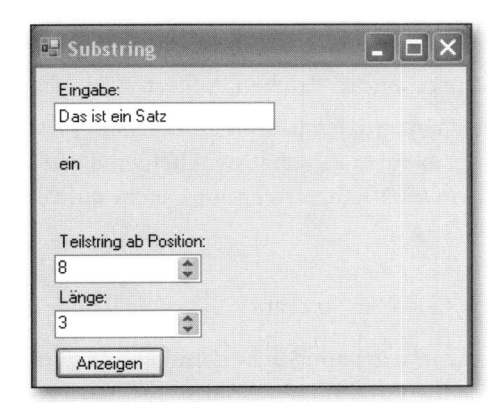

Abbildung 6.9 Teilstring ermitteln

```
Public Class frm0604
    Private Sub cmdLöschen_Click( ... ) Handles ...
        Dim eingabe As String
        Dim anzeige As String

        eingabe = txtEingabe.Text
        anzeige = eingabe.Substring (_
            numPosition.Value, numLänge.Value)
        lblAnzeige.Text = anzeige
    End Sub
```

```
Private Sub txtEingabe_TextChanged( ... ) Handles ...
    Dim eingabe As String
    eingabe = txtEingabe.Text
    numPosition.Maximum = eingabe.Length - 1
    numLänge.Maximum = eingabe.Length
End Sub

Private Sub numPosition_ValueChanged( ... ) _
        Handles ...
    Dim eingabe As String
    eingabe = txtEingabe.Text
    numLänge.Maximum = eingabe.Length - _
        numPosition.Value
End Sub
End Class
```

Zur Erläuterung:

▸ Der Benutzer wählt in den beiden Zahlenauswahlfeldern aus, ab welcher Position er wie viele Zeichen extrahieren möchte.

▸ Anschließend werden die entsprechenden Zeichen kopiert.

▸ Eine Änderung der Originalzeichenkette hat (wie beim Löschen) Auswirkungen auf die Maxima der beiden Zahlenauswahlfelder. Daher kann die Ausnahme »ArgumentOutOfRangeException« nicht auftreten.

6.1.8 Zeichen ersetzen

Replace   Mithilfe der Methode Replace() kann wie beim **Suchen und Ersetzen** in einem Textverarbeitungssystem jedes Vorkommen einer gesuchten Zeichenkette durch eine andere Zeichenkette ersetzt werden.

Das folgende Programm liefert hierfür ein Beispiel (p0605):

```
Public Class frm0605
    Private Sub cmdErsetzen_Click( ... ) Handles ...
        Dim eingabe As String
        Dim suchen As String
        Dim ersetzen As String
        Dim anzeige As String

        eingabe = txtEingabe.Text
        suchen = txtSuchen.Text
        ersetzen = txtErsetzen.Text
```

```
        anzeige = eingabe.Replace(suchen, ersetzen)
        lblAnzeige.Text = anzeige
    End Sub
End Class
```

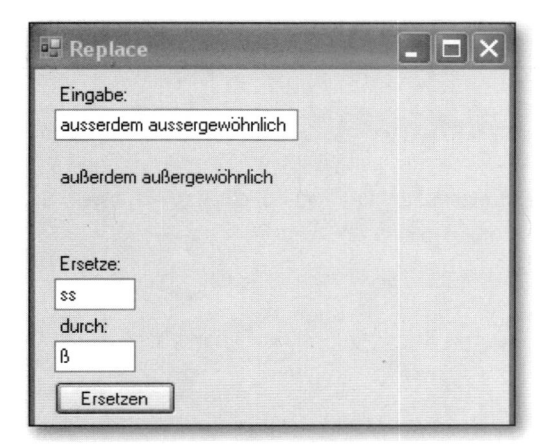

Abbildung 6.10 Ersetzen einer Zeichenkette

Zur Erläuterung:

▸ Jedes Vorkommen der Zeichenfolge aus dem Textfeld unter dem Begriff »Ersetze:« wird ersetzt durch die Zeichenfolge aus dem Textfeld unter dem Begriff »durch:«.

6.2 Datum und Zeit

Es gibt den Datentyp Date zur Speicherung von Datum und Uhrzeit in einer Variablen. Wesentlich weitergehende Informationen und Möglichkeiten bietet die Struktur DateTime. Objekten dieser Struktur stehen zahlreiche Eigenschaften und Methoden zur Verfügung.

DateTime

6.2.1 Eigenschaften von DateTime

Die Struktur DateTime hat zwei statische Eigenschaften, die ohne Erzeugung eines Objekts zur Verfügung stehen. Dies sind Now (Heutiges Datum und jetzige Uhrzeit) und Today (Heutiges Datum).

Now, Today

Ein Objekt der Struktur DateTime kann bei der Erzeugung auf verschiedene Arten einen Startwert erhalten. Die nützlichsten Konstruktoren benötigen:

6 | Wichtige Klassen in .NET

- keinen Parameter
- Jahr, Monat und Tag als Parameter
- Jahr, Monat, Tag, Stunde, Minute und Sekunde als Parameter

Sie bieten anschließend eine Reihe von Eigenschaften, die die folgenden Informationen bereithalten:

Eigenschaft	Erläuterung
Day	Tag des Monats
DayOfWeek	Tag der Woche (Wochentag), Sonntag = 0, Montag = 1, usw.
DayOfYear	Tag des Jahres
Hour	Stunde
Millisecond	Millisekunde
Minute	Minute
Month	Monat
Second	Sekunde
TimeOfDay	Uhrzeit
Year	Jahr

Datumsteile Die Eigenschaften `Year`, `Month`, `Day` usw. liefern die jeweiligen Bestandteile des Datums als ganze Zahlen. Daraus lassen sich bei Bedarf verschiedene Formatierungen zusammensetzen.

Es folgt ein erstes Programm, in dem verschiedene Objekte erzeugt und mit einigen Eigenschaften ausgegeben werden (p0606):

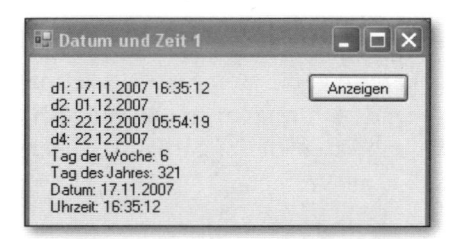

Abbildung 6.11 Objekte zu Datum und Zeit

```
Public Class frm0606
    Private Sub cmdAnzeigen_Click( ... ) Handles ...
        Dim d1 As New DateTime(2007, 11, 17, 16, 35, 12)
        Dim d2 As New DateTime(2007, 12, 1)
        Dim d3, d4 As New DateTime

        lblAnzeigen.Text = "d1: " & d1
```

```
        lblAnzeigen.Text &= vbCrLf & "d2: " & d2
        d3 = DateTime.Now
        d4 = DateTime.Today
        lblAnzeigen.Text &= vbCrLf & "d3: " & d3
        lblAnzeigen.Text &= vbCrLf & "d4: " & d4

        lblAnzeigen.Text &= vbCrLf _
            & "Tag der Woche: " & d1.DayOfWeek
        lblAnzeigen.Text &= vbCrLf _
            & "Tag des Jahres: " & d1.DayOfYear
        lblAnzeigen.Text &= vbCrLf & "Datum: " _
            & d1.Date
        lblAnzeigen.Text &= vbCrLf _
            & "Uhrzeit: " & d1.TimeOfDay.ToString

    End Sub
End Class
```

Zur Erläuterung:

- Das Objekt d1 wird mit Datum und Uhrzeit erzeugt.
- Das Objekt d2 wird nur mit Datum erzeugt, die Uhrzeit ist 00:00 Uhr.
- Die Objekte d3 und d4 werden ohne Werte erzeugt, sie erhalten ihre Werte später.
- Das Objekt d3 bekommt den Wert der statischen Eigenschaft Now, also aktuelles Datum und aktuelle Uhrzeit.
- Das Objekt d4 bekommt den Wert der statischen Eigenschaft Today, also das aktuelles Datum.
- Die Eigenschaft DayOfWeek des Objekts d1 liefert den Wochentag, beginnend mit Sonntag = 0.   DayOfWeek
- Die Eigenschaft DayOfYear des Objekts d1 liefert den Tag des Jahres, von 1 bis 365 bzw. 366.   DayOfYear
- Die Eigenschaft Date des Objekts d1 liefert nur das Datum.
- Die Eigenschaft TimeOfDay des Objekts d1 liefert nur die Uhrzeit. Diese ist ein Objekt der Klasse TimeSpan und muss daher vor der Verkettung mit einem String mithilfe der Methode ToString() umgewandelt werden.   TimeOfDay

6.2.2 Rechnen mit Datum und Uhrzeit

Eine ganze Reihe von Methoden dienen zum Rechnen mit Datum und Uhrzeit. Sie beginnen alle mit der Vorsilbe »Add«: AddHours(),   Add-Methoden

6 | Wichtige Klassen in .NET

AddMilliseconds(), AddMinutes(), AddMonths(), AddSeconds(), AddYears() usw. Diese Methoden erhalten Double-Werte als Parameter zur Addition oder Subtraktion zur jeweiligen Komponente (Stunde, Minute, ...). Die Parameterwerte können

- ganzzahlig sein oder über Nachkommastellen verfügen,
- positiv oder negativ sein,
- größer als die Maximalwerte der jeweiligen Komponente sein (30 Stunden, 130 Minuten usw.).

TimeSpan Eine Besonderheit ist die Methode Add(): Sie erhält als Parameter ein Objekt der Struktur TimeSpan. Diese Objekte beinhalten Zeitintervalle und eignen sich besonders zum Rechnen mit Datum und Uhrzeit.

Zeitintervall Ein Objekt der Struktur TimeSpan kann bei der Erzeugung auf verschiedene Arten einen Startwert bekommen. Die nützlichsten Konstruktoren benötigen als Parameter:

- Stunde, Minute und Sekunde
- Tag, Stunde, Minute und Sekunde

Im folgenden Programm (p0607) wird ein Objekt der Struktur DateTime initialisiert und anschließend mithilfe von Objekten der Klasse TimeSpan mehrfach verändert.

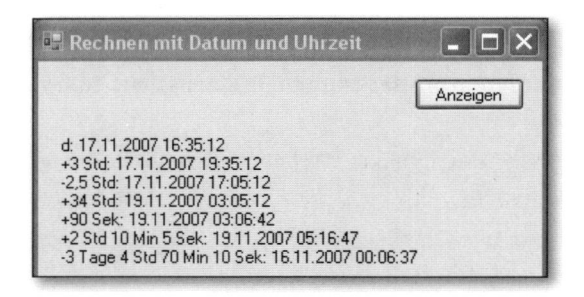

Abbildung 6.12 Rechnen mit Datum und Uhrzeit

```
Public Class frm0607
    Private Sub cmdA_Click( ... ) Handles ...
        Dim d As New DateTime(2007, 11, 17, 16, 35, 12)
        Dim int1 As New TimeSpan(2, 10, 5)
        Dim int2 As New TimeSpan(-3, -4, -70, -10)

        lblA.Text = "d: " & d
        d = d.AddHours(3)
```

```
        lblA.Text &= vbCrLf & "+3 Std: " & d
        d = d.AddHours(-2.5)
        lblA.Text &= vbCrLf & "-2,5 Std: " & d
        d = d.AddHours(34)
        lblA.Text &= vbCrLf & "+34 Std: " & d
        d = d.AddSeconds(90)
        lblA.Text &= vbCrLf & "+90 Sek: " & d
        d = d.Add(int1)
        lblA.Text &= vbCrLf & "+2 Std 10 Min 5 Sek: " & d
        d = d.Add(int2)
        lblA.Text &= vbCrLf _
            & "-3 Tage 4 Std 70 Min 10 Sek: " & d
    End Sub
End Class
```

Zur Erläuterung:

- Es wird ein Objekt der Struktur DateTime erzeugt. Es hat den Wert 17.11.2007; 16:35:12 Uhr.

- Für eine spätere Verwendung werden zwei Objekte der Struktur TimeSpan erzeugt. Dabei müssen ganze Zahlen (positiv oder negativ) genutzt werden. Sie dürfen allerdings die Zahlenbereiche der Komponenten überschreiten.

- Das erste Objekt der Struktur TimeSpan beinhaltet ein positives Zeitintervall von 2 Stunden, 10 Minuten und 5 Sekunden.

- Das zweite Objekt der Struktur TimeSpan beinhaltet ein negatives Zeitintervall von 3 Tagen, 4 Stunden, 70 Minuten (!) und 10 Sekunden – es wird also zurückgerechnet.

- Mit der Methode AddHours() werden 3 Stunden hinzuaddiert. Die Add-Methoden verändern nicht das Objekt selber, sondern liefern ein verändertes Objekt zurück. Soll dieses veränderte Objekte erhalten bleiben, so muss es gespeichert werden, daher die Zuweisung d = d.AddHours(3). Aus »16:35:12 Uhr« wird »19:35:12 Uhr«. **AddHours**

- Mit AddHours(-2,5) werden 2,5 Stunden abgezogen. Es kann mit negativen Werten und Nachkommastellen gearbeitet werden. Die Nachkommastellen bei den Stunden werden in die entsprechenden Minuten umgerechnet. Aus »19:35:12 Uhr« wird »17:05:12 Uhr«.

- Mit AddHours(34) wird mehr als ein Tag hinzuaddiert. Dabei wird auch über Tagesgrenzen hinaus richtig gerechnet. Aus dem »17.11.2007; 17:05:12 Uhr« wird der »19.11.2007; 03:05:12 Uhr«.

AddSeconds
- Mit `AddSeconds(90)` wird mehr als eine Minute hinzuaddiert. Dabei wird auch über Minuten- oder Stundengrenzen hinaus richtig gerechnet. Aus »03:05:12 Uhr« wird »03:06:42 Uhr«.
- Der erste Zeitintervall (2 Stunden, 10 Minuten und 5 Sekunden) wird hinzuaddiert. Dabei finden mehrere Umrechnungen statt. Aus »03:06:42 Uhr« wird »05:16:47 Uhr«.
- Der zweite Zeitintervall (3 Tage, 4 Stunden, 70 Minuten und 10 Sekunden) wird abgezogen. Dabei ist zu beachten, dass alle Teile von `TimeSpan` negativ sein sollten, sonst werden Teile wieder hinzuaddiert. Aus dem »19.11.2007; 05:16:47 Uhr« wird der »16.11.2007; 00:06:37 Uhr«.

6.3 Dateien und Verzeichnisse

Zur dauerhaften Speicherung der Arbeitsdaten eines Programms stehen Dateien und Datenbanken zur Verfügung. Sie ermöglichen es, die Programmbenutzung zu beenden und zu einem späteren Zeitpunkt mit dem gleichen Status wieder fortzusetzen.

In diesem Abschnitt wird die einfache Form der Speicherung behandelt: das Schreiben in Textdateien und das Lesen aus Textdateien. Den Datenbanken ist ein eigener Abschnitt gewidmet.

System.IO Es werden Objekte der Klassen `FileStream`, `StreamWriter` und `StreamReader` benötigt. Diese stehen im Namensraum `System.IO` zur Verfügung. Da dieser Namensraum nicht standardmäßig in Visual Basic-Programme eingebunden wird, muss er für die jeweilige Anwendung importiert werden.

6.3.1 Lesen aus einer Textdatei

FileStream Ein Objekt der Klasse `FileStream` wird für die Art des Zugriffs auf die Datei und zum Öffnen der Datei benötigt.

StreamReader Ein Objekt der Klasse `StreamReader` dient zum Lesen der Datei-Inhalte. Im folgenden Beispiel (p0608) werden alle Zeilen einer Textdatei gelesen und auf dem Bildschirm ausgegeben.

Abbildung 6.13 zeigt den Inhalt der Textdatei. Das Ergebnis des Programms ist in Abbildung 6.14 zu sehen.

6.3 | Dateien und Verzeichnisse

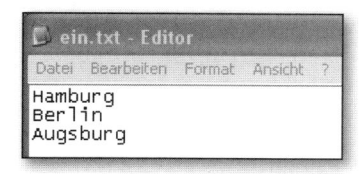

Abbildung 6.13 Eingabedatei ein.txt

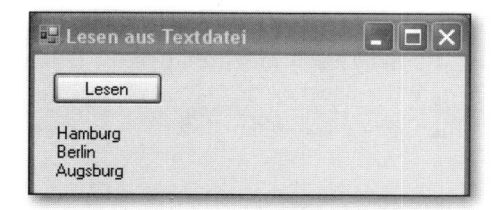

Abbildung 6.14 Alle Zeilen gelesen

```
Imports System.IO
Public Class frm0608
    Private Sub cmdLesen_Click( ... ) Handles ...
        Dim fs As New FileStream("ein.txt", FileMode.Open)
        Dim sr As New StreamReader(fs)
        Dim zeile As String

        Do Until sr.Peek() = -1
            zeile = sr.ReadLine()
            lblA.Text &= zeile & vbCrLf
        Loop
        sr.Close()
    End Sub
End Class
```

Zur Erläuterung:

- Mit der Anweisung `Import Systems.IO` wird der entsprechende Namensraum eingebunden und mit all seinen Klassen zur Verfügung gestellt.
- Das Objekt `fs` wird als Objekt der Klasse `FileStream` erzeugt. Bei dem hier verwendeten Konstruktor werden dabei der Name der zu öffnenden Datei und der Öffnungsmodus benötigt.
- Der Name der Datei *ein.txt* steht in einer Zeichenkette. Wenn kein Pfad angegeben wird, so wird davon ausgegangen, dass die Datei im gleichen Verzeichnis wie die fertige Anwendung steht, hier also in *...\p0608\bin\Debug*. Befindet sich die Datei in einem anderen Ver-

Pfadangabe

zeichnis, so kann der Pfad dorthin relativ (ausgehend vom aktuellen Verzeichnis) oder absolut (mit vollständiger Pfadangabe) angegeben werden.

Ausnahme
- Wird die Datei, aus der gelesen werden soll, nicht gefunden, so tritt eine Ausnahme auf. Dieser Fall tritt in der Praxis häufig auf, beispielsweise aufgrund einer falschen Pfadangabe. Diesen wichtigen Aspekt berücksichtigt das übernächste Programm `p0610`.

Open, Create, Append
- Es gibt eine Reihe von möglichen Öffnungsmodi. Die wichtigsten sind `Open` (zum Öffnen einer Datei, die man lesen möchte), `Create` (zum Öffnen einer Datei, die man neu beschreiben bzw. überschreiben möchte) und `Append` (zum Öffnen einer Datei, an deren Ende man weiterschreiben möchte).

- Das Objekt `sr` wird als Objekt der Klasse `StreamReader` erzeugt. Bei dem hier verwendeten Konstruktor wird dabei das Objekt der Klasse `FileStream` benötigt, aus dem gelesen werden soll.

- Bei einer Textdatei ist häufig unbekannt, wie viele Zeilen mit Text gefüllt sind. Möchte man alle Zeilen lesen, muss man daher eine `Do...Loop`-Schleife verwenden. Diese muss beendet werden, sobald man an das Ende der Datei gelangt ist.

Peek
- Die Methode `Peek()` der Klasse `StreamReader` prüft das nächste lesbare Zeichen einer Datei, ohne es einzulesen. Liefert die Methode den Wert −1 zurück, ist das Ende der Datei erreicht.

ReadLine
- Die Methode `ReadLine()` der Klasse `StreamReader` liest eine Zeile bis zum nächsten Zeilenumbruch und liefert den Inhalt der Zeile (ohne den Zeilenumbruch) als String zurück.

Close
- Die Methode `Close()` der Klasse `StreamReader` schließt den Eingabestream und die zugehörigen Ressourcen – in diesem Falle auch die Datei, aus der gelesen wurde. Das Schließen der Datei ist äußerst wichtig und darf nicht vergessen werden, da die Datei sonst je nach Ablauf für weitere Zugriffe gesperrt sein könnte.

6.3.2 Schreiben in eine Textdatei

Zum Schreiben in eine Datei werden ein Objekt der Klasse `StreamWriter` und natürlich wieder ein Objekt der Klasse `FileStream` benötigt. Im folgenden Beispiel (`p0609`) wird der Inhalt einer mehrzeiligen TextBox (Eigenschaft `Multiline = True`) vollständig in eine Textdatei geschrieben:

Abbildung 6.15 zeigt das Programm mit der Eingabe:

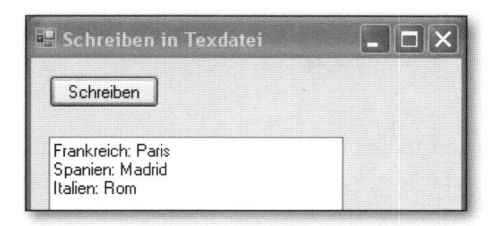

Abbildung 6.15 Ausgabetext

Nach Betätigung des Buttons **Schreiben** steht in der Ausgabedatei:

Abbildung 6.16 Ausgabedatei aus.txt

```
Imports System.IO
Public Class frm0609
    Private Sub cmdSchreiben_Click( ... ) Handles ...
        Dim fs As New FileStream("aus.txt", _
            FileMode.Create)
        Dim sw As New StreamWriter(fs)
        sw.WriteLine(txtEingabe.Text)
        sw.Close()
    End Sub
End Class
```

Zur Erläuterung:

- Bei der Erzeugung des Objekts der Klasse `FileStream` wird der Öffnungsmodus `Create` benutzt. Mit diesem Modus wird die Datei zum Schreiben geöffnet. Falls sie bereits existiert, wird sie ohne Rückfrage überschrieben. — Create

- Kann die Datei, in die geschrieben werden soll, nicht gefunden (falsche Pfadangabe) oder nicht beschrieben werden (Schreibschutz), tritt eine Ausnahme auf. Auch diesen Fall gibt es in der Praxis häufig. Das übernächste Programm (p0611) berücksichtigt diesen wichtigen Aspekt. — Ausnahme

WriteLine
- Die Methode `WriteLine()` der Klasse `StreamWriter` schreibt den übergebenen String in die Datei und fügt einen Zeilenumbruch an. Falls kein zusätzlicher Zeilenumbruch angefügt werden soll, kann man anstelle der Methode `WriteLine()` die Methode `Write()` verwenden.
- Das Multiline-Textfeld kann bereits einige Zeilenumbrüche beinhalten. Diese werden ebenfalls in der Datei gespeichert, bei `WriteLine()` und bei `Write()`.

6.3.3 Sicheres Lesen aus einer Textdatei

Wie bereits erwähnt, tritt eine Ausnahme auf, wenn die auszulesende Datei nicht gefunden wird, was häufig vorkommt.

Im nachfolgenden Programm (p0610) werden zwei Lösungen zur Umgehung dieses Problems vorgestellt. Bei der ersten Lösung wird vorab die Existenz der Datei geprüft, bei der zweiten Lösung wird eine Ausnahmebehandlung durchgeführt. Zunächst die erste Lösung:

Abbildung 6.17 Ausgabe bei falschem Dateinamen

```
Imports System.IO
Public Class frm0610
    Private Sub cmdExistenz_Click( ... ) Handles ...
        Dim fs As FileStream
        Dim sw As StreamReader
        Dim dateiname As String = "ein.txt"
        Dim zeile As String

        If Not File.Exists(dateiname) Then
            MsgBox("Die Datei " & dateiname _
                & " existiert nicht")
            Exit Sub
        End If
```

```
        fs = New FileStream(dateiname, FileMode.Open)
        sw = New StreamReader(fs)
        Do Until sw.Peek() = -1
            zeile = sw.ReadLine()
            lblA.Text &= zeile & vbCrLf
        Loop
        sw.Close()
    End Sub
End Class
```

Zur Erläuterung:

- Es werden zunächst nur zwei Objektverweise auf Objekte der Klasse `FileStream` und `StreamReader` erzeugt. Würde man direkt Objekte erzeugen, so würde das Programm schon versuchen, eine Datei zu öffnen, die unter Umständen nicht existiert.

- Der Dateiname wird in einer `String`-Variablen gespeichert, da er mehrfach benötigt wird.

- Die Klasse `File` stellt Elemente zur Information über und Bearbeitung von Dateien zur Verfügung. Die statische Methode `Exists()` prüft, ob eine angegebene Datei existiert. Weitere Möglichkeiten der Klasse `File` werden im Abschnitt 6.3.5, »Die Klassen File und Directory«, vorgestellt.

    File, Exists

- In einer Verzweigung wird die Existenz der Eingabedatei *ein.txt* geprüft. Ist sie nicht vorhanden, wird `False` zurückgeliefert, eine Fehlermeldung ausgegeben und die Prozedur sofort verlassen.

- Existiert die Eingabedatei, werden zwei Objekte der Klasse `FileStream` und `StreamReader` erzeugt und den beiden bereits vorhandenen Objektverweisen zugewiesen.

- Anschließend kann die Datei wie gewohnt ausgelesen werden.

Es folgt der Programmteil mit der Ausnahmebehandlung, auch in p0610:

```
Imports System.IO
Public Class frm0610
[ ... ]
    Private Sub cmdAusnahme_Click( ... ) Handles ...
        Dim fs As FileStream
        Dim sw As StreamReader
        Dim zeile As String

        Try
            fs = New FileStream("ein.txt", FileMode.Open)
```

```
            sw = New StreamReader(fs)
            Do Until sw.Peek() = -1
                zeile = sw.ReadLine()
                lblA.Text &= zeile & vbCrLf
            Loop
            sw.Close()
        Catch ex As IOException
            MsgBox(ex.Message)
        End Try
    End Sub
End Class
```

Zur Erläuterung:

- Wie im ersten Fall werden nur zwei Objektverweise erzeugt.

Try...Catch
- Das restliche Programm steht in einem `Try...Catch`-Block, damit eine eventuell auftretende Ausnahme behandelt werden kann.

- Sofern die Datei nicht existiert, wird der `Catch`-Teil durchlaufen und eine Fehlermeldung ausgegeben: »Die Datei ... konnte nicht gefunden werden«.

IOException
- Auf diese Weise können auch noch andere mögliche Eingabe-/Ausgabefehler abgefangen werden, daher wird die übergeordnete Exception-Klasse `IOException` genutzt. Diese etwas universellere Lösung ist im vorliegenden Fall die bessere Wahl.

6.3.4 Sicheres Schreiben in eine Textdatei

Eine Ausnahme tritt auch auf, falls die Datei, in die geschrieben werden soll, nicht gefunden werden kann (falsche Pfadangabe) oder nicht beschrieben werden kann (Schreibschutz). Beide Fälle treten in der Praxis häufig auf.

Im folgenden Programm (p0611) wird dieses Problem mit einer Ausnahmebehandlung umgangen:

```
Imports System.IO
Public Class frm0611
    Private Sub cmdAusnahme_Click( ... ) Handles ...
        Dim fs As FileStream
        Dim sw As StreamWriter
        Dim dateiname As String = "C:\Temp\aus.txt"

        Try
            fs = New FileStream(dateiname, FileMode.Create)
```

```
            sw = New StreamWriter(fs)
            sw.WriteLine(txtEingabe.Text)
            sw.Close()
        Catch ex As IOException
            MsgBox(ex.Message)
        End Try
    End Sub
End Class
```

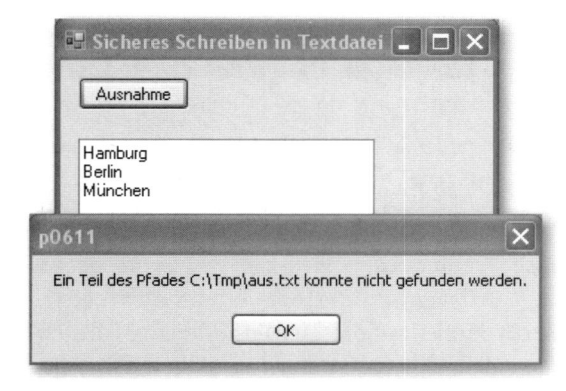

Abbildung 6.18 Falsche Pfadangabe

Zur Erläuterung:

- Es wird versucht, in die Datei *aus.txt* im Verzeichnis *c:\temp* zu schreiben.
- Gelingt dies aus den oben geschilderten Gründen nicht, erfolgt eine Fehlermeldung.
- Andernfalls wird der Inhalt des Textfelds vollständig in die Datei geschrieben.

6.3.5 Die Klassen File und Directory

Die beiden Klassen File und Directory bieten zahlreiche Möglichkeiten zur Information über Dateien und Verzeichnissen.

Im nachfolgenden Programm »Mini-Explorer« (p0612), das sich über einige Abschnitte erstreckt, werden einige nützliche, statische Methoden dieser beiden Klassen eingesetzt:

- Directory.Exists(): Prüft die Existenz eines Verzeichnisses.
- Directory.SetCurrentDirectory(): Setzt das Verzeichnis, in dem die Windows-Anwendung arbeitet, neu.

- `Directory.GetCurrentDirectory()`: Ermittelt das Verzeichnis, in dem die Windows-Anwendung arbeitet.
- `Directory.GetFiles()`: Ermittelt eine Liste der Dateien in einem Verzeichnis.
- `Directory.FileSystemEntries()`: Ermittelt eine Liste der Dateien und Unterverzeichnisse in einem Verzeichnis.
- `File.GetCreationTime()`: Ermittelt Datum und Uhrzeit der Erzeugung einer Datei oder eines Verzeichnisses.
- `File.GetLastAccessTime()`: Ermittelt das Datum des letzten Zugriffs auf eine Datei oder ein Verzeichnis.
- `File.GetLastWriteTime()`: Ermittelt Datum und Uhrzeit des letzten schreibenden Zugriffs auf eine Datei oder auf ein Verzeichnis.

Es wurde hier bewusst auf den Einsatz von Methoden verzichtet, die Dateien und Verzeichnisse verändern, wie z. B. `File.Delete()`, `File.Move()`, `File.Replace()`, `Directory.Delete()` oder `Directory.Move()`. Allzu leicht kann der Benutzer mit diesen Methoden unbeabsichtigt Dateien und Verzeichnisse dauerhaft verändern; sie sollten daher mit großer Vorsicht eingesetzt werden.

6.3.6 Eine Liste der Dateien

Abbildung 6.19 zeigt die Ausgabe der Dateiliste:

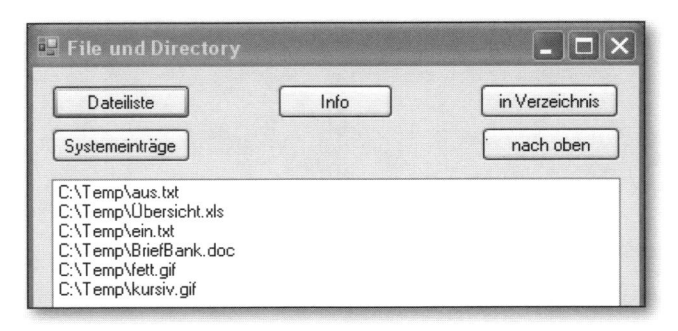

Abbildung 6.19 Dateiliste des Verzeichnisses C:\Temp

Der zugehörige Code, in p0612:

```
Imports System.IO
Public Class frm0612
    Private Sub frm0612_Load( ... ) Handles MyBase.Load
        If Directory.Exists("C:\Temp") Then
```

6.3 Dateien und Verzeichnisse

```
            Directory.SetCurrentDirectory("C:\Temp")
        Else
            MsgBox("Das Verzeichnis C:\Temp " _
                & "existiert nicht")
        End If
    End Sub

    Private Sub cmdDateiliste_Click( ... ) Handles ...
        Dim verzeichnis As String
        Dim dateiliste() As String
        Dim i As Integer

        verzeichnis = Directory.GetCurrentDirectory()
        dateiliste = Directory.GetFiles(verzeichnis)
        lstDateiliste.Items.Clear()
        For i = 0 To dateiliste.Count - 1
            lstDateiliste.Items.Add(dateiliste(i))
        Next
    End Sub
[ ... ]
End Class
```

Zur Erläuterung:

- Zum Start des Programms, in der Formular-Load-Prozedur, wird das Arbeitsverzeichnis der Anwendung mit der Methode Directory.SetCurrentDirectory() auf C:\Temp gesetzt.   SetCurrent-Directory

- Vorher wird mit der Methode Directory.Exists() geprüft, ob das Verzeichnis existiert. Beide Methoden erwarten als Parameter eine Zeichenkette.   Exists

- Betätigt der Benutzer den Button **Dateiliste**, so wird eine Liste der Dateien in diesem Verzeichnis angezeigt.

- Die Variable verzeichnis wird mithilfe der Methode Directory.GetCurrentDirectory() auf das aktuelle Arbeitsverzeichnis gesetzt. Zu Beginn ist dies *C:\Temp*.   GetCurrent-Directory

- Die Methode Directory.GetFiles() liefert ein Feld von Strings. Die Variable dateiliste wurde als ein solches Feld (unbekannter Größe) deklariert und erhält den Rückgabewert der Methode zugewiesen.   GetFiles

- Mithilfe einer For-Schleife und der Feld-Eigenschaft Count wird das Listenfeld mit den Dateinamen gefüllt.

6.3.7 Eine Liste der Dateien und Verzeichnisse

In der nächsten Ausgabe erscheinen zusätzlich die Unterverzeichnisse:

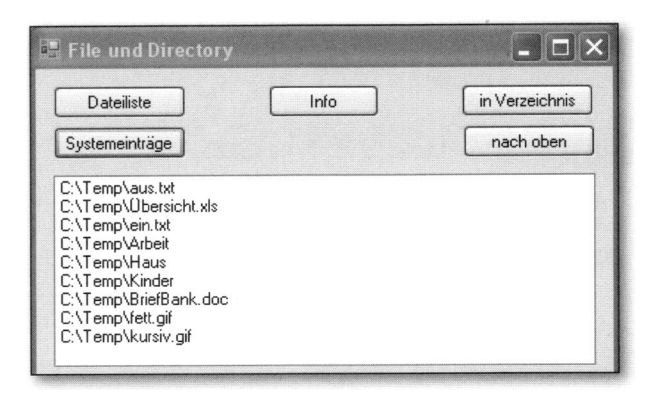

Abbildung 6.20 Verzeichnis C:\Temp, Dateien und Verzeichnisse

Der nächste Teil des Programms p0612 lautet wie folgt:

```
Imports System.IO
Public Class frm0612
[ ... ]
    Private Sub cmdSystemeinträge_Click( ... ) _
            Handles ...
        Dim verzeichnis As String
        Dim dateiliste() As String
        Dim i As Integer

        verzeichnis = Directory..GetCurrentDirectory()
        dateiliste = _
            Directory.GetFileSystemEntries(verzeichnis)
        lstDateiliste.Items.Clear()
        For i = 0 To dateiliste.Count - 1
            lstDateiliste.Items.Add(dateiliste(i))
        Next
    End Sub
[ ... ]
End Class
```

Zur Erläuterung:

GetFileSystem-Entries
- Die Methode `Directory.GetFileSystemEntries()` ist der Methode `Directory.GetFiles()` sehr ähnlich. Allerdings liefert sie nicht nur die Dateien, sondern auch andere Systemeinträge wie etwa Verzeichnisse.

6.3.8 Informationen über Dateien und Verzeichnisse

Im Folgenden wird der nächste Teil des Programms p0612 entwickelt:

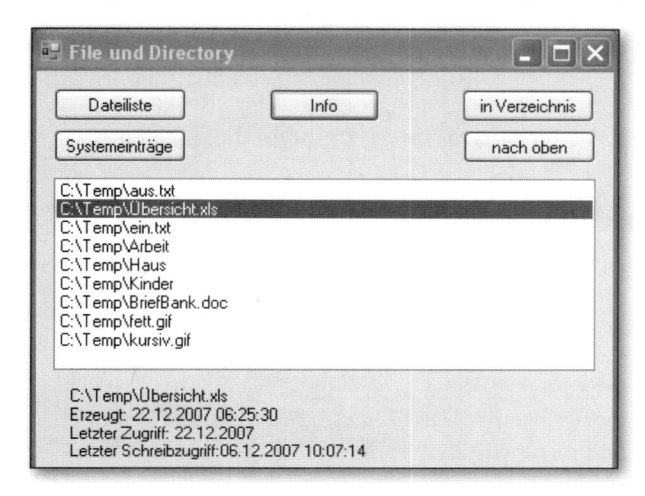

Abbildung 6.21 Informationen über die ausgewählte Datei

```
Imports System.IO
Public Class frm0612
[ ... ]
    Private Sub cmdInfo_Click( ... ) Handles ...
        Dim name As String
        If lstDateiliste.SelectedIndex <> -1 Then
            name = lstDateiliste.Text
            lblAnzeige.Text = name
            lblAnzeige.Text &= vbCrLf & "Erzeugt: " _
                & File.GetCreationTime(name)
            lblAnzeige.Text &= vbCrLf _
                & "Letzter Zugriff: " _
                & File.GetLastAccessTime(name)
            lblAnzeige.Text &= vbCrLf _
                & "Letzter Schreibzugriff:" _
                & File.GetLastWriteTime(name)
        Else
            MsgBox("Es wurde kein Eintrag ausgewählt")
        End If
    End Sub
End Class
```

Zur Erläuterung:

- Hat der Benutzer in der Liste der Dateien (und ggf. Verzeichnisse) einen Eintrag ausgewählt, so werden nach Betätigung des **Info**-Buttons einige Informationen zu den letzten Zugriffe angezeigt.
- Get...Time ▸ Die Methoden `File.GetCreationTime()`, `File.GetLastAccessTime()` und `File.GetLastWriteTime()` ermitteln diese Daten.

6.3.9 Bewegen in der Verzeichnis-Hierarchie

Zunächst wird ein Unterverzeichnis ausgewählt:

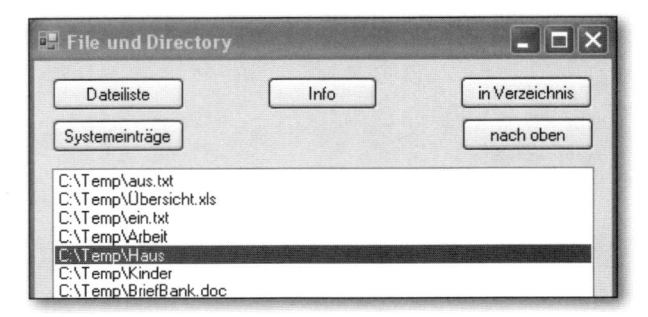

Abbildung 6.22 Auswahl

Anschließend wechselt man mit dem Button **in Verzeichnis** in das Unterverzeichnis und ruft den Button **Dateiliste** auf:

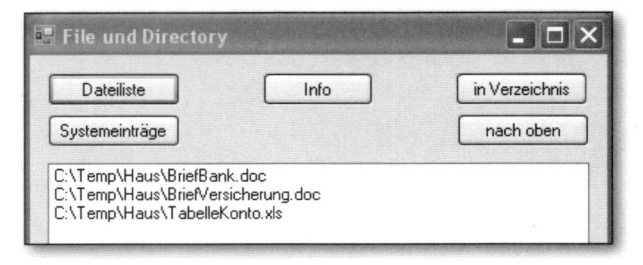

Abbildung 6.23 Unterverzeichnis C:\Temp\Haus

Der letzte Teil des Programms `p0612` lautet:

```
Imports System.IO
Public Class frm0612
[ ... ]
    Private Sub cmdInVerzeichnis_Click( ... ) Handles ...
        If lstDateiliste.SelectedIndex <> -1 Then
```

```
            If Directory.Exists(lstDateiliste.Text) Then
               Directory.SetCurrentDirectory(_
                  lstDateiliste.Text)
            Else
               MsgBox(lstDateiliste.Text _
                  & " ist kein Verzeichnis")
            End If
         Else
            MsgBox("Es wurde kein Eintrag ausgewählt")
         End If
      End Sub

      Private Sub cmdNachOben_Click( ... ) Handles ...
         Directory.SetCurrentDirectory("..")
      End Sub
End Class
```

Zur Erläuterung:

- Falls der Benutzer in der Liste der Dateien und Verzeichnisse ein Verzeichnis ausgewählt hat und den Button **in Verzeichnis** betätigt, wird das aktuelle Arbeitsverzeichnis mit `Directory.SetCurrentDirectory()` gewechselt.

- Zuvor muss natürlich mit `Directory.Exists()` geprüft werden, ob es sich bei dem ausgewählten Eintrag wirklich um ein Verzeichnis handelt.

- Falls bei der Methode `Directory.SetCurrentDirectory()` als Verzeichnis ».. « eingetragen wird, findet ein Wechsel in das übergeordnete Verzeichnis statt.

- Nach einem Verzeichniswechsel kann man sich wieder die Liste der Dateien (und Verzeichnisse) anzeigen lassen.

- Auf diese Art und Weise kann man sich in der gesamten Verzeichnis-Hierarchie bewegen und sich alle Inhalte anzeigen lassen.

6.4 Rechnen mit der Klasse Math

Die Klasse `Math` stellt eine Reihe mathematischer Funktionen über statische Methoden bereit sowie über statische Eigenschaften die beiden mathematischen Konstanten `PI` und `E`.

PI, E

In dem folgenden Programm p0613 für einen »Mini-Taschenrechner« kommen die folgenden Elemente der Klasse `Math` vor:

6 | Wichtige Klassen in .NET

Element	Erläuterung
Acos()	Winkel im Bogenmaß, dessen Cosinus angegeben wird
Asin()	Winkel im Bogenmaß, dessen Sinus angegeben wird
Atan()	Winkel im Bogenmaß, dessen Tangens angegeben wird
Ceiling()	nächsthöhere ganze Zahl (aus 2.7 wird 3, aus -2.7 wird -2)
Cos()	Cosinus eines Winkels, der im Bogenmaß angegeben wird
E	math. Konstante E (Eulersche Zahl)
Exp()	math. Konstante E hoch angegebene Zahl
Floor()	nächstniedrigere ganze Zahl (aus 2.7 wird 2, aus -2.7 wird -3)
Log()	natürlicher Logarithmus einer Zahl, zur Basis E (math. Konstante)
Log10()	Logarithmus einer Zahl zur Basis 10
PI	Kreiszahl PI
Pow()	Zahl x hoch Zahl y
Round()	nächste ganze Zahl (gerundet, aus 2.7 wird 3, aus -2.7 wird -3)
Sin()	Sinus eines Winkels, der im Bogenmaß angegeben wird
Sqrt()	Wurzel einer Zahl
Tan()	Tangens eines Winkels, der im Bogenmaß angegeben wird
Truncate()	Abschneiden der Nachkommastellen (aus 2.7 wird 2, aus -2.7 wird -2)

Ein Beispiel: Nach der Eingabe von 45 und dem Betätigen des Buttons **sin** wird der Sinus von 45 Grad berechnet:

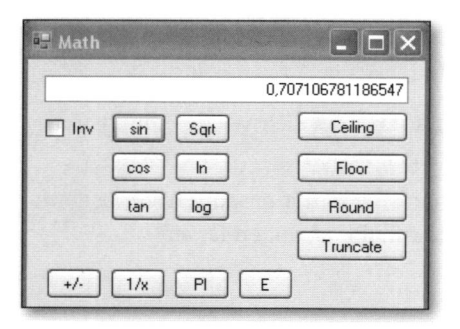

Abbildung 6.24 Mini-Taschenrechner

Das Programm:

```
Public Class frm0613
    Dim wert As Double
```

```vb
Private Sub txtE_TextChanged( ... ) Handles ...
   wert = Val(txtE.Text.Replace(",", "."))
End Sub

Private Sub cmdSinus_Click( ... ) Handles ...
   If chkInv.Checked Then
      txtE.Text = Math.Asin(wert) * 180 / Math.PI
      chkInv.Checked = False
   Else
      txtE.Text = Math.Sin(wert / 180.0 * Math.PI)
   End If
End Sub

Private Sub cmdCosinus_Click( ... ) Handles ...
   If chkInv.Checked Then
      txtE.Text = Math.Acos(wert) * 180 / Math.PI
      chkInv.Checked = False
   Else
      txtE.Text = Math.Cos(wert / 180.0 * Math.PI)
   End If
End Sub

Private Sub cmdTangens_Click( ... ) Handles ...
   If chkInv.Checked Then
      txtE.Text = Math.Atan(wert) * 180 / Math.PI
      chkInv.Checked = False
   Else
      txtE.Text = Math.Tan(wert / 180.0 * Math.PI)
   End If
End Sub

Private Sub cmdLn_Click( ... ) Handles ...
   If chkInv.Checked Then
      txtE.Text = Math.Exp(wert)
      chkInv.Checked = False
   Else
      txtE.Text = Math.Log(wert)
   End If
End Sub

Private Sub cmdLog_Click( ... ) Handles ...
   If chkInv.Checked Then
      txtE.Text = Math.Pow(10.0, wert)
      chkInv.Checked = False
   Else
```

```vb
            txtE.Text = Math.Log10(wert)
        End If
    End Sub

    Private Sub cmdPI_Click( ... ) Handles ...
        txtE.Text = Math.PI
    End Sub

    Private Sub cmdE_Click( ... ) Handles ...
        txtE.Text = Math.E
    End Sub

    Private Sub cmdCeiling_Click( ... ) Handles ...
        txtE.Text = Math.Ceiling(wert)
    End Sub

    Private Sub cmdFloor_Click( ... ) Handles ...
        txtE.Text = Math.Floor(wert)
    End Sub

    Private Sub cmdRound_Click( ... ) Handles ...
        txtE.Text = Math.Round(wert)
    End Sub

    Private Sub cmdTruncate_Click( ... ) Handles ...
        txtE.Text = Math.Truncate(wert)
    End Sub

    Private Sub cmdWurzel_Click( ... ) Handles ...
        If chkInv.Checked Then
            txtE.Text = Math.Pow(wert, 2.0)
            chkInv.Checked = False
        Else
            txtE.Text = Math.Sqrt(wert)
        End If
    End Sub

    Private Sub cmdPlusMinus_Click( ... ) Handles ...
        txtE.Text = wert * -1.0
    End Sub

    Private Sub cmdKehrwert_Click( ... ) Handles ...
        txtE.Text = 1.0 / wert
    End Sub
End Class
```

Zur Erläuterung:

- Ein Benutzer gibt in der Regel die Zahlen mit einem Komma zur Abtrennung der Nachkommastellen ein. Die Funktionen geben ihre jeweiligen Rechenergebnisse ebenso aus. Die hier genutzte Funktion Val() zur Ermittlung des Werts einer Zahl aus einem Textfeld würde dieses Komma falsch interpretieren. Daher werden alle Eingaben im Textfeld für die Speicherung in der Double-Variablen wert mithilfe der String-Methode Replace() sofort (bei Eintreten des Ereignisses TextChanged des Textfelds) passend umgewandelt.

- Die Methoden Sin(), Cos() und Tan() berechnen ihr Ergebnis aus einem Winkel, der im Bogenmaß angegeben werden muss. Die Eingabe kann hier aber wie gewohnt in Grad erfolgen. Innerhalb der Ereignisprozeduren wird der Wert durch 180 geteilt und mit PI multipliziert. Ergebnis ist der Wert im Bogenmaß. *Sin, Cos, Tan*

- Die Methoden Asin(), Acos() und Atan() werden ausgeführt, wenn man vor Betätigung des entsprechenden Buttons das Kontrollkästchen **Inv** einschaltet, ähnlich wie im Windows-Taschenrechner. Das Ergebnis ist ein Winkel, der im Bogenmaß angegeben wird. Für die Ausgabe in Grad wird das Ergebnis in der Ereignisprozedur mit 180 multipliziert und durch PI geteilt. *Asin, Acos, Atan*

- Auch die Funktionen Log() zur Berechnung des natürlichen Logarithmus, Log10() zur Berechnung des 10er-Logarithmus und Sqrt() zur Berechnung der Wurzel können mithilfe des Kontrollkästchens invertiert werden. Es wird dann E hoch Zahl (e^{Zahl}, mithilfe von Exp()), 10 hoch Zahl (10^{Zahl}) und Zahl zum Quadrat ($Zahl^2$) gerechnet. *Log, Exp, Log10*

- Die Funktionen Ceiling(), Floor(), Round() und Truncate() erzeugen auf jeweils unterschiedliche Art ganze Zahlen aus Zahlen mit Nachkommastellen (vergleiche hierzu die Tabelle am Anfang dieses Abschnitts). *Ganze Zahlen*

- Die Tasten +/- (Vorzeichenwechsel) und 1/x (Kehrwert) runden den »Mini-Taschenrechner« ab.

In diesem Kapitel wird die Programmierung mit bekannten Elementen von Windows-Programmen vorgestellt, die uns täglich begegnen.

7 Weitere Elemente eines Windows-Programms

Die folgenden Elemente sind selbstverständliche Bestandteile eines Windows-Programms: Hauptmenü, Kontextmenü, Symbolleiste, Statusleiste, Eingabe-Dialogfeld, Ausgabe-Dialogfeld sowie einige Standard-Dialogfelder.

Im Folgenden wird die Klasse Font für Schriften gemeinsam mit dem Thema »Hauptmenü« an Beispielen erläutert.   Font

7.1 Hauptmenü

Hauptmenüs dienen zur übersichtlichen Darstellung größerer Sammlungen von Befehlen. Ein Menü kann unter anderem folgende Einträge enthalten:

- ein Befehl, der direkt ausgeführt wird
- ein Aufruf eines Dialogfelds, in dem der Benutzer Eingaben machen kann
- ein Untermenü, das weiterverzweigt

7.1.1 Erstellung des Hauptmenüs

Zur Erstellung eines Hauptmenüs wird das Steuerelement MenuStrip aus   MenuStrip
der Abteilung **Menüs & Symbolleisten** aus der Toolbox auf das Formular gezogen. Es erscheint anschließend an zwei Stellen:

- im Formular selbst zur Eingabe der einzelnen Menüpunkte, diese stellen wiederum Steuerelemente mit einstellbaren Eigenschaften dar

7 | Weitere Elemente eines Windows-Programms

- unterhalb des Formulars (ähnlich wie das Zeitgeber-Steuerelement) zur Einstellung der Eigenschaften des Hauptmenüs

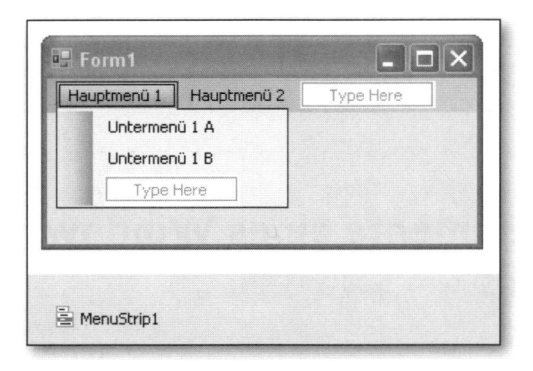

Abbildung 7.1 Hauptmenü mit erstem Untermenü

Untermenü Zunächst kann im Formular der erste Punkt des Hauptmenüs eingetragen werden. Anschließend kann man entweder einen Untermenüpunkt zu diesem Hauptmenüpunkt eintragen (nach unten) oder einen weiteren Hauptmenüpunkt (nach rechts). Dieser Vorgang wird fortgesetzt, bis man zuletzt alle Haupt- und Untermenüpunkte (gegebenenfalls mit weiteren Untermenüs unter Untermenüs usw.) eingetragen hat.

Menü ändern Möchte man die Reihenfolge der Menüpunkte ändern, so ist dies problemlos per Drag & Drop möglich. Im vorliegenden Programm wurden die vorgeschlagenen Namen für die Menü-Elemente etwas verkürzt, damit man sie besser im Code handhaben kann. Ein Beispiel: Aus der Bezeichnung `GelbToolStripMenuItem` für den Menüpunkt zur Einstellung einer gelben Hintergrundfarbe wurde `mnuGelb`.

Ein Hauptmenüpunkt ist entweder

- ein normaler Menüeintrag,

ComboBox
- eine ComboBox (=Kombinationsfeld) zur Auswahl bzw. zum Eintrag, wie z. B. die Schriftgröße in der Symbolleiste in MS Word, oder

- eine Textbox.

Separator Bei einem Untermenüpunkt kann man zusätzlich noch den Eintrag »Separator« wählen. Dieser dient zur optischen Trennung von Menüpunkten (siehe Abbildung 7.2).

Das Zeichen »&« Jeder Menüpunkt stellt ein Steuerelement mit einstellbaren Eigenschaften dar. Menüpunkte können auch per Tastatur ausgewählt werden, wie dies z. B. bei Buttons bereits gemacht wurde. Vor dem Buchstaben, der unterstrichen werden soll, wird das Zeichen & eingegeben.

Abbildung 7.2 Untermenü, verschiedene Möglichkeiten

Außerdem können Menüpunkte mit einem Häkchen gekennzeichnet werden, wie ein Kontrollkästchen. Damit kann man einen Zustand kennzeichnen, wie z. B. die aktuelle Hintergrundfarbe des Labels unten im Formular.

Schalter an/aus

7.1.2 Code des Hauptmenüs

Das wichtigste Ereignis eines »normalen« Menüpunkts ist der Click. Dieser wird mit einer Ereignisprozedur verbunden. Mithilfe des dargestellten Programms (p0701) können eine Reihe von Abläufen gesteuert werden.

Hauptmenü **Bearbeiten**:

- Untermenüpunkt **Kopieren**: Der Inhalt des Textfelds wird in das Label kopiert.
- Untermenüpunkt **Ende**: Das Programm wird beendet.

Hauptmenü **Ansicht**:

- Untermenüpunkte **Hintergrund** (bzw. **Schriftart**): Es erscheint eine weitere Menü-Ebene. Darin kann die Hintergrundfarbe (bzw. Schriftart) des Labels aus drei Möglichkeiten ausgewählt werden. Die jeweils aktuelle Einstellung ist markiert.
- Untermenüpunkt **Schriftgröße**: Der Benutzer hat die Möglichkeit, aus einer ComboBox (Kombinationsfeld) die Schriftgröße auszuwählen bzw. einzugeben.
- Untermenüpunkte **Fett** bzw. **Kursiv**: Der Benutzer hat die Möglichkeit den Schriftstil Fett und/oder Kursiv auszuwählen. Der gewählte Schriftstil ist anschließend markiert.

7 | Weitere Elemente eines Windows-Programms

Im Folgenden geht es zunächst um die Ereignisprozeduren des Hauptmenüs **Bearbeiten** (in p0701):

```
Public Class frm0701
[ ... ]
    Private Sub mnuKopieren_Click( ... ) Handles ...
        lblA.Text = txtE.Text
        If lblA.Text = "" Then lblA.Text = "(leer)"
    End Sub

    Private Sub mnuEnde_Click( ... ) Handles ...
        Me.Close()
    End Sub
[ ... ]
End Class
```

Zur Erläuterung:

▶ Nach dem Kopieren eines leeren Textfelds in das Label wird der Text »(leer)« eingeblendet, damit man die anderen Einstellungen noch sehen kann.

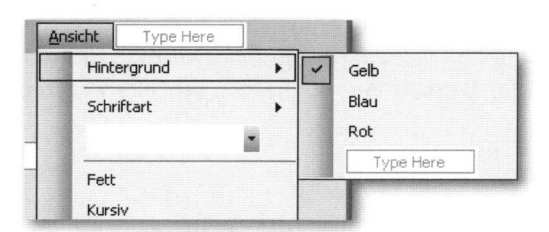

Abbildung 7.3 Programm p0701, Untermenüpunkt Hintergrund

Die Ereignisprozeduren zur Einstellung der Hintergrundfarbe (ebenfalls in p0701) lauten wie folgt:

```
Public Class frm0701
[ ... ]
    Private Sub mnuGelb_Click( ... ) Handles ...
        lblA.BackColor = Color.Yellow
        mnuGelb.Checked = True
        mnuBlau.Checked = False
        mnuRot.Checked = False
    End Sub

    Private Sub mnuBlau_Click( ... ) Handles ...
        lblA.BackColor = Color.Blue
        mnuGelb.Checked = False
```

```
        mnuBlau.Checked = True
        mnuRot.Checked = False
    End Sub

    Private Sub mnuRot_Click( ... ) Handles ...
        lblA.BackColor = Color.Red
        mnuGelb.Checked = False
        mnuBlau.Checked = False
        mnuRot.Checked = True
    End Sub
[ ... ]
End Class
```

Zur Erläuterung:

- Die Hintergrundfarbe wird mithilfe der Struktur `Color` auf den gewünschten Wert eingestellt.
- Die Eigenschaft `Checked` des Untermenüpunkts der ausgewählten Farbe wird auf `True` gestellt, die jeweils anderen beiden Eigenschaften werden auf `False` gestellt.   **Checked**
- Man sollte darauf achten, dass die Startwerte der jeweiligen `Checked`-Eigenschaften auch mit dem Startwert der Hintergrundfarbe übereinstimmen.

Die restlichen Ereignisprozeduren bewirken Änderungen bei Schriftart, Schriftgröße und Schriftstil. Dazu muss zunächst die Klasse `Font` näher betrachtet werden.

7.1.3 Klasse Font

Viele Steuerelemente haben die Eigenschaft `Font`. Darin werden die Eigenschaften der Schrift im oder auf dem Steuerelement festgelegt. Diese Eigenschaften werden zur Entwicklungszeit im Eigenschaftenfenster eingestellt. Sie können zur Laufzeit des Programms ermittelt bzw. geändert werden.

Zur Änderung wird ein neues Objekt der Klasse `Font` benötigt. Zur   **Konstruktoren**
Erzeugung eines solchen Objekts stehen zahlreiche Konstruktoren zur Verfügung. Da in diesem Programm Schriftart, Schriftgröße und Schriftstil verändert werden können, wird der Konstruktor benutzt, der alle drei Eigenschaften verlangt.

Dies mag zunächst verwundern. Es ist aber nicht möglich, nur die Schriftart allein zu ändern, denn die betreffende Untereigenschaft ist nicht änderbar und es gibt auch keinen Konstruktor der Klasse Font, der nur die Schriftart verlangt. Ebenso verhält es sich mit Schriftgröße und Schriftstil.

7.1.4 Schriftart

Zunächst die Ereignisprozeduren zur Änderung der Schriftart (ebenfalls in p0701):

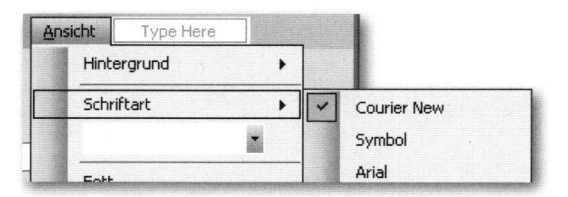

Abbildung 7.4 Programm p0701, Untermenüpunkt Schriftart

```
Public Class frm0701
[ ... ]
   Private Sub mnuCourierNew_Click( ... ) Handles ...
      lblA.Font = New Font("Courier New", _
         lblA.Font.Size, lblA.Font.Style)
      mnuCourierNew.Checked = True
      mnuSymbol.Checked = False
      mnuArial.Checked = False
   End Sub

   Private Sub mnuSymbol_Click( ... ) Handles ...
      lblA.Font = New Font("Symbol", _
         lblA.Font.Size, lblA.Font.Style)
      mnuCourierNew.Checked = False
      mnuSymbol.Checked = True
      mnuArial.Checked = False
   End Sub

   Private Sub mnuArial_Click( ... ) Handles ...
      lblA.Font = New Font("Arial", _
         lblA.Font.Size, lblA.Font.Style)
      mnuCourierNew.Checked = False
      mnuSymbol.Checked = False
      mnuArial.Checked = True
   End Sub
[ ... ]
End Class
```

Zur Erläuterung:

- In den Prozeduren wird ein neu erzeugtes Objekt der Klasse Font der Eigenschaft Font des Labels zugewiesen. — **Font**
- Der verwendete Konstruktor erhält den Namen der neuen Schriftart und die aktuellen Einstellungen von Schriftgröße und Schriftstil zugewiesen. Diese Werte stehen in den Untereigenschaften Size und Style der Eigenschaft Font zur Verfügung. — **Size, Style**
- Die Eigenschaft Checked des Untermenüpunkts der ausgewählten Schrift wird auf True gestellt, die beiden jeweils anderen werden auf False gestellt, wie bei der Hintergrundfarbe.

7.1.5 Schriftgröße

Es folgt die Änderung der Schriftgröße über das Kombinationsfeld (ebenfalls in p0701):

```
Public Class frm0701
    Private Sub frm0701_Load( ... ) Handles ...
        cboSchriftgröße.Items.Add("8,25")
        cboSchriftgröße.Items.Add("10")
        cboSchriftgröße.Items.Add("13")
        cboSchriftgröße.Items.Add("18")
        cboSchriftgröße.SelectedIndex = 0
    End Sub
[ ... ]
    Private Sub cboSchriftgröße_TextChanged( ... ) _
            Handles ...
        Dim schriftgröße As Single = _
            Val(cboSchriftgröße.Text)
        lblA.Font = New Font(lblA.Font.FontFamily, _
            schriftgröße, lblA.Font.Style)
    End Sub
End Class
```

Zur Erläuterung:

- Zu Beginn des Programms wird das Kombinationsfeld mit einigen Werten gefüllt. Einer der Werte ist der Startwert für die Schriftgröße, dieser sollte auch der markierte Wert in der Liste sein. Die Eigenschaft SelectedIndex muss also voreingestellt werden. — **SelectedIndex**
- Das Ereignis cboSchriftgröße_TextChanged tritt ein, wenn der Benutzer einen Eintrag aus der Liste auswählt oder in das Textfeld einträgt. — **TextChanged**

- Wiederum wird ein neu erzeugtes Objekt der Klasse Font erzeugt und der Eigenschaft Font des Labels zugewiesen.

FontFamily
- Der verwendete Konstruktor erhält die neue Schriftgröße und die aktuellen Einstellungen von Schriftart und Schriftstil zugewiesen. Diese Werte stehen in den Untereigenschaften FontFamily und Style der Eigenschaft Font zur Verfügung.

7.1.6 Schriftstil

Zuletzt wird die Änderung des Schriftstils vorgenommen (ebenfalls in p0701):

```
Public Class frm0701
[ ... ]
    Private Sub mnuFett_Click( ... ) Handles ...
        lblA.Font = New Font(lblA.Font.FontFamily, _
            lblA.Font.Size, _
            lblA.Font.Style Xor FontStyle.Bold)
        mnuFett.Checked = Not mnuFett.Checked
    End Sub

    Private Sub mnuKursiv_Click( ... ) Handles ...
        lblA.Font = New Font(lblA.Font.FontFamily, _
            lblA.Font.Size, _
            lblA.Font.Style Xor FontStyle.Italic)
        mnuKursiv.Checked = Not mnuKursiv.Checked
    End Sub
[ ... ]
End Class
```

Zur Erläuterung:

- Das neu erzeugte Objekt der Klasse Font bekommt den neuen Schriftstil und die aktuellen Einstellungen von Schriftart und Schriftgröße zugewiesen.

Style
- In der Untereigenschaft Font.Style stehen mehrere Möglichkeiten zur Verfügung, die einzeln oder gemeinsam auftreten können: »fett«, »kursiv«, »unterstrichen«, »durchgestrichen«, »normal«.

Or, Xor
- Die Untereigenschaft wird intern als eine einzige Bitfolge gespeichert. An dieser Bitfolge kann Visual Basic erkennen, ob eine oder mehrere Möglichkeiten ausgewählt wurden. Zur Einstellung von »fett und kursiv« würde man die Werte FontStyle.Bold und FontStyle.Italic mit dem Bit-Operator Or addieren. Zur Einstellung von »bisherige

Werte« und »Kursiv wechseln« werden die Werte `lblA.Font.Style` und `FontStyle.Italic` mit dem Bit-Operator `Xor` addiert.

▶ Zum Abschluss der Prozedur wird der aktuelle Wert der Eigenschaft `Checked` invertiert, da sich dieser Untermenüpunkt wie ein Schalter verhält: »Kursiv ein« (`True`) oder »Kursiv aus« (`False`).

7.2 Kontextmenü

Kontextmenüs werden eingesetzt, um dem Benutzer beim Erlernen der Bedienung eines Programms einen wichtigen Schritt abzunehmen: Im Idealfall muss er nicht mehr überlegen, was er mit den verschiedenen Steuerelementen, die er vor sich hat, machen kann. Er geht mit der rechten Maustaste auf das Element und sieht die Möglichkeiten sofort.

In ihrem Aufbau ähneln die Kontextmenüs sehr stark einem Hauptmenü – mit einem wesentlichen Unterschied: Es muss eine Zuordnung zu einem (oder mehreren) Steuerelementen bestehen.

Zuordnung zu Steuerelement

7.2.1 Erstellung des Kontextmenüs

Zur Erstellung eines Kontextmenüs wird das Steuerelement `ContextMenuStrip` aus der Toolbox auf das Formular gezogen. Es erscheint nun ebenfalls sowohl im Formular als auch unterhalb des Formulars.

ContextMenu-Strip

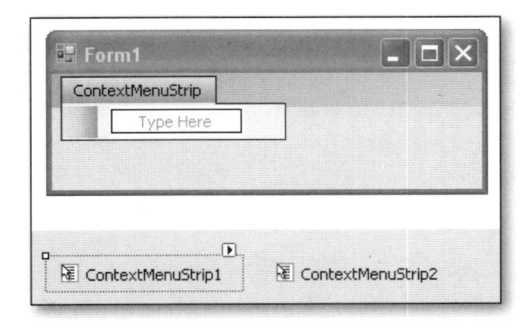

Abbildung 7.5 Zwei Kontextmenüs

Man sollte den Namen ändern: Das Kontextmenü des Textfelds `txtEingabe` könnte beispielsweise `conTxtEingabe` heißen. Im Eigenschaftenfenster wählt man beim Textfeld `txtEingabe` in der Eigenschaft `ContextMenuStrip` das soeben erzeugte Kontextmenü aus.

Parallel ändern Menüpunkte eines Kontextmenüs können unabhängig von den Menüpunkten eines Hauptmenüs agieren, sie können aber auch genau parallel agieren. Im letzteren Fall sollte man die betreffenden Ereignisse zur gleichen Ereignisprozedur leiten und dafür sorgen, dass die Anzeigen in den jeweiligen Menüs parallel verändert werden.

7.2.2 Code des Kontextmenüs

Das Programm, das bereits ein Hauptmenü beinhaltet (p0701), wird erweitert und ergänzt. Der Benutzer hat jetzt die folgenden Möglichkeiten:

- Er kann den Schriftstil des Labels in einem Kontextmenü auf **Fett** ändern.
- Er kann die Eigenschaften ReadOnly und Multiline des Textfelds ändern.

Es folgen die geänderten Teile des Programms:

```
Public Class frm0701
[ ... ]
    Private Sub mnuFett_Click( ... ) _
          Handles mnuFett.Click, conLblFett.Click
        lblA.Font = New Font(lblA.Font.FontFamily, _
          lblA.Font.Size, _
          lblA.Font.Style Xor FontStyle.Bold)
        mnuFett.Checked = Not mnuFett.Checked
        conLblFett.Checked = Not conLblFett.Checked
    End Sub
[ ... ]
    Private Sub conTxtReadOnly_Click( ... ) Handles ...
        txtE.ReadOnly = Not txtE.ReadOnly
        conTxtReadOnly.Checked = _
          Not conTxtReadOnly.Checked
    End Sub

    Private Sub conTxtMultiline_Click( ... ) Handles ...
        txtE.Multiline = Not txtE.Multiline
        If txtE.Multiline Then
           txtE.ScrollBars = ScrollBars.Vertical
        Else
           txtE.ScrollBars = ScrollBars.None
        End If
```

```
        conTxtMultiline.Checked = _
            Not conTxtMultiline.Checked
    End Sub
End Class
```

Zur Erläuterung:

- Das Ereignis `conLblFett.Click` führt zur bereits vorhandenen Prozedur `mnuFett_Click()`. Es führt also zum gleichen Ergebnis, unabhängig davon, ob man den Hauptmenüpunkt oder den Kontextmenüpunkt auswählt. Das Häkchen zur Anzeige der Fettschrift muss natürlich in beiden Menüs gesetzt werden.
- Die Eigenschaft `ReadOnly` eines Textfelds bestimmt, ob das Textfeld beschreibbar ist oder nicht. Im Normalfall steht diese Eigenschaft auf `False`. Der Wert dieser Eigenschaft kann zur Laufzeit (in Abhängigkeit von bestimmten Bedingungen) auch geändert werden. Im vorliegenden Programm geschieht dies per Klick im Kontextmenü des Textfelds.
- Die Eigenschaft `Multiline` eines Textfelds ist eher bei größeren Textfeldern nützlich. Daher wird zumindest die Eigenschaft `ScrollBars` auf den Wert `Vertical` verändert, wenn `Multiline` auf `True` gestellt wird. Damit wird der Rest des Textfelds erreichbar. *ScrollBars*
- Wenn `Multiline` wieder auf `False` gestellt wird, dann wird der Wert von `ScrollBars` auf `None` zurückgestellt, denn jetzt würden die Scroll-Bars nur stören.

7.3 Symbolleiste

Die Symbolleisten eines Programms enthalten die am häufigsten benötigten Menübefehle. Falls man also benutzerfreundlich programmiert, haben sie immer eine Entsprechung im Hauptmenü. In ihrem Aufbau ähneln sie dem Hauptmenü bzw. dem Kontextmenü.

7.3.1 Erstellung der Symbolleiste

Zur Erstellung einer Symbolleiste wird das Steuerelement `ToolStrip` aus der Toolbox auf das Formular gezogen. Es erscheint sowohl im Formular als auch unterhalb des Formulars. Die Symbolleiste kann durch Auswahl von Symbolen verschiedener Typen (Button, ComboBox, Separator, ...) aus einer Auswahlliste gefüllt werden. *ToolStrip*

7 | Weitere Elemente eines Windows-Programms

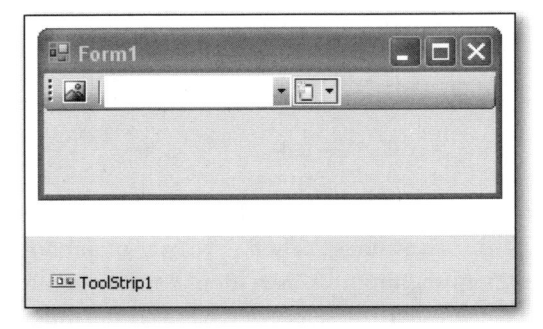

Abbildung 7.6 Eine Symbolleiste mit Button und ComboBox

Image
Über die Eigenschaft Image kann man das Aussehen eines Symbols vom Typ »Button« bestimmen. Bei dieser Eigenschaft kann ein Dialogfeld aufgerufen werden.

Abbildung 7.7 Eigenschaft Image eines Buttons in der Symbolleiste

Bild auswählen
In diesem Dialogfeld **Ressource auswählen** kann man über den Button **Importieren** eine Bilddatei auswählen, z. B. in der Größe 16 × 16 Pixel. Dieses Bild wird auf dem **Symbol**-Button abgebildet.

Abbildung 7.8 Programm p0701, Symbolleiste

7.3.2 Code der Symbolleiste

Das Programm, das bereits ein Hauptmenü und zwei Kontextmenüs enthält (p0701), wird erweitert und ergänzt. Der Benutzer hat folgende Möglichkeiten:

- Er kann den Schriftstil des Labels über zwei Symbole auf »Fett« bzw. »Kursiv« ändern.
- Er kann die Schriftgröße nicht nur über eine ComboBox im Hauptmenü, sondern auch über eine ComboBox in der Symbolleiste ändern.

Es folgen die geänderten Teile des Programms:

```
Public Class frm0701
    Private Sub frm0701_Load( ... ) Handles MyBase.Load
        cboSchriftgröße.Items.Add("8,25")
        cboSchriftgröße.Items.Add("10")
        cboSchriftgröße.Items.Add("13")
        cboSchriftgröße.Items.Add("18")
        cboSchriftgröße.SelectedIndex = 0

        cboSymSchriftgröße.Items.Add("8,25")
        cboSymSchriftgröße.Items.Add("10")
        cboSymSchriftgröße.Items.Add("13")
        cboSymSchriftgröße.Items.Add("18")
        cboSymSchriftgröße.SelectedIndex = 0
    End Sub
[ ... ]
    Private Sub mnuFett_Click( ... ) Handles _
        mnuFett.Click, conLblFett.Click, symFett.Click
        lblA.Font = New Font(lblA.Font.FontFamily, _
            lblA.Font.Size, _
            lblA.Font.Style Xor FontStyle.Bold)
        mnuFett.Checked = Not mnuFett.Checked
        conLblFett.Checked = Not conLblFett.Checked
        symFett.Checked = Not symFett.Checked
    End Sub

    Private Sub mnuKursiv_Click( ... ) Handles _
        mnuKursiv.Click, symKursiv.Click
        lblA.Font = New Font(lblA.Font.FontFamily, _
            lblA.Font.Size, _
            lblA.Font.Style Xor FontStyle.Italic)
        mnuKursiv.Checked = Not mnuKursiv.Checked
        symKursiv.Checked = Not symKursiv.Checked
    End Sub

    Private Sub cboSchriftgröße_TextChanged( ... ) _
        Handles _
```

```
            cboSchriftgröße.TextChanged, _
            cboSymSchriftgröße.TextChanged
        Dim schriftgröße As Single
        If ReferenceEquals(sender, cboSchriftgröße) Then
            schriftgröße = Val(cboSchriftgröße.Text)
            cboSymSchriftgröße.Text = schriftgröße
        Else
            schriftgröße = Val(cboSymSchriftgröße.Text)
            cboSchriftgröße.Text = schriftgröße
        End If
        lblA.Font = New Font(lblA.Font.FontFamily, _
            schriftgröße, lblA.Font.Style)
    End Sub
[ ... ]
End Class
```

Zur Erläuterung:

- Zu Beginn des Programms, also beim Laden des Formulars, werden beide ComboBoxen mit den gleichen Werten gefüllt.

Parallel ändern

- Die Methode `mnuFett_Click()` reagiert jetzt auf die Betätigung von drei Elementen: den Hauptmenüpunkt **Fett**, den Label-Kontextmenüpunkt **Fett** und das Symbol **Fett**. In allen drei Fällen wird der Schriftstil eingestellt und der geänderte Zustand gekennzeichnet. In den ersten beiden Fällen geschieht dies durch das Setzen bzw. Wegnehmen des Häkchens, im Fall des Symbols durch eine visuelle Hervorhebung des Buttons.

Abbildung 7.9 Symbolleiste, Button Fett, hervorgehoben

- Bei der Methode `mnuKursiv_Click` sieht es ähnlich aus wie bei der Methode `mnuFett_Click`.
- Auch die Änderung der Schriftgröße über eine der beiden ComboBoxen führt zur gleichen Prozedur: `cboSchriftgröße_TextChanged()`.

Es ist wichtig, dass die Schriftgröße, die in der jeweils anderen ComboBox markiert wird, ebenfalls geändert wird.

- Zu diesem Zweck muss man zunächst ermitteln, bei welchem Objekt das Ereignis ausgelöst wurde. Ein Verweis auf das betreffende Objekt wird der Ereignisprozedur im Parameter `sender` übermittelt. Die statische Methode `ReferenceEquals()` der Klasse `Object` kann ermitteln, ob zwei Objektreferenzen auf dasselbe Objekt verweisen.

  ReferenceEquals

- Ermittelt die Methode, dass der »Sender« die ComboBox aus dem Hauptmenü ist, so wird der dort eingestellte Wert übernommen und bei der ComboBox in der Symbolleiste eingestellt. Ermittelt die Methode, dass der »Sender« die ComboBox in der Symbolleiste ist, so wird der dort eingestellte Wert übernommen und bei der ComboBox aus dem Hauptmenü eingestellt. Anschließend wird in jedem Fall die Eigenschaft `Schriftgröße` des Labels geändert.

Abbildung 7.10 Symbolleiste, Schriftgröße geändert

7.4 Statusleiste

Die Statusleiste eines Programms dient zur Darstellung von Informationen, die während der Laufzeit des Programms permanent sichtbar sein sollen.

7.4.1 Erstellung der Statusleiste

Zur Erstellung einer Statusleiste wird das Steuerelement `StatusStrip` aus der Toolbox auf das Formular gezogen. Es erscheint (wie die anderen Elemente aus dieser Gruppe) sowohl im Formular als auch unterhalb des Formulars. Meist wird in der Statusleiste der Typ »Label« genutzt.

StatusStrip

7 | Weitere Elemente eines Windows-Programms

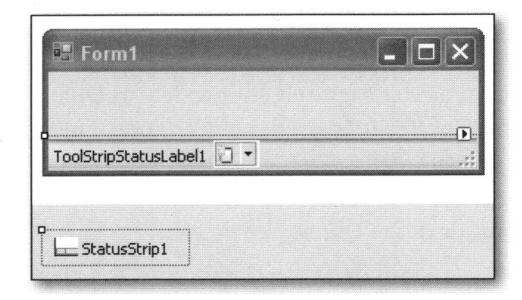

Abbildung 7.11 Statusleiste

7.4.2 Code der Symbolleiste

Das Programm, das bereits ein Hauptmenü, zwei Kontextmenüs und eine Symbolleiste beinhaltet (p0701), wird erweitert und ergänzt. Der Benutzer sieht nun

- ein Label in der StatusBar, in dem das aktuelle Datum angezeigt wird,

ProgressBar
- eine ProgressBar (Fortschrittsbalken), die sich in fünf Sekunden füllt, nachdem der Benutzer den Hauptmenüpunkt **Ende** gewählt hat. Anschließend beendet sich das Programm.

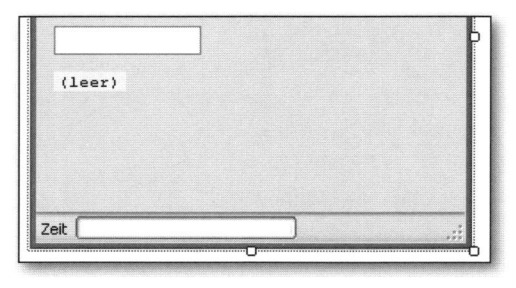

Abbildung 7.12 Programm p0701, Statusleiste

Es folgen die geänderten Teile des Programms:

```
Public Class frm0701
    Dim endezeit As Single
[ ... ]
    Private Sub frm0701_Load( ... ) Handles MyBase.Load
        [ ... ]
        staLblZeit.Text = DateTime.Today
    End Sub
[ ... ]
    Private Sub mnuEnde_Click( ... ) Handles ...
```

```
        endezeit = 0
        tim1.Enabled = True
    End Sub
[ ... ]
    Private Sub tim1_Tick( ... ) Handles ...
        endezeit += 0.1
        If endezeit >= 5 Then
            Me.Close()
        Else
            staPgrEnde.Value = endezeit
        End If
    End Sub
End Class
```

Zur Erläuterung:

- Die modulweite Variable `endezeit` wird deklariert. Sie wird von einem Timer benötigt. — *Timer*
- Zu Beginn des Programms wird das aktuelle Datum ermittelt und in das Label in der Statusleiste geschrieben.
- Falls der Benutzer den Hauptmenüpunkt **Ende** wählt, wird der Timer gestartet und der Wert von `endezeit` auf 0 gesetzt.
- Die Variable `endezeit` erhöht sich bei jedem Aufruf der Timer-Tick-Prozedur alle 0,1 Sekunden um den Wert 0,1. Dazu wurde der Startwert der Eigenschaft `Interval` auf 100 (Millisekunden) gesetzt. — *Timer*
- Sobald `endezeit` den Wert 5 erreicht hat, also nach fünf Sekunden, wird das Programm beendet.
- Wurde der Wert 5 noch nicht erreicht, so wird der Wert des Fortschrittsbalkens (Eigenschaft `Value`) aktualisiert. Der Fortschrittsbalken kann Werte zwischen 0 und 5 repräsentieren (Eigenschaften `Maximum` und `Minimum`). Er zeigt also anschaulich, wann das Programm endet.

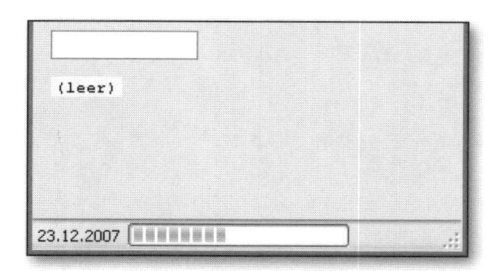

Abbildung 7.13 Programm p0701, Beenden des Programms

7.5 Eingabe-Dialogfeld

InputBox Textfelder in einem Formular bieten die Möglichkeit, Eingaben des Benutzers entgegenzunehmen. Allerdings können auch andere Steuerelemente vom Benutzer bedient werden. Wenn man den Benutzer unbedingt zu einer Eingabe veranlassen möchte, dann kann man mit einem Eingabe-Dialogfeld arbeiten. Ein solches Dialogfeld stellt die Funktion InputBox() bereit.

Der Rückgabewert ist eine Zeichenkette. Das Eingabefeld kann mit einem Default-Wert vorbelegt werden. Dies kann zur Hilfestellung oder zur schnelleren Verarbeitung dienen. Damit der Benutzer weiß, was und warum er etwas eingeben soll, können ein Titel und eine Eingabeaufforderung angezeigt werden.

Ein Beispiel (p0702):

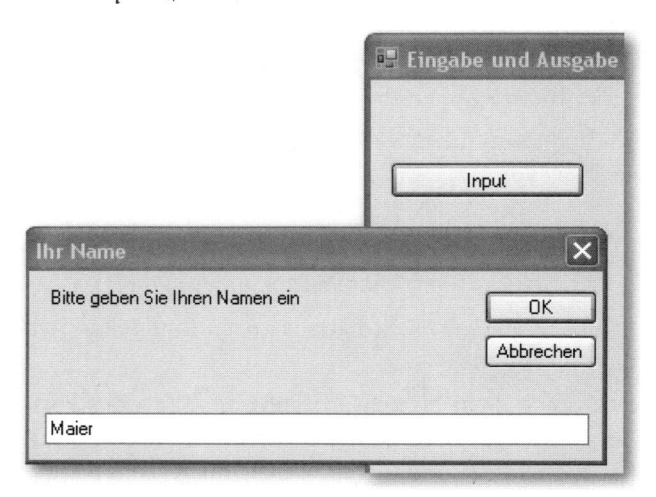

Abbildung 7.14 Eingabeaufforderung mit InputBox()

```
Public Class frm0702
    Private Sub cmdA_Click( ... ) Handles ...
        Dim eingabe As String
        eingabe = InputBox(_
            "Bitte geben Sie Ihren Namen ein", _
            "Ihr Name", "Maier")
        lblA.Text = eingabe
    End Sub
End Class
```

Zur Erläuterung:

- Das Eingabe-Dialogfeld kann infolge beliebiger Ereignisse oder Abläufe erscheinen. Hier wurde ein Button zum Aufruf gewählt.
- Der erste Parameter dient für die Eingabeaufforderung, er muss angegeben werden.
- Die beiden anderen Parameter sind optional.
- Der Rückgabewert wird im vorliegenden Programm gespeichert und ausgegeben

Eingabe der Lottozahlen

Ein weiteres Beispiel (ebenfalls in p0702) soll die bessere Benutzerführung mithilfe eines Eingabe-Dialogfelds verdeutlichen. Der Benutzer soll die Lottozahlen eingeben. Bekanntlich sind dies sechs verschiedene ganze Zahlen zwischen 1 und 49. Er wird so lange aufgefordert, Zahlen einzugeben, bis diese Bedingung erfüllt ist. Falls er eine Zahl mehrfach eingibt oder eine Zahl außerhalb des erlaubten Bereichs wählt, wird die betreffende Eingabe wiederholt.

Mehrfache Eingabe

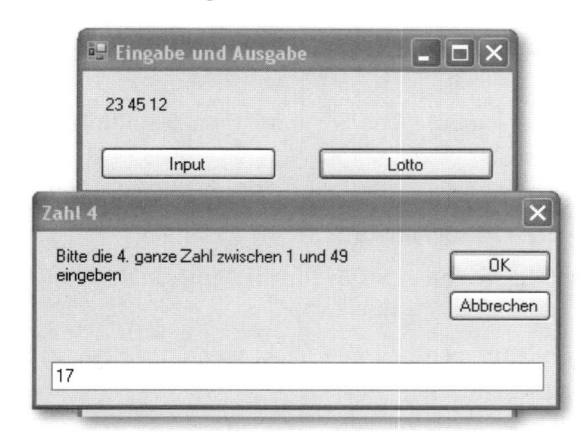

Abbildung 7.15 Eingabe von Lottozahlen

```
Public Class frm0702
[ ... ]
    Private Sub cmdLotto_Click( ... ) Handles ...
        Dim zahl As Integer
        Dim lotto(5) As Integer
        Dim gezogen As Boolean
        Dim i, k As Integer
```

```
        lblA.Text = ""
        For i = 0 To 5
            Do
                gezogen = False
                zahl = Val(InputBox("Bitte die " & (i + 1) _
                    & ". ganze Zahl zwischen 1 und 49 " _
                    & "eingeben", "Zahl " & (i + 1)))
                For k = 0 To i - 1
                    If lotto(k) = zahl Then
                        gezogen = True
                        Exit For
                    End If
                Next
            Loop While gezogen Or zahl < 1 Or zahl > 49
            lotto(i) = zahl
            lblA.Text &= zahl & " "
        Next
    End Sub
End Class
```

Zur Erläuterung:

- Die Variable `zahl` wird für die aktuell eingelesene ganze Zahl vorgesehen.
- Das Feld `lotto` hat sechs Elemente. Die Elemente 0 bis 5 sind für die sechs Lottozahlen vorgesehen.
- Die Variable `gezogen` wird wiederholt benötigt, um festzuhalten, ob eine bestimmte Zahl schon gezogen wurde.
- Die äußere `For`-Schleife läuft von 0 bis 5, für die Eingabe der sechs Lottozahlen.
- Die `Do...Loop`-Schleife läuft eventuell mehrfach, wenn der Benutzer eine nicht erlaubte Zahl eingegeben hat.
- Die eingegebene Zahl wird in der inneren `For`-Schleife mit allen bisher eingegebenen Zahlen verglichen. Wurde sie bereits gezogen, so wird die boolesche Variable auf `True` gesetzt.
- Die Bedingung für die `Do...Loop`-Schleife lautet: »Wiederhole, wenn die eingegebene Zahl bereits gezogen wurde, wenn sie kleiner als 1 oder größer als 49 ist«.
- Nach Verlassen der `Do...Loop`-Schleife wird die Zahl im Feld `lotto` gespeichert, damit sie mit allen nachfolgenden Zahlen verglichen werden kann.

7.6 Ausgabe-Dialogfeld

Zur Darstellung einfacher Anzeigen oder Warnungen sowie für Benutzer-Abfragen muss kein aufwendiges Dialogfeld erzeugt und programmiert werden. Die Funktion MsgBox(), die wir in ihrer einfachen Version bereits kennengelernt haben, bietet eine Reihe von vorgefertigten Dialogfeldern, mit denen man bereits viele alltägliche Aufgaben erledigen kann.

MsgBox

Ein Beispiel:

Abbildung 7.16 Einfache Ausgabe mit OK

```
Private Sub cmdMsgBoxOkOnly_Click( ... ) Handles ...
    MsgBox("Gelesen? Dann bitte Ok drücken", _
        MsgBoxStyle.OkOnly, "Ok")
End Sub
```

Zur Erläuterung:

- Den ersten Parameter kennen wir schon, dabei handelt es sich um die eigentliche Nachricht des Ausgabe-Dialogfelds.
- Der zweite Parameter ist optional und wurde bisher noch nicht benötigt. Mit diesem Parameter wird das Aussehen und Verhalten des Dialogfelds gesteuert. Im vorliegenden Fall wird mithilfe von MsgBoxStyle.OkOnly nur der Button **Ok** dargestellt – dies ist zugleich der Standard.
- Der dritte Parameter ist ebenfalls optional und dient zur Angabe des Dialogfeld-Titels. Wird er nicht angegeben, so steht hier der Name der Anwendung.

Button »Ok«

In den weiteren Beispielen, die in diesem Abschnitt vorgestellt werden, werden folgende Möglichkeiten von MsgBoxStyle einzeln oder in Kombination genutzt:

MsgBoxStyle

Stil der MsgBox	Erläuterung
AbortRetryIgnore	drei Buttons: **Abbrechen**, **Wiederholen**, **Ignorieren**
Critical	Bild, das eine kritische Warnung visuell unterstützt
DefaultButton1 (oder 2 oder 3)	Legt fest, welcher Button ausgeführt wird, wenn der Benutzer nur die Taste ⏎ betätigt – normalerweise ist dies der erste Button.
Exclamation	Bild, das einen deutlichen Hinweis mit einem Ausrufezeichen visuell unterstützt
Information	Bild, das einen einfachen Hinweis mit einem Info-Zeichen visuell unterstützt
Question	Bild, das eine Frage mit einem Fragezeichen visuell unterstützt
RetryCancel	zwei Buttons: **Wiederholen**, **Abbrechen**
SystemModal	Dialogfeld bleibt immer im Vordergrund, auch wenn der Benutzer die Anwendung wechselt.
YesNo	zwei Buttons: **Ja**, **Nein**
YesNoCancel	drei Buttons: **Ja**, **Nein**, **Abbrechen**

Operator Or Eine Button-Kombination kann mit einem Bild und einem `DefaultButton`-Verhalten mithilfe des Operators `Or` verknüpft werden. Ein Beispiel: `AbortRetryIgnore` wird mit `Exclamation` und `DefaultButton2` verknüpft.

Wenn mehr als ein Button eingeblendet wird, muss der Rückgabewert der Funktion `MsgBox()` (also die Antwort des Benutzers) mithilfe einer Verzweigung ausgewertet werden. Der Rückgabewert ist eine ganze Zahl. Damit man sich nicht die Zahlen merken muss, gibt es festgelegte Konstanten, die diese Zahlen repräsentieren. Sie stehen in der Aufzählung `MsgBoxResult`. Ihre Namen sind selbsterklärend: `Abort`, `Cancel`, `Ignore`, `No`, `Ok`, `Retry` und `Yes`.

Das folgende Beispiel zeigt die Ausgabe mit dem Info-Zeichen (ebenfalls in `p0702`):

Abbildung 7.17 Ausgabe mit Info-Zeichen

7.6 | Ausgabe-Dialogfeld

Der zugehörige Code lautet:

```
Private Sub cmdMsgBoxInformation_Click( ... ) Handles ...
    MsgBox("Das ist eine Information", _
        MsgBoxStyle.Information, "Info")
End Sub
```

Zur Erläuterung:

- Ein Bild (hier der Buchstabe I für »Information«) kann auch alleine als `MsgBoxStyle` eingesetzt werden. In diesem Fall wird die einfache MsgBox mit dem **Ok**-Button dargestellt.

Information

Ein Beispiel mit einem system-modalen Ausgabefeld (ebenfalls in p0702):

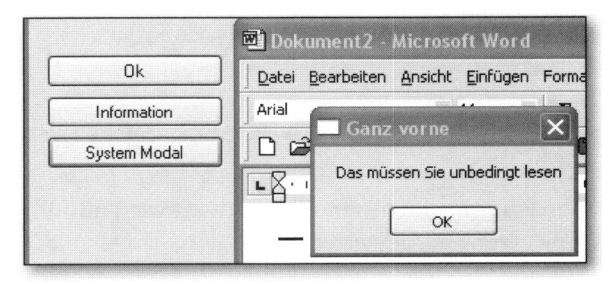

Abbildung 7.18 System-modales Ausgabefeld

Der zugehörige Code lautet:

```
Private Sub cmdMsgBoxSystemModal_Click( ... ) Handles ...
    MsgBox("Das müssen Sie unbedingt lesen", _
        MsgBoxStyle.OkOnly Or MsgBoxStyle.SystemModal, _
        "Ganz vorne")
End Sub
```

Zur Erläuterung:

- Der Button **Ok** und die Eigenschaft `SystemModal` werden mithilfe von `Or` miteinander verknüpft.

SystemModal

Ein Beispiel mit Buttons für **Ja** und **Nein** (ebenfalls in p0702) (siehe Abbildung 7.19):

Der zugehörige Code lautet:

```
Private Sub cmdMsgBoxYesNo_Click( ... ) Handles ...
    If MsgBox("Soll die Datei gesichert werden?", _
            MsgBoxStyle.YesNo Or MsgBoxStyle.Question, _
            "Sicherung") = MsgBoxResult.Yes Then
```

```
        lblA.Text = "Sie wollen die Datei sichern"
    Else
        lblA.Text = "Sie wollen die Datei nicht sichern"
    End If
End Sub
```

Abbildung 7.19 Zwei Buttons zur Auswahl

Zur Erläuterung:

Ja, Nein
- Die beiden Buttons **Ja** und **Nein** werden mit dem Fragezeichen verknüpft.
- Der Benutzer muss die Frage beantworten. Die Antwort wird mithilfe einer `If...Else`-Verzweigung ausgewertet.
- Im vorliegenden Programm werden nur zwei unterschiedliche Meldungen im Label ausgegeben. In der Realität würden zwei unterschiedliche Abläufe beginnen.

Nach Betätigung des Buttons **Nein** erscheint aufgrund der Verzweigung:

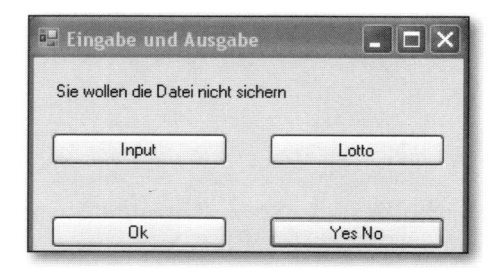

Abbildung 7.20 Antwort nach Button Nein

Ein Beispiel mit Buttons für **Ja**, **Nein** und **Abbrechen** (ebenfalls in p0702) (siehe Abbildung 7.21).

Der zugehörige Code:

```
Private Sub cmdMsgBoxYesNoCancel_Click( ... ) Handles ...
    Dim antwort As Integer
```

```
    antwort = MsgBox(_
        "Soll die Datei gesichert werden?", _
        MsgBoxStyle.YesNoCancel _
        Or MsgBoxStyle.DefaultButton2, "Sicherung")
    If antwort = MsgBoxResult.Yes Then
        lblA.Text = "Sie wollen die Datei sichern"
    ElseIf antwort = MsgBoxResult.No Then
        lblA.Text = "Sie wollen die Datei nicht sichern"
    Else
        lblA.Text = "Sie wollen den Vorgang abbrechen"
    End If
End Sub
```

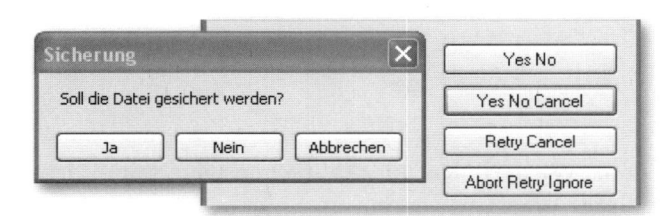

Abbildung 7.21 Drei Buttons zur Auswahl

Zur Erläuterung:

▶ Die drei Buttons **Ja**, **Nein** und **Abbrechen** werden verknüpft mit dem Verhalten `DefaultButton2`. Betätigt der Benutzer also die Taste ⏎, so entspricht dies der Antwort **Nein** bzw. dem zweiten Button.

▶ Da der Benutzer drei Möglichkeiten hat, muss seine Antwort gespeichert werden.

▶ Die Antwort wird anschließend mithilfe einer `If...Else`-Verzweigung ausgewertet.

Ein Beispiel mit Buttons für **Wiederholen** und **Abbrechen**, sowie dem Zeichen für **Kritische Warnung** (ebenfalls in p0702):

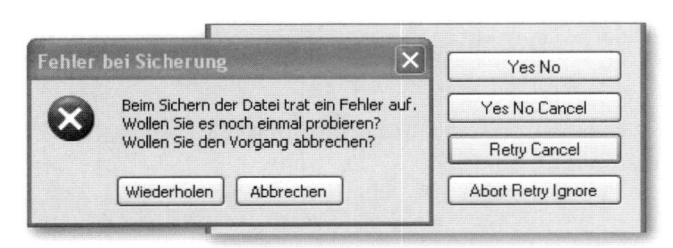

Abbildung 7.22 Kritische Warnung plus zwei Möglichkeiten

Der zugehörige Code lautet:

```
Private Sub cmdMsgBoxRetryCancel_Click( ... ) Handles ...
    If MsgBox("Beim Sichern der Datei trat ein Fehler" _
        & "auf." & vbCrLf & "Wollen Sie es noch " _
        & "einmal probieren?" & vbCrLf & "Wollen " _
        & "Sie den Vorgang abbrechen? ", _
        MsgBoxStyle.RetryCancel Or _
        MsgBoxStyle.Critical, "Fehler bei " _
        & "Sicherung") = MsgBoxResult.Retry Then
            lblA.Text = "Sie wollen es noch einmal probieren"
    Else
        lblA.Text = "Sie wollen den Vorgang abbrechen"
    End If
End Sub
```

Zur Erläuterung:

Kritische Warnung
- Die beiden Buttons **Wiederholen** und **Abbrechen** werden mit dem Zeichen für **Kritische Warnung** verknüpft.

Ein Beispiel mit drei Buttons für **Wiederholen, Abbrechen** sowie dem Zeichen für **Achtung** (ebenfalls in p0702):

Abbildung 7.23   »Achtung« mit drei Möglichkeiten

Der zugehörige Code lautet:

```
Private Sub cmdMsgBoxAbortRetryIgnore_Click( ... ) _
        Handles ...
    Dim antwort As Integer
    antwort = MsgBox("Beim Sichern der Datei trat ein " _
        & "Fehler auf." & vbCrLf & "Wollen Sie den " _
        & "Vorgang abbrechen?" & vbCrLf & "Wollen " _
        & "Sie es noch einmal probieren?" & vbCrLf _
        & "Wollen Sie diese Nachricht einfach " _
        & "ignorieren?", MsgBoxStyle.AbortRetryIgnore _
        Or MsgBoxStyle.Exclamation, "Fehler bei " _
```

```
         & "Sicherung")
    If antwort = MsgBoxResult.Abort Then
        lblA.Text = "Sie wollen den Vorgang abbrechen"
    ElseIf antwort = MsgBoxResult.Retry Then
        lblA.Text = "Sie wollen es noch einmal probieren"
    Else
        lblA.Text = "Sie wollen diese Nachricht einfach
                     ignorieren"
    End If
End Sub
```

Zur Erläuterung:

▶ Die drei Buttons **Abbrechen**, **Wiederholen** und **Ignorieren** werden mit dem Zeichen für einen deutlichen Hinweis verknüpft.

Wiederholen, Ignorieren

7.7 Standard-Dialogfelder

Es gibt fünf Klassen für Standard-Dialogfelder, mit deren Hilfe alltägliche Aufgaben schnell gelöst werden können: `OpenFileDialog`, `SaveFileDialog`, `FolderBrowserDialog`, `ColorDialog` und `FontDialog`.

Sie haben einige Gemeinsamkeiten, zum Beispiel die Methode `ShowDialog()` zur Anzeige des Dialogs und den Rückgabewert, eine Aufzählung des Typs `DialogResult`. Es existieren aber auch Unterschiede aufgrund der Art des Dialogs bzw. des ermittelten Dialog-Ergebnisses.

ShowDialog

7.7.1 Datei öffnen

Ein Objekt der Klasse `OpenFileDialog` dient zur Auswahl einer Datei, die geöffnet werden soll. Vor dem Öffnen des Dialogfelds kann man unter anderem folgende Einstellungen wählen:

OpenFileDialog

▶ `InitialDirectory`: Verzeichnis, mit dem das Dialogfeld startet

▶ `Filter`: verschiedene Gruppen von Datei-Endungen, nach denen die Anzeige gefiltert wird

Filter

▶ `Title`: Titelzeile des Dialogfelds

Das Dialog-Ergebnis (nicht der Rückgabewert) ist ein Dateiname. Dieser wird in der Eigenschaft `FileName` zur Verfügung gestellt.

FileName

Ein Beispiel (in p0703), bei dem nur nach Dateien mit den Endungen »txt« und »doc« gesucht wird:

7 | Weitere Elemente eines Windows-Programms

Abbildung 7.24 Auswahl zum Öffnen einer Datei

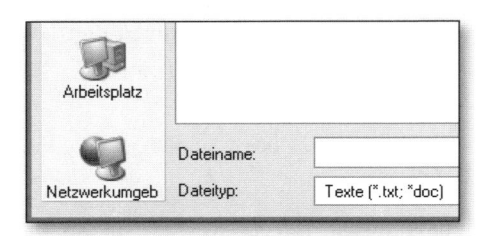

Abbildung 7.25 Der eingestellte Dateityp für Texte

```
Private Sub cmdOpenFileDialog_Click( ... ) Handles ...
    Dim ofd As New OpenFileDialog
    ofd.InitialDirectory = "C:\Temp"
    ofd.Filter = "Tabellen (*.xls)|*.xls| " _
        & "Texte (*.txt; *doc)|*.txt;*.doc| " _
        & "Alle Dateien (*.*)|*.*"
    ofd.Title = "Wählen Sie eine Datei zum Öffnen aus"
    If ofd.ShowDialog() = _
            Windows.Forms.DialogResult.OK Then
        MsgBox("Es wird geöffnet: " & ofd.FileName)
    Else
        MsgBox("Abbruch")
    End If
End Sub
```

Zur Erläuterung:

▶ Das Objekt ofd der Klasse OpenFileDialog wird erzeugt.

▶ Die Eigenschaft InitialDirectory wird (mit einer Zeichenkette) auf ein bestimmtes Verzeichnis eingestellt.

▶ Die Eigenschaft Filter bekommt eine Zeichenkette zugewiesen. Diese beinhaltet verschiedene Gruppen von Datei-Endungen und deren Erklärung.

- Die verschiedenen Gruppen sind durch das Zeichen | voneinander getrennt.
- Eine Gruppe besteht aus: Erklärung (*.Endung) | *.Endung
- Besteht eine Gruppe aus mehreren Datei-Endungen (hier z. B. die Gruppe Texte), so werden die Endungen durch Semikolon voneinander getrennt.
- Die Eigenschaft Title bekommt ebenfalls eine Zeichenkette zugewiesen.
- Die Methode ShowDialog() zeigt den Dialog an. Es ist wichtig, zu ermitteln, welchen Button der Benutzer gedrückt hat. Deshalb wird der Rückgabewert der Methode ausgewertet. Falls dieser dem Wert von DialogResultOk entspricht, hat der Benutzer den Button **Ok** betätigt.
- Wählt der Benutzer eine Datei zum Öffnen aus, die nicht existiert, so erscheint eine Fehlermeldung.
- In der Eigenschaft FileName steht im Erfolgsfall der ausgewählte Dateiname.
- Falls eine Datei eingegeben wurde, die nicht existiert, dann erscheint eine Fehlermeldung.

DialogResultOk

Abbildung 7.26 Fehlermeldung, falls Datei nicht vorhanden

7.7.2 Datei speichern unter

Ein Objekt der Klasse SaveFileDialog dient zur Eingabe oder Auswahl einer Datei, die zum Speichern verwendet werden soll. Wählbare Einstellungen und Dialog-Ergebnis entsprechen im Wesentlichen denen der Klasse OpenFileDialog.

SaveFileDialog

7 | Weitere Elemente eines Windows-Programms

Ein Beispiel (ebenfalls in p0703):

Abbildung 7.27 Auswahl zum Speichern einer Datei

```
Private Sub cmdSaveFileDialog_Click( ... ) Handles ...
    Dim sfd As New SaveFileDialog
    sfd.InitialDirectory = "C:\Temp"
    sfd.Filter = "Tabellen (*.xls)|*.xls| " _
        & "Texte (*.txt; *doc)|*.txt;*.doc| " _
        & "Alle Dateien (*.*)|*.*"
    sfd.Title = "Wählen Sie eine Datei zum Speichern aus"
    If sfd.ShowDialog() = DialogResult.OK Then
        MsgBox("Es wird gespeichert unter: " _
            & sfd.FileName)
    Else
        MsgBox("Abbruch")
    End If
End Sub
```

Abbildung 7.28 Rückfrage, falls Datei bereits vorhanden

Zur Erläuterung:

▶ Das Objekt `sfd` der Klasse `SaveFileDialog` wird erzeugt.
▶ Wählt der Benutzer eine Datei zum Speichern aus, die es bereits gibt, so wird er gefragt, ob er diese überschreiben möchte.

- In der Eigenschaft `FileName` steht im Erfolgsfall der ausgewählte Dateiname. *FileName*
- Falls eine Datei ausgewählt wurde, die bereits existiert, erscheint eine Rückfrage.

7.7.3 Verzeichnis auswählen

Ein Objekt der Klasse `FolderBrowserDialog` dient zur Auswahl eines Verzeichnisses, das als Basis für weitere Programmabläufe dienen soll. Es kann auch ein neues Verzeichnis erzeugt werden. Vor dem Öffnen des Dialogfelds kann man u. a. folgende Einstellungen wählen: *FolderBrowserDialog*

- `RootFolder`: oberstes Verzeichnis, das im Dialogfeld angezeigt wird
- `ShowNewFolderButton`: Anzeige eines Buttons, der die Erzeugung eines neuen Verzeichnisses ermöglicht
- `Description`: Titelzeile des Dialogfelds

Das Dialog-Ergebnis ist ein Verzeichnisname. Dieser wird in der Eigenschaft `SelectedPath` zur Verfügung gestellt. *SelectedPath*

Ein Beispiel (ebenfalls in `p0703`):

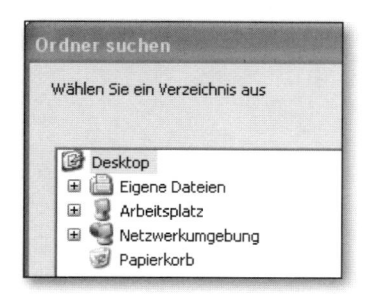

Abbildung 7.29 Auswahl eines Verzeichnisses

```
Private Sub cmdFolderBrowserDialog_Click( ... ) _
      Handles ...
   Dim fbd As New FolderBrowserDialog
   fbd.RootFolder = Environment.SpecialFolder.Desktop
   fbd.ShowNewFolderButton = False
   fbd.Description = "Wählen Sie ein Verzeichnis aus"
   If fbd.ShowDialog() = _
         Windows.Forms.DialogResult.OK Then
      MsgBox("Es wird auf das Verzeichnis: " _
         & fbd.SelectedPath & " zugegriffen")
   Else
```

```
        MsgBox("Abbruch")
    End If
End Sub
```

Zur Erläuterung:

- Das Objekt `fbd` der Klasse `FolderBrowserDialog` wird erzeugt.
- Als oberstes Verzeichnis des Dialogfelds dient ein Element der Aufzählung `SpecialFolder` der Klasse `Environment`, hier ist dies der Desktop.
- Die Eigenschaft `ShowNewFolderButton` steht normalerweise auf `True`. Mit dem Wert `False` wird verhindert, dass ein neues Verzeichnis erzeugt werden kann.
- In der Eigenschaft `SelectedPath` steht im Erfolgsfall der ausgewählte Verzeichnisname.

7.7.4 Farbe auswählen

ColorDialog Ein Objekt der Klasse `ColorDialog` dient zur Auswahl einer Farbe, die z. B. einem Steuerelement zugewiesen werden soll.

Color Das Dialog-Ergebnis ist ein Objekt der Struktur `Color`; es wird in der Eigenschaft `Color` zur Verfügung gestellt.

Ein Beispiel (ebenfalls in p0703):

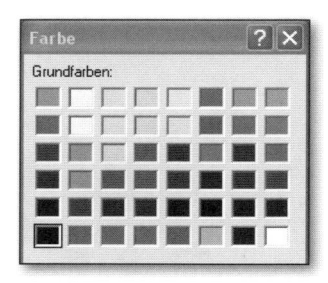

Abbildung 7.30 Auswahl einer Farbe

```
Private Sub cmdColorDialog_Click( ... ) Handles ...
    Dim cd As New ColorDialog
    If cd.ShowDialog() = DialogResult.OK Then
        lblA.ForeColor = cd.Color
    Else
        MsgBox("Abbruch")
    End If
End Sub
```

Zur Erläuterung:

- Das Objekt `cd` der Klasse `ColorDialog` wird erzeugt.
- In der Eigenschaft `Color` steht im Erfolgsfall die ausgewählte Farbe. Diese wird hier als Schriftfarbe für das Label übernommen.

7.7.5 Schrifteigenschaften auswählen

Ein Objekt der Klasse `FontDialog` dient zur Auswahl von Schrifteigenschaften, die z. B. einem Steuerelement zugewiesen werden soll. Dialog-Ergebnisse sind: *FontDialog*

- Ein Objekt der Klasse `Font`, das in der Eigenschaft `Font` zur Verfügung gestellt wird.   *Font*
- Ein Objekt der Struktur `Color`, das in der Eigenschaft `Color` zur Verfügung gestellt wird.

Vor dem Öffnen des Dialogfelds kann man unter anderem folgende Einstellungen wählen:

- `ShowColor`: Legt fest, ob auch die Schriftfarbe einstellbar sein soll.
- `MaxSize` und `MinSize`: Stellt die größte und die kleinste wählbare Schriftgröße ein.

Das Dialog-Ergebnis ist ein Objekt der Klasse `Font`. Dieses wird in der Eigenschaft `Font` zur Verfügung gestellt.

Ein Beispiel (ebenfalls in `p0703`):

Abbildung 7.31   Auswahl von Schrifteigenschaften

```
Private Sub cmdFontDialog_Click( ... ) Handles ...
    Dim fd As New FontDialog
    fd.ShowColor = True
```

```
    fd.MinSize = 8
    fd.MaxSize = 20
    If fd.ShowDialog() = DialogResult.OK Then
        lblA.Font = fd.Font
        lblA.ForeColor = fd.Color
    Else
        MsgBox("Abbruch")
    End If
End Sub
```

Zur Erläuterung:

▶ Das Objekt `fd` der Klasse `FontDialog` wird erzeugt.

▶ Die Eigenschaft `ShowColor` wird auf `True` gestellt, es können also auch die Farbe der Schrift bzw. der Unterstreichung eingestellt werden.

▶ Die wählbare Schriftgröße wird begrenzt auf den Bereich von 8 bis 20.

▶ In den Eigenschaften `Font` und `Color` stehen im Erfolgsfall die ausgewählten Schrifteigenschaften und die Farbe. Diese werden hier als Schrifteigenschaften für das Label übernommen.

Wer große Datenmengen dauerhaft und geordnet speichern will, kommt an Datenbanken nicht vorbei.

8 Datenbank-Anwendungen mit ADO.NET

Falls Sie noch nicht mit relationalen Datenbanken vertraut sind, liefert Ihnen der erste Abschnitt dieses Kapitels das nötige Hintergrundwissen. Andernfalls können Sie diesen Teil überspringen und gleich zum Abschnitt 8.2, »Anlegen einer Datenbank«, übergehen.

8.1 Was sind relationale Datenbanken?

Beim relationalen Datenmodell werden die Daten in Form von Tabellen angeordnet. Eine den Erfordernissen der Praxis genügende Datenbank wird sich aber kaum in einer einzigen Tabelle organisieren lassen. Sie wird vielmehr aus mehreren Tabellen bestehen, die miteinander in Beziehung (Relation) stehen. Eine solche Datenbank bezeichnet man als **relational**.

Relation

Sowohl die Tabellen als auch die Relationen lassen sich sehr einfach auf den physikalischen Speicher abbilden. Der Nachteil einer relationalen Datenbank besteht darin, dass zusätzliche Hilfsdatenstrukturen, sogenannte Indizes, aufgebaut und ständig aktualisiert werden müssen. Diese Indizes erleichtern die Abfrage, Suche und Sortierung in relationalen Datenbanken.

Index

Je größer und komplexer eine Datenbank wird, desto mehr überwiegen jedoch die Vorteile der klaren Strukturierung der Daten und der Speicherplatz-Einsparung gegenüber dem Nachteil durch den Aufbau und die Aktualisierung der Indizes.

8 | Datenbank-Anwendungen mit ADO.NET

8.1.1 Beispiel »Lager«

Als anschauliches Beispiel für den Entwurf einer Datenbank soll die Erfassung des Lagerbestands eines Einzelhändlers dienen. Die Artikel des Lagers sollen durch folgende Daten gekennzeichnet werden:

Beschreibung	Abkürzung
eigene Artikelnummer	artnr
Bestellnummer für diesen Artikel beim Lieferanten	bestnr
vorhandene Anzahl	anz
Lieferantennummer	lnr
Adresse des Lieferanten	adr
Telefonnummer des Lieferanten	telnr
Regional-Vertreter des Lieferanten	vertr
Einkaufspreis	ek
Verkaufspreis	vk

Erster Entwurf

Tabelle Im ersten Entwurf für eine solche Datenbank werden die Daten in einer Tabelle mit dem Namen `artikel` gespeichert, die folgende Spalten hat:

artnr	bestnr	anz	lnr	adr	telnr	vertr	ek	vk
12	877	5	1	Köln	162376	Mertens	23	35
22	231	22	3	Koblenz	875434	Mayer	55	82
24	623	10	4	Bonn	121265	Marck	12	18
30	338	30	12	Aachen	135543	Schmidt	77	116
33	768	5	1	Köln	162376	Mertens	90	135
56	338	2	1	Köln	162376	Mertens	125	190
58	338	16	3	Koblenz	875434	Mayer	50	74
76	912	15	12	Aachen	135543	Schmidt	45	70

Feld, Datensatz In diesem Beispiel sind acht verschiedene Artikel im Lager, zu jedem dieser Artikel existiert in der Tabelle eine Zeile. Eine solche Zeile in einer Datenbank-Tabelle wird **Datensatz** genannt. Die Spalten einer Datenbank-Tabelle nennt man **Felder**, sie werden durch ihre Überschrift, den **Feldnamen**, gekennzeichnet.

Alle Artikel sind innerhalb einer Tabelle abgelegt. Dies wirkt auf den ersten Blick sehr übersichtlich, man erkennt allerdings schnell, dass viele Daten mehrfach vorhanden sind. Bei jedem Artikel des gleichen Lieferanten sind Adresse, Telefonnummer und Vertreter in jedem Datensatz erfasst. Es ergibt sich eine Daten-Redundanz, d. h. viele Daten sind überflüssig. Außerdem können sich schnell inkonsistente, uneinheitliche Daten ergeben, falls die Telefonnummer eines Lieferanten sich ändert und diese Änderung nur in einem Datensatz eingetragen wird.

Zweiter Entwurf

Daher geht man dazu über, den Lagerbestand in zwei Tabellen abzulegen, die miteinander verbunden sind. Die reinen Artikeldaten werden in der ersten Tabelle mit dem Namen `artikel` gespeichert, die folgende Felder hat:

artnr	bestnr	anz	lnr	ek	vk
12	877	5	1	23	35
22	231	22	3	55	82
24	623	10	4	12	18
30	338	30	12	77	116
33	768	5	1	90	135
56	338	2	1	125	190
58	338	16	3	50	74
76	912	15	12	45	70

Die zweite Tabelle `lieferanten` enthält nur die Daten zu den einzelnen Lieferanten. Sie hat folgende Felder:

lnr	adr	telnr	vertr
1	Köln	162376	Mertens
3	Koblenz	875434	Mayer
4	Bonn	121265	Marck
12	Aachen	135543	Schmidt

Außer den beiden Tabellen wird noch eine sogenannte 1:n-Relation aufgebaut. Diese Relation (=Beziehung, Verknüpfung) wird zwischen den beiden Feldern mit dem Namen `lnr` in den beiden Tabellen geknüpft. Im folgenden Bild sind die beiden Tabellen mit ihren Feldnamen und der Verknüpfung dargestellt (siehe Abbildung 8.1).

1:n Relation

Um also die vollständige Information über einen Artikel zu erhalten, muss man zuerst den Datensatz innerhalb der Tabelle `artikel` aufsuchen und anschließend über das Feld `lnr` den zugehörigen Datensatz in der

Redundanz vermeiden

Tabelle lieferanten beachten. Auf diese Weise werden redundante Informationen vermieden und es kann ein erheblicher Teil an Speicherplatz eingespart werden.

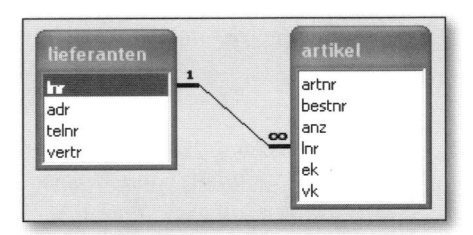

Abbildung 8.1 Relation zwischen Lieferanten und Artikel

Datenbanksystem
Diese beiden verknüpften Tabellen werden, zusammen mit einem geeigneten Abfragesystem zum schnellen Auffinden und Auswerten der Daten, als relationales Datenbanksystem bezeichnet. Zu einem solchen System gehören Indizes und Relationen.

8.1.2 Indizes

Hilfstabelle
Ein Index ist eine sortierte Hilfstabelle, in der sich die indizierten Felder in der entsprechenden, sortierten Reihenfolge befinden. Außerdem steht hier ein Verweis auf den Ort des zugehörigen Datensatzes. Wenn das Datenbanksystem beim Suchen oder Sortieren einen Index benutzen kann, können effizientere Verfahren angewendet werden, weil nicht Satz für Satz der Tabelle verarbeitet werden muss. Dies bringt besonders bei großen Tabellen Geschwindigkeitsvorteile.

Da für jeden Index Speicherplatz benötigt wird, wächst die Datenbank entsprechend. Außerdem müssen die Index-Hilfstabellen beim Eingeben und Ändern der Daten aktualisiert werden, was die Geschwindigkeit beim Bearbeiten der Daten verlangsamt. In diesem Zusammenhang sind die Begriffe **Primärindex** und **Sekundärindex** von Bedeutung.

Primärindex

Eindeutig
Jede Tabelle kann ein Feld aufweisen, das als Primärindex dient. In einem Primärindexfeld ist jeder Wert einzigartig, d. h. zwei Datensätze haben niemals den gleichen Wert im Primärindexfeld. Diese Eigenschaft wird vom Datenbanksystem überwacht, wenn Sie ein Feld oder eine Gruppe von Feldern als Primärindex definieren. Über das Primärindexfeld kann jeder Datensatz eindeutig identifiziert werden.

Ein Beispiel aus dem vorigen Abschnitt: Innerhalb der Tabelle `artikel` versieht man sinnvollerweise das Feld `artnr` mit einem Primärindex. Jede Artikelnummer sollte in dieser Tabelle nur einmal vorkommen. Innerhalb der Tabelle `lieferanten` versieht man das Feld `lnr` mit einem Primärindex.

Sekundärindex

Wird für ein Feld oder eine Gruppe von Feldern die Eigenschaft »Sekundärindex« vereinbart, kann mehrfach derselbe Feldinhalt vorkommen. Eine eindeutige Identifizierung eines Datensatzes ist also über einen Sekundärindex nicht möglich. Trotzdem empfiehlt es sich, Sekundärindizes anzulegen, wenn schnellere Sortierung oder schnelleres Suchen nach diesen Feldern möglich sein sollen.

Suchen und Sortieren

Ein Beispiel aus dem vorigen Abschnitt: Innerhalb der Tabelle `lieferanten` versieht man z. B. das Feld `adr` mit einem Sekundärindex. Dadurch ermöglicht man das schnelle Sortieren der Tabelle nach Adressen, bzw. das schnelle Suchen nach einer bestimmten Adresse.

8.1.3 Relationen

Wenn man mehrere Tabellen hat, werden diese meist in einer Relation (=Beziehung) zueinander stehen. Das Datenbanksystem ermöglicht das Festlegen der Relationen zwischen je zwei Tabellen, um diese miteinander zu verknüpfen.

Eine 1:1-Relation

Eine 1:1-Relation liegt dann vor, wenn einem Datensatz der einen Tabelle genau ein Datensatz der zweiten Tabelle zugeordnet ist. Die Verknüpfungsfelder müssen in beiden Tabellen eindeutig sein. Im Prinzip könnte man zwei Tabellen, die zueinander in einer 1:1-Relation stehen, zu einer einzigen Tabelle zusammenfassen. Es kann aber Gründe geben, die das Führen von zwei Tabellen notwendig machen, z. B. Datenschutzerfordernisse.

Im Beispiel aus dem vorigen Abschnitt könnte man die Daten auch in zwei Tabellen anordnen, die über das Feld `lnr` miteinander verbunden sind. Beide Tabellen haben acht Datensätze, zu jedem Datensatz in der ersten Tabelle gibt es genau einen Datensatz in der zweiten Tabelle.

Datenschutz

Teil 1:

artnr	bestnr	anz	lnr	ek	vk
12	877	5	1	23	35
22	231	22	3	55	82
24	623	10	4	12	18
30	338	30	12	77	116
33	768	5	1	90	135
56	338	2	1	125	190
58	338	16	3	50	74
76	912	15	12	45	70

Teil 2:

lnr	adr	telnr	vertr
1	Köln	162376	Mertens
3	Koblenz	875434	Mayer
4	Bonn	121265	Marck
12	Aachen	135543	Schmidt
1	Köln	162376	Mertens
1	Köln	162376	Mertens
3	Koblenz	875434	Mayer
12	Aachen	135543	Schmidt

Die persönlichen Daten eines Lieferanten, die in einer eigenen Tabelle stehen, können so von den Daten des Artikel-Lagers getrennt werden. Falls man für einzelne Benutzer nur den Zugriff auf die Artikel-Tabelle ermöglicht, hat man an dieser Stelle den Datenschutz gewährleistet, ohne die Funktion der Artikel-Verwaltung zu beeinträchtigen.

Eine 1:n-Relation

Master, Detail — Bei einer 1:n-Relation können zu einem Datensatz der ersten Tabelle mehrere Datensätze der zweiten Tabelle vorliegen, die sich darauf beziehen. In einem Datenbanksystem wird die Tabelle der 1-Seite auch als **Mastertabelle** für diese Relation bezeichnet, die Tabelle der n-Seite wird auch **Detailtabelle** genannt.

Im Beispiel aus dem vorigen Abschnitt sind die Daten über eine solche 1:n-Relation miteinander verbunden. Die Mastertabelle für diese Relation ist die Tabelle der Lieferanten, die Detailtabelle ist die Tabelle der Artikel.

Eine m:n-Relation

Bei einer m:n-Relation entsprechen einem Datensatz der ersten Tabelle mehrere Datensätze der zweiten Tabelle, aber auch umgekehrt entsprechen einem Datensatz der zweiten Tabelle mehrere Datensätze der ersten Tabelle. Eine m:n-Relation lässt sich nicht unmittelbar, sondern nur über den »Umweg« einer dritten Tabelle definieren.

Dritte Tabelle

Um eine Datenbank mit einer m:n-Relation darzustellen, muss das einfache Beispiel aus dem vorigen Abschnitt erweitert werden. Bisher konnte ein Artikel nur von einem Lieferanten bezogen werden. Im neuen Beispiel soll es die Möglichkeit geben, einen Artikel unter unterschiedlichen Bestellnummern bei verschiedenen Lieferanten zu beziehen. Die Tabelle `artikel` würde wie folgt erweitert:

artnr	bestnr	anz	lnr	ek	vk
12	877	3	1	23	35
12	655	2	4	26	35
22	231	22	3	55	82
24	623	10	4	12	18
30	338	30	12	77	116
33	768	5	1	90	135
56	338	2	1	125	190
58	338	3	3	50	74
58	442	5	1	47	74
58	587	6	4	42	74
58	110	2	12	55	74
76	912	15	12	45	70

Sowohl der Artikel 12 als auch der Artikel 58 ist unter unterschiedlichen Bestellnummern und Einkaufspreisen bei verschiedenen Lieferanten zu beziehen. Die Tabelle `artikel` hat nun keinen Primärindex mehr im Feld `artnr`, da eine Artikelnummer mehrfach vorkommen kann.

Diese Daten legt man zur besseren Strukturierung in folgenden drei Tabellen an:

Tabelle lieferanten mit den Lieferantendaten:

lnr	adr	telnr	vertr
1	Köln	162376	Mertens
3	Koblenz	875434	Mayer
4	Bonn	121265	Marck
12	Aachen	135543	Schmidt

Tabelle art_einzel mit den unterschiedlichen Daten pro Artikel und Lieferant:

artnr	bestnr	anz_einzel	lnr	ek
12	877	3	1	23
12	655	2	4	26
22	231	22	3	55
24	623	10	4	12
30	338	30	12	77
33	768	5	1	90
56	338	2	1	125
58	338	3	3	50
58	442	5	1	47
58	587	6	4	42
58	110	2	12	55
76	912	15	12	45

Tabelle art_gesamt mit den gemeinsamen Daten der Artikel:

artnr	vk
12	35
22	82
24	18
30	116
33	135
56	190
58	74
76	70

Zweimal 1:n Die Tabelle lieferanten ist über das Feld lnr mit der Tabelle art_einzel über eine 1:n-Relation verbunden. Die Tabelle art_gesamt

ist über das Feld `artnr` mit der Tabelle `art_einzel` ebenfalls über eine 1:n-Relation verbunden.

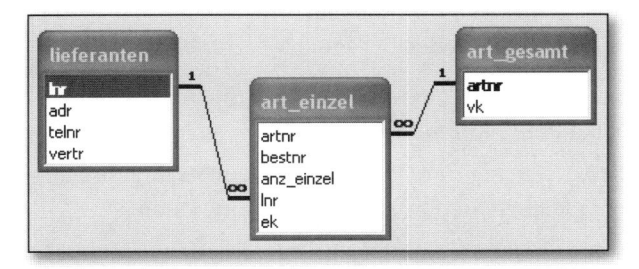

Abbildung 8.2 Zwei 1:n-Relationen, eine m:n-Relation

Zwischen den beiden Tabellen `lieferanten` und `art_gesamt` gibt es eine m:n-Relation, da es zu jedem Lieferanten mehrere Artikelnummern und zu jeder Artikelnummer mehrere Lieferanten geben kann. Primärindizes gibt es in der Tabelle `lieferanten` auf `lnr` und in der Tabelle `art_gesamt` auf `artnr`.

8.1.4 Übungen

Bei den nachfolgenden Übungen sollen eigene, relationale Datenbanken übersichtlich »auf Papier« modelliert werden. Vermeiden Sie dabei Redundanzen und Inkonsistenzen. Kennzeichnen Sie Primärindizes und gegebenenfalls Sekundärindizes. Zeichnen Sie 1:n-Relationen und (falls vorhanden) m:n-Relationen ein.

Übung »Projektverwaltung«

Modellieren Sie eine eigene, relationale Datenbank `projektverwaltung` zur Verwaltung von Personal und Projekten innerhalb einer Firma. Folgende Basis-Informationen stehen Ihnen zur Verfügung und sollen in der Datenbank verfügbar sein:

- Ein Mitarbeiter hat Name, Vorname und Personalnummer.
- Ein Projekt hat Bezeichnung und Projektnummer.
- Ein Mitarbeiter kann an mehreren Projekten innerhalb der Firma beteiligt sein.
- Ein Projekt kann von einem oder mehreren Mitarbeitern bearbeitet werden.
- Jeder Mitarbeiter notiert jeden Tag, wie viele Stunden er für welches Projekt gearbeitet hat.

Übung »Mietwagen«

Modellieren Sie eine eigene, relationale Datenbank `mietwagen` zur Verwaltung einer Mietwagenfirma. Folgende Basis-Informationen stehen Ihnen zur Verfügung und sollen in der Datenbank verfügbar sein:

- Ein Fahrzeug hat Fahrgestellnummer, Kfz-Kennzeichen, gehört zu einer Preisklasse, hat einen Kilometerstand und einen Standort.
- Die Mietwagenfirma hat mehrere Standorte. Gemietete Fahrzeuge können nur an der gleichen Station zurückgegeben werden.
- Ein Kunde hat Name, Vorname, Adresse und eine Kundennummer. Er kann beliebig oft Fahrzeuge mieten.
- Bei einem Mietvorgang sind wichtig: Zeitpunkt (Beginn und Ende), gewünschte Preisklasse, tatsächlich gemietetes Fahrzeug, Mietstation und gefahrene Kilometer.
- Eine Preisklasse beinhaltet die Kosten pro Tag (bei 300 Freikilometern) und die Kosten für jeden zusätzlichen Kilometer.

8.2 Anlegen einer Datenbank in MS Access

MS Access — Bei MS Access handelt es sich um ein Datenbanksystem als Bestandteil bestimmter Versionen von MS Office. Falls Sie noch nicht mit MS Access gearbeitet haben, lernen Sie in diesem Abschnitt, wie man Datenbanken mit MS Access in der Version 2007 anlegt, z.B. die in den weiteren Abschnitten benutzte Beispiel-Datenbank `firma`. Andernfalls können Sie diese Beispiel-Datenbank direkt von der beiliegenden DVD kopieren und gleich zum Abschnitt 8.3 »Datenbankzugriff mit Visual Basic« übergehen.

Weitere DB-Systeme — Sollte Ihnen MS Access 2007 (oder gegebenenfalls eine ältere Version) nicht zur Verfügung stehen, gibt es noch weitere Möglichkeiten, Datenbanken zu erstellen, z.B. mit MS SQL Server 2005 oder MySQL. Die Erstellung bzw. der Zugriff über Visual Basic werden in den beiden letzten Abschnitten dieses Kapitels erläutert.

Das neue, lokale Datenbanksystem MS SQL Server Compact 3.5 wird darüber hinaus in Kapitel 11, »Neues in Visual Basic 2008«, erläutert – einschließlich des Zugriffs über Visual Basic.

Aus der Tatsache, dass MS Access unter MS Windows läuft, ergeben sich die Vorteile des einfachen Imports von Daten aus anderen MS Windows-Programmen bzw. des einfachen Exports dorthin. Außerdem können

Bedienung und Darstellung der internen Strukturen einer Datenbank durch Grafik und Maus vereinfacht werden.

8.2.1 Aufbau von MS Access

Im Datenbanksystem MS Access wird mit Objekten gearbeitet. Neben den Datenbeständen, die in Tabellen organisiert sind, können in einer Access-Datenbank weitere Objekte gespeichert werden, die den Zugriff auf die Daten und die Darstellung der Daten regeln. Dies sind: Abfragen, Berichte, Formulare, Makros und Module.

Objekte

Jedes dieser Elemente ist für MS Access ein Objekt, das einen eigenen Namen erhält und bestimmte Eigenschaften hat, die man einstellen kann. Komplexe Objekte wie Formulare enthalten ihrerseits benannte Objekte mit einstellbaren Eigenschaften, z. B. Eingabefelder. Auf jedes Objekt kann durch seinen Namen Bezug genommen werden.

Alle Objekte einer Datenbank werden zusammen in einer Datei gespeichert, sodass man beim Öffnen einer Datenbankdatei sicher sein kann, alle benötigten Elemente verfügbar zu haben.

Eine Datei

Tabellen

Die Grundlage einer MS Access-Datenbank sind die Tabellen, in denen der Datenbestand gespeichert wird. Wie viele Tabellen eine Datenbank umfasst und in welcher Weise die Tabellen verknüpft werden, hängt von der speziellen Aufgabenstellung der Datenbank ab. Tabellen sind in Zeilen und Spalten organisiert. Jede Zeile stellt einen Datensatz dar, jede Spalte ein Feld.

Daten speichern

Abfragen

Während die Gesamtheit der Tabellen in den Daten gespeichert ist, können Sie mit Abfragen die jeweils gewünschten Teilinformationen abrufen. Das Ergebnis einer Abfrage wird **Dynaset** genannt und ebenfalls in Tabellenform dargestellt. Sie können beliebig viele Abfragen zusammen mit der Datenbank speichern. Wenn Sie eine Abfrage verwenden, wird das entsprechende Dynaset gemäß der gespeicherten Abfragevorschrift jedes Mal neu erzeugt.

Daten abrufen

Formulare

Für die Bildschirmdarstellung der Daten können Formulare erstellt werden, die den früher verwendeten Papierformularen entsprechen. Zum

Daten ändern

8 | Datenbank-Anwendungen mit ADO.NET

Eingeben und Ändern der Daten bieten Formulare eine gute Benutzerführung, aber auch wenn es um die übersichtliche Darstellung von Abfrageergebnissen geht, sollte man Formulare verwenden.

Der Formularassistent führt den Anwender bei der Erstellung eines Formulars und hält Standardmaskenformate bereit. Sie können aber auch selbst die Anordnung, Gestaltung und Auswertung bestimmen.

Berichte

Daten drucken Mit Berichten lässt sich nicht nur die Druckausgabe gestalten, sondern es können auch gruppenweise Daten zusammengefasst und statistische sowie grafische Auswertungen durchgeführt werden. Als Basis können Sie eine Tabelle oder Abfrage verwenden.

Auch bei der Berichtserstellung können Sie sich von einem Assistenten unterstützen lassen. Sie können natürlich auch einen eigenen Berichtsentwurf anlegen oder das vom Berichtsassistenten erzeugte Berichtsformat individuell umgestalten.

Makros

Automatisierung Mit Makros können Abläufe automatisiert werden. So ist eine benutzerdefinierte Programmsteuerung möglich, ohne dass eine Programmiersprache eingesetzt werden muss. Bei der Erstellung von Makros können die gewünschten Aktionen mithilfe von Listenfeldern ausgewählt werden. Die Ausführung eines Makros kann an Formular- oder Berichtsereignisse gebunden werden, wie das Aktualisieren eines Felds oder das Anlicken einer Schaltfläche.

Module

Programmierung Zusätzlich zu den Makro-Möglichkeiten bietet MS Office auch für MS Access eine eigene Programmiersprache (VBA), mit der Sie Funktionen und Prozeduren erstellen können, die in Modulen zusammengefasst in der Datenbank gespeichert werden. Mit VBA können professionelle Datenbankanwendungen entwickelt werden, die eine komplette Automatisierung und Anwenderführung beinhalten. Darüber hinaus können sie einzelne Funktionen für spezielle Berechnungen oder Prüfungen enthalten, die ebenso wie Makros mit Ereignissen in Formularen und Berichten verknüpft werden können. Module mit Funktionen und Prozeduren, die für alle MS Access-Datenbanken verfügbar sein sollen, können in speziellen Bibliotheks-Datenbanken gespeichert werden.

8.2.2 Datenbank-Entwurf in MS Access 2007

Jeder Einzelinformation, die zum selben Tabellenthema gehört, entspricht ein eigenes Feld. Dagegen sollte man für Informationen, die sich ableiten oder berechnen lassen, keine Tabellenfelder vorsehen. Diese Informationen werden mit Abfragen erzeugt und stets mit den aktuellen Daten aus der Tabelle berechnet, wenn Sie die Abfrage aufrufen.

MS Access 2007

Erstellung von Tabellen, Indizes und Relationen

Die beschriebenen Bestandteile einer Datenbank werden nun anhand von eigenen Datenbanken bearbeitet. Geben Sie das Beispiel mit den drei Tabellen aus dem vorigen Abschnitt ein. Die Datenbank erhält den Namen lager. Im Folgenden sind die Entwürfe der drei Tabellen und diejenigen Indizes aufgeführt, die in jedem Fall benötigt werden.

Datenbank erstellen

Erstellung einer Datenbank:

- Rufen Sie MS Access 2007 auf.
- Wählen Sie eine neue, leere Datenbank aus:

Abbildung 8.3 Neue leere Datenbank

- Wählen Sie den gewünschten Dateinamen und das Verzeichnis aus bzw. geben Sie beides ein. In diesem Fall ist dies *C:\Temp\lager.accdb*, die Endung *.accdb* wird von MS Access 2007 ergänzt:

.accdb

Abbildung 8.4 Dateiname und Verzeichnis

8 | Datenbank-Anwendungen mit ADO.NET

- Nach Betätigung des Buttons **Erstellen** erscheint die leere Datenbank mit einem Fenster für Tabelle1. Man könnte hier direkt die Daten der Tabelle1 eingeben. Allerdings soll zunächst eine Tabellenstruktur erzeugt werden. Daher wird das Fenster von Tabelle1 geschlossen, ohne zu speichern:

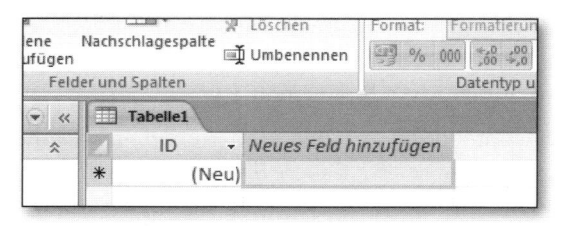

Abbildung 8.5 Dieses Fenster schließen

Tabellenentwurf
- Über den Menüpunkt **Erstellen • Tabellenentwurf** gelangen Sie zur Entwurfsansicht für unsere erste neue Tabelle. Geben Sie hier die Daten wie folgt ein:

Feldname	Felddatentyp
artnr	Zahl
bestnr	Zahl
anz_einzel	Zahl
lnr	Zahl
ek	Währung

Abbildung 8.6 Entwurf der ersten Tabelle

- Schließen Sie dann das Tabellenfenster. Da Sie noch nicht gespeichert haben, werden Sie gefragt, ob Sie speichern möchte. Nach Betätigung des Buttons **Ja** können Sie den Namen der Tabelle (art_einzel) eingeben:

Abbildung 8.7 Speichern der Tabelle

- Nun werden Sie darauf aufmerksam gemacht, dass die Tabelle über keinen Primärschlüssel verfügt. Sie werden gefragt, ob Sie einen solchen erstellen möchte. Nach Betätigung des Buttons **Nein** erscheint die neue Tabelle:

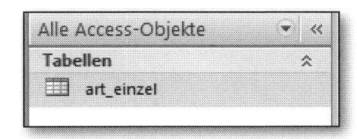

Abbildung 8.8 Neue Tabelle art_einzel

- Im Kontextmenü der neuen Tabelle könnte man über den Menüpunkt **Entwurfsansicht** wiederum in die entsprechende Ansicht gelangen, um die Struktur zu verändern.
- Wählt man im Kontextmenü den Menüpunkt **Öffnen** oder führt man einen Doppelklick auf der Tabelle aus, so gelangt man zur Datenblattansicht. Geben Sie hier die Beispieldaten aus dem vorigen Abschnitt ein.
- Wiederum über den Menüpunkt **Erstellen • Tabellenentwurf** gelangen Sie zur Entwurfsansicht für die nächste Tabelle. Hier geben Sie die Daten wie folgt ein:

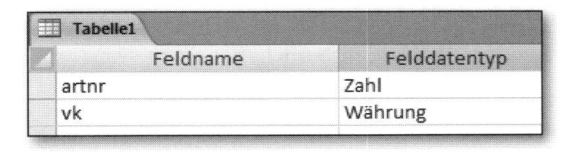

Abbildung 8.9 Entwurf der nächsten Tabelle

- Zum Setzen eines Primärschlüssels wird die betreffende Zeile ausgewählt (`artnr`) und auf das Symbol **Primärschlüssel** geklickt. Anschließend ist der Primärschlüssel zu sehen:

Primärschlüssel

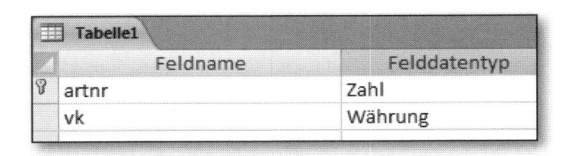

Abbildung 8.10 Neue Tabelle mit Primärschlüssel

- Diese Tabelle wird unter dem Namen `art_gesamt` gespeichert.

- Es erscheinen beide Tabellen:

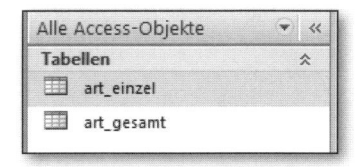

Abbildung 8.11 Zwei Tabellen

- Auch in dieser Tabelle können die Beispieldaten aus dem vorigen Abschnitt eingegeben werden.
- Die dritte Tabelle (lieferanten) wird ebenso eingegeben und gespeichert, dabei wird der Primärschlüssel auf das Feld lnr gesetzt:

Feldname	Felddatentyp
lnr	Zahl
adr	Text
telnr	Zahl
vertr	Text

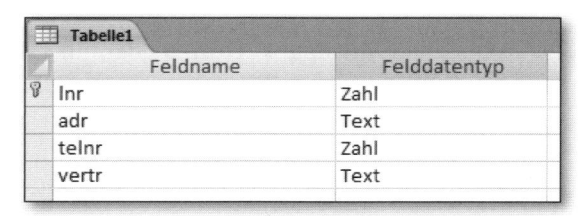

Abbildung 8.12 Dritte Tabelle

Herstellen der Relationen zwischen den Tabellen

Die folgenden beiden Relationen werden benötigt:

- Tabelle art_gesamt, Feld artnr (1-Seite) zu Tabelle art_einzel, Feld artnr (n-Seite), mit referentieller Integrität, ohne Aktualisierungsweitergabe, ohne Löschweitergabe
- Tabelle lieferanten, Feld lnr (1-Seite) zu Tabelle art_einzel, Feld lnr (n-Seite), mit referentieller Integrität, ohne Aktualisierungsweitergabe, ohne Löschweitergabe

Relation erstellen Erstellung der Relationen:

- Wählen Sie den Menüpunkt **Datenbanktools • Beziehungen**. In dem darauf erscheinenden Dialogfenster markieren Sie alle drei Tabellen mithilfe der ⇧-Taste.
- Betätigen Sie nacheinander die Buttons **Hinzufügen** und **Schließen**. Nun sind alle drei Tabellen im Beziehungsfenster zu sehen (siehe Abbildung 8.13).
- Die Tabellen können leicht mit der Maus verschoben werden. Es empfiehlt sich, die obige Anordnung zu wählen.

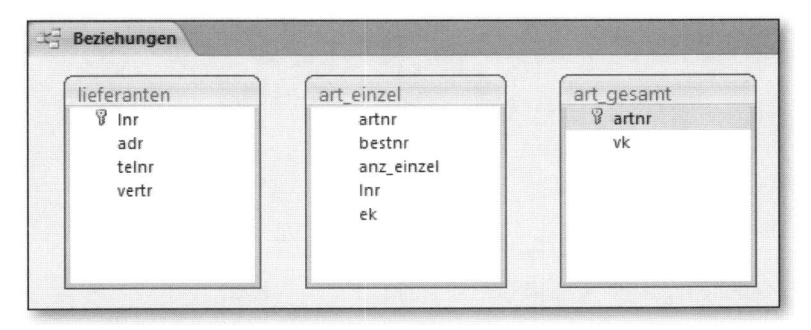

Abbildung 8.13 Inhalt des Beziehungsfensters

- Für jede Relation werden die beiden Felder, zwischen denen die Relation erstellt werden soll, mithilfe der Maus wie folgt miteinander verbunden: Man betätigt auf einem der beiden Felder die linke Maustaste, hält sie gedrückt, geht zum anderen Feld (in der anderen Tabelle) und lässt die Maustaste dort wieder los.
- Führt man dies für die beiden Felder lnr durch, so erscheint folgendes Dialogfeld:

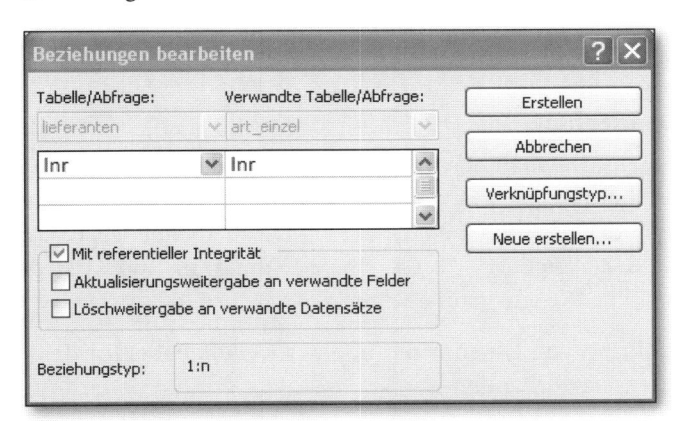

Abbildung 8.14 Erstellung einer Beziehung

- Hier sollte man **Referentielle Integrität** ankreuzen (Erklärung weiter unten) und anschließend den Button **Erstellen** betätigen.
- Zwischen den ausgewählten Feldern erscheint eine Linie, die die 1:n Relation darstellt (sofern die Felder auf beiden Seiten der Relation den gleichen Datentyp haben und auf einem der beiden Felder ein Primärindex liegt):

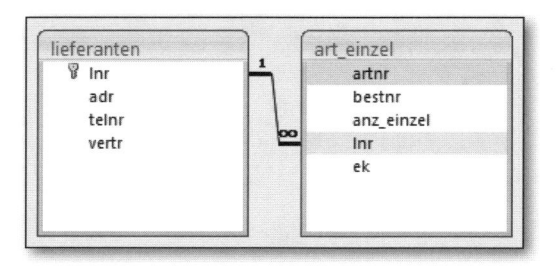

Abbildung 8.15 Anzeige der Beziehung

▶ Die zweite Relation kann auf die gleiche Art erstellt werden, sodass sich folgendes Bild ergibt:

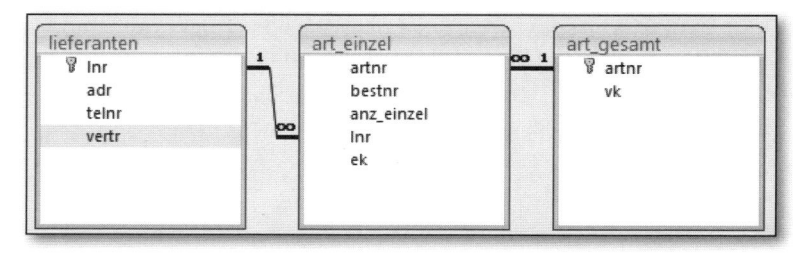

Abbildung 8.16 Alle Beziehungen

Referentielle Integrität

Aktualisieren oder Löschen

Man kann bei der Herstellung von Relationen auswählen, ob die Regeln der referentiellen Integrität eingehalten werden sollen. Wenn Sie beim Aktualisieren oder Löschen von Daten in Detailtabellen gegen diese Regeln verstoßen, zeigt MS Access eine Meldung an und lässt diese Änderung nicht zu. Regelverstöße wären z. B.:

▶ Das Hinzufügen von Datensätzen in einer Detailtabelle, für die kein Primärdatensatz vorhanden ist.

▶ Änderungen von Werten in einer Mastertabelle, die verwaiste Datensätze in einer Detailtabelle zur Folge hätten.

Fehlerverminderung

▶ Das Löschen von Datensätzen in einer Mastertabelle, wenn übereinstimmende verknüpfte Datensätze vorhanden sind.

Die Option **Referentielle Integrität** dient der Datensicherheit und der Fehlerverminderung bei der Eingabe von Daten und der Aktualisierung von Datenbanken. Man kann diese Option nur unter folgenden Voraussetzungen auswählen:

- Das Feld der Mastertabelle hat einen Primärindex oder zumindest einen eindeutigen Index.
- Das Detailfeld weist denselben Datentyp auf.
- Beide Tabellen sind in derselben MS Access-Datenbank gespeichert.

8.2.3 Übungen

Erzeugen Sie aus den beiden Modellen des vorherigen Abschnitts jeweils eine eigene, relationale Datenbank in MS Access. Erstellen Sie Tabellen, Indizes und Relationen. Tragen Sie einige geeignete Beispieldaten ein.

8.3 Datenbankzugriff mit Visual Basic

8.3.1 Beispiel-Datenbank

In diesem und den folgenden Abschnitten wird mit der MS Access-Datenbank firma gearbeitet. Diese Beispiel-Datenbank kann man direkt von der beiliegenden DVD kopieren. Sie beinhaltet die Tabelle personen zur Aufnahme von Personendaten. Die Tabelle personen hat folgende Struktur:

Feldname	Felddatentyp
name	Text
vorname	Text
personalnummer	Zahl
gehalt	Zahl
geburtstag	Datum/Uhrzeit

Abbildung 8.17   Entwurf Tabelle personen

Auf dem Feld personalnummer ist der Primärschlüssel definiert. Es kann also keine zwei Datensätze mit der gleichen Personalnummer geben.

Primärindex

Es gibt bereits drei Datensätze mit den folgenden Inhalten:

name	vorname	personalnummer	gehalt	geburtstag
Mertens	Julia	2297	3621,5	30.12.1959
Maier	Hans	6714	3500	15.03.1962
Schmitz	Peter	81343	3750	12.04.1958

Abbildung 8.18   Inhalt Tabelle personen

8.3.2 Ablauf eines Zugriffs

Der Zugriff auf eine Datenbank mit Visual Basic besteht aus folgenden Schritten:

- Verbindung aufnehmen zur Datenbank
- Absetzen eines SQL-Befehls an die Datenbank
- Auswerten des SQL-Befehls
- Verbindung zur Datenbank schließen

8.3.3 Verbindung

OleDbConnection Die Verbindung zu einer MS Access-Datenbank wird mithilfe eines Objekts der Klasse `OleDbConnection` aus dem Namespace `OleDb` aufgenommen. Ähnliche Klassen gibt es für die Verbindung zu anderen Datenbank-Typen bzw. zu Datenbank-Servern.

ConnectionString Wichtigste Eigenschaft der Klasse `OleDbConnection` ist `ConnectionString`. Hier werden mehrere Eigenschaften für die Art der Verbindung vereinigt. Für MS Access sind dies:

- der Datenbank-Provider: `Microsoft.Jet.OLEDB.4.0`
- die Datenquelle (`Data Source`): hier ist dies `C:\Temp\firma.mdb`

Open, Close Die Methoden `Open()` und `Close()` der Klasse `OleDbConnection` dienen zum Öffnen und Schließen der Verbindung. Eine offene Verbindung sollte so schnell wie möglich wieder geschlossen werden.

8.3.4 SQL-Befehl

Die Abkürzung SQL steht für **Structured Query Language**. SQL ist eine »strukturierte Abfragesprache«, also eine Sprache, mit deren Hilfe Datenbank-Abfragen ausgeführt werden können. Es gibt grundsätzlich zwei Typen von Abfragen:

select
- Auswahlabfragen zur Sichtung von Daten mit dem SQL-Befehl `select`
- Aktionsabfragen zur Veränderung von Daten mit den SQL-Befehlen `update, delete, insert`

Im weiteren Verlauf werden Grundlagen der Sprache SQL vermittelt, sodass einige typische Arbeiten mit Datenbanken durchgeführt werden können.

SQL-Befehle werden zu einer MS Access-Datenbank mithilfe eines Objekts der Klasse `OleDbCommand` aus dem Namespace `OleDb` gesendet. Die beiden wichtigsten Eigenschaften dieser Klasse sind:

OleDbCommand

- `Connection`: Angabe der Verbindung, über die der SQL-Befehl gesendet wird
- `CommandText`: der Text des SQL-Befehls

Für die beiden verschiedenen Abfragetypen bietet die Klasse `OleDbCommand` die beiden folgenden Methoden:

- `ExecuteReader()` dient zum Senden einer Auswahlabfrage und zum Empfangen des Abfrage-Ergebnisses.

ExecuteReader

- `ExecuteNonQuery()` dient zum Senden einer Aktionsabfrage und zum Empfangen einer Zahl. Dies ist die Anzahl der Datensätze, die von der Aktion betroffen waren.

Das Ergebnis einer Auswahlabfrage wird in einem Objekt der Klasse `OleDbReader` aus dem Namespace `OleDb` gespeichert. In diesem Reader stehen alle Datensätze des Ergebnisses mit den Werten der angeforderten Felder.

OleDbReader

8.3.5 Auswahlabfrage

Als Beispiel für eine Auswahlabfrage nehmen wir den einfachsten Fall. Man möchte alle Datensätze einer Tabelle mit allen Feldern sehen:

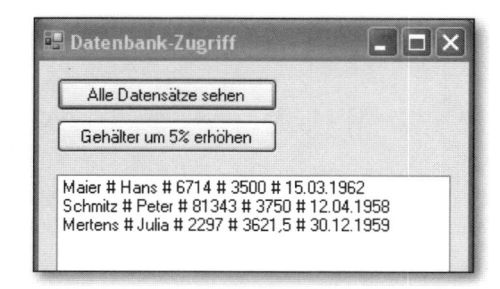

Abbildung 8.19 Alle Datensätze sehen

Das Programm (in `p0801`):

```
Public Class frm0801
    Private Sub cmdAlleSehen_Click( ... ) Handles ...
        Dim con As New OleDb.OleDbConnection
        Dim cmd As New OleDb.OleDbCommand
```

```
        Dim reader As OleDb.OleDbDataReader

        con.ConnectionString = _
           "Provider=Microsoft.Jet.OLEDB.4.0;" & _
           "Data Source=C:\Temp\firma.mdb"
        cmd.Connection = con
        cmd.CommandText = "select * from personen"

        Try
           con.Open()
           reader = cmd.ExecuteReader()
           lstTab.Items.Clear()
           Do While reader.Read()
              lstTab.Items.Add(_
                 reader("name") & " # " _
              & reader("vorname") & " # " _
              & reader("personalnummer") & " # " _
              & reader("gehalt") & " # " _
              & reader("geburtstag"))
           Loop
           reader.Close()
           con.Close()
        Catch ex As Exception
           MsgBox(ex.Message)
        End Try

     End Sub
End Class
```

Zur Erläuterung:

- Es werden die beiden Objekte der Klassen OleDbConnection und OleDbCommand erzeugt.
- Es wird ein Verweis auf ein Objekt der Klasse OleDbReader erzeugt. Das Objekt selber liefert später die Methode ExecuteReader() der Klasse OleDbCommand.
- Der ConnectionString wird mit den Informationen für den Provider und die Datenquelle gefüllt.
- Es wird festgelegt, auf welcher Verbindung der SQL-Befehl gesendet wird.

SQL-Befehl
- Der SQL-Befehl select * from personen besteht aus den folgenden Elementen:

- select ... from ... : wähle Felder... von Tabelle ...
  - *: eine Liste der gewünschten Felder im Abfrage-Ergebnis, * bedeutet alle Felder
  - personen: Name der Tabelle, aus der ausgewählt wird.
- Da es beim Zugriff auf eine Datenbank erfahrungsgemäß zahlreiche Fehlerquellen gibt, sollte er in einem Try...Catch-Block ablaufen. Ähnlich wie beim Zugriff auf eine Datei kann es vorkommen, dass die Datenbank gar nicht am genannten Ort existiert. Auch Fehler bei der SQL-Syntax werden an Visual Basic weitergemeldet. Die verschiedenen möglichen Fehlermeldungen helfen bei der Fehlerfindung.

    Try...Catch

- Mit Aufruf der Methode Open() wird die Verbindung geöffnet.
- Das Kommando wird mit der Methode ExecuteReader() gesendet. Es kommt ein Abfrage-Ergebnis von der Klasse OleDbReader zurück, dieses wird über den Verweis reader erreichbar gemacht.
- Da man nicht weiß, wie viele Datensätze das Abfrage-Ergebnis enthält, eignet sich zur Ausgabe ein Listenfeld. Dieses wird zuvor geleert.
- Die Methode Read() des Reader-Objekts liefert einen Datensatz und setzt einen sogenannten Datensatz-Zeiger auf den nächsten Datensatz. Falls kein Datensatz mehr da ist, also der Datensatz-Zeiger am Ende des Readers steht, wird False geliefert. Dies steuert die Do...Loop-Schleife.

    Read

- Innerhalb eines Datensatzes können die Werte der einzelnen Felder entweder über die Feldnummer oder den Feldnamen angesprochen werden. Hier wird die zweite, anschaulichere Möglichkeit verwendet. Es werden die Werte aller Felder ausgegeben, zur Verdeutlichung getrennt mit dem Zeichen #.
- Zu guter Letzt müssen noch der Reader und die Verbindung wieder geschlossen werden, jeweils mit Close().

8.3.6 Aktionsabfrage

Als Beispiel für eine Aktionsabfrage soll dienen: Alle Gehälter sollen um 5 % erhöht werden, sodass anschließend die Liste wie folgt aussieht (siehe Abbildung 8.20).

Das Programm (ebenfalls in p0801):

```
Public Class frm0801
[ ... ]
    Private Sub cmdÄndern_Click( ... ) Handles ...
        Dim con As New OleDb.OleDbConnection
```

```
        Dim cmd As New OleDb.OleDbCommand
        Dim anzahl As Integer

        con.ConnectionString = _
            "Provider=Microsoft.Jet.OLEDB.4.0;" & _
            "Data Source=C:\Temp\firma.mdb"
        cmd.Connection = con
        cmd.CommandText = _
            "update personen set gehalt = gehalt * 1.05"

        Try
           con.Open()
           anzahl = cmd.ExecuteNonQuery()
           MsgBox("Anzahl Datensätze geändert: " & anzahl)
           con.Close()
        Catch ex As Exception
           MsgBox(ex.Message)
        End Try

    End Sub
End Class
```

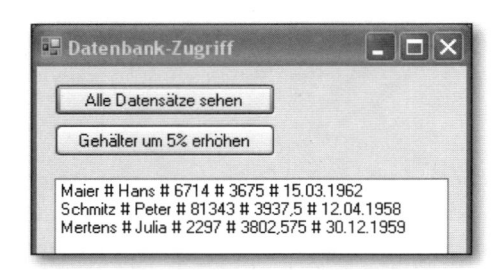

Abbildung 8.20 Nach Erhöhung um 5 %

Zur Erläuterung:

- Der Ablauf ist ähnlich wie bei einer Auswahlabfrage. Es wird allerdings kein Reader benötigt, da es bei Aktionsabfragen kein Abfrage-Ergebnis gibt, das ausgelesen werden könnte.
- **Der SQL-Befehl** update personen set gehalt = gehalt * 1.05 **besteht aus:**
    - update ... set ... (aktualisiere Tabelle ... setze Werte ...)
    - personen (Name der Tabelle, in der aktualisiert wird)
    - gehalt = gehalt * 1.05 (eine oder mehrere Zuweisungen mit neuen Werten für ein oder mehrere Felder)

- Das Kommando wird mit der Methode `ExecuteNonQuery()` gesendet. Rückgabewert ist die Anzahl der Datensätze, die von der Aktionsabfrage betroffen waren. Diese werden angezeigt:

ExecuteNonQuery

Abbildung 8.21 Anzahl geänderte Datensätze

8.4 SQL-Befehle

In diesem Abschnitt werden die wichtigsten SQL-Befehle behandelt. Sie werden anhand von einigen typischen Beispielen mit ihren Auswirkungen erläutert.

8.4.1 Auswahl mit Select

Die Anweisung `select` dient zur Auswahl von Datensätzen, damit diese angezeigt werden können. Sie wird mithilfe von `ExecuteReader()` ausgeführt. Ein erstes Beispiel wurde mit `select * from personen` bereits gezeigt. Weitere Beispiele sind:

```
select name, vorname from personen
```

Es werden nur die Werte der Felder `name` und `vorname` für alle Datensätze angefordert. Das Abfrage-Ergebnis ist kleiner, die Werte der anderen Felder sind nicht in ihm enthalten und können auch nicht in der Schleife ausgegeben werden:

Select

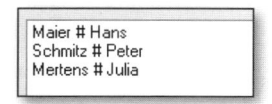

Abbildung 8.22 Nur Felder name und vorname

Beispiel:

```
select * from personen where gehalt > 3600
```

Innerhalb der `where`-Klausel können Bedingungen angegeben werden, ähnlich wie bei einer If-Verzweigung. Das Ergebnis beinhaltet nur die

where

Datensätze, die der Bedingung genügen – in diesem Fall die Datensätze, bei denen der Wert im Feld `gehalt` größer als 3600 ist.

```
Schmitz # Peter # 81343 # 3750 # 12.04.1958
Mertens # Julia # 2297 # 3621,5 # 30.12.1959
```

Abbildung 8.23   Nur falls Gehalt > 3600

Beispiel:

```
select * from personen where name = 'Schmitz'
```

Hochkommata

Wird mit dem Wert einer Zeichenkette oder eines Datums verglichen, so muss dieser Wert in einfache Hochkommata gesetzt werden (nicht zu verwechseln mit dem doppelten Hochkomma für Zeichenketten in Visual Basic oder dem schrägen Accent!).

```
Schmitz # Peter # 81343 # 3750 # 12.04.1958
```

Abbildung 8.24   Nur falls Name = 'Schmitz'

Operatoren

Vergleichs-operatoren

Bei einer Bedingung können Vergleichsoperatoren verwendet werden:

Operator	Erläuterung
=	gleich
<>	ungleich
>	größer als
>=	größer als oder gleich
<	kleiner als
<=	kleiner als oder gleich

not, and, or

Über logische Operatoren können mehrere Bedingungen miteinander verbunden werden:

Operator	Erläuterung
not	Der Wahrheitswert einer Bedingung wird umgekehrt
and	Beide Bedingungen müssen zutreffen
or	Nur eine der Bedingungen muss zutreffen

Mit diesen Operatoren kann man z. B. folgende Abfrage formulieren:

```
select * from personen
   where gehalt >= 3600 and gehalt <= 3650
```

Das Ergebnis beinhaltet nur die Datensätze, bei denen der Wert im Feld gehalt zwischen 3600 und 3650 liegt, einschließlich der Ober- und Untergrenze.

```
Mertens # Julia # 2297 # 3621,5 # 30.12.1959
```

Abbildung 8.25   Nur falls Gehalt von 3600 bis 3650

Operator Like

Der Operator like wird speziell für die Suche nach Zeichenketten mithilfe von Platzhaltern verwendet. Der Platzhalter % (Prozentzeichen) steht in MS Access für eine beliebige Anzahl von unbekannten Zeichen. Der Platzhalter _ (Unterstrich) steht in MS Access für genau ein unbekanntes Zeichen.

Like

Beispiel:

```
select * from personen where name like 'M%'
```

Das Ergebnis beinhaltet nur die Datensätze, bei denen der Wert im Feld name mit M beginnt. Danach dürfen beliebig viele unbekannte Zeichen folgen.

```
Maier # Hans # 6714 # 3500 # 15.03.1962
Mertens # Julia # 2297 # 3621,5 # 30.12.1959
```

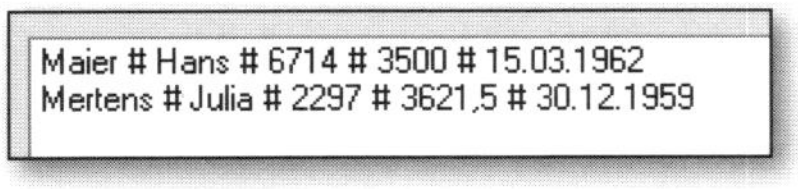

Abbildung 8.26   Nur falls Name mit 'M' beginnt

Beispiel:

```
select * from personen where name like '%i%'
```

Das Ergebnis beinhaltet nur die Datensätze, die im Wert des Felds name den Buchstaben »i« enthalten. Davor und danach dürfen beliebig viele unbekannte Zeichen folgen.

Viele unbekannte Zeichen

```
Maier # Hans # 6714 # 3500 # 15.03.1962
Schmitz # Peter # 81343 # 3750 # 12.04.1958
```

Abbildung 8.27   Nur falls Name Buchstaben 'i' enthält

Beispiel:

```
select * from personen where name like 'M__er'
```

Ein unbekanntes Zeichen

Das Ergebnis beinhaltet nur die Datensätze, deren erster Buchstabe ein »M« ist und bei denen der vierte Buchstabe ein »e« und der fünfte ein »r« ist. Es werden also alle Personen gefunden, die Maier, Meier, Mayer, Meyer usw. heißen.

```
Maier # Hans # 6714 # 3500 # 15.03.1962
```

Abbildung 8.28   Nur falls Name mit 'M' beginnt und mit 'er' endet

Sortierung

Order by

Die Reihenfolge der Datensätze im Abfrage-Ergebnis **Ausgabe** lässt sich mit order by beeinflussen. Man gibt einen oder mehrere Sortierschlüssel an. Die Sortierung ist normalerweise aufsteigend. Falls man eine absteigende Sortierung wünscht, muss der Zusatz desc verwendet werden.

Beispiel:

```
select name, gehalt from personen order by gehalt desc
```

Die Datensätze sind fallend nach Gehalt sortiert. Es werden nur die Werte der Felder name und gehalt angezeigt.

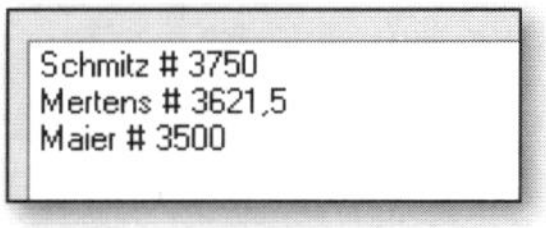

```
Schmitz # 3750
Mertens # 3621,5
Maier # 3500
```

Abbildung 8.29   Sortiert nach Gehalt, fallend

Beispiel:

```
select * from personen order by name, vorname
```

Die Datensätze sind nach Name aufsteigend sortiert. Bei gleichem Namen sind sie nach vorname aufsteigend sortiert.

```
Maier # Hans # 6714 # 3500 # 15.03.1962
Mertens # Julia # 2297 # 3621,5 # 30.12.1959
Schmitz # Peter # 81343 # 3750 # 12.04.1958
```

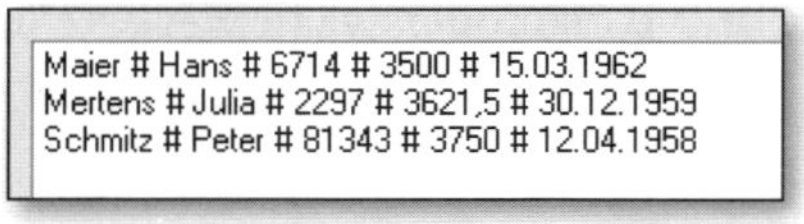

Abbildung 8.30   Nach Name, Vorname sortiert

Suche, Auswahl mit Parametern

Sucht der Benutzer nach einem bestimmten Datensatz, so kann der eingegebene Suchbegriff in die SQL-Anweisung eingebaut werden:

```
cmd.CommandText = _
   "select * from personen where name like '" _
   & txtEingabe.text & "'"
```

Die gesamte Visual Basic-Anweisung, einschließlich des SQL-Befehls, ist hier dargestellt. Es werden alle Datensätze angezeigt, die den Wert im Feld name haben, den der Benutzer im Textfeld txtEingabe eingetragen hat.

Benutzereingabe

Man beachte, dass sich die Zeichenkette, die den SQL-Befehl enthält, aus mehreren Teilen zusammensetzt. Keinesfalls darf man die einfachen Hochkommata vor und nach der Zeichenkette vergessen.

Noch einen Schritt weiter geht man mit dieser Anweisung:

```
cmd.CommandText = _
   "select * from personen where name like '%" _
   & txtEingabe.text & "%'"
```

Es werden alle Datensätze angezeigt, die einen Wert im Feld name haben, in dem die Zeichenkette vorkommt, die der Benutzer im Textfeld txtEingabe eingetragen hat.

Innerhalb des Visual Basic-Programms ist es sinnvoll, sich zumindest während der Entwicklung den zusammengesetzten Befehl anzeigen zu lassen. Erfahrungsgemäß werden gerade beim Einfügen von Suchparametern häufig Fehler gemacht. Die nächste Anweisung sollte also lauten: MsgBox(cmd.CommandText). Diese kann man später wieder auskommentieren.

8.4.2 Ändern mit Update

Die Anweisung update dient zur Änderung von einem oder mehreren Feldinhalten in einem oder mehreren Datensätzen. Sie wird mithilfe von ExecuteNonQuery() ausgeführt und ähnelt in ihrem Aufbau der Anweisung select. Die Auswahlkriterien sollten sorgfältig gewählt werden, da sonst eventuell nicht nur die gewünschten Datensätze verändert werden.

ExecuteNonQuery

```
update personen set gehalt = 3800
```

Diese Anweisung würde bei allen Datensätzen der Tabelle personen den Wert für das Feld gehalt auf den Wert 3800 setzen. Dies wäre sicherlich nicht realistisch.

```
update personen set gehalt = 3800
   where personalnummer = 2297
```

Diese Anweisung setzt nur bei einem Datensatz den Wert für das Feld gehalt neu. Es empfiehlt sich, in einer solchen Situation die Auswahl über das Feld zu treffen, auf dem ein eindeutiger Index steht, also hier über das Feld personalnummer.

Fehler bei Änderung

Versucht man, Änderungen vorzunehmen, die der Tabellenaufbau nicht zulässt, so wird eine Fehlermeldung zu Visual Basic durchgeleitet. Mögliche Fehler sind:

- ▶ Man möchte einen leeren Wert in ein Feld eintragen, das in MS Access so definiert ist, dass kein leerer Wert eingetragen werden darf.
- ▶ Man möchte einen Wert in einem Feld, auf dem ein eindeutiger Index steht, eintragen, der bereits in einem anderen Datensatz vorkommt.
- ▶ Man möchte ein ungültiges Datum oder eine ungültige Zahl eintragen.

8.4.3 Löschen mit Delete

Die Anweisung delete dient zum Löschen von einem oder mehreren Datensätzen. Sie wird mithilfe von ExecuteNonQuery() ausgeführt. In ihrem Aufbau ähnelt sie ebenfalls der Anweisung select. Die Auswahlkriterien sollten sorgfältig gewählt werden, da sonst eventuell nicht nur die gewünschten Datensätze gelöscht werden.

```
delete from personen
```

Diese Anweisung wird man vermutlich nie einsetzen: Sie löscht alle (!) Datensätze der Tabelle personen.

```
delete from personen where personalnummer = 2297
```

Einen Datensatz löschen

Diese Anweisung löscht genau einen Datensatz, da die Auswahl über das Feld gemacht wurde, auf dem ein eindeutiger Index steht, das Feld personalnummer.

8.4.4 Einfügen mit Insert

Die Anweisung insert wird zum Einfügen neuer Datensätze genutzt. Sie wird mithilfe von ExecuteNonQuery() ausgeführt.

```
insert into personen
  (name, vorname, personalnummer, gehalt, geburtstag)
  values('Müller', 'Gerd', 4711, 2900, '12.08.1976')
```

Damit wird ein neuer Datensatz eingefügt. Die Feldnamen in Klammern geben die Anzahl und Reihenfolge der Werte vor, die nach values in Klammern stehen. Es sind wieder die einfachen Hochkommata bei Zeichenketten und Datumsangaben zu beachten.

insert ... values

Beim Einfügen sollte man die gleichen Fehler vermeiden wie beim Ändern.

8.5 Ein Verwaltungsprogramm

In diesem Abschnitt wird ein einfaches Programm (p0802) zur Verwaltung einer Tabelle vorgestellt. Das Programm ermöglicht die grundlegenden Aktionen wie **Anzeigen**, **Suchen**, **Einfügen**, **Ändern** und **Löschen**:

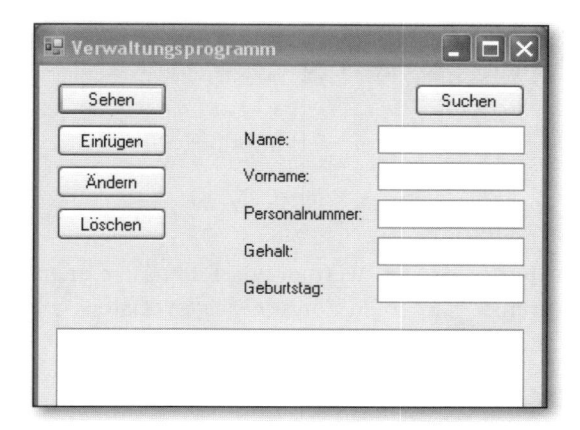

Abbildung 8.31 Benutzeroberfläche des Verwaltungsprogramms

8.5.1 Initialisierung

Zunächst werden einige modulweite Variablen vereinbart und beim Formular-Load-Ereignis allgemeine Einstellungen vorgenommen, die in den verschiedenen Ereignisprozeduren benötigt werden.

```
Public Class frm0802
    Dim con As New OleDb.OleDbConnection
    Dim cmd As New OleDb.OleDbCommand
    Dim reader As OleDb.OleDbDataReader
    Dim pnummer As New ArrayList
```

```
        Private Sub frm0802_Load( ... ) Handles MyBase.Load
            con.ConnectionString = _
                "Provider=Microsoft.Jet.OLEDB.4.0;" & _
                "Data Source=C:\Temp\firma.mdb"
            cmd.Connection = con
        End Sub
[ ... ]
End Class
```

Zur Erläuterung:

- Es werden die Variablen für Verbindung, SQL-Befehl und Reader deklariert.

ArrayList
- Außerdem wird ein Objekt der Klasse `ArrayList()` deklariert. Objekte dieser Klasse ähneln einem Datenfeld. Sie verfügen allerdings u. a. über zwei Möglichkeiten, die in diesem Programm benötigt werden:
  - Am Ende des Felds kann ein Element angefügt werden.
  - Das gesamte Feld kann gelöscht werden.
- Die Daten für die Verbindung (Provider, Datenquelle) werden bereits gestellt.
- Der SQL-Befehl wird mit der Verbindung verknüpft.

8.5.2 Alle Datensätze sehen

Betätigt der Benutzer den Button **Sehen**, werden alle Datensätze angezeigt. Anschließend könnte man z. B. einen der angezeigten Datensätze markieren, um ihn zu verändern oder zu löschen.

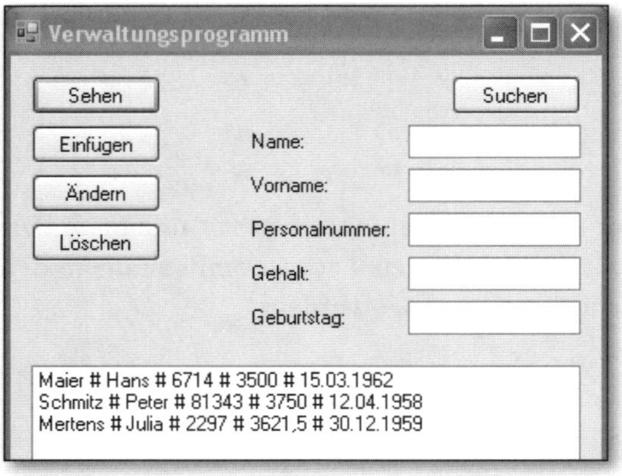

Abbildung 8.32 Alle Datensätze sehen

Die Ereignisprozedur ruft nur die allgemeine Prozedur AlleSehen() auf. Diese wird von mehreren Ereignisprozeduren aufgerufen. In der Prozedur AlleSehen() wird u.a. die allgemeine Prozedur Ausgabe() aufgerufen. Diese wird ebenfalls von verschiedenen Stellen des Programms aufgerufen.

Allgemeine Prozeduren

```
Public Class frm0802
[ ... ]
   Private Sub cmdSehen_Click( ... ) Handles ...
      AlleSehen()
   End Sub
[ ... ]
   Sub AlleSehen()
      Try
         con.Open()
         cmd.CommandText = "select * from personen"
         Ausgabe()
      Catch ex As Exception
         MsgBox(ex.Message)
      End Try
      con.Close()

      txtName.Text = ""
      txtVorname.Text = ""
      txtPersonalnummer.Text = ""
      txtGehalt.Text = ""
      txtGeburtstag.Text = ""
   End Sub

   Sub Ausgabe()
      reader = cmd.ExecuteReader()
      lstTab.Items.Clear()
      pnummer.Clear()
      Do While reader.Read()
         lstTab.Items.Add(reader("name") & " # " _
            & reader("vorname") & " # " _
            & reader("personalnummer") & " # " _
            & reader("gehalt") & " # " _
            & reader("geburtstag"))
         pnummer.Add(reader("personalnummer"))
      Loop
      reader.Close()
   End Sub
End Class
```

Zur Erläuterung:

- In der Prozedur `AlleSehen()` wird zunächst die Verbindung geöffnet.
- Der SQL-Befehl wird formuliert und gesendet.
- Anschließend wird die Prozedur `Ausgabe()` aufgerufen.
- Die Verbindung wird wieder geschlossen.
- Die Inhalte der fünf Textfelder werden gelöscht. Dies erzeugt einen Startzustand für alle weiteren, möglichen Aktionen und führt zu einer besseren Benutzerführung. *(Benutzerführung)*
- In der Prozedur `Ausgabe()` wird der SQL-Befehl ausgeführt. Das Ergebnis wird im Reader gespeichert.
- Das Objekt der Klasse `ArrayList` wird mithilfe der Methode `Clear()` geleert. *(Clear)*
- Die einzelnen Datensätze werden im Listenfeld ausgegeben.
- Parallel dazu wird das Objekt der Klasse `ArrayList` mit den Personalnummern mithilfe der Methode `Add()` gefüllt. Das Objekt beinhaltet anschließend die Personalnummern unter dem gleichen Index wie die betreffenden Datensätze im Listenfeld. Dies wird zur Auswahl und Anzeige eines einzelnen Datensatzes in den fünf Textfeldern benötigt. Zum Ändern oder Löschen eines Datensatzes muss zuvor ein Datensatz ausgewählt werden. *(Add)*
- Der Reader wird wieder geschlossen.

8.5.3 Einen Datensatz einfügen

Falls der Benutzer den Button **Einfügen** betätigt, wird ein Datensatz eingefügt, der sich aus den Daten in den fünf Textfeldern zusammensetzt. Diese müssen zuvor vom Benutzer gefüllt werden.

Abbildung 8.33 Ein neuer Datensatz

Die Ereignisprozedur hat den folgenden Code:

```
Public Class frm0802
[ ... ]
    Private Sub cmdEinfügen_Click( ... ) Handles ...
        Dim anzahl As Integer
        If txtPersonalnummer.Text = "" Then
            MsgBox("Bitte mindestens eine " _
                & "Personalnummer eintragen")
                Exit Sub
        End If

        Try
            con.Open()
            cmd.CommandText = _
                "insert into personen " & _
                "(name, vorname, personalnummer, " & _
                "gehalt, geburtstag) " & _
                "values ('" & _
                txtName.Text & "', '" & _
                txtVorname.Text & "', " & _
                txtPersonalnummer.Text & ", " & _
                Val(txtGehalt.Text) & ", '" & _
                CDate(txtGeburtstag.Text) & "')"

            'MsgBox(cmd.CommandText)
            anzahl = cmd.ExecuteNonQuery()
            If anzahl > 0 Then
                MsgBox("Es wurde ein Datensatz eingefügt")
            End If
        Catch ex As Exception
            MsgBox(ex.Message)
        End Try

        con.Close()
        AlleSehen()
    End Sub
[ ... ]
End Class
```

Zur Erläuterung:

▶ Es wird zunächst geprüft, ob zumindest im Textfeld für die Personalnummer ein Eintrag vorliegt. Ein leerer Eintrag in diesem Feld, auf dem ein eindeutiger Index liegt, ergibt in der Datenbank keinen Sinn.

Abbildung 8.34 Datensatz ohne Personalnummer

- Die Verbindung wird geöffnet.
- Der SQL-Befehl zum Einfügen wird mit den Inhalten der fünf Textfelder zusammengesetzt. Bei den Feldern für Zeichenketten und Datumsangaben muss auf die einfachen Hochkommata geachtet werden.

Doppelte Personalnummer
- Falls die eingetragene Personalnummer bereits in einem anderen Datensatz vorkommt, tritt ein Fehler auf und die folgende Fehlermeldung erscheint: »Die von Ihnen vorgenommenen Änderungen an der Tabelle konnten nicht vorgenommen werden, da der Index, Primärschlüssel oder die Beziehung mehrfach vorkommende Werte enthalten würde. Ändern Sie die Daten in den Feldern, die gleiche Daten enthalten, entfernen Sie den Index, oder definieren Sie den Index neu, damit doppelte Einträge möglich sind, und versuchen Sie es erneut.«

Abbildung 8.35 Doppelte Personalnummer

▶ Der Inhalt des Textfelds für das Gehalt wird mithilfe der Funktion Val() in eine Zahl umgewandelt. Falls sich im Textfeld keine Zahl befindet, wird der Wert 0 für das Gehalt genommen.

▶ Der Inhalt des Textfelds für den Geburtstag wird mithilfe der Funktion CDate() in ein Datum umgewandelt. Falls dies nicht gelingt, tritt ein Fehler mit Fehlermeldung auf.

Ungültiges Datum

Abbildung 8.36 Falsches Datumsformat

▶ Der SQL-Befehl wird gesendet. Im Erfolgsfall wird ausgegeben, dass ein Datensatz eingefügt werden konnte.
▶ Die Verbindung wird wieder geschlossen.
▶ Alle Datensätze, einschließlich des neu eingefügten Datensatzes, werden im Listenfeld neu angezeigt.

8.5.4 Einen Datensatz ändern

Die Daten eines bestimmten Datensatzes werden in den Textfeldern angezeigt, wenn der Benutzer vorher den betreffenden Datensatz im Listenfeld ausgewählt hat. Er kann nun die Daten des Datensatzes ändern. Betätigt er anschließend den Button **Ändern**, so wird der Datensatz mit den angezeigten Daten aktualisiert (siehe Abbildung 8.37).

Die Ereignisprozedur, die für die Anzeige eines Datensatzes in den Textfeldern sorgt, hat folgenden Code:

```
Public Class frm0802
[ ... ]
```

8 | Datenbank-Anwendungen mit ADO.NET

```vb
    Private Sub lstTab_SelectedIndexChanged( ... ) _
            Handles ...
        Try
            con.Open()
            cmd.CommandText = _
                "select * from personen " _
                & "where personalnummer = " _
                & pnummer(lstTab.SelectedIndex)

            reader = cmd.ExecuteReader()
            reader.Read()

            txtName.Text = reader("name")
            txtVorname.Text = reader("vorname")
            txtPersonalnummer.Text = reader("personalnummer")
            txtGehalt.Text = reader("gehalt")
            txtGeburtstag.Text = reader("geburtstag")
            reader.Close()
        Catch ex As Exception
            MsgBox(ex.Message)
        End Try
        con.Close()
    End Sub
[ ... ]
End Class
```

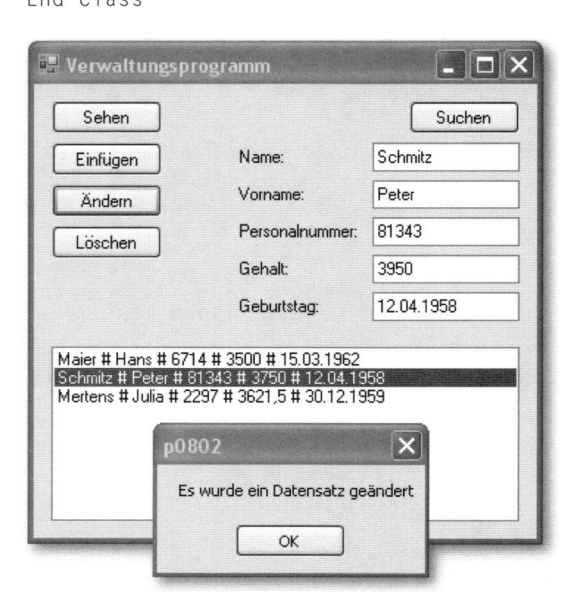

Abbildung 8.37 Änderung eines Datensatzes, vor dem OK

Zur Erläuterung:

- Sobald der Benutzer einen Datensatz in der Liste markiert, wird diese Prozedur aufgerufen.
- Es wird ein SQL-Befehl zusammengesetzt, in dem der betreffende Datensatz ausgewählt wird. Dazu wird der zugehörige Eintrag (mit der Personalnummer) in der ArrayList pnummer benutzt.
- Markiert der Benutzer den dritten Datensatz von oben, so steht die Eigenschaft SelectedIndex des Listenfelds auf dem Wert 2. Es wird dann das Element 2 aus der ArrayList pnummer ermittelt. Dies ist die Personalnummer des markierten Datensatzes, denn das Listenfeld und die ArrayList wurden parallel gefüllt.
- Der SQL-Befehl wird gesendet. Das Ergebnis der Abfrage besteht nur aus einem Datensatz, aufgrund der Eindeutigkeit des Felds personalnummer. Daher muss keine Schleife durchlaufen werden.
- Es wird ein Datensatz mithilfe der Methode Read() aus dem Reader geholt. Sein Inhalt wird in den fünf Textfeldern dargestellt.

Die Ereignisprozedur zum Ändern des ausgewählten (und gegebenenfalls veränderten) Datensatzes sieht wie folgt aus:

```
Public Class frm0802
[ ... ]
    Private Sub cmdÄndern_Click( ... ) Handles ...
        Dim anzahl As Integer
        If txtPersonalnummer.Text = "" Then
            MsgBox("Bitte einen Datensatz auswählen " _
                & "und mindestens eine Personalnummer " _
                & "eintragen")
            Exit Sub
        End If

        Try
            con.Open()
            cmd.CommandText = _
                "update personen set " & _
                "name = '" & txtName.Text & "', " & _
                "vorname = '" & txtVorname.Text & "', " & _
                "personalnummer = " _
                    & txtPersonalnummer.Text & ", " & _
                "gehalt = " _
                    & Val(txtGehalt.Text) & ", " & _
                "geburtstag = '" _
```

```
                    & CDate(txtGeburtstag.Text) & "'" & _
                "where personalnummer = " _
                    & pnummer(lstTab.SelectedIndex)

            'MsgBox(cmd.CommandText)
            anzahl = cmd.ExecuteNonQuery()
            If anzahl > 0 Then
                MsgBox("Es wurde ein Datensatz geändert")
            End If
        Catch ex As Exception
            MsgBox(ex.Message)
        End Try
        con.Close()

        AlleSehen()
    End Sub
[ ... ]
End Class
```

Zur Erläuterung:

- Wie beim Einfügen eines neuen Datensatzes wird zunächst geprüft, ob zumindest im Textfeld für die Personalnummer ein Eintrag vorliegt. Falls der Benutzer diesen Eintrag gelöscht haben sollte (oder gar keinen Datensatz ausgewählt hat), ergibt die Speicherung in der Datenbank keinen Sinn.
- Die Verbindung wird geöffnet.

Ändern
- Der SQL-Befehl zum Ändern wird mit den Inhalten der fünf Textfelder zusammengesetzt. Er bezieht sich nur auf den markierten Datensatz, da die zugehörige Personalnummer in der where-Klausel angegeben wurde.
- Bei dem SQL-Befehl ist wie beim Einfügen auf Folgendes zu achten:
  - einfache Hochkommata bei Zeichenketten und Datumsangaben
  - gültige Zahlen- und Datumsangaben
- Der SQL-Befehl wird gesendet. Im Erfolgsfall wird ausgegeben, dass ein Datensatz geändert werden konnte.
- Die Verbindung wird wieder geschlossen.
- Alle Datensätze, einschließlich des soeben geänderten Datensatzes, werden im Listenfeld neu angezeigt.

8.5.5 Einen Datensatz löschen

Der Benutzer kann den Datensatz löschen, den er zuvor im Listenfeld ausgewählt hat. Dessen Daten werden zusätzlich in den fünf Textfeldern angezeigt:

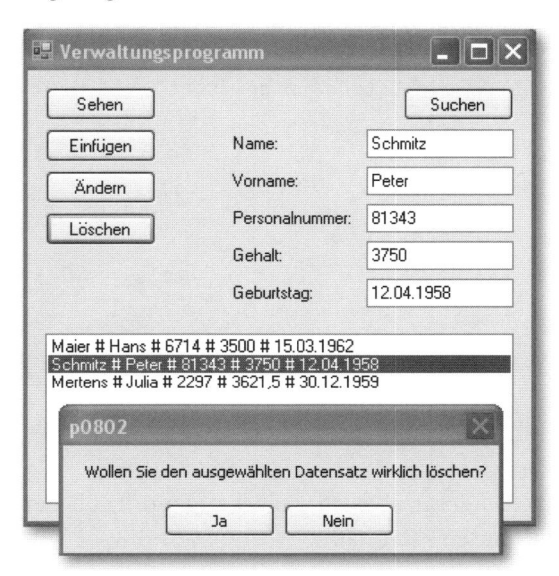

Abbildung 8.38 Löschen eines Datensatzes, vor dem OK

Die Ereignisprozedur zum Löschen des ausgewählten Datensatzes hat folgenden Code:

```
Public Class frm0802
[ ... ]
   Private Sub cmdLöschen_Click( ... ) Handles ...
      Dim anzahl As Integer
      If txtPersonalnummer.Text = "" Then
         MsgBox("Bitte einen Datensatz auswählen")
         Exit Sub
      End If

      If MsgBox("Wollen Sie den ausgewählten " _
            & "Datensatz wirklich löschen?", _
            MsgBoxStyle.YesNo) = MsgBoxResult.No Then
         Exit Sub
      End If

      Try
         con.Open()
```

```
            cmd.CommandText = _
               "delete from personen " & _
               "where personalnummer = " & _
               pnummer(lstTab.SelectedIndex)
            'MsgBox(cmd.CommandText)
            anzahl = cmd.ExecuteNonQuery()
            If anzahl > 0 Then
               MsgBox("Es wurde ein Datensatz gelöscht")
            End If
         Catch ex As Exception
            MsgBox(ex.Message)
         End Try
         con.Close()

         AlleSehen()
      End Sub
[ ... ]
End Class
```

Zur Erläuterung:

- Wie beim Ändern eines Datensatzes wird zunächst geprüft, ob der Benutzer einen Datensatz ausgewählt hat.

Löschen
- Zur Sicherheit wird der Benutzer noch einmal gefragt, ob er den Datensatz wirklich löschen möchte. Dies ist die übliche Vorgehensweise, um versehentliches Löschen zu vermeiden.
- Die Verbindung wird geöffnet.
- Der SQL-Befehl zum Löschen wird zusammengesetzt. Er bezieht sich nur auf den markierten Datensatz, da die zugehörige Personalnummer in der where-Klausel angegeben wurde.
- Der SQL-Befehl wird gesendet. Im Erfolgsfall wird ausgegeben, dass ein Datensatz gelöscht werden konnte.
- Die Verbindung wird wieder geschlossen.
- Alle noch vorhandenen Datensätze, ohne den soeben geänderten Datensatz, werden im Listenfeld neu angezeigt.

8.5.6   Einen Datensatz suchen

Zur Suche nach einem bestimmten Datensatz muss zuvor im Feld name ein Suchbegriff eingegeben werden. Nach Betätigung des Buttons **Suchen** werden alle Datensätze angezeigt, die den Suchbegriff im Feld name an einer beliebigen Stelle enthalten.

Anschließend könnte man z. B. einen der angezeigten Datensätze markieren, um ihn zu verändern oder zu löschen (siehe Abbildung 8.39).

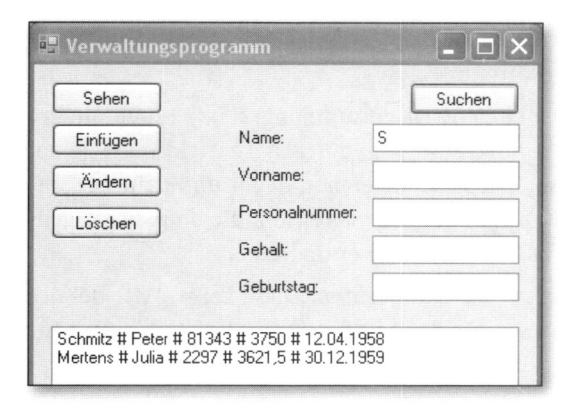

Abbildung 8.39 Suchen mit (Teil-)Name

Die Ereignisprozedur zum »Suchen nach Name« sieht wie folgt aus:

```
Public Class frm0802
[ ... ]
   Private Sub cmdSuchen_Click( ... ) Handles ...
      If txtName.Text = "" Then
         MsgBox("Bitte einen Such-Namen eintragen")
         Exit Sub
      End If

      Try
         con.Open()
         cmd.CommandText = _
            "select * from personen where name like '%" _
            & txtName.Text & "%'"
         'MsgBox(cmd.CommandText)
         Ausgabe()
      Catch ex As Exception
         MsgBox(ex.Message)
      End Try
      con.Close()
   End Sub
[ ... ]
End Class
```

Zur Erläuterung:

- Es wird zunächst geprüft, ob der Benutzer im Textfeld für den Namen etwas eingetragen hat.
- Die Verbindung wird geöffnet.
- Der SQL-Befehl zum Suchen wird zusammengesetzt. Er beinhaltet den Namen, den der Benutzer im zugehörigen Textfeld eingegeben hat, in der `where`-Klausel. Die Prozentzeichen davor und dahinter sorgen dafür, dass alle Datensätze gefunden werden, die den Suchbegriff im Feld `name` an einer beliebigen Stelle enthalten.
- Es wird die Funktion `Ausgabe()` aufgerufen. Diese sorgt – wie bei der Ausgabe aller Datensätze – für das Senden des SQL-Befehls und für das Empfangen und Anzeigen des Abfrage-Ergebnisses.
- Die Verbindung wird wieder geschlossen.

Suchen

8.6 Verbindung zu MySQL

MySQL-Server

Bei MySQL handelt es sich um ein weit verbreitetes, SQL-basiertes Datenbanksystem. Es würde den Rahmen dieses Buches sprengen, wollte man die Installation des MySQL-Servers und die Erstellung einer Datenbank mit einer Tabelle erläutern. Im Folgenden soll daher lediglich gezeigt werden, wie man mit Visual Basic 2008 auf eine vorhandene MySQL-Datenbank zugreift.

8.6.1 ODBC-Treiber

Connector/ODBC

Als (eine mögliche) Schnittstelle zwischen Visual Basic und MySQL wird ein ODBC-Treiber benötigt. Unter **ODBC** (**Open Database Connectivity**) versteht man eine Methode zum Zugriff auf verschiedene Datenbanksysteme über den jeweils passenden Treiber.

Der Treiber für MySQL nennt sich **Connector/ODBC**. Er kann auf der Internetseite von MySQL heruntergeladen werden, befindet sich aber auch auf der beiliegenden DVD. Die derzeit aktuelle Version ist 3.51.

ODBC-Datenquelle

Die Installation mithilfe der MSI-Installationsdatei `mysql-connector-odbc-3.51.23-win32.msi` verläuft in der Regel ohne Probleme. Nach der Installation findet sich der Treiber in der Liste der ODBC-Datenquellen, sichtbar über **Start** • **Einstellungen** • **Systemsteuerung** • **Verwaltung** • **Datenquellen (ODBC)** • **Registerkarte Treiber**:

Verbindung zu MySQL | 8.6

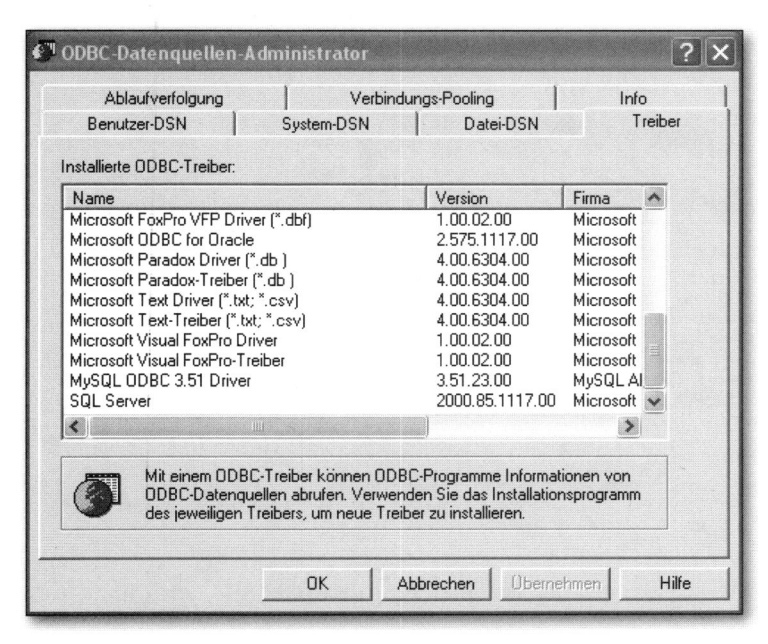

Abbildung 8.40 Liste der ODBC-Datenquellen

8.6.2 Datenquelle

Man hat nun zwei Möglichkeiten des Zugriffs auf eine Datenquelle:

- Man kann einen festen **DSN (Data Source Name)** einrichten. Dabei werden die Daten der Verbindung zur Datenbank und notwendige Parameter fest gespeichert, und man muss im Visual Basic-Programm nur noch den DSN aufrufen, um eine Verbindung herzustellen. *Fester DSN*

- Etwas umständlicher, aber flexibler ist der Zugriff, wenn man alle Verbindungsdaten erst in der Verbindungszeichenkette (Connection String) des Programms festlegt, ähnlich wie bei einer MS Access-Datenbank. Innerhalb eines Programms hat man dann aber die Möglichkeit, einzelne Parameter zu verändern. *Flexibler Zugriff*

Beide Möglichkeiten werden nachfolgend gezeigt.

Bevor man mit der Einrichtung eines DSN (und generell mit dem Zugriff auf eine MySQL-Datenbank) beginnt, sollte man sich vergewissern, dass der Datenbank-Server läuft.

Zur Einrichtung eines DSN wechselt man in der Liste der ODBC-Datenquellen (siehe Installation) auf die Registerkarte **System-DSN**. Diese DSNs stehen allen Benutzern des PCs zur Verfügung. Über den Button *System-DSN*

Hinzufügen gelangt man auf das Dialogfeld **Neue Datenquelle erstellen**. Hier wird der soeben installierte MySQL ODBC-Treiber ausgewählt:

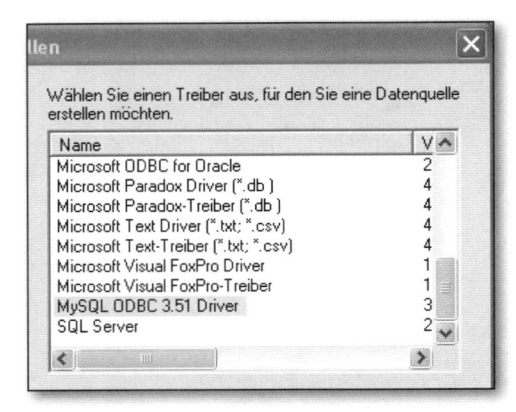

Abbildung 8.41 Auswahl des Treibers

Anschließend gelangt man zu einer Eingabemaske für den Connector/ODBC:

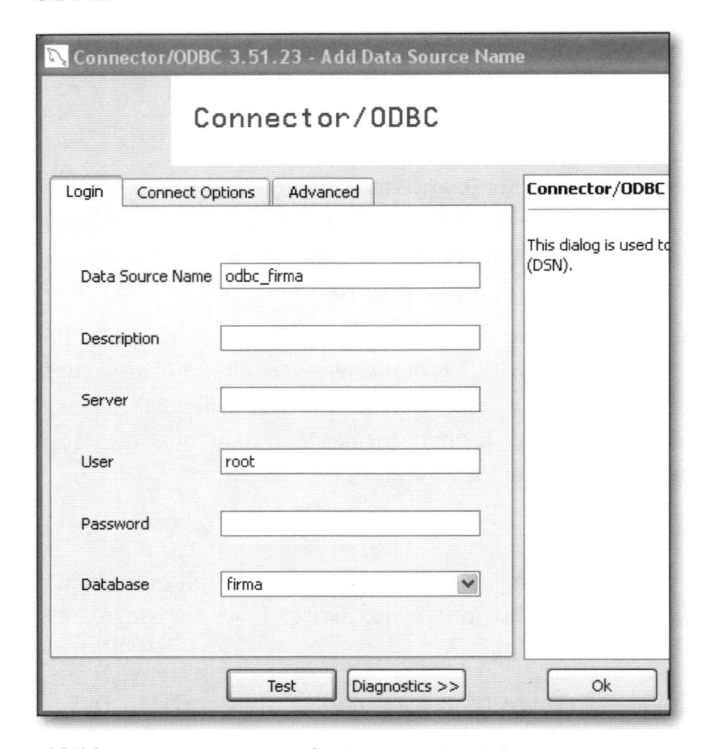

Abbildung 8.42 Parameter für Connector/ODBC

Folgende Einstellungen sind vorzunehmen:

- Der frei wählbare »Data Source Name« muss festgelegt werden, damit die Datenbank im Programm über diesen Namen angesprochen werden kann. Hier ist dies odbc_firma. Es soll auf die MySQL-Datenbank firma zugegriffen werden. Diese ist der Einfachheit halber ebenso aufgebaut wie die gleichnamige MS Access-Datenbank. — Data Source Name

- Unter **Server** sollte der Name des Datenbank-Servers eingetragen sein. Wird dort nichts eingetragen, so wird auf den Server localhost zugegriffen. Dies ist auch der Wert nach einer MySQL-Standard-Installation. — Server

- Bei **User** und **Password** werden Name und Passwort des Datenbank-Benutzers eingetragen. Der Normalbenutzer nach einer MySQL-Standard-Installation hat den Namen root und kein Passwort. — User

- In der Liste **Database** kann der Name der gewünschten Datenbank ausgewählt werden. — Database

- Mithilfe des Buttons **Test** kann der soeben eingerichtete DSN getestet werden: — Testen

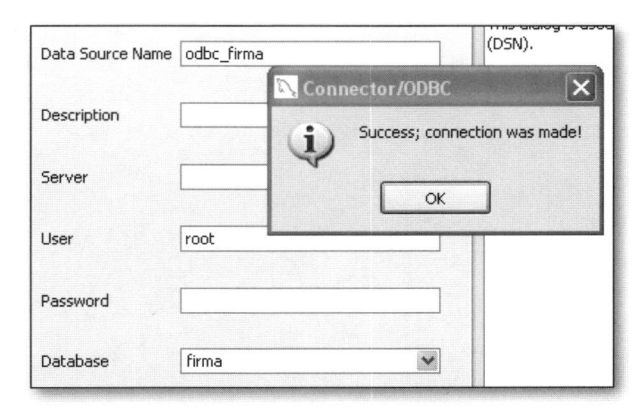

Abbildung 8.43 Test der Verbindung

Der DSN ist nun eingerichtet und kann benutzt werden.

8.6.3 Datenbankzugriff mit Visual Basic

Der Ablauf eines Zugriffs erfolgt ähnlich wie für MS Access-Datenbanken. Nachfolgend werden eine Auswahlabfrage und eine Aktionsabfrage durchgeführt. Die Unterschiede zum Zugriff auf eine MS Access-Datenbank werden besonders hervorgehoben.

Zunächst das Ergebnis der Auswahlabfrage:

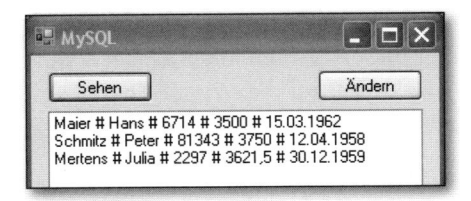

```
MySQL                    _ □ X
 [ Sehen ]              [ Ändern ]
 Maier # Hans # 6714 # 3500 # 15.03.1962
 Schmitz # Peter # 81343 # 3750 # 12.04.1958
 Mertens # Julia # 2297 # 3621,5 # 30.12.1959
```

Abbildung 8.44   Auswahlabfrage

Der Code lautet:

```
Public Class frm0803
    Private Sub cmdSehen_Click( ... ) Handles ...
        Dim con As New Odbc.OdbcConnection
        Dim cmd As New Odbc.OdbcCommand
        Dim reader As Odbc.OdbcDataReader

        ' con.ConnectionString = "DSN=odbc_firma"
        con.ConnectionString = "Provider=MSDASQL;" _
            & "Driver={MySQL ODBC 3.51 Driver};" _
            & "Server=localhost;UID=root;" _
            & "database=firma"
        cmd.Connection = con
        cmd.CommandText = "select * from personen"

        Try
            con.Open()
            reader = cmd.ExecuteReader()
            lstTab.Items.Clear()
            Do While reader.Read()
                lstTab.Items.Add(reader("name") & " # " _
                    & reader("vorname") & " # " _
                    & reader("personalnummer") & " # " _
                    & reader("gehalt") & " # " _
                    & reader("geburtstag"))
            Loop
            reader.Close()
            con.Close()
        Catch ex As Exception
            MsgBox(ex.Message)
        End Try
    End Sub
[ ... ]
End Class
```

Zur Erläuterung:

- Die Objekte der Klassen `OdbcConnection`, `OdbcCommand` und `OdbcDataReader` aus dem Namespace `Odbc` entsprechen den Objekten der Klassen `OleDbConnection`, `OleDbCommand` und `OleDbReader` aus dem Namespace `OleDb`.

    Odbc

- Sie werden für den Zugriff auf ODBC-Datenquellen benötigt.
- In der Eigenschaft `ConnectionString` steht bei Benutzung eines fest eingerichteten DSN nur `DSN=odbc_firma`. Diese Version ist im obigen Codebeispiel auskommentiert.
- Falls man die Verbindungszeichenkette selber zusammenstellt, sieht sie wie folgt aus:
    - `Provider=MSDASQL` für »Microsoft Data Access SQL«

        Provider
    - `Driver={MySQL ODBC 3.51 Driver}` für den installierten MySQL ODBC Treiber
    - `Server=localhost` für den MySQL-Server
    - `UID=root` für den Benutzernamen
    - `database=firma` für den Datenbanknamen
- Der restliche Ablauf ist gleich geblieben.

Abbildung 8.45 zeigt das Ergebnis der Aktionsabfrage (nach anschließendem Betätigen des Buttons **Sehen**):

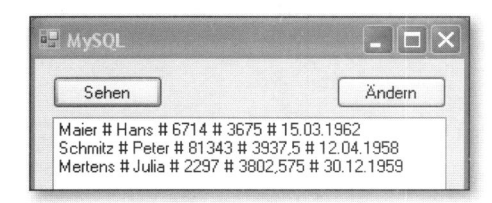

Abbildung 8.45 Aktionsabfrage

Der Code (ebenfalls in `p0803`):

```
Public Class frm0803
[ ... ]
    Private Sub cmdÄndern_Click( ... ) Handles ...
        Dim con As New Odbc.OdbcConnection
        Dim cmd As New Odbc.OdbcCommand
        Dim anzahl As Integer

        Try
```

```
            con.ConnectionString = "DSN=odbc_firma"
            cmd.Connection = con
            cmd.CommandText = _
                "update personen set gehalt = gehalt * 1.05"
            con.Open()

            anzahl = cmd.ExecuteNonQuery()
            MsgBox("Anzahl Datensätze geändert: " & anzahl)
            con.Close()
        Catch ex As Exception
            MsgBox(ex.Message)
        End Try
    End Sub
End Class
```

Zur Erläuterung:

- Bei dieser Abfrage wird selbstverständlich kein Reader benötigt, da es sich um eine Aktionsabfrage ohne Abfrage-Ergebnis handelt.
- Es wurde nur der Zugriff über den festen DSN genutzt. Möchte man die andere Version verwenden, so kann man die Verbindungszeichenkette der anderen Ereignisprozedur entnehmen.

8.6.4 .NET-Treiber

Connector/NET Eine modernere Schnittstelle zwischen Visual Basic und MySQL bietet der Treiber Connector/NET. Er kann ebenfalls auf der Internetseite von MySQL heruntergeladen werden, befindet sich aber auch auf der beiliegenden DVD. Die derzeit aktuelle Version ist 5.0.8.1.

Verweis hinzufügen Die Installation mithilfe der Installationsdatei `mysql-connector-net-5.0.8.1.exe` verläuft in der Regel problemlos. Nach der Installation muss man für das Projekt, in dem der Treiber genutzt werden soll, einen Verweis auf die Bibliotheken des Treibers einrichten. Hierzu geht man über den Menüpunkt **Projekt • Verweis hinzufügen**. In der Liste findet sich die Komponente `MySQL.Data`.

Der Ablauf eines Zugriffs erfolgt ähnlich wie für MS Access-Datenbanken bzw. für MySQL-Datenbanken mit dem ODBC-Treiber. Nachfolgend werden nur die unterschiedlichen Befehlszeilen zum Aufbau der Verbindung erläutert:

```
[ ... ]
    Dim con As New MySql.Data.MySqlClient.MySqlConnection
    Dim cmd As New MySql.Data.MySqlClient.MySqlCommand
```

```
    Dim reader As MySql.Data.MySqlClient.MySqlDataReader
    con.ConnectionString = "Data Source=localhost;" _
       & "Initial Catalog=firma;UID=root"
[ ... ]
```

Zur Erläuterung:

- Die Objekte der Klassen `MySQLConnection`, `MySQLCommand` und `MySQLDataReader` aus dem Namespace `MySql.Data.MySqlClient` entsprechen den Objekten der Klassen `OleDbConnection`, `OleDbCommand` und `OleDbReader` aus dem Namespace `OleDb`.

MySqlClient

- Die Verbindungszeichenkette besteht aus den Elementen:
  - `Data Source=localhost` für den MySQL-Server
  - `Initial Catalog=firma` für den Datenbanknamen
  - `UID=root` für den Benutzernamen

Die restlichen Abläufe können den Programmen mit den anderen Datenbankzugriffen entnommen werden.

8.7 Verbindung zu MS SQL Server 2005

Sollte Ihnen MS Access nicht zur Verfügung stehen, so gibt es noch weitere Möglichkeiten. Bei MS SQL Server 2005 handelt es sich um ein serverbasiertes Datenbank-Management-System. Zunächst soll die Erstellung einer SQL Server 2005-Datenbank mit einer Tabelle erläutert werden. Anschließend wird gezeigt, wie man mit Visual Basic 2008 auf eine MS SQL Server 2005-Datenbank zugreift.

SQL-Server

Bei der Installation der Visual Basic 2008 Express Edition kann man die MS SQL Server 2005 Express Edition direkt mit-installieren. Dies ist auch nachträglich noch durch einen erneuten Aufruf des Installationsprogramms möglich.

8.7.1 Anlegen einer Datenbank

Eine Datenbank kann direkt in einer Anwendung innerhalb der Visual Basic 2008 Express Edition erzeugt und benutzt werden. Nachfolgend wird als Beispiel die MS SQL Server 2005 Datenbank `firma` mit der Adresse `personen` in einer Windows-Anwendung angelegt. Sie ist mit Struktur und Inhalt bereits als MS Access-Datenbank bekannt.

8 | Datenbank-Anwendungen mit ADO.NET

Folgende Schritte sind notwendig:

- Zunächst erzeugt man über das Menü **Datei • Neu • Projekt • Windows Forms-Anwendung** eine neue Windows-Anwendung mit einem selbst gewählten Namen (z. B. p0804) und speichert diese.

- Man ruft über das Menü **Projekt • Neues Element hinzufügen** das Dialogfeld **Neues Element hinzufügen** auf.

Datenbank hinzufügen
- Darin wählt man den Typ **Dienstbasierte Datenbank** und trägt als Namen firma.mdf ein. Nach Betätigen des Buttons **Hinzufügen** gelangt man auf eine Seite, auf der man darauf aufmerksam gemacht wird, dass man soeben eine neue Datenbank mit einem leeren DataSet anlegt. Hier muss nur noch das Anlegen beendet werden, und im Solution Explorer (Projektmappen-Explorer) erscheint die neue Datenbank:

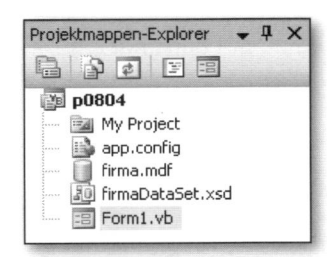

Abbildung 8.46 Eine neue Datenbank

- Rufen Sie nun den Datenbank-Explorer über das Menü **Ansicht • Datenbank-Explorer** auf.

Hierarchie-Baum
- Im Datenbank-Explorer klappen Sie den Hierarchie-Baum **Datenverbindungen** über die Datenbank firma.mdf bis zur Ebene **Tabelle** auf.

Abbildung 8.47 Ansicht im Datenbank-Explorer

Verbindung zu MS SQL Server 2005 | 8.7

- Klicken Sie mit der rechten Maustaste auf **Tabelle** und wählen Sie im Kontextmenü **Neue Tabelle hinzufügen** aus.
- Es erscheint eine weitere Registerkarte, in der die Struktur der Tabelle personen wie folgt eingetragen wird:

Tabellenstruktur

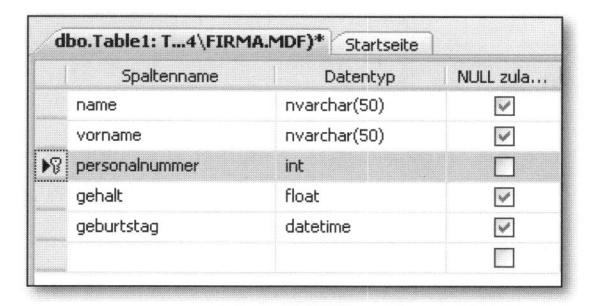

Abbildung 8.48 Neue Tabelle

- Tragen Sie den Primärschlüssel für das Feld personalnummer ein, indem Sie in der betreffenden Zeile das Kontextmenü über die rechte Maustaste aufrufen und den Menüpunkt **Primärschlüssel festlegen** auswählen.
- Rufen Sie anschließend den Hauptmenüpunkt **Datei • Table1 speichern** auf und geben Sie in dem erscheinenden Dialogfeld den Tabellennamen (personen) ein.

Abbildung 8.49 Geänderte Struktur der Datenbank

- Klicken Sie mit der rechten Maustaste auf die Tabelle personen, und wählen Sie im Kontextmenü **Tabellendaten anzeigen** aus.
- Es erscheint eine weitere Registerkarte mit einer Eingabemaske. Tragen Sie hier die Daten der Tabelle personen wie folgt ein:

Tabellendaten

309

Abbildung 8.50 Inhalt der Tabelle personen

▶ Nach dem Eintrag des letzten Datensatzes kann man die beiden Registerkarten für Struktur und Daten wieder schließen. Die Datenbank firma ist nun vollständig angelegt.

8.7.2 Datenbankzugriff mit Visual Basic

Der Ablauf eines Zugriffs erfolgt ähnlich wie für MS Access-Datenbanken. Nachfolgend werden eine Auswahlabfrage und eine Aktionsabfrage durchgeführt. Die Unterschiede zum Zugriff auf eine MS Access-Datenbank werden besonders hervorgehoben.

Zunächst das Ergebnis der Auswahlabfrage:

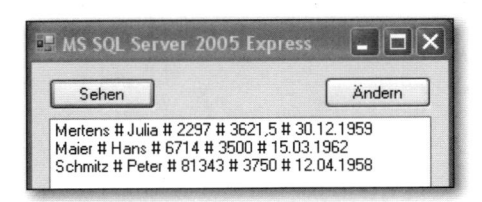

Abbildung 8.51 Auswahlabfrage

Der zugehörige Code lautet:

```
Public Class frm0804
    Private Sub cmdSehen_Click( ... ) Handles ...
        Dim con As New SqlClient.SqlConnection
        Dim cmd As New SqlClient.SqlCommand
        Dim reader As SqlClient.SqlDataReader

        Try
            con.ConnectionString = _
               "Data Source=.\SQLEXPRESS;" _
               & "AttachDbFilename=C:\...\Visual Studio" _
               & "2008\Projects\p0804\p0804\firma.mdf;" _
               & "Integrated Security=True;"
```

```
            cmd.Connection = con
            cmd.CommandText = "select * from personen"
            con.Open()

            reader = cmd.ExecuteReader()
            lstTab.Items.Clear()
            Do While reader.Read()
                lstTab.Items.Add(reader("name") & " # " _
                    & reader("vorname") & " # " _
                    & reader("personalnummer") & " # " _
                    & reader("gehalt") & " # " _
                    & reader("geburtstag"))
            Loop
            reader.Close()
            con.Close()
        Catch ex As Exception
            MsgBox(ex.Message)
        End Try
    End Sub
[ ... ]
End Class
```

Zur Erläuterung:

▶ Die Objekte der Klassen `SqlConnection`, `SqlCommand` und `SqlData-Reader` aus dem Namespace `SqlClient` entsprechen den Objekten der Klassen `OleDbConnection`, `OleDbCommand` und `OleDbReader` aus dem Namespace `OleDb`.

SqlClient

▶ Diese Objekte werden für Datenbanken des Typs MS SQL-Server benötigt.

▶ In der Eigenschaft `ConnectionString` steht:

  ▸ `Data Source=.\SQLEXPRESS`, hier wird der Name des MS SQL-Servers angegeben.

  ▸ `AttachDbFilename=C:\...\Visual Studio 2008 \ Projects \ p0804 \ p0804 \ firma.mdf`, hier wird der Dateiname der Datenbank mit absolutem Pfadnamen (zum Projektverzeichnis) angegeben. Dieser ist hier nur mit drei Punkten angedeutet, er lautet auf jedem Rechner anders und muss entsprechend eingetragen werden.

  ▸ `Integrated Security=True`, damit wird erreicht, dass die Windows-Authentifizierung zum Zugriff auf den MS SQL-Server verwendet wird.

▶ Der restliche Ablauf ist gleich geblieben.

Das Ergebnis der Aktionsabfrage (nach anschließendem Betätigen des Buttons **Sehen**) zeigt Abbildung 8.52:

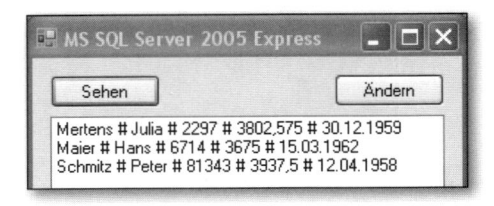

Abbildung 8.52 Aktionsabfrage

Der Code (ebenfalls in p0804) lautet:

```
Public Class frm0804
[ ... ]
    Private Sub cmdÄndern_Click( ... ) Handles ...
        Dim con As New SqlClient.SqlConnection
        Dim cmd As New SqlClient.SqlCommand
        Dim anzahl As Integer

        Try
            con.ConnectionString = _
                "Data Source=.\SQLEXPRESS;" _
                & "AttachDbFilename=C:\...\Visual Studio" _
                & "2008\Projects\p0804\p0804\firma.mdf;" _
                & "Integrated Security=True;"
            cmd.Connection = con
            cmd.CommandText = _
                "update personen set gehalt = gehalt * 1.05"
            con.Open()

            anzahl = cmd.ExecuteNonQuery()
            MsgBox("Anzahl Datensätze geändert: " & anzahl)
            con.Close()
        Catch ex As Exception
            MsgBox(ex.Message)
        End Try
    End Sub
End Class
```

Zur Erläuterung:

▶ Bei dieser Abfrage wird selbstverständlich kein Reader benötigt, da es sich um eine Aktionsabfrage ohne Abfrage-Ergebnis handelt.

Wenn man es stark vereinfacht ausdrücken möchte: ASP.NET ist die Anwendung von Visual Basic auf Internetseiten.

9 Internet-Anwendungen mit ASP.NET

Die oben vorgeschlagene Vereinfachung ist natürlich unzulässig, lässt aber erkennen, dass vieles von dem, was mithilfe dieses Buchs schon erlernt wurde, sich auch bei der Erstellung von Internet-Anwendungen nutzen lässt.

Das Thema ASP.NET ist so umfangreich, dass es eigene Bücher füllen kann. In diesem Kapitel sollen daher nur die wichtigsten Aspekte vermittelt werden:

- Grundlagen von Internet-Anwendungen
- Einrichtung einer lokalen Entwicklungs- und Testumgebung
- Aufbau von dynamischen Internet-Anwendungen mit Server- und Client-Elementen
- Senden und Auswerten von Formulardaten
- lesender und schreibender Zugriff auf eine Internet-Datenbank

9.1 Grundlagen von Internet-Anwendungen

Eine Internet-Anwendung wird mithilfe eines Browsers (MS Internet Explorer, Mozilla Firefox, ...) aufgerufen. Nach Eingabe einer Adresse wird die gewünschte Startseite von einem Webserver angefordert und erscheint im Browser.

Browser

9.1.1 Statische Internet-Anwendungen

Der einfachste Typ einer solchen Anwendung besteht aus statischen Internetseiten, die mithilfe von Hyperlinks miteinander verbunden sind. Statisch bedeutet, dass sich die Inhalte nicht aufgrund von Benutzer-

HTML

Aktionen verändern. Diese Seiten werden mithilfe der Markierungssprache HTML erstellt.

CSS   Zur Formatierung von Internetseiten kommt **CSS** zum Einsatz. CSS steht für **Cascading Style Sheets**. Hierbei handelt es sich um einander ergänzende Formatvorlagen, die dazu dienen, Internetseiten ein einheitliches Aussehen zu geben. Dies ist z. B. bei Unternehmenspräsentationen besonders wichtig. Außerdem können mithilfe von CSS wesentlich komplexere Formatierungen als in HTML durchgeführt werden.

9.1.2 Dynamische Internet-Anwendungen

Dynamische Internet-Anwendungen können sich aufgrund von Aktionen des Benutzers verändern. Hier kommen Programmiersprachen ins Spiel. Man muss dabei zwischen **clientseitiger** Programmierung und **serverseitiger** Programmierung unterscheiden.

Ein Beispiel für clientseitige Programmierung: Wenn der Benutzer die Maus über ein Bild auf einer Internetseite bewegt, dann wird das Bild gegen ein anderes Bild getauscht. Dieser Rollover-Effekt kann z. B. mit der clientseitigen Programmiersprache JavaScript erstellt werden.

JavaScript   Clientseitig bedeutet, dass das gesamte Programm, das HTML-Code und JavaScript-Code beinhaltet, beim Aufruf der Seite auf den Rechner des Benutzers geladen wurde. Bewegt er die Maus über das Bild, so ist dies ein Ereignis. Dazu gibt es, ähnlich wie in Visual Basic, eine Ereignisprozedur. Es wird ein JavaScript-Programm aufgerufen, das sich bereits auf seinem Rechner befindet. Für diesen Ablauf ist keine Kommunikation über das Internet mit dem Webserver notwendig.

ASP, Java, PHP   Ein Beispiel für serverseitige Programmierung: Wenn der Benutzer auf der Internetseite einer Suchmaschine einen Suchbegriff eingibt und den Sendebutton betätigt, dann erscheint eine Seite mit Suchergebnissen. Ein solches Programm kann mit serverseitiger Programmierung erstellt werden, z. B. unter ASP.NET oder mit Java, PHP oder Perl.

Serverseitig bedeutet, dass das gesamte Programm, das HTML-Code und Visual Basic-Code beinhaltet, beim Aufruf der Seite zunächst auf dem Server abläuft. Der Visual Basic-Code generiert wiederum HTML-Code. Das Ergebnis, das nur noch aus HTML-Code besteht, wird auf den Rechner des Benutzers geladen. Zur Verarbeitung des Suchbegriffs und zur Erzeugung der Seite mit den Suchergebnissen ist diesmal eine Kommunikation über das Internet mit dem Webserver notwendig.

9.1.3 Vorteile von ASP.NET

Reale Internetseiten enthalten häufig sowohl serverseitig verarbeiteten Code als auch HTML-Code, CSS-Code und JavaScript-Code. Man wäre also gezwungen, mehrere Sprachen zu erlernen und ihren Einsatz sinnvoll miteinander zu kombinieren.

Hier bietet die Erstellung von Seiten mithilfe von ASP.NET folgende Vorteile:

- Es sind nur einfache HTML-Kenntnisse notwendig.
- Die vorhandenen Kenntnisse von Visual Basic (oder einer anderen .NET-Sprache) können genutzt werden.   *Visual Basic*
- CSS-Code und JavaScript-Code werden automatisch generiert. Weder das eine noch das andere muss erlernt werden.
- Dem Programmierer steht das .NET Framework mit seinen Klassen zur Verfügung, das ihm z. B. den gewohnten Zugriff auf Datenbanken auf dem Webserver ermöglicht.

Die erforderlichen einfachen HTML-Kenntnisse lernen Sie in diesem Kapitel ganz »nebenbei« bei der Erstellung der Programme für ASP.NET.

9.2 Ein lokaler Webserver

Dynamische Internet-Anwendungen, die unter ASP.NET erstellt wurden, laufen nur mithilfe von Webservern, die mit dem .NET-Framework zusammenarbeiten können. Während der Entwicklung einer solchen Anwendung wird zum Testen ein lokaler Webserver benötigt. Man möchte sicherlich nicht jede Seite, die man programmiert, nach jeder Änderung ins Internet hochladen und dann erst testen.   *Testumgebung*

Eine Lösung bietet das Produkt **IIS** von Microsoft. IIS steht für **Internet Information Services** und bezeichnet eine umfangreiche Sammlung von Funktionen zur Veröffentlichung von Dokumenten im Internet über verschiedene Protokolle. Die IIS bestehen u. a. aus einem lokalen Webserver.

Eine Alternative für den ASP.NET Entwickler bietet Cassini, ein kleiner lokaler Webserver, den Microsoft als Freeware zur Verfügung stellt. Die Firma UltiDev wiederum bietet ein Freeware-Produkt an, das auf Cassini Webserver basiert, leicht zu installieren und zu verwalten ist. Dabei handelt es sich um den »UltiDev Cassini Web Server«. Dieser befindet sich auch auf der beiliegenden DVD.   *Cassini*

9.2.1 Basisverzeichnis, erste Internet-Anwendung

Es wird ein Verzeichnis benötigt, das als Basisverzeichnis des lokalen Webservers dient, z. B. *C:\inetpub\wwwroot*. Alle Internet-Anwendungen in diesem Abschnitt werden jeweils in einem eigenen Unterverzeichnis dieses Basisverzeichnisses abgelegt.

Index.htm
Die erste Internet-Anwendung ist p0901. Zunächst wird der folgende Code mit einem beliebigen, reinen Text-Editor erstellt (z. B. dem Notepad von MS Windows) und in der Datei *C:\inetpub\wwwroot\p0901\index.htm* gespeichert.

```
<html>
   <body>
      Hallo Welt
   </body>
</html>
```

Abbildung 9.1 Erste Internet-Anwendung

Dies ist eine rein statische Internet-Anwendung: nur in HTML, noch ohne Visual Basic. Sie wird noch nicht über den Webserver abgerufen.

html, body
HTML-Dateien bestehen aus Text und HTML-Markierungen. Diese Markierungen sind meist Container, d. h. sie bestehen aus einer Start- und einer Endmarkierung. Im Container `<html>` ... `</html>` steht der gesamte HTML-Code. Im Container `<body>` ... `</body>` steht der Code für die Inhalte, die im Browserfenster angezeigt werden.

Dieses erste Programm können Sie noch nicht über den lokalen Webserver testen. Zunächst muss dieser installiert werden.

9.2.2 Installation und Test des lokalen Webservers

Zur Installation wird die ausführbare Datei `UltiDevCassiniWebServer2.exe` (von der DVD) ausgewählt. Es werden einige Schritte durchlaufen, bei denen keine wesentlichen Entscheidungen des Benutzers nötig sind. Anschließend ist der lokale Webserver Cassini als automatisch startender Dienst installiert und läuft bereits.

Im Startmenü findet sich die Programmgruppe »UltiDev Cassini Web Server«. Darin befindet sich der Aufruf für das Verwaltungsprogramm Cassini Web Server Explorer. Man ruft es auf und wechselt zum Register **Application**, um seine Internet-Anwendung zu registrieren.

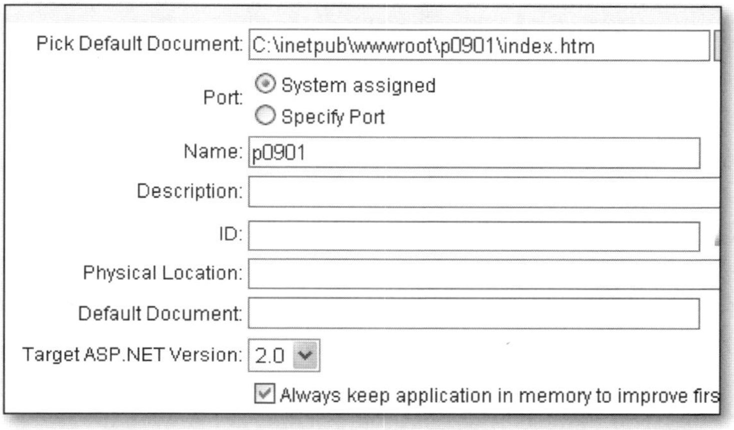

Registrieren

Abbildung 9.2 Registrierung der Anwendung p0901

Es werden folgende Einträge bzw. Aktionen vorgenommen:

- Im Feld **Pick Default Document** wird die soeben erstellte HTML-Datei inklusive Pfad eingetragen bzw. über Durchsuchen ausgewählt, also: *C:\inetpub\wwwroot\p0901\index.htm*.
- Bei **Port** wird **System assigned** ausgewählt. Das Programm von Ulti-Dev sorgt dann dafür, dass Konflikte mit eventuell bereits belegten Ports vermieden werden.

Port

- Unter **Name** wird ein frei wählbarer Name der Anwendung eingetragen, in unserem Fall lautet er p0901.
- Die ID wird für .NET benötigt. Sie kann nun mithilfe des Buttons **Generate** erzeugt werden (und wird bei Ihnen völlig anders aussehen als hier). Gleichzeitig werden dadurch auch aus dem Eintrag unter **Pick Default Document** die Einträge unter **Physical Location** und **Default Document** erzeugt (siehe Abbildung 9.3).

Generate

- Nach Betätigung des Buttons **Save** wird die Anwendung registriert und es erscheint eine Tabelle der bereits registrierten Anwendungen.

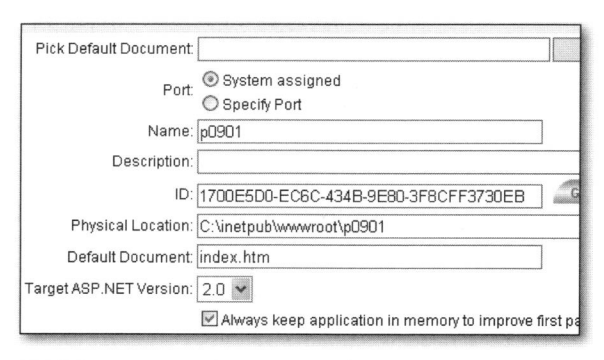

Abbildung 9.3 Nach Betätigung des Buttons »Generate«

Die Liste enthält folgende Einträge:

Hyperlink
- Bei **Application** ist der selbst gewählte Name der Anwendung eingetragen. Hier kann über einen Hyperlink die Anwendung aufgerufen werden.
- Bei **Port Number** ist ein vom System gewählter Port eingetragen. Die Portnummer muss nicht mit der hier gezeigten übereinstimmen, denn sie wird auf jedem System individuell generiert.
- Unter **Physical Path** steht das Basisverzeichnis der Anwendung.

Nach Aufruf der Anwendung über den Hyperlink erscheint der Internetbrowser mit folgendem Bild:

Abbildung 9.4 Aufruf über Webserver

Ihre erste Internet-Anwendung auf dem lokalen Webserver läuft!

Localhost
In der Adresszeile des Browsers steht die Adresse *http://localhost: <Portnummer>/index.htm*. Der Begriff `localhost` ist die allgemeine Bezeichnung für einen lokalen Webserver. Bei Portnummer steht die Nummer, die bereits bei der Anmeldung vergeben worden war.

Dieses erste Programm enthält noch keine dynamischen Anteile. Es zeigt aber, dass der lokale Webserver läuft. Sie können alle Ihre weiteren

Internet-Anwendungen auf diese Weise erstellen, registrieren und starten. Am besten legt man jede Anwendung jeweils in ein eigenes Verzeichnis unterhalb von *C:\inetpub\wwwroot*.

9.2.3 Starten und Beenden des lokalen Webservers

Sollte der lokale Webserver wider Erwarten nicht laufen oder aus anderen Gründen beendet worden sein, so kann man in der Programmgruppe »UltiDev Cassini Web Server« einen Neustart des Diensts ausführen: »Restart Cassini for ASP.NET 2.0 Service«.

Durch diesen Befehl wird die Batch-Datei *RestartCassiniService.bat* aufgerufen, die folgenden Inhalt hat: | Restart

```
@echo off
net stop "UltiDev Cassini Web Server for ASP.NET 2.0"
net start "UltiDev Cassini Web Server for ASP.NET 2.0"
```

Falls man den lokalen Webserver momentan nicht mehr benötigt, dann kann man den Dienst beenden. Der lokale Webserver beansprucht dann keine Rechner-Ressourcen und stellt auch kein mögliches Sicherheitsrisiko mehr dar.

Zum Beenden kann man mithilfe eines Text-Editors eine eigene Batch-Datei erstellen, z. B. mit dem Namen *stop_cassini.bat*, die den folgenden Inhalt hat: | Dienst beenden

```
@echo off
net stop "UltiDev Cassini Web Server for ASP.NET 2.0"
```

Man kann aber auch Änderungen der Einstellungen vornehmen, und zwar über den Eintrag für den »UltiDev Cassini Web Server« in der Tabelle der Dienste. Man findet die Tabelle über **Start • Einstellungen • Systemsteuerung • Verwaltung • Dienste**. Hier kann man bestimmen, ob der Dienst von Ihnen manuell oder automatisch beim Rechnerstart gestartet werden soll bzw. ob der Dienst in diesem Moment gestartet oder beendet werden soll.

9.3 Eine erste ASP.NET Anwendung

Der Code der ersten dynamisch generierten ASP.NET-Anwendung erscheint zunächst etwas umfangreich und verwirrend – besonders im Vergleich zum Ausgabe-Ergebnis. Er enthält aber viele wichtige Elemente, die auch in den nachfolgenden Programmen vorkommen werden. Die Abbildung 9.5 zeigt die Ausgabe:

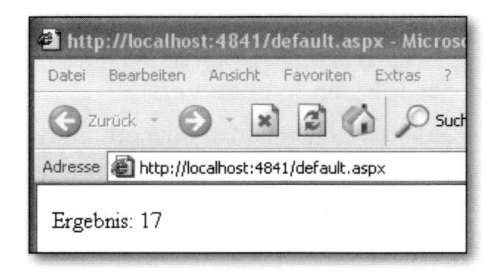

Abbildung 9.5 Ergebnis einer serverseitigen Berechnung

Default.aspx   ASP.NET-Programme stehen in Dateien mit der Endung *.aspx*. Der Code der Internet-Anwendung p0902 befindet sich in der Datei *default.aspx* im Verzeichnis *C:\inetpub\wwwroot\p0902*. Mit diesen Daten wird es auch im Cassini Web Server Explorer registriert.

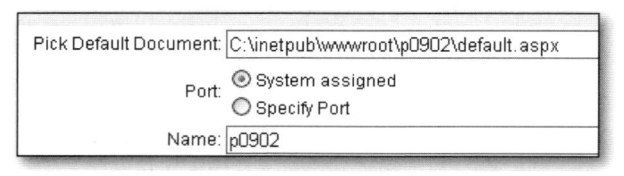

Abbildung 9.6 Registrierung der Anwendung p0902

Der Code lautet:

```
<%@ Page Language="VB" Debug="True" Strict="True"  %>
<script runat="server">
Sub Page_Load (ByVal Sender As Object, _
               ByVal E As EventArgs)
   Dim x, y, z As Integer
   x = 5
   y = 12
   z = x + y
   ergebnis.InnerText = "Ergebnis: " & z
End Sub
</script>

<html>
<body>
   <p id="ergebnis" runat="server"></p>
</body>
</html>
```

Die ersten Zeile enthält die sogenannte Page-Direktive. Zur Erläuterung dieser Zeile: @ Page

- `Language="VB"` teilt dem Compiler mit, dass die Sprache Visual Basic (VB) verwendet werden soll. ASP.NET kann auch mit anderen Sprachen aus dem Visual Studio arbeiten.
- `Debug=True` sorgt dafür, dass beim Kompilieren zusätzliche Informationen zur besseren Fehlerfindung eingefügt werden. Vor der Auslieferung eines Programms an einen Kunden sollte man hier `Debug=False` einstellen.
- `Strict=True` bewirkt das Gleiche wie die Anweisung `Option Strict=True` in Visual Basic. Diese Einstellung ist bei Visual Basic als Standard wirksam. Dadurch wurde (und wird) in allen Programmen darauf geachtet, dass alle Variablen deklariert werden und einen Datentyp erhalten. Dies wiederum vermindert mögliche Programmierfehler.

Zur Erläuterung des Visual Basic-Blocks:

- Der nächste Container `<script runat="Server">` ... `</script>` beinhaltet den Visual Basic-Code.
- `runat="Server"` bewirkt, dass der Code auf dem Server ausgeführt wird. Nur dann kann die Seite erfolgreich generiert werden. Runat
- Innerhalb des Blocks mit dem Visual Basic-Code befindet man sich schon innerhalb einer Klassendefinition. Die vorliegende Klasse ist von der Klasse `Page` abgeleitet. Jede Internetseite ist ein Objekt dieser Klasse. Es können modulweite Variablen deklariert, Prozeduren und Funktionen geschrieben werden, wie wir dies bereits bei Visual Basic getan haben.
- Die `Page_Load`-Prozedur wird immer dann durchlaufen, wenn die Seite geladen wird. Sie entspricht der `Formular_Load`-Prozedur bei einer Windows-Anwendung, wie wir sie bisher geschrieben haben. In der Prozedur werden die Start-Einstellungen für die Seite durchgeführt. Page_Load
- Innerhalb der `Page_Load`-Prozedur wird serverseitig eine Berechnung mithilfe von drei Variablen durchgeführt. Das Ergebnis wird als Eigenschaft des Elements `ergebnis` festgelegt, das erst weiter unten im Body des Dokuments aufgeführt wird. Es handelt sich um die Eigenschaft `InnerText`, diese steht für den Inhalt eines HTML-Elements.

9 | Internet-Anwendungen mit ASP.NET

Zur Erläuterung des HTML-Containers:

- Die Container `html` und `body` sind schon bekannt.

ID
- Innerhalb von `body` steht ein `p`-Container. Damit wird ein eigener Absatz gebildet. Über `id="ergebnis"` erhält der Absatz eine eindeutige ID. Diese ID und `runat="Server"` werden benötigt, damit dieser Absatz von Visual Basic aus mit Inhalt gefüllt und gegebenenfalls formatiert werden kann.

HTML-Code
Wie bereits am Anfang erwähnt, wird durch ASP.NET HTML-Code generiert und mit dem vorhandenen HTML-Code verbunden. Das Ergebnis ist reiner HTML-Code, der vom Webserver zum Benutzer gesandt wird. Wenn man sich den Quelltext beim Benutzer im Browser anschaut (im Internet Explorer über das Menü **Ansicht • Quelltext**) dann sieht man nur noch Folgendes:

```
<html>
<body>
   <p id="ergebnis">Ergebnis: 17</p>
</body>
</html>
```

9.3.1 Fehlerhafte Programmierung

Fehlermeldungen
Ein weiterer Vorteil von ASP.NET kommt bei Programmierfehlern zum Tragen. Es wird eine detaillierte Fehlermeldung angezeigt mit Zeilennummer und optischer Hervorhebung. Im nachfolgenden Bild sieht man das Ergebnis, wenn die Deklaration der drei Variablen nicht vorgenommen wurde:

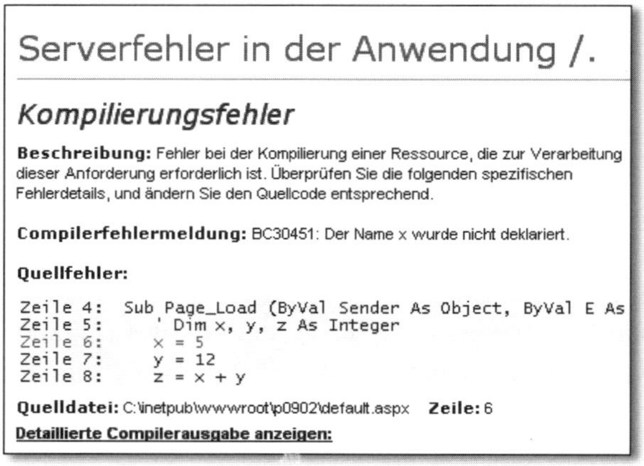

Serverfehler in der Anwendung /.

Kompilierungsfehler

Beschreibung: Fehler bei der Kompilierung einer Ressource, die zur Verarbeitung dieser Anforderung erforderlich ist. Überprüfen Sie die folgenden spezifischen Fehlerdetails, und ändern Sie den Quellcode entsprechend.

Compilerfehlermeldung: BC30451: Der Name x wurde nicht deklariert.

Quellfehler:

```
Zeile 4:    Sub Page_Load (ByVal Sender As Object, ByVal E As
Zeile 5:      ' Dim x, y, z As Integer
Zeile 6:      x = 5
Zeile 7:      y = 12
Zeile 8:      z = x + y
```

Quelldatei: C:\inetpub\wwwroot\p0902\default.aspx   **Zeile:** 6

Detaillierte Compilerausgabe anzeigen:

Abbildung 9.7 Fehlermeldung

Da die Zeile mit der Deklaration auskommentiert wurde, ist die Variable x unbekannt. Eine Fehlermeldung wird ausgegeben; Datei und Zeilennummer werden angegeben.

Zeilennummer

9.4 Formatierung von Internetseiten

Mithilfe von HTML und CSS kann eine Internetseite formatiert werden. Hierzu wären allerdings weitergehende Kenntnisse erforderlich. Mithilfe von Server-Steuerelementen kann man dagegen einfach die weitreichenden Möglichkeiten von Visual Basic zur Formatierung benutzen. Die Formatierung wird mithilfe der .NET-Klassen erzeugt. Als Ergebnis erscheint HTML-Code und CSS-Code im Quelltext des Browsers.

CSS-Code

Der Code dieser Internet-Anwendung (p0903) steht in der Datei *default.aspx* im Verzeichnis *C:\inetpub\wwwroot\p0903*. Mit diesen Daten wird es auch im Cassini Web Server Explorer registriert.

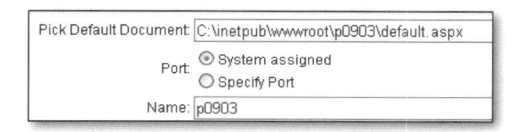

Abbildung 9.8 Registrierung der Anwendung p0903

```
<%@ Page Language="VB" Debug="True" Strict="True" %>
<script runat="server">
Sub Page_Load (ByVal Sender As Object, _
               ByVal E As EventArgs)
   Dim x, y, z As Integer
   x = 5
   y = 12
   z = x + y
   ergebnis.Text = "Ergebnis: " & z
   ergebnis.Font.Size = 24
   ergebnis.Font.Bold = True
   ergebnis.Font.Underline = True
End Sub
</script>

<html>
<body>
   <asp:Label id="ergebnis" runat="server" />
</body>
</html>
```

Zur Erläuterung:

- Bei dem Element `ergebnis` im `body` handelt es sich jetzt um ein serverseitiges Steuerelement, ein einfaches Label.
- Dieses Label kann auf dem Server formatiert werden. Es wurden die Formatierungen »Schriftgröße 24«, »Fettschrift« und »Unterstrichen« gewählt.

Abbildung 9.9 Formatiertes Ergebnis

Im Quelltext sieht man, dass CSS-Code automatisch generiert wurde, ohne dass CSS-Kenntnisse erforderlich waren:

```
<html>
<body>
   <span id="ergebnis" style="font-size:24pt;
   font-weight:bold; text-decoration:underline;">
   Ergebnis: 17</span>
</body>
</html>
```

9.5 Senden und Auswerten von Formulardaten

Für eine Kommunikation mit dem Webserver werden, wie bei einer Suchmaschine, Eingabeformulare mit Eingabe- und Auswahlelementen benötigt.

Kommunikation Im nachfolgenden Programm kann der Benutzer zwei Zahlen eingeben. Diese werden zum Webserver gesendet und dort addiert. Das Ergebnis wird wieder zurück zum Browser des Benutzers gesendet.

Der Code dieser Internet-Anwendung (p0904) steht in der Datei *default.aspx* im Verzeichnis *C:\inetpub\wwwroot\p0904*. Mit diesen Daten wird es auch im Cassini Web Server Explorer registriert.

Zunächst erscheint das leere Eingabeformular:

Abbildung 9.10 Zur Eingabe und zum Senden der Daten

Nach der Eingabe und dem Absenden erscheint das Ergebnis:

Abbildung 9.11 Daten zum Server gesendet, Ergebnis kommt zurück

Der Code lautet:

```
<%@ Page Language="VB" Debug="True" Strict="True" %>
<script runat="server">
Sub Page_Load (ByVal Sender As Object, _
               ByVal E As EventArgs)
   Dim x, y, z as Double
```

9 | Internet-Anwendungen mit ASP.NET

```
        If IsPostBack Then
            z = Val(zahl1.Value) + Val(zahl2.Value)
            ergebnis.Text = "Ergebnis: " & z
        End If
    End Sub
</script>

<html>
<body>
    <p>Addieren</p>
    <form runat="server">
        <p><input runat="server" id="zahl1"
            type="text" /> Zahl 1</p>
        <p><input runat="server" id="zahl2"
            type="text" /> Zahl 2</p>
        <p><input runat="server"
            type="submit" value="Senden" /></p>
    </form>
    <p><asp:Label id="ergebnis" runat="server" /></p>
</body>
</html>
```

Zur Erläuterung des Visual Basic-Blocks:

IsPostBack
- Die Prozedur `Page_Load` enthält eine Verzweigung. Mithilfe der Eigenschaftsmethode `IsPostBack` der Klasse `Page` wird entschieden, ob die Seite zum ersten Mal aufgerufen wird oder ob sie sich selber aufruft, nachdem der Benutzer sie mit Eingabedaten gesendet hat.

Value
- Die Elemente `zahl1` und `zahl2` repräsentieren die beiden Eingabefelder für die beiden Zahlen, die addiert werden sollen. Die Eigenschaftsmethode `Value` liefert die eingegebene Zeichenkette. Sie wird mit der Funktion `Val()` in eine `Double`-Zahl verwandelt.

- Das Element `ergebnis` ist ein Label, in dem das Ergebnis der Berechnung ausgegeben wird.

Zur Erläuterung des HTML-Containers:

Form
- Nach der Überschrift folgt der Container `<form> ... </form>`. Innerhalb eines solchen Containers werden die Formularelemente notiert. Nur die Eingabedaten in diesen Formularelementen werden zum Webserver gesendet.

Input
- Das Formularelement `<input type="text">` erzeugt ein Textfeld zur Eingabe.

▶ Das Formularelement `<input type="submit">` erzeugt einen **Sende-** **Submit**
Button. In der Eigenschaft `value` wird die Aufschrift für den **Sende-**
Button notiert.

Anmerkung: Programmierer mit HTML-Kenntnissen erkennen im Quellcode noch versteckte Formularelemente (`<input type="hidden" />`) und `div`-Container. Da der Code aber automatisch generiert wird, muss der Programmierer die Inhalte nicht mehr kennen. Es reichen Visual Basic-Kenntnisse und elementare HTML-Kenntnisse aus.

9.6 Kontrolle der Benutzer-Eingaben

Eingabeformulare werden vor dem Absenden normalerweise kontrolliert. Vor dem Senden der Daten sollte beispielsweise festgestellt werden:

▶ ob der Benutzer bei allen Pflichtfeldern eine Eingabe gemacht hat
▶ ob die Eingabe in einem bestimmten Feld den Erfordernissen genügt (hat die E-Mail-Adresse ein @-Zeichen?)
▶ ob die Eingabe zu anderen Eingaben des Formulars passt

Die Kontrolle findet auf dem Rechner des Benutzers mithilfe von auto- **Validierung** matisch generiertem JavaScript statt. Falls diese Validierung nicht erfolgreich war, werden die Daten nicht über das Internet zum Webserver gesendet und unnötiger Netzverkehr wird vermieden.

Im nachfolgenden Beispiel findet eine einfache Kontrolle statt. Falls der Benutzer eine der beiden Zahlen nicht eingibt, die zur Addition benötigt werden, so wird er deutlich darauf hingewiesen.

Abbildung 9.12 Hinweis für fehlenden Eintrag

Der Code dieser Internet-Anwendung (p0905) steht in der Datei *default.aspx* im Verzeichnis *C:\inetpub\wwwroot\p0905*. Mit diesen Daten wird diese Internet-Anwendung auch im Cassini Web Server Explorer registriert.

Der Code lautet:

```
<%@ Page Language="VB" Debug="True" Strict="True"  %>
<script runat="server">
Sub Page_Load (ByVal Sender As Object, _
               ByVal E As EventArgs)
   Dim x, y, z as Double
   If IsPostBack Then
      Validate()
      If IsValid Then
         z = Val(zahl1.Value) + Val(zahl2.Value)
         ergebnis.Text = "Ergebnis: " & z
      End If
   End If
End Sub
</script>

<html>
<body>
   <p>Addieren</p>
   <form runat="server">
       <p><input runat="server" id="zahl1"
          type="text" /> Zahl 1
       <asp:RequiredFieldValidator
          ControlToValidate="zahl1"
          Display="dynamic"
          runat="server">
          Bitte eintragen
       </asp:RequiredFieldValidator></p>

       <p><input runat="server" id="zahl2"
          type="text" /> Zahl 2
       <asp:RequiredFieldValidator
          ControlToValidate="zahl2"
          Display="dynamic"
          runat="server">
          Bitte eintragen
       </asp:RequiredFieldValidator></p>

       <p><input runat="server"
          type="submit" value="Senden" /></p>
```

```
   </form>
   <p><asp:Label id="ergebnis" runat="server" /></p>
</body>
</html>
```

Zur Erläuterung des Visual Basic-Blocks:

- Dieser Code sorgt dafür, dass nach dem Betätigen des **Sende**-Buttons eine Kontrolle stattfindet.
- Zunächst wird die Methode `Validate()` der Klasse `Page` aufgerufen. Diese weist alle Validierungs-Elemente der Seite (unten im HTML-Container) an, ihre zugeordneten Formularelemente zu kontrollieren. — Validate
- Die Eigenschaftsmethode `IsValid` gibt an, ob eine Validierung erfolgreich war oder nicht. Ein Ergebnis wird nur dann berechnet und ausgegeben, wenn die Validierung erfolgreich war. — IsValid

Zur Erläuterung des HTML-Containers:

- Unmittelbar hinter einem Eingabefeld wird ein Container mit einem Server-Steuerelement vom Typ `RequiredFieldValidator` notiert. Dieser Validator-Typ kontrolliert, ob in einem Pflichtfeld eine Eingabe gemacht wurde. Es gibt noch eine Reihe weiterer Validatoren-Typen. — RequiredFieldValidator
- In der Eigenschaft `ControlToValidate` wird mithilfe des ID-Werts die Zuordnung zu dem Steuerelement durchgeführt, das kontrolliert werden soll. — ControlToValidate
- Die Eigenschaft `Display` entscheidet über die Form der Anzeige einer Fehlermeldung. Der Eigenschaftswert `Dynamic` bedeutet, dass die Fehlermeldung nur im Fehlerfall erscheint. — Display
- Inhalt des Containers ist der Text »Bitte eintragen«.

9.7 Eine Auswahl treffen

Im nachfolgenden Programm wird ein weiteres, typisches Formularelement vorgestellt: eine Auswahlliste. Der Benutzer wählt einen Eintrag aus und sendet das Formular zum Webserver. Dort wird die Auswahl empfangen und verarbeitet. — Auswahlliste

Der Code dieser Internet-Anwendung (p0906) steht in der Datei *default.aspx* im Verzeichnis *C:\inetpub\wwwroot\p0906*. Mit diesen Daten wird es auch im Cassini Web Server Explorer registriert.

9 | Internet-Anwendungen mit ASP.NET

Zunächst erscheint das Eingabeformular:

Abbildung 9.13 Formular mit Auswahlliste, in Voreinstellung

Nach der Auswahl und dem Absenden erscheint das Ergebnis:

Abbildung 9.14 Auswahl des Benutzers wurde registriert und verarbeitet

Der Code lautet:

```
<%@ Page Language="VB" Debug="True" Strict="True"  %>
<script runat="server">
Sub Page_Load (ByVal Sender As Object, _
               ByVal E As EventArgs)
   If IsPostBack Then
      ausgabe.Text = _
         "Wir bieten ein Hotel in " & ziel.Value
   End If
End Sub
</script>
```

```
<html>
<body>
   <p>Ihr Reiseziel:</p>
   <form runat="server">
      <p><select id="ziel" runat="server">
         <option value="Barcelona">Spanien</option>
         <option value="Grenoble" _
            selected="selected">Frankreich</option>
         <option value="Genf">Schweiz</option>
         <option value="Graz">Österreich</option>
      </select></p>
      <p><input runat="server"
         type="submit" value="Senden" /></p>
   </form>
   <p><asp:Label id="ausgabe" runat="server" /></p>
</body>
</html>
```

Zur Erläuterung des Visual Basic-Blocks:

- Das Element `ziel` repräsentiert die Auswahlliste. Die Eigenschaftsmethode `Value` liefert den Wert der ausgewählten Option.

- Das Element `ausgabe` ist ein Label, in dem die Auswahl angezeigt wird.

Zur Erläuterung des HTML-Containers:

- Innerhalb des Containers `<form> ... </form>` werden die Formularelemente notiert.

- Der Container `<select> ... </select>` kennzeichnet eine Auswahlliste. Die einzelnen Optionen für den Benutzer stehen jeweils im Container `<option> ... </option>`. Select, option

- Bei den Optionen muss man zwischen angezeigtem Text und Wert (=`Value`) der Option unterscheiden. Nur der Wert wird gesendet.

9.8 Ein Kalender-Element

Ein Kalender dient im Folgenden als Beispiel für eines der vielen vorgefertigten Server-Steuerelemente. Dem Benutzer wird der aktuelle Monat angezeigt, der aktuelle Tag und die Wochenendtage sind besonders hervorgehoben. Wählt der Benutzer einen Tag aus, so wird ihm das jeweilige Datum angezeigt. Dies ist nur ein kleiner Ausschnitt aus den umfangreichen Möglichkeiten eines Server-Steuerelements. Auswahl eines Datums

In diesem Fall ist auch keine Übermittlung zum Webserver notwendig. Alle Eigenschaften des Server-Steuerelements werden bei Aufruf der Seite übermittelt. Das Server-Steuerelement steht zwar in einem Formular, aber dies dient nur dazu, die getroffene Auswahl des Benutzers an JavaScript, also an ein Client-Programm, zu übermitteln. Daher ist es auch nicht notwendig, eine `Page_Load`-Prozedur zu erstellen. Die Funktionalität wird nicht zum Zeitpunkt des Ladens der Seite, sondern erst nach der Auswahl eines Tages benötigt.

Der Code dieser Internet-Anwendung (p0907) befindet sich in der Datei *default.aspx* im Verzeichnis *C:\inetpub\wwwroot\p0907*. Mit diesen Daten wird es auch im Cassini Web Server Explorer registriert.

Zunächst erscheint der Kalender:

Abbildung 9.15 Kalender-Element

Nach der Auswahl erscheint das Ergebnis (siehe Abbildung 9.16).

Der Code lautet:

```
<%@ Page Language="VB" debug="True" Strict="True" %>
<script runat="server">
Sub auswahl(ByVal Sender As Object, _
            ByVal E As EventArgs)
  ausgabe.Text = kalender.SelectedDate.ToString()
End Sub
```

```
</script>

<html>
<body>
   Kalender:
   <form runat="server">
      <asp:Calendar id="kalender" runat="server"
         OnSelectionChanged="auswahl">
      <TodayDayStyle BackColor="Red"
         ForeColor="Yellow">
         </TodayDayStyle>
      <WeekendDayStyle BackColor="Yellow"
         ForeColor="Red">
         </WeekendDayStyle>
      </asp:Calendar>
   </form>
   <p><asp:Label id="ausgabe" runat="server" /></p>
</body>
</html>
```

Abbildung 9.16 Ausgewähltes Datum

Zur Erläuterung des Visual Basic-Blocks:

- Die Prozedur `auswahl()` wird aufgerufen, sobald der Benutzer einen Tag ausgewählt hat.
- Das Element `kalender` vom Typ `calendar` repräsentiert den Kalender. Die Eigenschaft `SelectedDate` beinhaltet den ausgewählten Tag im Datumsformat. Zur Anzeige wird er mit der allgemeinen Objekt-Methode `ToString()` in eine Zeichenkette umgewandelt.

    Calendar

- Das Element `ausgabe` ist ein Label, in dem die Auswahl angezeigt wird.

Zur Erläuterung des HTML-Containers:

- Innerhalb des Containers `<form>` ... `</form>` werden die Formularelemente notiert.
- Der Container `<asp:Calendar>` ... `</asp:Calendar>` kennzeichnet den Kalender.
- *OnSelectionChanged* Das Element `OnSelectionChanged` sorgt dafür, dass bei einer Auswahl des Benutzers die Funktion `auswahl()` aufgerufen wird.
- Die Container `TodayDayStyle` und `WeekendDayStyle` dienen zur Formatierung des Kalenders.

9.9 ASP.NET und ADO.NET

Internet-Datenbank Eine Internet-Anwendung kann auch leicht mit einer Datenbank-Anwendung verbunden werden. Im nachfolgenden Programm werden die Inhalte einer Datenbank, die sich auf dem Webserver befindet, in einer Internetseite dargestellt.

Der Zugriff auf die Datenbank läuft auf die gleiche Weise ab, wie bereits im letzten Kapitel über ADO.NET beschrieben. Das Ergebnis der SQL-Abfrage muss nur noch mit einem geeigneten Server-Steuerelement verbunden werden.

Kommunikationsweg Der Kommunikationsweg sieht jetzt wie folgt aus:

- Der Benutzer fordert über seinen Browser die Internetseite beim Webserver durch Eingabe der Adresse an.
- Auf dem Webserver wird eine Abfrage an die Datenbank generiert.
- Die Datenbank bzw. der Datenbank-Server sendet das Abfrage-Ergebnis an den Webserver zurück.
- Auf dem Webserver wird das Abfrage-Ergebnis passend für eine Internetseite formatiert und zum Rechner des Benutzers gesendet.
- Die Datentabelle wird im Browser des Benutzers angezeigt.

Der Code dieser Internet-Anwendung (p0908) steht in der Datei *default.aspx* im Verzeichnis *C:\inetpub\wwwroot\p0908*. Mit diesen Daten wird es auch im Cassini Web Server Explorer registriert.

Abbildung 9.17 zeigt das Ergebnis:

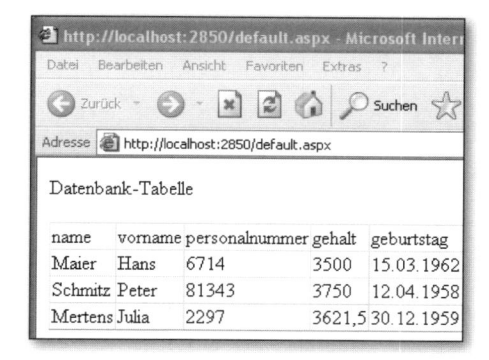

Abbildung 9.17 Datenbank-Abfrage über das Internet

Der Code lautet:

```
<%@ Page Language="VB" Debug="True" Strict="True" %>
<%@ Import Namespace="System.Data" %>
<%@ Import Namespace="System.Data.OleDb" %>

<script runat="server">
Sub Page_Load (ByVal Sender As Object, _
               ByVal E As EventArgs)
   Dim con As New OleDb.OleDbConnection
   Dim cmd As New OleDb.OleDbCommand
   Dim reader As OleDb.OleDbDataReader

   con.ConnectionString = _
      "Provider=Microsoft.Jet.OLEDB.4.0;" & _
      "Data Source=C:\Temp\firma.mdb"
   cmd.Connection = con
   cmd.CommandText = "select * from personen"

   Try
      con.Open()
      reader = cmd.ExecuteReader()
      grid.DataSource = reader
      DataBind()
      reader.Close()
      con.Close()
   Catch ex As Exception
      ausgabe.Font.Bold = True
      ausgabe.Text = ex.Message
   End Try
End Sub
</script>
```

```
<html>
<body>
   <p>Datenbank-Tabelle</p>
   <asp:DataGrid id="grid" runat="server" />
   <p><asp:Label id="ausgabe" runat="server" /></p>
</body>
</html>
```

Zur Erläuterung der Compiler-Direktiven:

System.Data
- Nach der Page-Direktive folgen die beiden Direktiven zum Import der Namensräume `System.Data` und `System.Data.OleDb`.

OleDb
- Dadurch werden die Klassen zur Verfügung gestellt, die für den Zugriff auf eine OleDb-Datenbank, wie z. B. eine MS Access-Datenbank, benötigt werden.

Zur Erläuterung des Visual Basic-Blocks:

- Die Objekte für die Datenbank-Verbindung, den SQL-Befehl und den Reader für das Abfrage-Ergebnis werden so initialisiert und benutzt, wie es bereits im Kapitel über ADO.NET beschrieben ist.

- Auch hier ist aufgrund der Fehleranfälligkeit des Vorgangs eine Ausnahmebehandlung notwendig.

DataGrid
- Das Server-Steuerelement `grid` vom Typ `DataGrid` repräsentiert die Ausgabetabelle.

- Der Eigenschaft `DataSource` dieses Elements wird das Abfrage-Ergebnis zugewiesen. Die Methode `DataBind()` sorgt für die Verbindung des Elements mit der Datenquelle.

- Das Element `ausgabe` ist ein Label, in dem ein möglicher Fehler angezeigt wird.

Zur Erläuterung des HTML-Containers:

- Hier stehen nur noch die Überschrift und zwei Server-Steuerelemente – den Rest übernimmt Visual Basic.

9.10 Eine Datenbank im Internet ändern

Als Beispiel einer Datenbank-Änderung im Internet soll im folgenden Beispiel ein Datensatz zu einer Tabelle hinzugefügt werden. Das Hinzufügen mithilfe des SQL-Befehls `insert` wurde im Kapitel über ADO.NET bereits beschrieben.

In diesem Programm werden die folgenden Aktivitäten miteinander kombiniert:

- Senden und Auswerten von Formulardaten
- Kontrolle der Benutzer-Eingaben
- Ausnahmebehandlung
- ASP.NET und ADO.NET (Zugriff auf eine Datenbank)

Der Code dieser Internet-Anwendung (p0909) steht in der Datei *default.aspx* im Verzeichnis *C:\inetpub\wwwroot\p0909*. Mit diesen Daten wird diese Internet-Anwendung auch im Cassini Web Server Explorer registriert.

Im oberen Teil werden zunächst die vorhandenen Tabellendaten angezeigt. Im unteren Teil kann man die Daten eines neuen Datensatzes eintragen. Nach Eingabe eines Datensatzes ohne Personalnummer und dem Absenden sieht das Ergebnis wie folgt aus:

Neuen Datensatz eingeben

Abbildung 9.18 Datensatz ohne Personalnummer

Nach Eingabe eines Datensatzes mit einer Personalnummer, die bereits in der Tabelle vorkommt, sieht das Ergebnis wie folgt aus:

Abbildung 9.19 Datensatz mit vorhandener Personalnummer

Nach Eingabe eines Datensatzes mit einer Personalnummer, die noch nicht vorkommt, aber mit einem ungültigen Datum, erfolgt ebenfalls eine Fehlermeldung. Nach Eingabe eines gültigen Datensatzes sieht das Ergebnis wie folgt aus:

Abbildung 9.20 Gültiger Datensatz

Der Code lautet:

```vb
<%@ Page Language="VB" Debug="True" Strict="True" %>
<%@ Import Namespace="System.Data" %>
<%@ Import Namespace="System.Data.OleDb" %>

<script runat="server">
Sub Page_Load (ByVal Sender As Object, _
               ByVal E As EventArgs)
   Dim con As New OleDb.OleDbConnection
   Dim cmd As New OleDb.OleDbCommand
   Dim reader As OleDb.OleDbDataReader
   Dim anzahl As Integer

   con.ConnectionString = _
      "Provider=Microsoft.Jet.OLEDB.4.0;" & _
      "Data Source=C:\Temp\firma.mdb"
   cmd.Connection = con

   If IsPostBack Then
      Validate()
      If Not IsValid Then
         Exit Sub
      End If

      Try
         con.Open()
         cmd.CommandText = _
            "insert into personen " & _
            "(name, vorname, personalnummer, " & _
            "gehalt, geburtstag) " & _
            "values ('" & _
            txtName.Value & "', '" & _
            txtVorname.Value & "', " & _
            txtPersonalnummer.Value & ", " & _
            Val(txtGehalt.Value) & ", '" & _
            CDate(txtGeburtstag.Value) & "')"

         ' ausgabe.Text = cmd.CommandText

         anzahl = cmd.ExecuteNonQuery()
         If anzahl > 0 Then
            ausgabe.Text = "Es wurde ein Datensatz " _
               & "eingefügt"
         End If
```

```
            Catch ex As Exception
                ausgabe.Text = ex.Message
            End Try

            con.Close()
        End If

        cmd.CommandText = "select * from personen"
        Try
            con.Open()
            reader = cmd.ExecuteReader()
            grid.DataSource = reader
            DataBind()
            reader.Close()
        Catch ex As Exception
            ausgabe.Text = ex.Message
        End Try
        con.Close()
End Sub
</script>

<html>
<body>
    <p>Datenbank-Tabelle</p>
    <asp:DataGrid id="grid" runat="server" />

    <form runat="server">
       <p><input type="text" runat="server" _
            id="txtName"> Name</p>
       <p><input type="text" runat="server" _
            id="txtVorname"> Vorname</p>

       <p><input type="text" runat="server" _
            id="txtPersonalnummer"> Personalnummer
       <asp:RequiredFieldValidator
            ControlToValidate="txtPersonalnummer"
            Display="dynamic"
            runat="server">
            Bitte eintragen
       </asp:RequiredFieldValidator></p>

       <p><input type="text" runat="server" _
            id="txtGehalt"> Gehalt</p>
       <p><input type="text" runat="server" _
            id="txtGeburtstag"> Geburtstag</p>
```

```
      <p><input type="submit" runat="server"
         value="Senden">
   </form>
   <p><asp:Label id="ausgabe" runat="server" /></p>
</body>
</html>
```

Zur Erläuterung der Compiler-Direktiven:

▶ Nach der Page-Direktive folgen die beiden Direktiven zum Import der Namensräume `System.Data` und `System.Data.OleDb`, deren Klassen für den Zugriff auf eine OleDb-Datenbank benötigt werden.

Zur Erläuterung des Visual Basic-Blocks:

▶ Die Objekte für die Datenbank-Verbindung, den SQL-Befehl und den Reader für das Abfrage-Ergebnis werden in gleicher Weise initialisiert und benutzt, wie es bereits im Kapitel über ADO.NET beschrieben wurde.

▶ Es kommt noch eine Variable zur Speicherung der Anzahl der geänderten Datensätze hinzu.

▶ Der Inhalt der ersten `If`-Verzweigung wird nur ausgeführt, wenn der Benutzer das Formular senden möchte und nicht, wenn er die Seite zum ersten Mal aufruft.

▶ Die Benutzereingaben werden kontrolliert. Ergibt die Kontrolle einen Fehler (keine Personalnummer), so wird die Prozedur verlassen. Es wird der Text »Bitte eintragen« hinter dem Feld `personalnummer` eingeblendet. Das Formular wird nicht zum Webserver gesendet.

▶ Es beginnt eine Ausnahmebehandlung. Diese ist besonders wegen der vielen möglichen Fehler bei der Benutzereingabe erforderlich.   **Try-Catch**

▶ Der SQL-Befehl zum Einfügen eines Datensatzes wird mithilfe der Inhalte aus den Textfeldern des Formulars zusammengesetzt.

▶ Während der Entwicklung kann es nicht schaden, den Befehl zur Kontrolle auszugeben, statt ihn zu senden. Falls der SQL-Befehl als richtig erkannt wird, kann diese Anweisung wieder auskommentiert werden.

▶ Der SQL-Befehl zum Einfügen eines Datensatzes wird gesendet. Im Erfolgsfall wird ausgegeben, dass ein Datensatz hinzugefügt wurde.

▶ Nach der Verzweigung mit `If IsPostBack` wird der SQL-Befehl zum Anzeigen aller Datensätze erstellt.

- Der Inhalt der Datenbank-Tabelle, einschließlich des neuen Datensatzes, wird mithilfe des Server-Steuerelements vom Typ `DataGrid` ausgegeben.
- In diesem Programm wird die Verbindung eventuell zweimal geöffnet und wieder geschlossen, je nachdem, ob der Benutzer die Seite zum ersten Mal aufruft oder das Formular gesendet hat.

Zur Erläuterung des HTML-Containers:

- Hier befindet sich hinter der Überschrift und dem Server-Steuerelement vom Typ `DataGrid` das Eingabeformular.
- Das Eingabeformular beinhaltet fünf Textfelder für die Werte der fünf Felder eines neuen Datensatzes.
- Nach dem Textfeld `personalnummer` steht eine Server-Steuerelement vom Typ `RequiredFieldValidator`, mit dessen Hilfe kontrolliert wird, ob eine Personalnummer eingetragen wurde.
- Das unterste Label dient zur Ausgabe der Erfolgsmeldung oder der Fehlermeldungen bei der Ausnahmebehandlung.

Nach der Bearbeitung dieses Kapitels ist der Leser in der Lage, Zeichnungen, Grafiken und externe Bilddokumente in seiner Windows-Anwendung darzustellen.

10 Zeichnen mit GDI+

10.1 Grundlagen von GDI+

Die GDI+ Bibliothek umfasst eine Reihe von Klassen, die es ermöglichen, Zeichnungen anzufertigen. Auf vielen Steuerelementen einer Windows-Anwendung kann gezeichnet werden, zum Beispiel auf dem Formular selbst oder auf einer PictureBox.

Man benötigt den Zugriff auf das Graphics-Objekt des Steuerelements. Eine sehr einfache Zugriffsmöglichkeit bietet die Methode Create-Graphics(). Außerdem werden meist ein Stift (Pen) oder ein Pinsel (Brush) benötigt.

CreateGraphics

Beim Zeichnen der grafischen Objekte kann man z. B. die Dicke des Stifts bestimmen, die Farbe von Stift oder Pinsel, sowie Art, Ort und Größe der Objekte. Soll die Zeichnung auch Text enthalten, so können z. B. Schriftart, Schriftgröße, Schriftfarbe und Ort festgelegt werden. Bilder werden mithilfe des Image-Objekts eingefügt.

10.2 Linie, Rechteck, Polygon und Ellipse zeichnen

Das erste Beispielprogramm (p1001) enthält folgende Möglichkeiten:

- Zeichnen einer Linie
- Zeichnen eines leeren oder gefüllten Rechtecks
- Zeichnen eines leeren oder gefüllten Polygons
- Zeichnen einer leeren oder gefüllten Ellipse
- Ändern der Stiftdicke
- Ändern der Stiftfarbe
- Löschen der gesamten Zeichnung

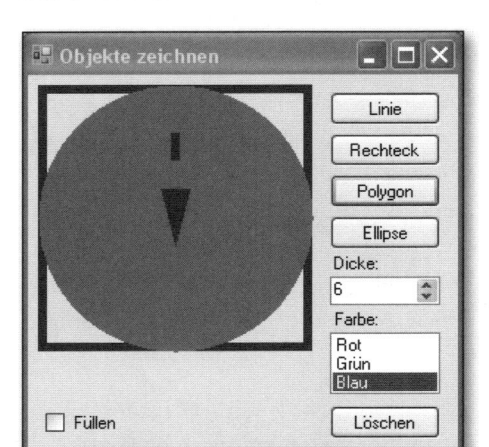

Das entstandene »Kunstwerk« könnte damit wie folgt aussehen:

Abbildung 10.1 Erste geometrische Objekte

10.2.1 Grundeinstellungen

Zunächst müssen die Grundeinstellungen getroffen werden.

Programm p1001:

```
Public Class frm1001
    Dim z As Graphics = Me.CreateGraphics()
    Dim stift As New Pen(Color.Red, 2)
    Dim pinsel As New SolidBrush(Color.Red)

    Private Sub Form1_Load( ... ) Handles MyBase.Load
        lstFarbe.Items.Add("Rot")
        lstFarbe.Items.Add("Grün")
        lstFarbe.Items.Add("Blau")
        lstFarbe.SelectedIndex = 0
    End Sub
[ ... ]
End Class
```

Zur Erläuterung:

- Die Methode CreateGraphics() liefert einen Verweis auf das Graphics-Objekt des Formulars. Es kann nun modulweit mithilfe von z auf die Zeichenfläche des Formulars zugegriffen werden.
- Diese sehr einfache Methode hat allerdings den Nachteil, dass die Zeichnung teilweise oder ganz gelöscht wird, sobald z. B. eine andere

Anwendung über dem Formular eingeblendet wird. Eine andere Methode wird am Ende dieses Abschnitts vorgestellt.

- Es wird ein Zeichenstift zum Zeichnen von Linien und nicht-gefüllten Objekten in der Farbe Rot und der Dicke 2 festgelegt. Dieser steht nun modulweit im Objekt stift der Klasse Pen zur Verfügung.   **Pen**

- Ein einfacher Pinsel zum Füllen von Objekten wird ebenfalls in der Farbe Rot festgelegt. Dieser steht nun modulweit im Objekt pinsel der Klasse SolidBrush zur Verfügung.   **SolidBrush**

- Ein Listenfeld ermöglicht einen Farbwechsel für Stift und Pinsel. Dieses Listenfeld wird zu Beginn des Programms mit drei Farben gefüllt.

10.2.2 Linie

Zum Zeichnen einer Linie wird die Methode DrawLine() verwendet: **DrawLine**

```
Private Sub cmdLinie_Click( ... ) Handles ...
    z.DrawLine(stift, 100, 40, 100, 60)
End Sub
```

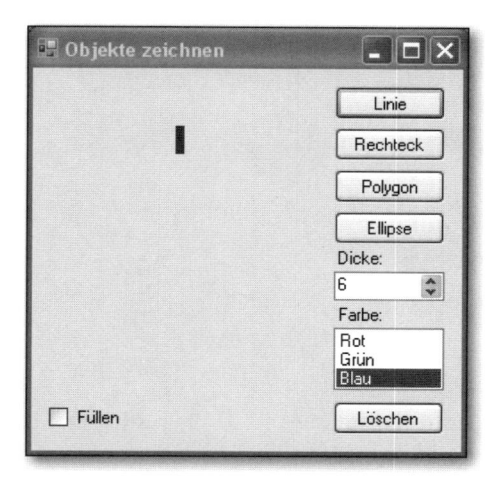

Abbildung 10.2 Linie, blau, Dicke 6

Zur Erläuterung:

- Die Methode DrawLine() erfordert in jedem Fall einen Zeichenstift.
- Anschließend werden die Start- und Endkoordinaten der Linie angegeben, entweder als Einzelkoordinaten (x,y) oder als Objekte der Klasse Point.

10.2.3 Rechteck

DrawRectangle, FillRectangle

Die Methoden `DrawRectangle()` und `FillRectangle()` erzeugen ungefüllte bzw. gefüllte Rechtecke. Sind beide Seiten des Rechtecks gleich lang, handelt es sich bekanntlich um ein Quadrat:

```
Private Sub cmdRechteck_Click( ... ) Handles ...
    If chkFüllen.Checked Then
        z.FillRectangle(pinsel, 10, 10, 180, 180)
        chkFüllen.Checked = False
    Else
        z.DrawRectangle(stift, 10, 10, 180, 180)
    End If
End Sub
```

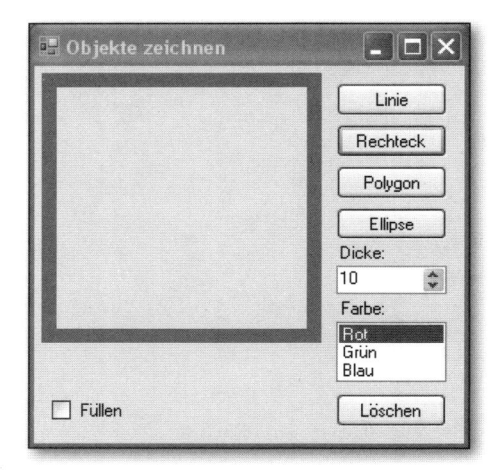

Abbildung 10.3 Rechteck, rot, Dicke 10

Zur Erläuterung:

- Der Benutzer kann über das Kontrollkästchen `chkFüllen` festlegen, ob es sich um ein gefülltes oder leeres Rechteck handeln soll.
- Das gefüllte Rechteck benötigt einen Pinsel, das leere Rechteck einen Zeichenstift.

Rechteck-Koordinaten

- Anschließend gibt man entweder vier Werte für die x- und y-Koordinate der oberen linken Ecke sowie für die Breite und Höhe des Rechtecks oder ein Objekt der Klasse `Rechteck` an.
- Falls der Benutzer das gefüllte Rechteck gewählt hat, wird das Kontrollkästchen für das nächste Objekt wieder zurückgesetzt.

10.2.4 Polygon

Polygone sind Vielecke und bestehen aus einem Linienzug, der nacheinander alle Ecken einschließt. Die Methoden DrawPolygon() und FillPolygon() erzeugen einen geschlossenen Polygonzug, der ungefüllt bzw. gefüllt ist.

DrawPolygon, FillPolygon

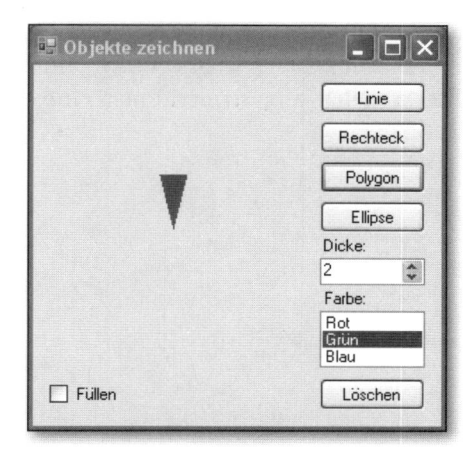

Abbildung 10.4 Polygon, grün, gefüllt

Falls der Benutzer wie in Abbildung 10.4 das gefüllte Polygon gewählt hat, wird das Kontrollkästchen für das nächste Objekt wieder zurückgesetzt.

```
Private Sub cmdPolygon_Click( ... ) Handles ...
   Dim point_feld() As Point = {New Point(90, 80), _
      New Point(110, 80), New Point(100, 120)}
   If chkFüllen.Checked Then
      z.FillPolygon(pinsel, point_feld)
      chkFüllen.Checked = False
   Else
      z.DrawPolygon(stift, point_feld)
   End If
End Sub
```

Zur Erläuterung:

- Ebenso wie das Rechteck kann auch das Polygon gefüllt (mithilfe eines Pinsels) oder ungefüllt (mithilfe eines Zeichenstifts) erzeugt werden.
- Als zweiter Parameter wird ein Feld von Objekten der Klasse Point benötigt. Die Anzahl der Elemente dieses Felds bestimmt die Anzahl der Ecken des Polygons.

Point-Objekte

- Zwischen zwei Punkten, die in dem Feld aufeinander folgen, wird eine Linie gezogen. Vom letzten Punkt aus wird zuletzt noch eine Linie zum ersten Punkt gezogen.

10.2.5 Ellipse

DrawEllipse, FillEllipse

Die Methoden `DrawEllipse()` und `FillEllipse()` erzeugen ungefüllte bzw. gefüllte Ellipsen innerhalb eines umgebenden Rechtecks. Sind beide Seiten des umgebenden Rechtecks gleich lang, so erhält man einen Kreis:

```
Private Sub cmdEllipse_Click( ... ) Handles ...
    If chkFüllen.Checked Then
        z.FillEllipse(pinsel, 10, 10, 180, 180)
        chkFüllen.Checked = False
    Else
        z.DrawEllipse(stift, 10, 10, 180, 180)
    End If
End Sub
```

Abbildung 10.5 Ellipse, rot, gefüllt

Zur Erläuterung:

Umgebendes Rechteck

- Der Aufbau der Ellipse entspricht dem Aufbau eines Rechtecks, das diese Ellipse umgibt.

10.2.6 Dicke und Farbe ändern, Zeichnung löschen

Einige Hilfsroutinen vervollständigen unser kleines Zeichenprogramm:

```
Private Sub numPenWidth_ValueChanged( ... ) _
        Handles ...
    stift.Width = numPenWidth.Value
End Sub

Private Sub lstFarbe_SelectedIndexChanged( ... ) _
        Handles ...
    Dim color_feld() As Color = _
        {Color.Red, Color.Green, Color.Blue}
    stift.Color = color_feld(lstFarbe.SelectedIndex)
    pinsel.Color = color_feld(lstFarbe.SelectedIndex)
End Sub

Private Sub cmdClear_Click( ... ) Handles ...
    z.Clear(Me.BackColor)
End Sub
```

Zur Erläuterung:

- Die Eigenschaft `Width` bestimmt die Dicke des Zeichenstifts. Der Wert des Zahlenauswahlfelds wird bei einer Änderung unmittelbar für die Stiftdicke übernommen.
- Die Eigenschaft `Color` bestimmt die Farbe des Zeichenstifts und des Pinsels. Der Index des ausgewählten Elements im Listenfeld wird bei einer Änderung unmittelbar übernommen, um das zugehörige Element des Felds `color_feld` zu bestimmen. Das Feld `color_feld` ist ein Feld von Objekten der Struktur `Color`.
- Die Methode `Clear()` dient zum Löschen der Zeichenfläche. Eigentlich handelt es sich um ein Auffüllen mit einer Einheitsfarbe. Hier wird die normale Hintergrundfarbe des Formulars zum Auffüllen genommen.

10.3 Text schreiben

Texte werden mithilfe eines Pinsels und eines Font-Objekts auf die Zeichenfläche geschrieben. Das Beispielprogramm (p1002) beinhaltet folgende Möglichkeiten:

- Schreiben eines eingegebenen Texts
- Ändern der Schriftart

- Ändern der Schriftgröße
- Ändern der Schriftfarbe
- Löschen der gesamten Zeichnung

Abbildung 10.6 Text »Hallo Welt«, blau, Arial 22

Das gesamte Programm:

```
Public Class frm1002
   Dim z As Graphics = Me.CreateGraphics()
   Dim f As New Font("Arial", 16)
   Dim pinsel As New SolidBrush(Color.Red)

   Private Sub frm1002_Load( ... ) Handles MyBase.Load
      lstSchriftart.Items.Add("Arial")
      lstSchriftart.Items.Add("Courier New")
      lstSchriftart.Items.Add("Symbol")
      lstSchriftart.SelectedIndex = 0

      lstFarbe.Items.Add("Rot")
      lstFarbe.Items.Add("Grün")
      lstFarbe.Items.Add("Blau")
      lstFarbe.SelectedIndex = 0
   End Sub

   Private Sub cmdAnzeigen_Click( ... ) Handles ...
      z.DrawString(txtE.Text, f, pinsel, 20, 20)
   End Sub
```

```
    Private Sub lstSchriftart_SelectedIndexChanged_
            ( ... ) Handles ...
        f = New Font(lstSchriftart.Text, f.Size)
    End Sub

    Private Sub numSchriftgröße_ValueChanged( ... ) _
            Handles numSchriftgröße.ValueChanged
        f = New Font(f.FontFamily, numSchriftgröße.Value)
    End Sub

    Private Sub lstFarbe_SelectedIndexChanged( ... ) _
            Handles ...
        Dim color_feld() As Color = _
            {Color.Red, Color.Green, Color.Blue}
        pinsel.Color = color_feld(lstFarbe.SelectedIndex)
    End Sub

    Private Sub cmdClear_Click( ... ) Handles ...
        z.Clear(Me.BackColor)
    End Sub
End Class
```

Zur Erläuterung:

- Die Zeichenfläche und ein Pinsel zum Schreiben von Text auf die Zeichenfläche werden modulweit bereitgestellt.
- Das Schriftformat für den Text wird im Objekt f der Klasse Font zur Verfügung gestellt.   **Font**
- Zu Beginn des Programms werden die beiden Listen für Schriftart und Farbe gefüllt.
- Die Methode DrawString() dient zum Schreiben des Texts. Sie benötigt den Text, ein Schriftformat, einen Pinsel und einen Ort zum Schreiben.   **DrawString**
- Bei einem Wechsel der Auswahl im ersten Listenfeld wird eine neue Schriftart eingestellt.
- Bei einem Wechsel der Zahl im Zahlenauswahlfeld wird eine neue Schriftgröße eingestellt.
- Ein Wechsel der Farbe im zweiten Listenfeld führt zu einer Änderung der Schriftfarbe.

10.4 Bilder darstellen

Image · Zum Darstellen eines Bilds auf einer Zeichenfläche benötigt man die Klasse Image. Die statische Methode FromFile() dieser Klasse lädt ein Bild aus einer Datei und stellt es zur Darstellung bereit. Die Bildeigenschaften stehen ebenfalls zur Verfügung. Die Zeichenmethode DrawImage() zeichnet das Bild schließlich auf die Zeichenfläche.

Im nachfolgenden Programm wird mithilfe des Standard-Dialogfelds OpenFileDialog eine Bilddatei ausgewählt. Diese wird geladen und das Bild wird dargestellt.

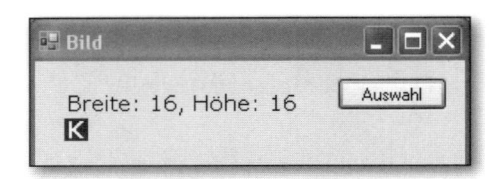

Abbildung 10.7   Bild kursiv.gif, 16 × 16 Pixel

Das Programmcode für p1003 lautet:

```
Public Class frm1003
    Private Sub cmdAuswahl_Click( ... ) Handles ...
        Dim z As Graphics = Me.CreateGraphics()
        Dim df As New Font("Verdana", 11)
        Dim pinsel As New SolidBrush(Color.Black)

        Dim ofd As New OpenFileDialog
        Dim bild As Image

        ofd.InitialDirectory = "C:\Temp"
        ofd.Title = "Bitte eine Bilddatei wählen"
        ofd.Filter = _
           "Bild-Dateien (*.jpg; *.gif)|*.jpg; *.gif"
        ofd.ShowDialog()

        If ofd.ShowDialog() = _
              Windows.Forms.DialogResult.OK Then
            bild = Image.FromFile(ofd.FileName)
            z.DrawImage(bild, 20, 40)
            z.DrawString("Breite: " & bild.Width _
               & ", Höhe: " & bild.Height, df, _
               pinsel, 20, 20)
        Else
```

```
            MsgBox("Es wurde keine Bilddatei ausgewählt")
        End If
    End Sub
End Class
```

Zur Erläuterung:

- Die Zeichenfläche wird wieder über z bereitgestellt.
- Die Schriftart und der Pinsel werden zur Ausgabe von Eigenschaften des geladenen Bildes benötigt.
- Mithilfe des Standard-Dialogfelds werden die Bilddateien mit den Endungen *.jpg* und *.gif* im Ordner *C:\Temp* aufgelistet.
- Der Benutzer sucht eine Bilddatei in diesem oder einem anderen Verzeichnis aus. Der Name dieser Datei steht in der Eigenschaft FileName des Dialogfelds.
- Die statische Methode FromFile() der Klasse Image lädt das Bild und liefert einen Verweis, über den auf das Bild zugegriffen werden kann. **FromFile**
- Die Methode DrawImage() stellt das Bild dar. Eine der zahlreichen Überladungen dieser Methode benötigt die x- und y-Koordinate, an der sich die obere linke Ecke des Bilds befinden soll. **DrawImage**
- Bricht der Benutzer die Bildauswahl ab, so wird dies in einer Meldung ausgegeben.

10.5 Dauerhaft zeichnen

Die bisher vorgestellte Methode hat den Nachteil, dass die Zeichnung teilweise oder ganz gelöscht wird, sobald z. B. eine andere Anwendung über dem Formular eingeblendet wird.

Eine andere Methode arbeitet mit dem Paint-Ereignis des Formulars. Dieses Ereignis wird jedes Mal aufgerufen, wenn das Formular auf dem Bildschirm neu gezeichnet werden muss. **Paint-Ereignis**

Im nachfolgenden Programm (p1004) werden einige Elemente der vorgestellten Programme auf diese Weise gezeichnet:

```
Imports System.IO
Public Class frm1004
    Private Sub frm1004_Paint(ByVal sender As Object, _
        ByVal e As System.Windows.Forms.PaintEventArgs) _
        Handles Me.Paint
    Dim z As Graphics
```

```
        Dim stift As New Pen(Color.Red, 2)
        Dim f As New Font("Arial", 16)
        Dim pinsel As New SolidBrush(Color.Red)
        Dim bild As Image
        Dim filename As String

        ' Holt Grafik-Objekt zum Zeichnen
        z = e.Graphics

        ' Rechteck, Text
        z.DrawRectangle(stift, 20, 20, 30, 60)
        z.DrawString("Hallo", f, pinsel, 70, 20)

        ' Bild
        filename = "C:\Temp\kursiv.gif"
        If File.Exists(filename) Then
            bild = Image.FromFile(filename)
            z.DrawImage(bild, 70, 70)
        Else
            MsgBox("Datei " & filename _
                & " ist nicht vorhanden")
        End If
    End Sub
End Class
```

Abbildung 10.8 Drei Zeichnungselemente

Zur Erläuterung:

- Das Objekt e der Klasse `PaintEventArgs` liefert Daten für das Paint-Ereignis.
- Eine der Eigenschaftsmethoden ist `Graphics`. Sie liefert das Grafik-Objekt zum Zeichnen.
- Mithilfe dieses Objekts werden nacheinander ein Rechteck, ein Text und ein Bild aus einer Datei auf dem Formular gezeichnet.

Visual Basic 2008 beinhaltet sowohl größere als auch kleinere Neuerungen gegenüber Visual Basic 2005. Die wichtigsten Neuerungen werden in diesem Kapitel erläutert.

11 Neues in Visual Basic 2008

11.1 Automatische Datentyp-Erkennung

Die sichere Erkennung des Datentyps einer deklarierten Variablen wird in Visual Basic 2008 mit dem Feature »Local Type Inference« erleichtert.

Local Type Inference

Betrachten wir dazu das folgende kurze Programm (p1101):

```
Private Sub cmdAnzeigen_Click( ... ) Handles ...
    Dim i = 5
    Dim s = "abc"
End Sub
```

Die beiden Variablen i und s wurden bis einschließlich Visual Basic 2005 als Variablen des allgemeinen Datentyps Object deklariert, da kein spezifischer Datentyp angegeben wurde. Die Benutzung von Variablen des Datentyps Object birgt mehrere Nachteile:

- Der tatsächliche Datentyp wird erst zur Laufzeit erkannt.
- Probleme, die eventuell zu Fehlern führen, können nicht frühzeitig erkannt werden.
- Es wird keine exakte Speicher-Allokation für die Variable vorgenommen.
- Die Performance ist schlechter.
- Die Entwicklerunterstützung durch IntelliSense ist nicht in vollem Umfang gegeben.

In Visual Basic 2008 wurde eine automatische Datentyp-Erkennung eingeführt. Daher erkennt Visual Basic 2008 nun den Datentyp einer Variablen bereits durch eine Initialisierung. Die beiden oben angegebenen Variablen werden als Integer bzw. String-Variablen erkannt und bieten somit die Vorteile von eindeutig deklarierten Variablen.

Option »Infer« Es gibt in diesem Zusammenhang die neue Option `Infer`. Sie steht standardmäßig in Visual Basic 2008 auf `On` und gestattet die automatische Datentyp-Erkennung.

Schaltet man diese Option explizit mit der Anweisung `Option Infer Off` ab, so verhält sich Visual Basic 2008 wieder wie Visual Basic 2005 und es wird wieder der Datentyp `Object` gewählt.

`Option`-Anweisungen stehen immer oberhalb von Deklarationen bzw. `Imports`-Anweisungen.

11.2 Vereinfachte Objekt-Initialisierung

Object Initializers Visual Basic 2008 vereinfacht mit dem Feature »Object Initializers« die Erzeugung von Objekten sowohl für benannte Klassen als auch für anonyme Klassen.

Den anonymen Klassen und deren Objekt-Initialisierung widmet sich gesondert der Abschnitt 11.3, »Anonyme Typen«.

Einige Möglichkeiten für benannte Klassen sollen auf Basis der Klasse person in der Anwendung p1102 gezeigt werden:

```
Public Class person
   Dim vorname As String
   Dim alter As Integer

   Sub New()
      vorname = "(leer)"
      alter = 0
   End Sub

   Sub New(ByVal a As Integer)
      vorname = "(leer)"
      alter = a
   End Sub

   Property Pvorname() As String
      Get
         Pvorname = vorname
      End Get
      Set(ByVal wert As String)
         vorname = wert
      End Set
   End Property
```

```
    Property Palter() As Integer
        Get
            Palter = alter
        End Get
        Set(ByVal wert As Integer)
            alter = wert
        End Set
    End Property

    Function ausgabe() As String
        ausgabe = vorname & ", " & alter
    End Function
End Class
```

Zur Erläuterung:

- Die Klassendefinition bietet noch nichts Neues. Die Klasse person hat die beiden Eigenschaften vorname und alter.
- Es gibt zwei Konstruktoren, einen ohne Parameter und einen mit dem Parameter für die Eigenschaft alter.
- Beide Eigenschaften sind über öffentliche Eigenschaftsmethoden (Properties) erreichbar, Pvorname und Palter. Die öffentliche Erreichbarkeit einer Eigenschaft über die zugehörige Eigenschaftsmethode ist wichtig für die zusätzliche neue Technik der Objekt-Initialisierung.
- Die Ausgabemethode liefert die Werte der beiden Eigenschaften.

Property

Objekte dieser Klasse können auf die herkömmliche Weise erzeugt und initialisiert werden. Einige der zusätzlichen Möglichkeiten von Visual Basic 2008 sollen an folgendem Programm gezeigt werden:

```
Public Class frm1102
    Private Sub cmdAnzeigen_Click( ... ) Handles ...
        Dim p1 As New person
        Dim p2 As New person(35)
        Dim p3 As New person With _
            {.Pvorname = "Peter"}
        Dim p4 As New person With {.Palter = 25}
        Dim p5 As New person With _
            {.Pvorname = "Monika", .Palter = 28}
        Dim p6 As New person(42) With _
            {.Pvorname = "Michael"}

        With p1
            .Palter = 41
            .Pvorname = "Sonja"
```

```
        End With

        lblA.Text = "p1: " & p1.ausgabe() _
            & vbCrLf & "p2: " & p2.ausgabe() _
            & vbCrLf & "p3: " & p3.ausgabe() _
            & vbCrLf & "p4: " & p4.ausgabe() _
            & vbCrLf & "p5: " & p5.ausgabe() _
            & vbCrLf & "p6: " & p6.ausgabe()
    End Sub
End Class
```

Zur Erläuterung:

- Die beiden ersten Objekte werden mithilfe der beiden Konstruktoren auf herkömmliche Weise erzeugt.
- Das Objekt p3 wird mithilfe des parameterlosen Konstruktors erzeugt. Anschließend wird mithilfe von With und einer Liste in geschweiften Klammern { und } auf die Eigenschaftsmethode zugegriffen. Die Eigenschaft vorname dieses Objekts erhält ebenfalls einen Startwert.
- Dasselbe geschieht bei Objekt p4, allerdings erhält hier die Eigenschaft alter einen Startwert.
- Das Objekt p5 wird mit beiden Startwerten versorgt.
- Es ist auch eine Kombination möglich. Das Objekt p6 erhält den Startwert für alter über den Konstruktor und den Startwert für den Vornamen über die Objekt-Initialisierung.
- Die Schreibweise der Objekt-Initialisierung mithilfe von With ähnelt der Schreibweise bei einem With-Block. Dies zeigt die nachträgliche Änderung des Objekts p1.

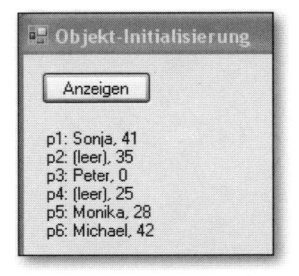

Abbildung 11.1 Unterschiedlich initialisierte Objekte

11.3 Anonyme Typen

Das Feature »Anonymous Types« ermöglicht die Erzeugung von Objekten ohne zugehörige Klassendefinition. Man erzeugt mit dem Objekt eine anonyme Klasse, d. h. eine Klasse ohne eigenen Namen. Diese Klasse hat genau die Elemente, die bei der Erzeugung des Objekts angegeben werden.

Anonymous Types

Eine solche Vorgehensweise ist z. B. bei Datenbankabfragen sinnvoll. Man kann durch eine bestimmte Datenbankabfrage ein Objekt erzeugen, das die Felder dieser Abfrage und die Werte dieser Felder umfasst, ohne vorher für jede denkbare Abfrage eine eigene Klasse definiert zu haben.

11.3.1 Vergleich von Objekten

Objekte von anonymen Klassen haben einige Besonderheiten. Einige dieser Besonderheiten werden anhand des folgenden Beispiels (p1103) erläutert:

```
Public Class frm1103
    Private Sub cmdAnzeigen1_Click( ... ) Handles ...
        Dim p1 = New With _
            {.vorname = "Peter", .alter = 23}
        Dim p2 = New With _
            {.vorname = "Michael", .alter = 35}
        Dim p3 = New With _
            {.vorname = "Sonja", .alter = 28, _
             .nachname = "Maier"}

        lblA.Text = p1.vorname & ", " & p1.alter
        p2.vorname = "Peter"
        p2.alter = 23
        lblA.Text &= vbCrLf & p2.vorname _
            & ", " & p2.alter

        If p1.Equals(p2) Then
            lblA.Text &= vbCrLf & "Es wird auf " _
                & "das selbe Objekt verwiesen"
        Else
            lblA.Text &= vbCrLf & "Es wird nicht auf " _
                & "das selbe Objekt verwiesen"
        End If

        p1 = p2
```

```
        If p1.Equals(p2) Then
            lblA.Text &= vbCrLf & "Es wird auf " _
                & "das selbe Objekt verwiesen"
        Else
            lblA.Text &= vbCrLf & "Es wird nicht auf " _
                & "das selbe Objekt verwiesen"
        End If

        'p1 = p3
    End Sub
End Class
```

Zur Erläuterung:

New With
- Es wird mithilfe von New With ein Objekt p1 einer anonymen Klasse erzeugt. Diese Klasse hat die Eigenschaften vorname und alter.
- Das Objekt p2 wird mit den gleichen Eigenschaften initialisiert. Daher ist es ein Objekt der gleichen anonymen Klasse wie p1.
- Das Objekt p3 wird mit einer zusätzlichen Eigenschaft initialisiert. Daher ist es ein Objekt einer anderen anonymen Klasse als p1 und p2.
- Bei der Erzeugung von Objekten anonymer Klassen wird mit Objekt-Initialisierung (siehe vorheriger Abschnitt) und automatischer Datentyp-Erkennung (siehe Abschnitt 11.1) gearbeitet.
- Die Eigenschaften der Objekte in diesem Programm sind öffentlich, also nicht schreibgeschützt.

Equals
- Jede anonyme Klasse ist direkt von der Basisklasse Object abgeleitet. Die Methode Equals() wird damit geerbt. Sie stellt fest, ob zwei Objektverweise auf das gleiche Objekt verweisen. Dies ist zunächst nicht der Fall. Nach der Zuweisung p1 = p2 ist es der Fall.
- Eine Zuweisung der Form p1 = p3 ist nicht möglich, da die beiden Objekte zu unterschiedlichen Klassen gehören.

11.3.2 Schlüssel-Eigenschaften

Key   Eine Veränderung des Verhaltens anonymer Klassen erhält man, wenn einzelne Eigenschaften mithilfe von Key zu Schlüssel-Eigenschaften gemacht werden.

Dies zeigt das folgende Programm, ebenfalls in p1103:

```
Public Class frm1103
[ ... ]
    Private Sub cmdAnzeigen2_Click( ... ) Handles ...
```

```
        Dim p1 = New With _
            {Key .vorname = "Peter", .alter = 23}
        Dim p2 = New With _
            {Key .vorname = "Peter", .alter = 35}

        lblA.Text = p1.vorname & ", " & p1.alter

        'p2.vorname = "Michael"
        p2.alter = 48
        lblA.Text &= vbCrLf & p2.vorname & ", " & p2.alter

        If p1.Equals(p2) Then
            lblA.Text &= vbCrLf _
                & "Die Objekte sind gleich"
        Else
            lblA.Text &= vbCrLf _
                & "Die Objekte sind nicht gleich"
        End If
    End Sub
End Class
```

Zur Erläuterung:

- Die Eigenschaft `vorname` wurde mithilfe von `Key` zur Schlüssel-Eigenschaft.
- Es kann mehrere Schlüssel-Eigenschaften geben. Werte von Schlüssel-Eigenschaften sind schreibgeschützt.
- Die Anweisung `p2.vorname = "Michael"` ist daher nicht möglich.
- Objekte sind dann per Definition gleich, wenn sie
  - die gleichen Eigenschaften in der gleichen Reihenfolge mit den gleichen (automatisch erkannten) Datentypen haben,
  - die gleichen Schlüssel-Eigenschaften haben und
  - die gleichen Werte bei den Schlüssel-Eigenschaften haben.
- Die beiden Objekte `p1` und `p2` in diesem Programm sind gleich, da sie
  - die gleichen Eigenschaften `vorname` und `alter` in der gleichen Reihenfolge mit den gleichen Datentypen `String` bzw. `Integer` haben,
  - die gleiche Schlüssel-Eigenschaft `vorname` sowie
  - den gleichen Wert »Peter« bei der Schlüssel-Eigenschaft haben.

11.4 Erweiterung von Klassen durch externe Methoden

Extension Methods

Das Feature »Extension Methods« ermöglicht die Erweiterung von Klassen durch externe Prozeduren oder externe Funktionen, ohne die betreffende Klasse ableiten zu müssen.

Es kann sich dabei sowohl um eine vorhandene Klasse, z. B. um einen Datentyp, handeln als auch um eigene Klassen. Externe Methoden können nur in Modulen deklariert werden. Sie werden durch das Attribut `<Extension()>` gekennzeichnet, das zum Namensraum `System.Runtime.CompilerServices` gehört.

11.4.1 Erweiterung eines Datentyps

Im ersten Beispiel (in p1104) wird der Datentyp `Double` um die beiden Methoden `quadrieren()` und `mal()` erweitert. Zunächst die Methodendefinitionen im Modul `rechnen` (Datei *rechnen.vb*):

```
Imports System.Runtime.CompilerServices
Module rechnen
    <Extension()> Function quadrieren(_
        ByVal x As Double) As Double
      quadrieren = x * x
    End Function

    <Extension()> Function mal(_
        ByVal x As Double, _
        ByVal y As Double) As Double
      mal = x * y
    End Function
End Module
```

Zur Erläuterung:

- Die externe Funktion `quadrieren()` liefert das Quadrat der `Double`-Zahl zurück, mit der sie aufgerufen wird.
- Die externe Funktion `mal()` liefert das Produkt aus der `Double`-Zahl, mit der sie aufgerufen wird, und der als zweiten Parameter übergebenen Zahl zurück.
- Der erste Parameter kennzeichnet die Klasse, für den die externe Methode gültig ist, also `Double`. Gleichzeitig wird der Wert des Objekts dieser Klasse als erster Parameter übermittelt.

Ein Aufruf der beiden Methoden (ebenfalls in p1104):

```
Public Class frm1104
    Private Sub cmdAnzeigen1_Click( ... ) Handles ...
        Dim a As Double = 2.5
        Dim b As Double = 3.0
        lblA.Text = a.quadrieren()
        lblA.Text &= vbCrLf & a.mal(b)
    End Sub
End Class
```

Abbildung 11.2 Erweiterung eines Datentyps

Zur Erläuterung:

- Es wird die Methode quadrieren() für die Double-Zahl a aufgerufen. Der Wert dieser Zahl kommt bei der Methode als erster Parameter an.
- Es wird die Methode mal() für die Double-Zahl a aufgerufen. Der Wert dieser Zahl kommt bei der Methode als erster Parameter an. Der zweite Parameter ist die Double-Zahl b, die beim Aufruf mitgeliefert wird.

11.4.2 Erweiterung einer eigenen Klasse

Die bekannte Klasse Fahrzeug soll erweitert werden. Zunächst die Klassendefinition:

```
Public Class Fahrzeug
    Dim bezeichnung As String
    Dim geschwindigkeit As Integer
    Dim preis As Double

    Sub New(ByVal b As String, _
            ByVal g As Integer, ByVal p As Double)
        bezeichnung = b
        geschwindigkeit = g
        preis = p
    End Sub
```

```
    Property Ppreis() As Integer
       Get
          Ppreis = preis
       End Get
       Set(ByVal wert As Integer)
          preis = wert
       End Set
    End Property

    Function ausgabe() As String
       ausgabe = "Bezeichnung: " & bezeichnung _
          & vbCrLf & "Geschwindigkeit: " _
          & geschwindigkeit & vbCrLf _
          & "Preis: " & preis & vbCrLf
    End Function

    Sub beschleunigen(ByVal wert As Integer)
       geschwindigkeit += wert
    End Sub
End Class
```

Zur Erläuterung:

▶ Die Klasse Fahrzeug hat nun auch eine Eigenschaft preis und eine zugehörige Eigenschaftsmethode Ppreis().

▶ Die Methode ausgabe() gibt alle drei Eigenschaften aus.

Im Modul FahrzeugPlus (Datei FahrzeugPlus.vb) wird die externe Methode lackieren() definiert (auch in p1104). Durch Lackieren steigt der Preis eines Fahrzeugs um 1000 Währungseinheiten.

```
Imports System.Runtime.CompilerServices
Module FahrzeugPlus
    <Extension()> Sub lackieren(ByVal f As Fahrzeug)
       f.Ppreis = f.Ppreis + 1000
    End Sub
End Module
```

Zur Erläuterung:

▶ In der externen Prozedur wird über die Eigenschaftsmethode Ppreis() der Wert des Fahrzeugs erhöht.

▶ Der erste Parameter kennzeichnet die Klasse, für den die externe Methode gültig ist, also Fahrzeug. Gleichzeitig wird der Verweis auf das Objekt dieser Klasse als erster Parameter übermittelt.

Ein Aufruf der neuen Methode (ebenfalls in p1104):

```
Public Class frm1104
[ ... ]
    Private Sub cmdAnzeigen2_Click( ... ) Handles ...
        Dim vespa As New Fahrzeug("Roller", 45, 2800)
        lblA.Text = vespa.ausgabe()
        vespa.lackieren()
        lblA.Text &= vbCrLf & vespa.ausgabe()
    End Sub
End Class
```

Abbildung 11.3 Erweiterung einer eigenen Klasse

Zur Erläuterung:

▶ Das Objekt wird vor und nach seiner Werterhöhung ausgegeben.

11.5 Lambda-Ausdrücke

Lambda-Ausdrücke sind kleine, vereinfachte Funktionsdefinitionen ohne Namen. Sie können mit Parametern arbeiten und liefern einen Wert zurück. In einem Lambda-Ausdruck stehen keine Anweisungen, es gibt kein End Function, es wird nur der Funktionswert als Ergebnis eines Ausdrucks ermittelt.

Falls man einen Lambda-Ausdruck mehrmals nutzen möchte, sollte man den Funktionswert einer Variablen zuweisen, wie in den folgenden zwei Beispielen (p1105):

```
Public Class frm1105
    Private Sub cmdAnzeigen1_Click( ... ) Handles ...
        Dim mal = _
            Function(x As Double, y As Double) x * y

        Dim a As Double = 5
        Dim b As Double = 7
```

```
        lblA.Text = mal(a, b)
    End Sub

    Private Sub cmdAnzeigen2_Click( ... ) Handles ...
        Dim bogenmass = _
            Function(w As Double) w / 180.0 * Math.PI

        Dim winkel As Integer
        For winkel = 10 To 90 Step 10
            lblA.Text &= vbCrLf & bogenmass(winkel)
        Next winkel
    End Sub
End Class
```

Zur Erläuterung:

▶ Der erste Lambda-Ausdruck berechnet das Produkt der beiden übergebenen Parameter. Er wird der Variablen mal zugewiesen.

▶ Der zweite Lambda-Ausdruck berechnet aus einem Winkel in Grad einen Winkel in Bogenmaß. Der Ausdruck ist der Variablen bogenmass zugewiesen, sodass er wiederholt aufgerufen werden kann. Im Beispiel wird der Lambda-Ausdruck für den Wert von 10 Grad bis 90 Grad aufgerufen und liefert das Bogenmaß bis Pi/2.

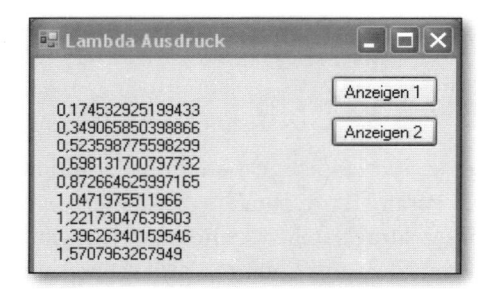

Abbildung 11.4   Lambda-Ausdruck für Bogenmaß

11.6   Verbesserungen der IntelliSense-Entwicklerunterstützung

Der Umfang und die Funktionalität der Listen und der sonstigen Hilfestellungen, die IntelliSense während der Codierung eines Programms einblendet, wurden in Visual Basic 2008 erweitert. Sie begegnen dem Programmierer kontextabhängig an allen möglichen Stellen und unterstützen ihn dabei, möglichst fehlerfrei zu programmieren.

- Schlüsselworte: Es wird eine Liste der Schlüsselworte eingeblendet, die im aktuellen Kontext sinnvoll sein könnten. Außerhalb einer Klasse erscheint z. B. eine Liste der erlaubten Schlüsselworte, sobald man ein Zeichen eingibt, mit dem eines der Schlüsselworte beginnt.
- Ausdrücke: Es wird eine Liste von Möglichkeiten beim Schreiben von Ausdrücken eingeblendet. Weist man z. B. einer Variablen einen Wert zu, so erscheint eine Liste, sobald man das Gleichheitszeichen eingegeben hat.
- Syntax-Hilfe: Die Syntax einer Anweisung wird eingeblendet, sobald man mit ihrer Eingabe begonnen hat. Hat man beispielsweise For eingegeben, so erscheint die vollständige Syntax der For-Anweisung. *Syntax-Hilfe*
- Variablen: Sobald man begonnen hat, eine Zeile zu schreiben, erscheint eine Liste, die u. a. die in diesem Gültigkeitsbereich sichtbaren Variablen umfasst.

Der Programmierer macht durch IntelliSense nicht nur weniger Fehler, sondern er spart auch Zeit, da er seltener in der Hilfe nachschauen muss.

Auch die von IntelliSense eingeblendeten Listen wurden verbessert:

- Es gibt Situationen, in denen der Code, den man gerade sehen möchte, von einer IntelliSense-Liste verdeckt wird. Mithilfe der Taste ⌈Strg⌉ kann die Liste kurzfristig transparent gemacht werden. Sobald man die Taste wieder loslässt, ist die Liste wieder normal sichtbar. *Liste transparent*
- Die Listen werden nicht immer vollständig eingeblendet, sondern gefiltert nach dem oder den eingegebenen Anfangsbuchstaben. *Filterung*

11.7 LINQ: Language INtegrated Query

Mithilfe von **LINQ (Language INtegrated Query)** lassen sich SQL-ähnliche Abfragen formulieren, mit denen man Listen von Objekten sichten und verändern kann.

LINQ ist in Visual Basic 2008 Bestandteil der Sprache, daher können Fehler bei der Formulierung einer Abfrage schnell gefunden werden. Im Unterschied dazu werden SQL-Befehle in Zeichenketten von Visual Basic eingebettet und an eine SQL-Datenbank gesendet. Eventuell auftretende Fehler müssen erst zu Visual Basic »durchgeleitet« werden. *Fehlerfindung*

Man kann LINQ u. a. im Zusammenhang mit Collections, SQL-Datenbanken und XML-Dokumenten nutzen. Die Möglichkeiten von LINQ sind so *Datenbanken, XML* umfangreich, dass sie ein eigenes Buch füllen würden. In diesem Abschnitt wird nur das grundlegende Prinzip an einigen Beispielen erläutert.

IEnumerable Eine Liste von Objekten, auf die LINQ-Abfragen angewendet werden, muss nummerierbar sein. Dies bedeutet, dass die Objektliste die Schnittstelle IEnumerable implementieren muss. Die Klasse List bietet diese Möglichkeit, daher soll sie zunächst vorgestellt werden.

11.7.1 Klasse List

Ein Objekt der Klasse List ähnelt einem Datenfeld (Array). Es besteht also aus einer Reihe von Elementen desselben Typs, die nummeriert sind. Die Nummerierung beginnt bei 0. Einzelne Elemente kann man

Add
- mit der Methode Add() ans Ende der Liste anfügen,

Insert
- mit der Methode Insert() an einer gewünschten Stelle der Liste einfügen,

RemoveAt
- mit der Methode RemoveAt() an einer gewünschten Stelle aus der Liste löschen,

- über einen Index ansprechen.

Ein Beispiel (p1107), in dem eine Liste mit Werten gefüllt, mehrfach verändert und nach jeder Veränderung neu ausgegeben wird:

```
Public Class frm1107
    Private Sub cmdAnzeigen1_Click( ... ) Handles ...
        Dim zahlenliste As New List(Of Single)
        Dim i As Integer

        zahlenliste.Add(15.2)
        zahlenliste.Add(7.8)
        zahlenliste.Add(14.0)
        lstA.Items.Clear()
        For i = 0 To zahlenliste.Count - 1
            lstA.Items.Add(zahlenliste(i))
        Next

        zahlenliste.Insert(1, 87.4)
        lstA.Items.Add("---")
        For i = 0 To zahlenliste.Count - 1
            lstA.Items.Add(zahlenliste(i))
        Next
```

```
            zahlenliste(0) = 6.7
            lstA.Items.Add("---")
            For Each z In zahlenliste
                lstA.Items.Add(z)
            Next

            zahlenliste.RemoveAt(2)
            lstA.Items.Add("---")
            For Each z In zahlenliste
                lstA.Items.Add(z)
            Next
        End Sub
End Class
```

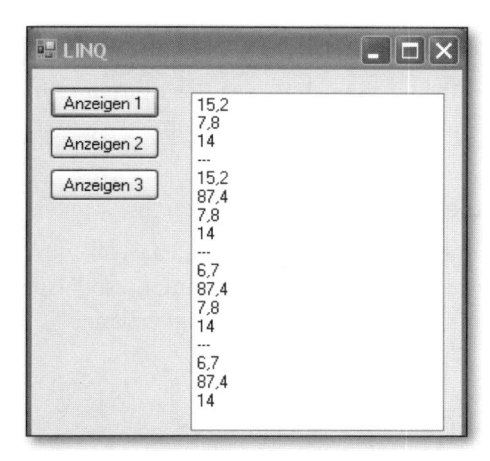

Abbildung 11.5 Erzeugung und Veränderung einer Liste

Zur Erläuterung:

- Mit der Anweisung `Dim zahlenliste As New List(Of Single)` wird die Variable `zahlenliste` als Objekt der Klasse `List` deklariert. Der Datentyp der Listen-Elemente muss mithilfe von `Of` festgelegt werden. Es kann sich dabei um einen Basisdatentyp handeln (wie `Integer`, `Single` oder `String`) oder auch um eine Klasse.   **New List**

- Mithilfe der Methode `Add()` werden der zunächst leeren Liste drei Elemente hinzugefügt. Diese erhalten nacheinander die Indizes 0, 1 und 2.

- Die Elemente der Liste werden mithilfe einer Schleife ausgegeben. Zur Steuerung der Schleife wird die Eigenschaft `Count` der Klasse `List` genutzt. Diese beinhaltet die Anzahl der Elemente der Liste.   **Count**

Index

- Die einzelnen Elemente können über `zahlenliste(index)` angesprochen werden. Der Index beginnt wie bei Datenfeldern bei 0.

- Die Anweisung `zahlenliste.Insert(1, 87.4)` fügt die Zahl 87,4 an der Position 1 in der Liste ein. Alle Elemente ab dieser Position werden nach hinten verschoben. Die Liste ist dadurch um ein Element größer.

- Einzelne Elemente können über `zahlenliste(index)` auch direkt verändert werden.

For...Each

- Anstelle der `For...Next`-Schleife kann auch eine `For...Each`-Schleife verwendet werden. In diesem Fall wird z bei jedem Durchlauf der Schleife ein einzelnes Listenelement, also eine `Single`-Variable zugewiesen.

- Die Anweisung `zahlenliste.RemoveAt(2)` löscht das Element an der Position 2 aus der Liste. Alle Elemente nach dieser Position werden nach vorne verschoben. Die Liste ist dadurch um ein Element kleiner.

11.7.2 Eine Liste von Variablen mit LINQ abfragen

LINQ-Abfrage Im nachfolgenden Beispiel (ebenfalls in p1107) wird eine Liste von Variablen erzeugt. Anschließend wird eine LINQ-Abfrage auf diese Liste angewendet. Das Abfrage-Ergebnis wird ermittelt und ausgegeben:

```
Public Class frm1107
[ ... ]
    Private Sub cmdAnzeigen2_Click( ... ) Handles ...
        Dim zahlenliste As New List(Of Integer)

        zahlenliste.Add(5)
        zahlenliste.Add(7)
        zahlenliste.Add(24)

        Dim zahlenauswahl = _
            From zahl In zahlenliste _
            Where zahl < 8 _
            Select zahl

        lstA.Items.Clear()
        For Each ZA In zahlenauswahl
            lstA.Items.Add(ZA)
        Next
    End Sub
[ ... ]
End Class
```

Zur Erläuterung:

- Es wird eine Liste von `Integer`-Zahlen erzeugt und mit einigen Werten gefüllt.
- Die folgende Abfrage wird formuliert: »Ermittle alle Zahlen aus der Liste, die kleiner als 8 sind«.
- Ähnlich wie in einer `For...Each`-Schleife stellt `zahl` ein Element der Liste dar. Die Variable `zahlenauswahl` ist eine Collection, die das Abfrage-Ergebnis beinhaltet.

Abfrage-Ergebnis

- Zum Vergleich und zum besseren Verständnis: Eine SQL-Abfrage aus einer Tabelle mit dem Namen `zahlenliste` hätte gelautet: `select * from zahlenliste where zahl < 8`.
- Die Collection mit dem Abfrage-Ergebnis wird anschließend mithilfe einer `For...Each`-Schleife durchlaufen. Dabei stellt `ZA` jeweils ein Element der Auswahl dar. Die ausgewählten Elemente werden im Listenfeld ausgegeben.

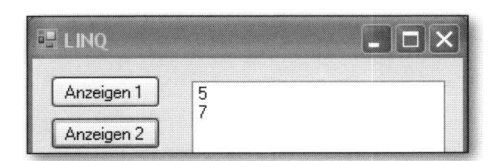

Abbildung 11.6 Abfrage aus Zahlenliste

11.7.3 Eine Liste von Objekten mit LINQ abfragen

Die Klasse `Fahrzeug` dient im folgenden Beispiel als Basis für eine Liste von Objekten. Der Aufbau der Klasse sieht wie folgt aus (ebenfalls in p1107):

```
Public Class Fahrzeug
    Dim marke As String
    Dim geschwindigkeit As Integer

    Sub New(ByVal m As String, ByVal g As Integer)
        Pmarke = m
        Pgeschwindigkeit = g
    End Sub

    Public Property Pmarke() As String
        Get
            Pmarke = marke
        End Get
```

```vb
        Set(ByVal value As String)
            marke = value
        End Set
    End Property

    Public Property Pgeschwindigkeit() As Integer
        Get
            Pgeschwindigkeit = geschwindigkeit
        End Get
        Set(ByVal value As Integer)
            geschwindigkeit = value
        End Set
    End Property

    Function ausgabe() As String
        ausgabe = Pmarke & ", " & Pgeschwindigkeit
    End Function

    Sub beschleunigen(ByVal wert As Integer)
        Pgeschwindigkeit += wert
    End Sub
End Class
```

Zur Erläuterung:

- Die Klasse hat zwei Eigenschaften: `marke` und `geschwindigkeit`. Beide werden jeweils über eine Eigenschaftsmethode kontrolliert und zugreifbar gemacht.
- Es gibt der Einfachheit halber nur einen Konstruktor. Dieser verlangt Werte für beide Eigenschaften.
- Es gibt zwei Methoden: `beschleunigen()` und `ausgabe()`.

Basierend auf dieser Klasse wird eine Liste von Objekten erzeugt. Anschließend wird eine LINQ-Abfrage auf diese Liste angewendet. Das Abfrage-Ergebnis wird ermittelt und ausgegeben:

```vb
Public Class frm1107
[ ... ]
    Private Sub cmdAnzeigen3_Click( ... ) Handles ...
        Dim Fahrzeugliste As New List(Of Fahrzeug)

        Fahrzeugliste.Add(New Fahrzeug("Vespa", 35))
        Fahrzeugliste.Add(New Fahrzeug("Schwalbe", 45))
        Fahrzeugliste.Add(New Fahrzeug("Yamaha", 135))
        Fahrzeugliste.Add(New Fahrzeug("Honda", 145))
```

```
        Fahrzeugliste.Add(New Fahrzeug("Suzuki", 185))

        Dim Fahrzeugauswahl = _
            From FZ In Fahrzeugliste _
            Where FZ.Pgeschwindigkeit > 50 _
            And FZ.Pgeschwindigkeit < 170 _
            Order By FZ.Pgeschwindigkeit Descending _
            Select FZ

        lstA.Items.Clear()
        For Each FA In Fahrzeugauswahl
            lstA.Items.Add(FA.ausgabe())
        Next
    End Sub
End Class
```

Zur Erläuterung:

- Es wird eine Liste von Verweisen auf die Klasse `Fahrzeug` erzeugt.
- Nacheinander werden fünf Objekte der Klasse `Fahrzeug` erzeugt und der Liste von Objektverweisen zugewiesen. Kurz gesagt: Die Fahrzeug-Liste wird gefüllt.
- Die folgende Abfrage wird formuliert: »Ermittle alle Fahrzeuge aus der Liste, deren Geschwindigkeit zwischen 50 und 170 liegt, und gib das Ergebnis sortiert nach fallender Geschwindigkeit aus«.
- FZ stellt in dieser Abfrage ein Element der Liste dar. Die Variable `Fahrzeugauswahl` ist eine Collection, die das Abfrage-Ergebnis beinhaltet.

Abfrage-Ergebnis

- Zum Vergleich und zum besseren Verständnis: Eine SQL-Abfrage aus einer Tabelle mit dem Namen »Fahrzeugliste« hätte gelautet: `select * from Fahrzeugliste where geschwindigkeit > 50 and geschwindigkeit < 170 order by geschwindigkeit desc`.
- Die Collection mit dem Abfrage-Ergebnis wird anschließend mithilfe einer `For...Each`-Schleife durchlaufen. Dabei stellt FA jeweils ein Element der Auswahl dar. Die ausgewählten Elemente werden im Listenfeld ausgegeben.

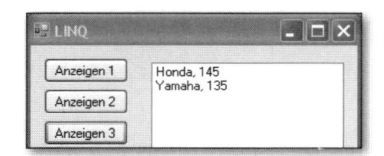

Abbildung 11.7 Abfrage aus Objektliste

11.8 MS SQL Server Compact 3.5

Lokale Datenbank

Bei MS SQL Server Compact 3.5 handelt es sich um ein kompaktes Datenbanksystem. Kleine, lokale Datenbanken können damit direkt in Anwendungen innerhalb von Visual Basic 2008 Express Edition erzeugt und genutzt werden.

11.8.1 Anlegen einer Datenbank

Nachfolgend wird als Beispiel die Datenbank firma mit der Adresse personen in einer Windows-Anwendung angelegt. Sie ist mit Struktur und Inhalt bereits als MS Access-Datenbank aus dem achten Kapitel (»Datenbank-Anwendungen mit ADO.NET«) bekannt.

Die einzelnen Schritte:

- Erzeugen Sie zunächst über das Menü **Datei • Neu • Projekt • Windows Forms-Anwendung** eine neue Windows-Anwendung mit einem selbst gewählten Namen (z. B. p1108), und speichern Sie diese.

- Rufen Sie über das Menü **Projekt • Neues Element hinzufügen** das Dialogfeld **Neues Element hinzufügen** auf.

Datenbank hinzufügen

- Wählen Sie darin den Typ **Lokale Datenbank** und tragen Sie als Namen firma.sdf ein. Nach dem Betätigen des Buttons **Hinzufügen** werden Sie darauf aufmerksam gemacht, dass Sie soeben eine neue Datenbank mit einem leeren DataSet anlegen. Hier muss nur noch das Anlegen beendet werden, und im Projektmappen-Explorer erscheint die neue Datenbank:

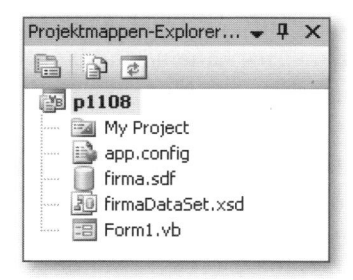

Abbildung 11.8 Eine neue Datenbank

- Man ruft den Datenbank-Explorer über das Menü **Ansicht • Datenbank-Explorer** auf.

Hierarchie-Baum

- Darin klappt man den Hierarchie-Baum **Datenverbindungen** über die Datenbank firma.sdf bis zur Ebene **Tabelle** auf.

Abbildung 11.9 Ansicht im Datenbank-Explorer

- Gehen Sie mit der rechten Maustaste auf **Tabelle**, und wählen Sie im Kontextmenü **Tabelle erstellen**.
- Es erscheint das Dialogfeld **Neue Tabelle**. Darin tragen Sie die Struktur der Tabelle personen wie folgt ein: *Tabellenstruktur*

Spaltenname	Datentyp	Länge	NULL...	Eindeutig	Primärer ...
name	nvarchar	100	Ja	Nein	Nein
vorname	nvarchar	100	Ja	Nein	Nein
personalnummer	int	4	Nein	Nein	Ja
gehalt	float	8	Ja	Nein	Nein
geburtstag	datetime	8	Ja	Nein	Nein

Name: personen

Abbildung 11.10 Neue Tabelle personen

Man beachte besonders den Eintrag Primärschlüssel = Ja (Primary Key = Yes) beim Feld personalnummer.

- Nach dem Betätigen der Taste **OK** ist die Tabelle erzeugt.

Abbildung 11.11 Geänderte Struktur der Datenbank

Tabellendaten
- Gehen Sie mit der rechten Maustaste auf die Tabelle personen, und wählen Sie im Kontextmenü **Tabellendaten anzeigen**.
- Es erscheint eine Eingabemaske, in der Sie die Daten der Tabelle personen wie folgt eintragen:

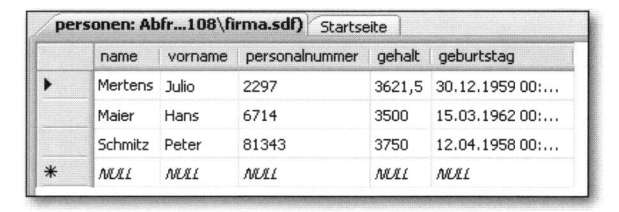

name	vorname	personalnummer	gehalt	geburtstag
Mertens	Julio	2297	3621,5	30.12.1959 00:...
Maier	Hans	6714	3500	15.03.1962 00:...
Schmitz	Peter	81343	3750	12.04.1958 00:...
NULL	NULL	NULL	NULL	NULL

Abbildung 11.12 Inhalt der Tabelle personen

- Nach dem Eintrag des letzten Datensatzes kann man die Eingabemaske wieder schließen. Die Datenbank firma ist vollständig angelegt.

11.8.2 Datenbankzugriff mit Visual Basic

Der Ablauf eines Zugriffs erfolgt wie bereits im achten Kapitel, »Datenbank-Anwendungen mit ADO.NET«, beschrieben. Nachfolgend werden eine Auswahlabfrage und eine Aktionsabfrage durchgeführt. Die Unterschiede zum Zugriff auf eine MS Access-Datenbank werden besonders hervorgehoben.

Zunächst das Ergebnis der Auswahlabfrage:

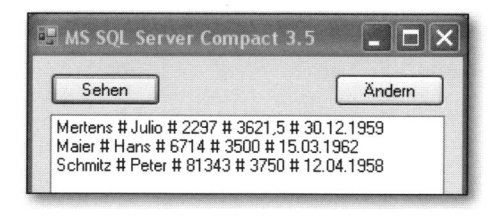

Abbildung 11.13 Auswahlabfrage

Der Code lautet:

```
Public Class frm1108
    Private Sub cmdSehen_Click( ... ) Handles ...
        Dim con As New SqlServerCe.SqlCeConnection
        Dim cmd As New SqlServerCe.SqlCeCommand
        Dim reader As SqlServerCe.SqlCeDataReader
```

```vb
        Try
            con.ConnectionString = "Data Source=firma.sdf"
            cmd.Connection = con
            cmd.CommandText = "select * from personen"
            con.Open()

            reader = cmd.ExecuteReader()
            lstTab.Items.Clear()
            Do While reader.Read()
                lstTab.Items.Add(reader("name") & " # " _
                    & reader("vorname") & " # " _
                    & reader("personalnummer") & " # " _
                    & reader("gehalt") & " # " _
                    & reader("geburtstag"))
            Loop
            reader.Close()
            con.Close()
        Catch ex As Exception
            MsgBox(ex.Message)
        End Try
    End Sub
[ ... ]
End Class
```

Zur Erläuterung:

- Die Objekte der Klassen `SqlCeConnection`, `SqlCeCommand` und `SqlCeDataReader` aus dem Namespace `SqlCe` entsprechen den Objekten der Klassen `OleDbConnection`, `OleDbCommand` und `OleDbReader` aus dem Namespace `OleDb`.
- Diese Objekte werden für Datenbanken des Typs MS SQL Server Compact benötigt.
- In der Eigenschaft `ConnectionString` steht nur die `Data Source: firma.sdf`.
- Der restliche Ablauf ist gleich geblieben.

Abbildung 11.14 zeigt das Ergebnis der Aktionsabfrage (nach anschließendem Betätigen des Buttons **Sehen**).

Der Code lautet (ebenfalls in p1108):

```vb
Public Class frm1108
[ ... ]
    Private Sub cmdÄndern_Click( ... ) Handles ...
        Dim con As New SqlServerCe.SqlCeConnection
```

```
        Dim cmd As New SqlServerCe.SqlCeCommand
        Dim anzahl As Integer

        Try
           con.ConnectionString = "Data Source=firma.sdf"
           cmd.Connection = con
           cmd.CommandText = _
              "update personen set gehalt = gehalt * 1.05"
           con.Open()

           anzahl = cmd.ExecuteNonQuery()
           MsgBox("Anzahl Datensätze geändert: " & anzahl)
           con.Close()
        Catch ex As Exception
           MsgBox(ex.Message)
        End Try
     End Sub
End Class
```

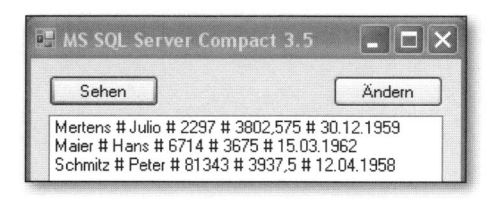

Abbildung 11.14 Aktionsabfrage

Zur Erläuterung:

▶ Da es sich um eine Aktionsabfrage ohne Abfrage-Ergebnis handelt, wird kein Reader benötigt.

▶ Wichtig ist es allerdings, dass die Eigenschaft `Copy to Output` des Objekts `firma.sdf` (siehe Projektmappen-Explorer) auf den Wert »`Copy if Newer`« gestellt wird, damit Änderungen an der Datenbank auch dauerhaft erhalten bleiben.

11.9 WPF (Windows Presentation Foundation)

Seit Visual Basic 2008 gibt es mit **WPF (Windows Presentation Foundation)** eine weitere Möglichkeit, Anwendungen mit einer grafischen Benutzeroberfläche zu erzeugen.

Dabei wird eine Markierungssprache benutzt, die **Extensible Application Markup Language** (**XAML**). Diese bietet zusätzliche Möglichkeiten bei der Gestaltung einer Benutzeroberfläche.

XAML

11.9.1 Eine einfache WPF-Anwendung

Als Einführung wird im Folgenden eine einfache WPF-Anwendung erzeugt. Hierzu sind folgende Schritte nötig:

- Erzeugen Sie zunächst über das Menü **Datei** • **Neu** • **Projekt** • **WPF-Anwendung** eine neue WPF-Anwendung mit einem selbst gewählten Namen (z. B. p1109), und speichern Sie diese.
- Wie bei einer Windows-Anwendung erscheinen eine Benutzeroberfläche und ein Eigenschaftenfenster. Über das Menü **Ansicht** kann die Toolbox eingeblendet werden.
- Zusätzlich erscheint ein Fenster mit XAML-Code, in dem die Benutzeroberfläche in Codeform beschrieben wird.

XAML-Code

```
<Window x:Class="Window1"
    xmlns="http://schemas.microsoft.com/
        winfx/2006/xaml/presentation"
    xmlns:x="http://schemas.microsoft.com/
        winfx/2006/xaml"
    Title="Window1" Height="300" Width="300">
    <Grid>

    </Grid>
</Window>
```

Zur Erläuterung:

- XAML ist wie HTML eine XML-basierte Markierungssprache. Die grundlegenden Strukturen eines HTML-Dokuments wurden in Kapitel 9, »Internet-Anwendungen mit ASP.NET«, beschrieben.
- Wie bei HTML werden die einzelnen Elemente in den Containern mit Start- und Endmarkierung notiert. Ein Beispiel ist der Container `<Window> ... </Window>` in oben angegebenen Code.

Container

- Innerhalb der Startmarkierung können Attribute mit Werten notiert werden, also Eigenschaften mit Eigenschaftswerten. Dies sind z. B. die Attribute:
  - Title mit dem Wert Window1 für den Inhalt der Titelzeile des Fensters

- Height mit dem Wert 300 für die Höhe des Fensters
- Width mit dem Wert 300 für die Breite des Fensters

Änderungen
- Innerhalb des XAML-Codes können Eigenschaften hinzugefügt oder geändert werden. Änderungen werden sofort in den anderen Elementen der Entwicklungsumgebung sichtbar.

  Ein Beispiel: Man ändert den Eigenschaftswert von Title im XAML-Code auf p1109. Man beachte die direkt erfolgten Änderungen auf der Benutzeroberfläche und im Eigenschaftenfenster.

- Umgekehrt können Eigenschaften wie gewohnt über das Eigenschaftenfenster oder die Benutzeroberfläche geändert werden.

  Ein Beispiel: Man ändert im Eigenschaftenfenster die Eigenschaft Height von 300 auf 250. Man beachte die direkt erfolgten Änderungen auf der Benutzeroberfläche und im XAML-Code.

Steuerelemente und zugehörige Ereignisprozeduren können zu einer WPF-Anwendung über verschiedene Techniken hinzugefügt werden:

- über die Toolbox und Visual Basic Code
- über XAML-Code und Visual Basic Code

Beide Möglichkeiten werden nachfolgend jeweils an einem Beispiel vorgestellt.

11.9.2 Steuerelemente über die Toolbox hinzufügen

In diesem Abschnitt soll ein Button

- über die Toolbox eingefügt,
- über das Eigenschaftenfenster verändert und
- über eine Ereignisprozedur mit Code versorgt werden.

Folgende Schritte sind hierzu notwendig:

- Zunächst erzeugt man über einen Doppelklick in der Toolbox einen Button auf der Benutzeroberfläche.

Button
- Im XAML-Code erscheint innerhalb des Containers `<Grid>` ... `</Grid>` ein neuer Container `<Button>` ... `</Button>`. Dieser repräsentiert den Button.
- Im Eigenschaftenfenster wird der Name des Buttons (ganz oben) auf den Wert cmdHallo1 gesetzt.
- Ebenso wird die Aufschrift des Buttons (Eigenschaft Content) auf den Wert Hallo 1 gesetzt.

- Hinweis: Falls man eine bestimmte Eigenschaft sucht, kann man das Suchfeld im Eigenschaftenfenster (ganz oben) verwenden. Wie bei IntelliSense werden dann die Eigenschaften gefiltert angezeigt: Man sieht also nur noch die Eigenschaften mit den bereits eingegebenen Anfangsbuchstaben.

  Eigenschaft suchen

- Nach einem Doppelklick auf den Button in der Benutzeroberfläche erscheint das Fenster mit dem Visual Basic-Code der Ereignisprozedur. Er wird wie folgt ergänzt:

```
Private Sub cmdHallo1_Click(... ) Handles ...
   MsgBox("Hallo Welt")
End Sub
```

Der XAML-Code sieht inzwischen wie folgt aus:

```
<Window x:Class="Window1"
   [ ... ]
   Title="p1109" Height="250" Width="300">
   <Grid>
      <Button Height="23" HorizontalAlignment="Left"
         Margin="10,10,0,0" Name="cmdHallo1"
            VerticalAlignment="Top" Width="75">Hallo 1</Button>
   </Grid>
</Window>
```

11.9.3 Steuerelemente über XAML-Code hinzufügen

In diesem Abschnitt soll ein Button

- über XAML-Code eingefügt,
- über XAML-Code verändert und
- über XAML und Visual Basic mit Code versorgt werden.

Fügen Sie einen neuen Button-Container in den XAML-Code ein, sodass er wie folgt aussieht:

```
<Window x:Class="Window1"
   [ ... ]
   Title="p1109" Height="250" Width="300">
   <Grid>
      <Button Height="23" HorizontalAlignment="Left"
         Margin="10,10,0,0" Name="cmdHallo1"
         VerticalAlignment="Top" Width="75">
            Hallo 1</Button>
      <Button Height="23" HorizontalAlignment="Left"
         Margin="10,50,0,0" Name="cmdHallo2"
```

```
            VerticalAlignment="Top" Width="75"
            Click="cmdHallo2Clicked">Hallo 2</Button>
    </Grid>
</Window>
```

Zur Erläuterung:

- Unter dem ersten Button, der wie gewohnt hinzugefügt wurde, steht die Definition eines neuen Buttons.
- Dieser hat den Namen `cmdHallo2` und die Aufschrift »Hallo 2«.
- Margin   Die Position wird über die Eigenschaft `Margin` festgelegt. Dabei wurde der Abstand zum linken Rand bei 10 belassen, ebenso wie beim ersten Button. Der Abstand zum oberen Rand wurde auf 50 gesetzt, sodass der neue Button ein Stück unterhalb des ersten Buttons erscheint.

Abbildung 11.15   Benutzeroberfläche

- Es wurde das Attribut `Click` hinzugefügt, mit dessen Hilfe auf das Ereignis und die Ereignisprozedur `cmdHallo2Clicked` verwiesen wird.
- Im Visual Basic-Code wird eine neue Prozedur eingefügt, sodass der Code nun wie folgt aussieht:

```
Class Window1
    Private Sub cmdHallo1_Click( ... ) Handles ...
        MsgBox("Hallo Welt")
    End Sub
    Sub cmdHallo2Clicked(ByVal Sender As Object, _
        ByVal e As RoutedEventArgs)
        MsgBox("Hallo WPF-Welt")
    End Sub
End Class
```

Zur Erläuterung:

- Die Prozedur `cmdHallo2Clicked` wird durchlaufen, wenn der Benutzer den zweiten Button betätigt.

Als weiterführende Übungsaufgaben werden in diesem Kapitel zwei lauffähige Beispielprojekte vorgeführt. Hat man den geschilderten Aufbau verstanden, kann man später eigene Veränderungen, Verbesserungen oder Erweiterungen einbringen.

12 Beispielprojekte

12.1 Spielprogramm Tetris

Im Folgenden wird das bekannte Spielprogramm Tetris in einer vereinfachten, nachvollziehbaren Visual Basic 2008-Version realisiert und erläutert. Das Programm beinhaltet:

- ein zweidimensionales Feld
- einen Timer
- einen Zufallsgenerator
- die Erzeugung und Löschung von Steuerelementen zur Laufzeit

Abbildung 12.1 zeigt die Benutzeroberfläche des Programms:

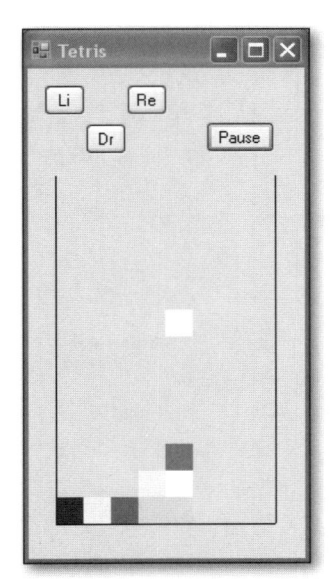

Abbildung 12.1 Tetris

12.1.1 Spielablauf

Nach Programmstart fällt ein Block in einer von acht möglichen Farben so weit herunter, bis er auf den Rand des Spielfelds oder einen anderen Block trifft. Er kann mithilfe der drei Buttons **Links (Li)**, **Rechts (Re)** und **Drop (Dr)** bewegt werden. **Drop** bewirkt ein sofortiges Absenken des Blocks auf die unterste mögliche Position.

Level   Falls sich drei gleichfarbige Blöcke untereinander oder nebeneinander befinden, so verschwinden sie. Blöcke, die sich eventuell darüber befinden, rutschen nach. Anschließend wird die Fallgeschwindigkeit der Blöcke erhöht, d. h. die Schwierigkeitsstufe wird gesteigert, man gelangt zum nächsten Level.

Ende   Sobald ein Block nur noch in der obersten Zeile platziert werden kann, ist das Spiel zu Ende. Ziel des Spiels ist es, so viele Blöcke wie möglich zu platzieren. Mit der Taste **Pause** kann das Spiel unterbrochen werden, eine erneute Betätigung der Taste lässt das Spiel weiterlaufen.

12.1.2 Programmbeschreibung

Hilfsfeld   Der Kasten, in dem sich die fallenden Blöcke befinden, ist 8 Spalten breit und 13 Zeilen hoch. Als Hilfskonstruktion steht das zweidimensionale Feld F mit 10 Spalten und 15 Zeilen zur Verfügung, in dem jeder existierende Block mit seiner laufenden Nummer vermerkt ist.

Ze / Sp	0	1	2	3	4	5	6	7	8	9
1	-2	-1	-1	-1	-1	-1	-1	-1	-1	-2
2	-2	-1	-1	-1	-1	-1	-1	-1	-1	-2
3	-2	-1	-1	-1	-1	-1	-1	-1	-1	-2
4	-2	-1	-1	-1	-1	-1	-1	-1	-1	-2
5	-2	-1	-1	-1	-1	-1	-1	-1	-1	-2
6	-2	-1	-1	-1	-1	-1	-1	-1	-1	-2
7	-2	-1	-1	-1	-1	-1	-1	-1	-1	-2
8	-2	-1	-1	-1	-1	-1	-1	-1	-1	-2
9	-2	-1	-1	-1	-1	-1	-1	-1	-1	-2
10	-2	-1	-1	-1	-1	-1	-1	-1	-1	-2
11	-2	-1	-1	-1	11	-1	-1	-1	-1	-2
12	-2	-1	-1	-1	3	8	9	-1	-1	-2
13	-2	-1	0	10	2	4	5	-1	-1	-2
14	-2	-2	-2	-2	-2	-2	-2	-2	-2	-2

Im oben angegebenen Beispiel wird der Inhalt des Felds F nach den Blöcken 0 bis 11, also nach 12 gefallenen Blöcken angezeigt. Die Blöcke 1, 6 und 7 hatten die gleiche Farbe, standen über- oder nebeneinander und sind deshalb schon verschwunden. Die Randelemente werden zu Spielbeginn mit dem Wert -2 besetzt. Alle Elemente, die keinen Block enthalten, also leer sind, haben den Wert -1.

12.1.3 Steuerelemente

Es gibt zu Beginn des Programms folgende Steuerelemente:

- vier Buttons für **Links**, **Rechts**, **Drop** und **Pause**
- drei Panels als Begrenzungslinien des Spielfelds
- ein Timer, der den aktuellen Block automatisch weiter fallen lässt (Startwert für den Zeitintervall: 500ms).

Timer

Im Verlauf des Programms werden weitere Steuerelemente vom Typ Panel für die fallenden Blöcke hinzugefügt bzw. wieder entfernt.

12.1.4 Initialisierung des Programms

Zu Beginn werden die modulweiten Variabeln vereinbart und die Formular-Load-Prozedur durchlaufen:

```
Public Class frm1201
    ' Index des aktuellen Blocks
    Dim B As Integer

    ' Gesamtes Spielfeld inkl. Randfelder
    Dim F(14, 9) As Integer

    ' Zeile und Spalte des aktuellen Blocks
    Dim BZe As Integer
    Dim BSp As Integer

    ' Schwierigkeitsstufe
    Dim Stufe As Integer

    ' Eine zunächst leere Liste von Spiel-Blöcken
    Dim Block As New List(Of Panel)

    ' Ein Feld von Farben für die Blöcke
    Dim FarbenFeld() As Color = {Color.Red, _
        Color.Yellow, Color.Green, Color.Blue, _
```

```
            Color.Cyan, Color.Magenta, Color.Black, _
            Color.White}

        Private Sub frm1201_Load( ... ) Handles MyBase.Load
            Dim Ze, Sp As Integer

            ' Zufallsgenerator initialisieren
            Randomize()

            ' Feld besetzen
            For Ze = 1 To 13
                F(Ze, 0) = -2
                For Sp = 1 To 8
                    F(Ze, Sp) = -1
                Next Sp
                F(Ze, 9) = -2
            Next Ze

            For Sp = 0 To 9
                F(14, Sp) = -2
            Next Sp

            ' Initialisierung
            Stufe = 1
            NächsterBlock()

        End Sub
    [ ... ]
    End Class
```

Zur Erläuterung der modulweiten Variablen:

- ▶ Die laufende Nummer (der Index) des aktuell fallenden Blocks wird in der Variablen B festgehalten.

Hilfsfeld ▶ Das gesamte Spielfeld, das im Abschnitt »Programmbeschreibung« schematisch dargestellt wurde, wird im zweidimensionalen Feld F gespeichert.

- ▶ Die Variablen BZe und BSp beinhalten die Zeilen- und Spalten-Position des aktuell fallenden Blocks innerhalb des Spielfelds.

Level ▶ Die Variable Stufe kennzeichnet den Schwierigkeitsgrad des Spiels. Jedes Mal, wenn drei Blöcke, die untereinander oder nebeneinander lagen, gelöscht wurden, wird die Stufe um 1 erhöht. Dies sorgt für ein kürzeres TimerIntervall, die Blöcke werden schneller.

- Block ist eine Liste von Steuerelementen vom Typ Panel. Diese Panels stellen die fallenden Blöcke dar. Zu Beginn ist die Liste leer.

  Liste von Blöcken

- Das Feld FarbenFeld enthält insgesamt acht Farben. Die Farben der Blöcke werden per Zufallsgenerator ermittelt.

Zur Erläuterung der Formular-Load-Prozedur:

- Es wird zunächst der Zufallsgenerator initialisiert.

  Zufallsgenerator

- Anschließend werden die Elemente des oben beschriebenen Hilfsfelds F mit -1 bzw. -2 besetzt. Der Wert -1 zeigt an, dass an dieser Stelle kein Block liegt. Der Wert -2 zeigt an, dass an dieser Stelle ein Randfeld liegt.
- Die Schwierigkeitsstufe wird auf 1 gesetzt.
- Es wird die Prozedur NächsterBlock() aufgerufen. Sie ist in diesem Fall für die Erzeugung des ersten fallenden Blocks zuständig.

12.1.5 Erzeugen eines neuen Blocks

Diese Prozedur NächsterBlock() dient zur Erzeugung eines neuen fallenden Blocks. Dies geschieht zu Beginn des Spiels und nachdem ein Block auf dem unteren Rand des Spielfelds oder auf einem anderen Block zum Stehen gekommen ist.

```
Public Class frm1201
[ ... ]
    Private Sub NächsterBlock()
        Dim Farbe As Integer

        ' Neuen Block zum Formular hinzufügen
        Block.Add(New Panel)

        ' Nummer des aktuellen Blocks ermitteln
        B = Block.Count - 1

        ' Neuen Block platzieren
        Block(B).Location = New Point(100, 80)
        Block(B).Size = New Point(20, 20)

        ' Farbauswahl für neuen Block
        Farbe = Math.Floor(Rnd() * 8)
        Block(B).BackColor = FarbenFeld(Farbe)

        ' Zum Formular hinzufügen
        Controls.Add(Block(B))
```

```
        ' Aktuelle Zeile, Spalte
        BZe = 1
        BSp = 5

    End Sub
[ ... ]
End Class
```

Zur Erläuterung:

Neues Listen-
element
- Zur Liste `Block` wird ein Element mithilfe der Methode `Add()` hinzugefügt.
- Seine laufende Nummer (der Index) wird mithilfe der Eigenschaft `Count` ermittelt.
- Es werden die Eigenschaften »Ort«, »Größe« und »Farbe« des Blocks bestimmt.

Neues Steuer-
element
- Der Block ist ein Steuerelement der Klasse `Panel`. Er wird mithilfe der Methode `Add()` zur Auflistung der Steuerelemente der aktuellen Klasse, also des Formulars, hinzugefügt. Dadurch wird der Block sichtbar.
- Die Variablen `BZe` und `BSp`, die die Position des Blocks im Spielfeld `F` angeben, werden gesetzt.

12.1.6 Der Zeitgeber

In regelmäßigen Zeitabständen wird das Timer-Ereignis erzeugt und damit die Ereignisprozedur `timT_Tick()` aufgerufen. Diese sorgt dafür, dass sich ein Block nach unten bewegt, falls dies noch möglich ist.

```
Public Class frm1201
[ ... ]
    Private Sub timT_Tick( ... ) Handles ...
        ' Falls es nicht mehr weiter geht
        If F(BZe + 1, BSp) <> -1 Then
            ' Oberste Zeile erreicht
            If BZe = 1 Then
                timT.Enabled = False
                MsgBox("Das war's")
                Exit Sub
            End If

            F(BZe, BSp) = B         ' Belegen
            ReihePrüfen()
            NächsterBlock()
```

```
        Else
            ' Falls es noch weiter geht
            Block(B).Top = Block(B).Top + 20
            BZe = BZe + 1
        End If
    End Sub
[ ... ]
End Class
```

Zur Erläuterung:

- Zunächst wird geprüft, ob sich unterhalb des aktuellen Blocks noch ein freies Feld befindet.
- Ist dies nicht der Fall, so hat der Block seine Endposition erreicht.
- Befindet sich diese Endposition in der obersten Zeile, so ist das Spiel zu Ende. Der Timer wird deaktiviert, andernfalls würden weitere Blöcke erzeugt. Es erscheint eine Meldung, und die Prozedur wird unmittelbar beendet. Will der Spieler erneut starten, so muss er das Programm beenden und neu starten.   *Endposition*
- Befindet sich die Endposition nicht in der obersten Zeile, so wird die Blocknummer im Feld F mit der aktuellen Zeile und Spalte vermerkt. Dies dient zur Kennzeichnung eines belegten Feldelements.
- Die Prozedur ReihePrüfen() wird aufgerufen (siehe unten), um festzustellen, ob es drei gleichfarbige Blöcke über- oder nebeneinander gibt. Anschließend wird der nächste Block erzeugt.   *Prüfen*
- Befindet sich unterhalb des Blocks noch ein freies Feld, so kann der Block weiter fallen. Seine Koordinaten und die aktuelle Zeilennummer werden verändert.   *Fallen*

12.1.7 Blöcke löschen

Die Prozedur ReihePrüfen() ist eine rekursive Prozedur, in der festgestellt wird, ob es drei gleichfarbige Blöcke nebeneinander oder übereinander gibt. Ist dies der Fall, werden diese Blöcke entfernt und die darüber liegenden Blöcke rutschen nach.

Möglicherweise befinden sich nun wieder drei gleichfarbige Blöcke nebeneinander oder übereinander, es muss also wiederum geprüft werden. Dies geschieht so lange, bis keine drei gleichfarbigen Blöcke nebeneinander oder übereinander gefunden wurden.   *Rekursiv*

```
Public Class frm1201
[ ... ]
```

```
Private Sub ReihePrüfen()
    Dim Ze, Sp, ZeX, SpX As Integer
    Dim Neben, Über As Boolean
    Neben = False
    Über = False

    ' Drei gleiche Steine nebeneinander?
    For Ze = 13 To 1 Step -1
        For Sp = 1 To 6
            ' Falls drei Felder nebeneinander besetzt
            If F(Ze, Sp) <> -1 And F(Ze, Sp + 1) <> -1 _
                And F(Ze, Sp + 2) <> -1 Then

                ' Falls drei Farben gleich
                If Block(F(Ze, Sp)).BackColor = _
                    Block(F(Ze, Sp + 1)).BackColor _
                    And Block(F(Ze, Sp)).BackColor = _
                    Block(F(Ze, Sp + 2)).BackColor Then

                    For SpX = Sp To Sp + 2
                        ' Block aus dem Formular löschen
                        Controls.Remove(Block(F(Ze, SpX)))
                        ' Feld leeren
                        F(Ze, SpX) = -1

                        ' Blöcke oberhalb des entladenen
                        ' Blockes absenken
                        ZeX = Ze - 1
                        Do While F(ZeX, SpX) <> -1
                            Block(F(ZeX, SpX)).Top = _
                            Block(F(ZeX, SpX)).Top + 20

                            ' Feld neu besetzen
                            F(ZeX + 1, SpX) = F(ZeX, SpX)
                            F(ZeX, SpX) = -1
                            ZeX = ZeX - 1
                        Loop

                    Next SpX
                    Neben = True
                End If
            End If

            If Neben Then Exit For
        Next Sp
```

```
            If Neben Then Exit For
        Next Ze

        ' Drei gleiche Steine übereinander?
        For Ze = 13 To 3 Step -1
            For Sp = 1 To 8

                ' Falls drei Felder übereinander besetzt
                If F(Ze, Sp) <> -1 And F(Ze - 1, Sp) <> -1 _
                    And F(Ze - 2, Sp) <> -1 Then

                    ' Falls drei Farben gleich
                    If Block(F(Ze, Sp)).BackColor = _
                        Block(F(Ze - 1, Sp)).BackColor _
                        And Block(F(Ze, Sp)).BackColor = _
                        Block(F(Ze - 2, Sp)).BackColor Then

                        ' 3 Blöcke entladen
                        For ZeX = Ze To Ze - 2 Step -1
                            ' Block aus dem Formular löschen
                            Controls.Remove(Block(F(ZeX, Sp)))
                            ' Feld leeren
                            F(ZeX, Sp) = -1
                        Next ZeX
                        Über = True
                    End If
                End If

                If Über Then Exit For
            Next Sp

            If Über Then Exit For
        Next Ze

        If Neben Or Über Then
            ' Schneller
            Stufe = Stufe + 1
            timT.Interval = 5000 / (Stufe + 9)

            ' Eventuell kann jetzt noch eine Reihe
            ' entfernt werden
            ReihePrüfen()
        End If
    End Sub
[ ... ]
End Class
```

Zur Erläuterung:

- Die Variablen Neben und Über kennzeichnen die Tatsache, dass drei gleichfarbige Blöcke neben- oder übereinander gefunden wurden. Sie werden zunächst auf False gesetzt.

Nebeneinander
- Zunächst wird geprüft, ob sich drei gleichfarbige Blöcke nebeneinander befinden. Dies geschieht, indem für jedes einzelne Feldelement geprüft wird, ob es selbst und seine beiden rechten Nachbarn mit einem Block belegt sind, und ob diese Blöcke gleichfarbig sind. Die Prüfung beginnt beim Block unten links und setzt sich bis zum drittletzten Block der gleichen Zeile fort. Anschließend werden die Blöcke in der Zeile darüber geprüft usw.

- Sobald eine Reihe gleichfarbiger Blöcke gefunden wurde, werden alle drei Blöcke mithilfe der Methode Remove() aus der Auflistung der Steuerelemente des Formulars gelöscht, d. h. sie verschwinden aus dem Formular. Ihre Position im Feld F wird mit 0 (=leer) besetzt. Nun müssen noch alle Blöcke, die sich eventuell oberhalb der drei Blöcke befinden, um eine Position abgesenkt werden. Die Variable Neben wird auf True gesetzt. Die doppelte Schleife wird sofort verlassen.

Übereinander
- Analog wird nun geprüft, ob sich drei gleichfarbige Blöcke übereinander befinden. Ist dies der Fall, so werden sie aus der Auflistung der Steuerelemente des Formulars gelöscht. Ihre Positionen im Feld F werden mit 0 besetzt. Über den drei Blöcken können sich keine weiteren Blöcke befinden, die entfernt werden müssten.

Rekursiv
- Falls durch eine der beiden Prüfungen eine Reihe gefunden und entfernt wurde, so wird die Schwierigkeitsstufe erhöht und das Timer-Intervall verkürzt. Nun muss geprüft werden, ob sich durch das Nachrutschen von Blöcken wiederum ein Bild mit drei gleichfarbigen Blöcken über- oder nebeneinander ergeben hat. Die Prozedur ruft sich also so lange selbst auf (rekursive Prozedur), bis keine Reihe mehr gefunden wurde.

12.1.8 Blöcke seitlich bewegen

Mithilfe der beiden Ereignisprozeduren cmdLinks_Click() und cmdRechts_Click() werden die Blöcke nach links bzw. rechts bewegt, falls dies möglich ist.

```
Public Class frm1201
[ ... ]
    Private Sub cmdLinks_Click( ... ) Handles ...
```

```
            If F(BZe, BSp - 1) = -1 Then
                Block(B).Left = Block(B).Left - 20
                BSp = BSp - 1
            End If
        End Sub

        Private Sub cmdRechts_Click( ... ) Handles ...
            If F(BZe, BSp + 1) = -1 Then
                Block(B).Left = Block(B).Left + 20
                BSp = BSp + 1
            End If
        End Sub
[ ... ]
End Class
```

Zur Erläuterung:

▶ Es wird geprüft, ob sich links bzw. rechts vom aktuellen Block ein freies Feldelement befindet. Ist dies der Fall, so wird der Block nach links bzw. rechts verlegt und die aktuelle Spaltennummer verändert.

Seitlich

12.1.9 Blöcke nach unten bewegen

Die Ereignisprozedur `cmdUnten_Click()` dient zur wiederholten Bewegung der Blöcke nach unten, falls dies möglich ist. Diese Bewegung wird so lange durchgeführt, bis der Block auf die Spielfeld-Begrenzung oder einen anderen Block stößt.

```
Public Class frm1201
[ ... ]
    Private Sub cmdUnten_Click( ... ) Handles ...
        Do While F(BZe + 1, BSp) = -1
            Block(B).Top = Block(B).Top + 20
            BZe = BZe + 1
        Loop
        F(BZe, BSp) = B           'Belegen
        ReihePrüfen()
        NächsterBlock()
    End Sub
[ ... ]
End Class
```

Zur Erläuterung:

▶ Es wird geprüft, ob sich unter dem aktuellen Block ein freies Feldelement befindet. Ist dies der Fall, so wird der Block nach unten verlegt

Nach unten

und die aktuelle Zeilennummer verändert. Dies geschieht so lange, bis der Block auf ein Hindernis stößt.

- Anschließend wird das betreffende Feldelement belegt. Es wird geprüft, ob nun eine neue Reihe von drei gleichfarbigen Blöcken existiert und der nächste Block wird erzeugt.

12.1.10 Pause

Spiel anhalten

Abhängig vom aktuellen Zustand wird durch Betätigen des Buttons **Pause** in den Zustand »Pause« geschaltet oder wieder zurück.

```
Public Class frm1201
[ ... ]
    Private Sub cmdPause_Click( ... ) Handles ...
        timT.Enabled = Not timT.Enabled
    End Sub
[ ... ]
End Class
```

Zur Erläuterung:

- Der Zustand des Timers wechselt zwischen `Enabled=True` und `Enabled=False`.

12.2 Lernprogramm Vokabeln

In diesem Abschnitt wird ein kleines, erweiterungsfähiges Vokabel-Lernprogramm (p1202) vorgestellt. Es beinhaltet:

- eine Datenbank als Basis
- ein Hauptmenü
- eine Listenverarbeitung
- einen Zufallsgenerator
- eine Benutzerführung, abhängig vom Programmzustand

12.2.1 Benutzung des Programms

Nach dem Start erscheint die Benutzeroberfläche (siehe Abbildung 12.2).

Abbildung 12.2 Benutzeroberfläche

Das Hauptmenü besteht aus: Hauptmenü

- Menü **Allgemein**, dieses Menü wiederum besteht aus
    - Menüpunkt **Test beenden**: vorzeitiger Testabbruch
    - Menüpunkt **Programm beenden**
- Menü **Richtung**: zur Auswahl und Anzeige der Richtung für Frage und Antwort
    - Menüpunkt **deutsch – englisch**
    - Menüpunkt **englisch – deutsch** (Voreinstellung)
    - Menüpunkt **deutsch – französisch**
    - Menüpunkt **französisch – deutsch**
- Menü **Hilfe**
    - Menüpunkt **Anleitung**: eine kurze Benutzer-Anleitung

Der Benutzer kann entweder die Richtung für Frage und Antwort wählen oder sofort einen Vokabeltest in der Voreinstellung **englisch – deutsch** starten.

Nach der Betätigung des Buttons **Test starten** erscheint die erste Vokabel, der Button wird deaktiviert, und der Button **Prüfen/Nächster** wird aktiviert: Start

Abbildung 12.3 Test läuft

Nachdem der Benutzer eine Übersetzung eingegeben und den Button betätigt hat, wird seine Eingabe geprüft und es erscheint ein Kommentar:

Richtig
- Falls er die richtige Übersetzung eingegeben hat, wird diese Vokabel aus den Listen entfernt. Er wird nicht mehr danach gefragt.

Falsch
- Falls er nicht die richtige Übersetzung eingegeben hat, wird mit dem Kommentar die korrekte Übersetzung angezeigt, sodass der Benutzer sie erlernen kann.

Abbildung 12.4 Falsche Antwort

Nächste Anschließend erscheint die nächste Vokabel. Diese wird aus der Liste der noch vorhandenen Vokabeln ausgewählt. Enthalten die Listen keine Vokabeln mehr, weil alle Vokabeln einmal richtig übersetzt wurden, ist der Test beendet. Der Button **Test starten** wird wieder aktiviert und der Button **Prüfen/Nächster** wird deaktiviert.

Der Benutzer kann eine andere Richtung wählen und wiederum einen Test beginnen.

12.2.2 Erweiterung des Programms

Dieses Programm kann als Basis für ein größeres Projekt dienen. Es gibt viele Möglichkeiten zur Erweiterung des Programms:

- Der Benutzer soll die Möglichkeit zur Eingabe weiterer Vokabeln haben.
- Der Entwickler fügt weitere Sprachen und Richtungen für Frage und Antwort hinzu.
- Der Benutzer kann die Test-Auswahl auf eine bestimmte Anzahl an Vokabeln begrenzen.

- Der Entwickler kann die Vokabeln in Kategorien unterteilen.
- Der Benutzer kann Tests nur noch mit Fragen aus einer (oder mehreren) Kategorien machen.
- Es kann zu einer Frage mehrere richtige Antworten geben.
- Der Entwickler kann das Programm als ASP.NET Anwendung internetfähig machen.
- Der Entwickler fügt eine Zeitsteuerung per Timer hinzu. Der Benutzer hat dann nur noch eine bestimmte Zeitspanne für seine Antwort.
- Viele andere Erweiterungen sind denkbar.

12.2.3 Initialisierung des Programms

Zu Beginn werden die modulweiten Variabeln vereinbart und die Formular-Load-Prozedur durchlaufen:

```
Public Class frm1202
    ' Liste der Fragen
    Dim frage As New List(Of String)

    ' Liste der Antworten
    Dim antwort As New List(Of String)

    ' Zufallszahl für ein Element der beiden Listen
    Dim zufallszahl As Integer

    ' Richtung der Vokabel-Abfrage
    Dim richtung As Integer

    Private Sub frm1202_Load( ... ) Handles MyBase.Load
       ' Initialisierung des Zufallsgenerators
       Randomize()
       ' Startrichtung Englisch - Deutsch
       richtung = 2
    End Sub
[ ... ]
End Class
```

Zur Erläuterung:

- Die beiden Listen frage und antwort beinhalten im weiteren Verlauf des Programms die Fragen und zugehörigen Antworten je nach gewählter Testrichtung. Die Zusammengehörigkeit von Frage und Antwort ergibt sich daraus, dass die beiden zusammengehörigen Ele-

Zufallsgenerator

mente der beiden Listen mit dem gleichen Index angesprochen werden.

▶ Der Index wird im weiteren Verlauf des Programms per Zufallsgenerator bestimmt und in der Variablen zufallszahl gespeichert.

▶ Die Richtung für Frage und Antwort kann der Benutzer über das Benutzermenü auswählen.

▶ Der Zufallsgenerator wird initialisiert, damit er nicht immer mit dem gleichen Wert beginnt.

▶ Falls der Benutzer keine andere Richtung für Frage und Antwort auswählt, wird mit der Richtung englisch – deutsch begonnen.

12.2.4 Ein Test beginnt

Nachdem der Benutzer den Button **Start** betätigt hat, beginnt der Test. Der Code der zugehörigen Ereignisprozedur (ebenfalls in p1202) lautet:

```
Public Class frm1202
[ ... ]
   Private Sub cmdStart_Click( ... ) Handles ...
      Dim con As New OleDb.OleDbConnection
      Dim cmd As New OleDb.OleDbCommand
      Dim reader As OleDb.OleDbDataReader

      con.ConnectionString = _
         "Provider=Microsoft.Jet.OLEDB.4.0;" & _
         "Data Source=C:\Temp\lernen.mdb"
      cmd.Connection = con
      cmd.CommandText = "select * from vokabel"

      Try
         con.Open()
         reader = cmd.ExecuteReader()

         ' Speicherung in den Listen gemäß
         ' ausgewählter Richtung
         Do While reader.Read()
            If richtung = 1 Or richtung = 3 Then
               frage.Add(reader("deutsch"))
            ElseIf richtung = 2 Then
               frage.Add(reader("englisch"))
            Else
               frage.Add(reader("französisch"))
            End If
```

```
            If richtung = 2 Or richtung = 4 Then
                antwort.Add(reader("deutsch"))
            ElseIf richtung = 1 Then
                antwort.Add(reader("englisch"))
            Else
                antwort.Add(reader("französisch"))
            End If
        Loop

        reader.Close()
        con.Close()

        ' Buttons und Menü (de)aktivieren
        cmdStart.Enabled = False
        cmdPrüfen.Enabled = True
        mnuRichtung.Enabled = False

        ' Erste Vokabel erscheint
        Nächste_Vokabel()

    Catch ex As Exception
        MsgBox(ex.Message)
    End Try
End Sub
[ ... ]
End Class
```

Zur Erläuterung:

- Eine Verbindung zur MS Access-Datenbank *C:\Temp\lernen.mdb* wird geöffnet. — **Datenbank**
- Es wird eine Auswahl-Abfrage gesendet, die alle Datensätze der Tabelle vokabel anfordert.
- Die zurückgegebenen Datensätze werden einem OleDbReader übergeben. Beim Auslesen des Readers werden die beiden Listen frage und antwort mithilfe der Methode Add() mit den Inhalten der jeweiligen Felder gefüllt, abhängig von der jeweils eingestellten Richtung für Frage und Antwort. — **OleDbReader**
- Der Button **Test starten** und das Menü für die Richtung werden deaktiviert, damit sie nicht versehentlich während eines Tests bedient werden können. — **Button deaktivieren**

- Der Button **Prüfen/Nächster** wird aktiviert, damit der Benutzer seine Antwort überprüfen lassen kann.
- Die Prozedur Nächste_Vokabel() dient zum Aufruf einer zufällig ausgewählten Vokabel aus der Liste frage.

12.2.5 Zwei Hilfsprozeduren

Die beiden Hilfsprozeduren Nächste_Vokabel() und Test_Init() werden von verschiedenen Stellen des Programms aufgerufen:

```
Public Class frm1202
[ ... ]
   Sub Nächste_Vokabel()
      ' Falls keine Vokabel mehr in der Liste: Ende
      If frage.Count < 1 Then
         MsgBox("Gratuliere! Alle Vokabeln geschafft")
         Test_Init()

      ' Falls noch Vokabeln in der Liste: Nächste
      Else
         zufallszahl = Rnd() * (frage.Count - 1)
         lblFrage.Text = frage(zufallszahl)
         txtAntwort.Text = ""
      End If
   End Sub

   Sub Test_Init()
      ' Buttons und Menü (de)aktivieren
      cmdStart.Enabled = True
      cmdPrüfen.Enabled = False
      mnuRichtung.Enabled = True

      ' Felder leeren
      lblFrage.Text = ""
      txtAntwort.Text = ""
   End Sub
[ ... ]
End Class
```

Zur Erläuterung der Prozedur Nächste_Vokabel():

- Bei einer richtigen Antwort werden Frage und Antwort aus der jeweiligen Liste gelöscht. Daher sind die Listen nach einiger Zeit leer. Mithilfe der Eigenschaft Count wird dies geprüft.

- Sind die Listen leer, so erscheint eine Erfolgsmeldung über den bestandenen Test. Der Startzustand der Benutzeroberfläche wird wiederhergestellt.

    Test bestanden

- Sind die Listen noch nicht leer, wird eine Zufallszahl ermittelt. Der zugehörige Begriff wird eingeblendet, und das Eingabefeld wird gelöscht.

Zur Erläuterung der Prozedur `Test_Init()`:

- Die Prozedur dient zum Wiederherstellen des Startzustands der Benutzeroberfläche.
- Der Button **Test starten** und das Menü für die Richtung werden aktiviert, damit ein Test gestartet bzw. eine neue Richtung gewählt werden kann.

    Button aktivieren

- Der Button **Prüfen/Nächster** wird deaktiviert, damit er nicht versehentlich außerhalb eines Tests bedient werden kann.
- Die alten Einträge werden aus den beiden Feldern für Frage und Antwort gelöscht.

12.2.6 Die Antwort prüfen

Nachdem der Benutzer den Button **Prüfen/Nächster** betätigt hat, wird die eingegebene Antwort überprüft. Der Code der zugehörigen Ereignisprozedur (ebenfalls in p1202) lautet wie folgt:

```
Public Class frm1202
[ ... ]
    Private Sub cmdPrüfen_Click( ... ) Handles ...
        ' Falls richtig beantwortet:
        ' Vokabel aus Liste nehmen
        If txtAntwort.Text = antwort(zufallszahl) Then
            MsgBox("Richtig", , "Vokabel")
            frage.RemoveAt(zufallszahl)
            antwort.RemoveAt(zufallszahl)

        ' Falls falsch beantwortet: richtige Antwort nennen
        Else
            MsgBox("Falsch, die richtige Antwort ist " & _
                   vbCrLf & "'" & antwort(zufallszahl) & _
                   "'", , "Vokabel")
        End If
```

```
        ' Nächste Vokabel erscheint
        Nächste_Vokabel()
    End Sub
[ ... ]
End Class
```

Zur Erläuterung:

- Steht im Text-Eingabefeld dasselbe wie im Element der Liste antwort, das zum Element der Liste frage gehört, so war die Antwort korrekt.

Elemente löschen
- Es erfolgt eine Meldung. Frage und Antwort werden mithilfe der Methode RemoveAt() aus ihren jeweiligen Listen gelöscht, sodass die Listen irgendwann leer sind.

Falsche Antwort
- Bei einer falschen Antwort erfolgt eine Meldung, die auch die richtige Übersetzung beinhaltet. Frage und Antwort werden nicht gelöscht. Auf diese Weise kann die gleiche Frage später erneut gestellt werden.

- Es wird die nächste Frage gestellt, und die beschriebene Prozedur beginnt von vorn.

12.2.7 Das Benutzermenü

In insgesamt sieben kurzen Ereignisprozeduren und mithilfe einer Hilfsprozedur wird die Bedienung des Benutzermenüs realisiert (ebenfalls in p1202):

```
Public Class frm1202
[ ... ]
    Private Sub mnuEndeTest_Click() Handles ...
        ' Abbruch mit Rückfrage
        If MsgBox("Wollen Sie den Text wirklich " _
                & "abbrechen?", MsgBoxStyle.YesNo, _
                & "Vokabel") = MsgBoxResult.Yes Then
            Test_Init()
        End If
    End Sub

    Private Sub mnuEndeProgramm_Click( ... ) Handles ...
        ' Beenden mit Rückfrage
        If MsgBox("Wollen Sie das Programm wirklich " _
                & "beenden?", MsgBoxStyle.YesNo, _
                "Vokabel") = MsgBoxResult.Yes Then
            Me.Close()
        End If
    End Sub
```

```
    Private Sub mnuDE_Click( ... ) Handles ...
        ' Richtung wird geändert
        richtung = 1
        Check_False()
        mnuDE.Checked = True
    End Sub

    Private Sub mnuED_Click( ... ) Handles ...
        richtung = 2
        Check_False()
        mnuED.Checked = True
    End Sub

    Private Sub mnuDF_Click( ... ) Handles ...
        richtung = 3
        Check_False()
        mnuDF.Checked = True
    End Sub

    Private Sub mnuFD_Click( ... ) Handles ...
        richtung = 4
        Check_False()
        mnuFD.Checked = True
    End Sub

    Sub Check_False()
        mnuDE.Checked = False
        mnuED.Checked = False
        mnuDF.Checked = False
        mnuFD.Checked = False
    End Sub

    Private Sub mnuAnleitung_Click( ... ) Handles ...
        MsgBox("Bestimmen Sie die Richtung von Frage " _
            & "und Antwort." & vbCrLf & "Starten Sie " _
            & "den Test." & vbCrLf & "Sie werden nach " _
            & "den Übersetzungen der Vokabeln so lange " _
            & "gefragt, bis Sie alle richtig übersetzt " _
            & "haben." & vbCrLf & "Bei einer falschen " _
            & "Antwort wird Ihnen die richtige Antwort " _
            & "genannt." , , "Vokabel")
    End Sub
End Class
```

Zur Erläuterung:

Beenden
- Im Hauptmenü **Allgemein** besteht die Möglichkeit, einen Test abzubrechen bzw. das Programm zu beenden. Zur Sicherheit wird in beiden Fällen noch einmal eine Rückfrage gestellt, damit kein Test versehentlich abgebrochen wird.

Sprachen wählen
- Im Hauptmenü **Richtung** können insgesamt vier Ereignisprozeduren zur Auswahl der Richtung von Frage und Antwort aufgerufen werden.
  - Es wird jeweils zunächst die modulweite Variable `richtung` auf einen neuen Wert gesetzt. Beim nächsten Start eines Tests werden dann die entsprechenden Inhalte aus der Datenbank in den beiden Listen `frage` und `antwort` gespeichert.
  - Anschließend wird dafür gesorgt, dass nur die soeben ausgewählte Richtung im Benutzermenü mit einem Häkchen versehen ist.
- Im Hauptmenü **Hilfe** wird über den Menüpunkt **Anleitung** eine kleine Benutzeranleitung eingeblendet.

Anhang

A **Installation** 407
B **Lösungen der Übungsaufgaben** 413

Die Inhalte der DVD zum Buch, die Installation von Visual Basic, das Arbeiten mit einer Formularvorlage, die Erstellung eines Installationsprogramms zur Weitergabe eigener Programme und die Lösungen der Übungsaufgaben runden die Inhalte dieses Buchs ab.

A Installation

A.1 Inhalt der DVD zu diesem Buch

Auf der DVD sind enthalten:

- Verzeichnis *datenbank/access_2000* und *datenbank/access_2007*: Beispiel-Datenbank für zwei verschiedene Versionen von MS Access
- Verzeichnis *inetpub/wwwroot*: ASP.NET Projekte für Kapitel 9
- Verzeichnis *projekte*: Visual Basic Projekte zu den Beispiel- und Übungsaufgaben
- Verzeichnis *software/microsoft*: Die MS Visual Studio Express-Editionen, u.a. MS VB 2008 Express Edition zur Installation
- Verzeichnis *software/mysql*: zwei verschiedene Verbinder zu MySQL-Datenbanken
- Verzeichnis *software/ultidev*: UltiDev Cassini Web Server für Kapitel 9

A.2 Installation von Visual Basic 2008 Express Edition

Auf der DVD zu diesem Buch befindet sich im Verzeichnis */software/ microsoft/vbexpress* die Installationsdatei *setup.exe*.   Setup-Datei

Nach dem Aufruf der Installationsdatei gelangt man zu einem Dialogfeld, in dem noch zwei optionale Komponenten ausgesucht werden können. Insgesamt werden installiert:

- das Microsoft .NET Framework 3.5, inkl. Language Pack
- das Microsoft Windows SDK für Visual Studio 2008 Express

- die eigentliche Microsoft Visual Basic 2008 Express Edition
- die Microsoft SQL Server 2005 Express Edition (optional)
- das Microsoft SQL Server Compact 3.5-Datenbanksystem
- die Microsoft SQL Server Compact 3.5 Design Tools
- die MSDN Express Library für Visual Studio 2008

Anschließend steht die Visual Basic 2008 Express Edition im Startmenü zum Lernen, Testen und Programmieren zur Verfügung.

Registrieren Binnen eines Monats muss man sich bei Microsoft für die Nutzung dieses Produkts registrieren. Die entsprechende Aufforderung wird regelmäßig eingeblendet. Über den Menüpunkt **Hilfe • Produkt registrieren** gelangt man auf eine Internetseite zur Registrierung. Registriert man zum ersten Mal ein Windows-Produkt, so muss man zunächst einige Angaben zur Person und zu den beruflichen Interessen, Kenntnissen und Fähigkeiten machen.

A.3 Arbeiten mit einer Formularvorlage

In diesem Abschnitt wird ein weiteres nützliches Feature der Entwicklungsumgebung Visual Basic 2008 Express Edition beschrieben. Es kommt häufig vor, dass man neue Formulare mithilfe eines bereits vorhandenen Formulars aufbaut. Zu diesem Zweck muss man zunächst das ursprüngliche Formular als Vorlage speichern.

Vorlage exportieren Gehen Sie hierzu über den Menüpunkt **Datei • Vorlage exportieren**. Anschließend hilft ein Assistent bei den nächsten Schritten. Im ersten Dialogfeld wird der Vorlagentyp ausgewählt, in diesem Fall der Typ »Symbolvorlage« (Item Template) (siehe Abbildung A.1).

Im zweiten Dialogfeld wird das Element ausgewählt, das als Vorlage exportiert werden soll, hier muss man das Formular (*Form1.vb*) ankreuzen (siehe Abbildung A.2).

Im nächsten Dialogfeld sollen die Verweise angekreuzt werden, die beim Export der Vorlage miteingeschlossen werden sollen. In diesem Fall ist das nicht nötig, es wird also nichts angekreuzt.

Auf dem letzten Dialogfeld werden die Vorlagenoptionen ausgewählt, u. a. der Name der Vorlage. Es wird der Name des aktuellen Projekts vorgeschlagen, den man zur einfacheren späteren Zuordnung beibehalten sollte (siehe Abbildung A.3).

Arbeiten mit einer Formularvorlage | **A.3**

Abbildung A.1 Auswahl des Vorlagentyps

Abbildung A.2 Auswahl des Elements

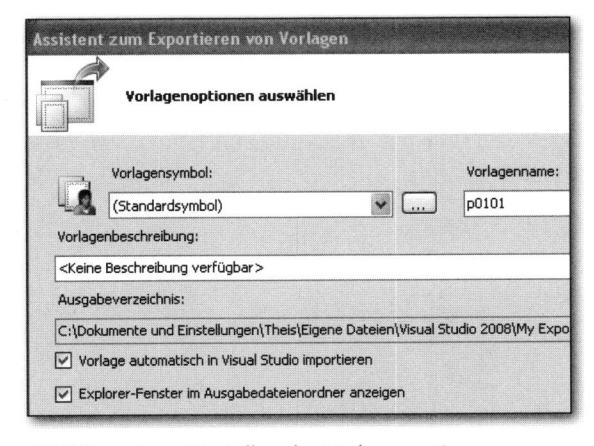

Abbildung A.3 Einstellen der Vorlagenoptionen

Die Vorlage wird in einer komprimierten Datei abgelegt.

Formular löschen Möchte man später ein Projekt auf Basis des vorhandenen Projekts aufbauen, so erstellt man zunächst ein neues, leeres Projekt. Anschließend entfernt man das Standardformular (*Form1.vb*), indem man es im Projektmappen-Explorer mit der rechten Maustaste auswählt und im anschließenden Kontextmenü löscht.

Importieren Die Vorlage wird nun eingefügt über den Menüpunkt **Projekt • Neues Element hinzufügen**. Unter **Eigene Vorlagen** wird die soeben erstellte Vorlage ausgewählt. Der Name der Vorlage (unten) wurde automatisch um eine Ziffer verlängert. Falls man dies nicht möchte, kann man den Name ändern.

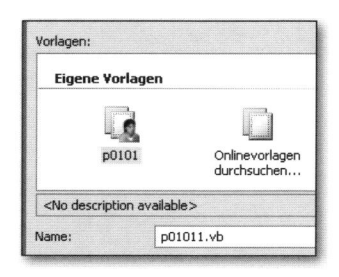

Abbildung A.4 Neues Element hinzufügen

Nach dem Hinzufügen des neuen Elements wird man gefragt, ob man dieser Vorlage vertraut, da es sich ja auch um eine Online-Vorlage handeln könnte. Nach der Zustimmung steht das Formular inklusive des Codes zur Erweiterung bzw. Veränderung zur Verfügung.

Startformular Das neu eingefügte Formular sollte man zum Startformular des Projekts machen. Dies geschieht über den Menüpunkt **Projekt • »Windows-Application1«-Eigenschaften** (unterster Menüpunkt). Auf der nachfolgend erscheinenden Seite muss in der Liste **Startformular** das soeben eingefügte Formular ausgewählt werden. Anschließend kann diese Seite wieder geschlossen werden.

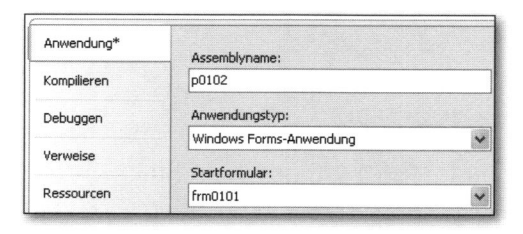

Abbildung A.5 Einstellen des Startformulars

A.4 Weitergabe eigener Windows-Programme

Nach dem Kompilieren eines Visual Basic-Programms in eine *.exe*-Datei erhält man ein eigenständiges Programm, das man unabhängig von der Visual Basic 2008 Express Edition ausführen kann.

Dies gilt aber nur für den eigenen Rechner und nicht für einen Rechner, auf dem z. B. kein .NET Framework installiert ist. Es muss also dafür gesorgt werden, dass die notwendige Umgebung auf dem Zielrechner existiert.

Die einfachste Lösung für dieses Problem ist eine ClickOnce-Verteilung. Dabei werden alle benötigten Dateien zusammengestellt und ein vollständiges und einfach zu bedienendes Installationsprogramm erzeugt.

ClickOnce

Dieses Installationsprogramm wird dann auf dem Zielrechner ausgeführt. Je nach Art des Installationsprogramms wird die neue Windows-Anwendung im Windows-Startmenü eingetragen. Dem Benutzer wird es dann auch ermöglicht, die neue Windows-Anwendung bei Bedarf wieder über die Systemsteuerung zu deinstallieren.

A.4.1 Erstellung des Installationsprogramms

Die einzelnen Schritte der Erstellung:

- Es wird das Projekt innerhalb von Visual Basic 2008 Express Edition geöffnet, das weitergegeben werden soll, z. B. p0101.
- Man ruft das Dialogfeld mit den Projekt-Eigenschaften über den Menüpunkt **Projekt · p0101-Eigenschaften** auf. Dort wechselt man auf das Register **Veröffentlichen**.

Veröffentlichen

- Für dieses Beispiel soll ein Installationsverzeichnis mit den notwendigen Dateien erstellt werden. Daher wird neben dem Feld »Veröffentlichungsort« das Dialogfeld geöffnet und ein vorhandenes oder neues Verzeichnis ausgewählt.

Installationsverzeichnis

- Unter **Installationsmodus und Einstellungen** wird »Offline« gewählt. Anschließend ist die Anwendung über das Startmenü aufrufbar.

Startmenü

- Im Dialogfeld **Anwendungsdateien** ist die *.exe*-Datei zu sehen. Weitere Dateien könnten hinzugefügt werden.
- Im Dialogfeld **Erforderliche Komponenten** sind die Komponenten (z. B. das .NET Framework oder ein Windows Installer) bereits ange-

kreuzt, die für diese Anwendung benötigt werden. Weitere Komponenten könnten hinzugefügt werden.

- Die Nummer der Veröffentlichungsversion wird normalerweise automatisch mit jeder Veröffentlichung des gleichen Programms erhöht.
- Der Button **Jetzt veröffentlichen** erstellt das Installationsprogramm im Installationsverzeichnis. Dieses kann dann (inklusive Unterverzeichnisse) auf ein geeignetes Transportmedium übertragen werden.

A.4.2 Ablauf einer Installation

Setup-Datei Das Programm *setup.exe* wird vom Transportmedium gestartet. Auch hier gilt: Vor Aufruf sollte man alle Anwendungen schließen, die nicht unbedingt geöffnet sein müssen, um den Zugriff auf alle Dateien zu erleichtern. Die *.exe*-Datei läuft selbsttätig und erstellt einen Eintrag im Windows-Startmenü.

B Lösungen der Übungsaufgaben

B.1 Lösungen der Übungsaufgaben aus Kapitel 1

B.1.1 Lösung p0102

```
Public Class frm0102
    Private Sub cmdMyName_Click( ... ) Handles ...
        lblMyName.Text = _
            "Dieses Programm wurde erstellt von Bodo Basic"
    End Sub

    Private Sub cmdEnde_Click( ... ) Handles ...
        Me.Close()
    End Sub
End Class
```

B.2 Lösungen der Übungsaufgaben aus Kapitel 2

B.2.1 Lösung p0202

```
Public Class frm0202
    Private Sub cmdAnzeigen_Click( ... ) Handles ...
        Dim nachname, vorname As String
        Dim strasse, plz, ort As String
        Dim alter As Integer
        Dim geburtsdatum As Date

        nachname = "Basic"
        vorname = "Bodo"
        strasse = "Bergstraße 34"
        plz = "09445"
        ort = "Brunnstadt"
        alter = 32
        geburtsdatum = "07.12.1975"

        lblA.Text = "Adresse: " & vbCrLf _
            & vorname & " " & nachname & vbCrLf _
            & strasse & vbCrLf _
            & plz & " " & ort & vbCrLf & vbCrLf _
```

```
               & "geb.: " & geburtsdatum & vbCrLf _
               & "Alter: " & alter
      End Sub
End Class
```

B.2.2 Lösung p0205

```
Public Class frm0205
   Dim x As Double

   Private Sub cmdAnzeigen1_Click( ... ) Handles ...
      Dim y As Double
      y = y + 0.1
      x = x + 0.1
      lblA.Text = "x: " & x & vbCrLf & "y: " & y
   End Sub
   Private Sub cmdAnzeigen2_Click( ... ) Handles ...
      Dim z As Double
      z = z + 0.1
      x = x + 0.1
      lblA.Text = "x: " & x & vbCrLf & "z: " & z
   End Sub
End Class
```

B.2.3 Lösung p0206

```
Public Class frm0206
   Private Sub cmdAnzeigen1_Click( ... ) Handles ...
      Dim x As Double
      x = 3 * -2.5 + 4 * 2
      lblA.Text = x
   End Sub
   Private Sub cmdAnzeigen2_Click( ... ) Handles ...
      Dim x As Double
      x = 3 * (-2.5 + 4) * 2
      lblA.Text = x
   End Sub
End Class
```

B.2.4 Lösung p0207

```
Public Class frm0207
   Private Sub cmdAnzeigen1_Click( ... ) Handles ...
      Dim p As Boolean
```

```
        p = 12 - 3 >= 4 * 2.5
        lblA.Text = p
    End Sub
    Private Sub cmdAnzeigen2_Click( ... ) Handles ...
        Dim p As Boolean
        p = "Maier" Like "M??er"
        lblA.Text = p
    End Sub
End Class
```

B.2.5 Lösung p0208

```
Public Class frm0208
    Private Sub cmdAnzeigen1_Click( ... ) Handles ...
        Dim p As Boolean
        p = 4 > 3 And -4 > -3
        lblA.Text = p
    End Sub
    Private Sub cmdAnzeigen2_Click( ... ) Handles ...
        Dim p As Boolean
        p = 4 > 3 Or -4 > -3
        lblA.Text = p
    End Sub
End Class
```

B.2.6 Lösung p0210

1. False
2. True
3. True
4. True
5. True
6. False
7. True
8. False

B.2.7 Lösung p0213

```
Public Class frm0213
    Private Sub cmdStart_Click( ... ) Handles ...
        tim1.Enabled = True
    End Sub

    Private Sub tim1_Tick( ... ) Handles ...
        pan1.Location = New Point(pan1.Location.X - 5, _
                                  pan1.Location.Y - 5)
        pan2.Location = New Point(pan2.Location.X + 5, _
                                  pan2.Location.Y - 5)
        pan3.Location = New Point(pan3.Location.X - 5, _
                                  pan3.Location.Y + 5)
        pan4.Location = New Point(pan4.Location.X + 5, _
                                  pan4.Location.Y + 5)
    End Sub
End Class
```

B.2.8 Lösung p0214

Bezeichnungen:

- pan1: **Fundament**
- pan2: **senkrechtes Hauptelement**
- pan3: **waagrechter Ausleger**
- pan4: **senkrechter Haken am Ausleger**

```
Public Class frm0214
    Private Sub cmdHakenAus_Click( ... ) Handles ...
        pan4.Height = pan4.Height + 10
    End Sub

    Private Sub cmdHakenEin_Click( ... ) Handles ...
        pan4.Height = pan4.Height - 10
    End Sub

    Private Sub cmdAuslegerAus_Click( ... ) Handles ...
        pan3.Width = pan3.Width + 10
        pan3.Location = New Point(pan3.Location.X - 10, _
                                  pan3.Location.Y)
        pan4.Location = New Point(pan4.Location.X - 10, _
                                  pan4.Location.Y)
    End Sub
```

Lösungen der Übungsaufgaben aus Kapitel 2 | B.2

```
Private Sub cmdAuslegerEin_Click( ... ) Handles ...
   pan3.Width = pan3.Width - 10
   pan3.Location = New Point(pan3.Location.X + 10, _
                             pan3.Location.Y)
   pan4.Location = New Point(pan4.Location.X + 10, _
                             pan4.Location.Y)
End Sub

Private Sub cmdKranRechts_Click( ... ) Handles ...
   pan1.Location = New Point(pan1.Location.X + 10, _
                             pan1.Location.Y)
   pan2.Location = New Point(pan2.Location.X + 10, _
                             pan2.Location.Y)
   pan3.Location = New Point(pan3.Location.X + 10, _
                             pan3.Location.Y)
   pan4.Location = New Point(pan4.Location.X + 10, _
                             pan4.Location.Y)
End Sub

Private Sub cmdKranLinks_Click( ... ) Handles ...
   pan1.Location = New Point(pan1.Location.X - 10, _
                             pan1.Location.Y)
   pan2.Location = New Point(pan2.Location.X - 10, _
                             pan2.Location.Y)
   pan3.Location = New Point(pan3.Location.X - 10, _
                             pan3.Location.Y)
   pan4.Location = New Point(pan4.Location.X - 10, _
                             pan4.Location.Y)
End Sub

Private Sub cmdKranAus_Click( ... ) Handles ...
   pan2.Height = pan2.Height + 10
   pan2.Location = New Point(pan2.Location.X, _
                             pan2.Location.Y - 10)
   pan3.Location = New Point(pan3.Location.X, _
                             pan3.Location.Y - 10)
   pan4.Location = New Point(pan4.Location.X, _
                             pan4.Location.Y - 10)
End Sub

Private Sub cmdKranEin_Click( ... ) Handles ...
   pan2.Height = pan2.Height - 10
   pan2.Location = New Point(pan2.Location.X, _
                             pan2.Location.Y + 10)
   pan3.Location = New Point(pan3.Location.X, _
```

```
                                        pan3.Location.Y + 10)
        pan4.Location = New Point(pan4.Location.X, _
                                        pan4.Location.Y + 10)
    End Sub
End Class
```

B.2.9 Lösung p0222, zwei Alternativen

```
Public Class frm0222
    Private Sub cmdBerechnen1_Click( ... ) Handles ...
        Dim gehalt As Double
        Dim steuersatz As Double
        Dim steuerbetrag As Double

        gehalt = Val(txtGehalt.Text)
        If gehalt <= 12000 Then
            steuersatz = 0.12
        ElseIf gehalt <= 20000 Then
            steuersatz = 0.15
        ElseIf gehalt <= 30000 Then
            steuersatz = 0.2
        Else
            steuersatz = 0.25
        End If

        steuerbetrag = gehalt * steuersatz
        lblSteuerbetrag.Text = steuerbetrag
    End Sub

    Private Sub cmdBerechnen2_Click( ... ) Handles ...
        Dim gehalt As Double
        Dim steuersatz As Double
        Dim steuerbetrag As Double

        gehalt = Val(txtGehalt.Text)
        Select Case gehalt
           Case Is <= 12000
              steuersatz = 0.12
           Case Is <= 20000
              steuersatz = 0.15
           Case Is <= 30000
              steuersatz = 0.2
           Case Else
              steuersatz = 0.25
        End Select
```

```
        steuerbetrag = gehalt * steuersatz
        lblSteuerbetrag.Text = steuerbetrag
    End Sub
End Class
```

B.2.10 Lösung p0223

Bezeichnungen:

- pan1: **Fundament**
- pan2: **senkrechtes Hauptelement**
- pan3: **waagrechter Ausleger**
- pan4: **senkrechter Haken am Ausleger**

```
Public Class frm0223
    Private Sub cmdHakenAus_Click( ... ) Handles ...
        If pan4.Location.Y + pan4.Height + 5 < _
                pan1.Location.Y Then
            pan4.Height = pan4.Height + 10
        End If
    End Sub

    Private Sub cmdHakenEin_Click( ... ) Handles ...
        If pan4.Height > 15 Then
            pan4.Height = pan4.Height - 10
        End If
    End Sub

    Private Sub cmdAuslegerAus_Click( ... ) Handles ...
        If pan3.Location.X > 15 Then
            pan3.Width = pan3.Width + 10
            pan3.Location = New Point(_
                pan3.Location.X - 10, pan3.Location.Y)
            pan4.Location = New Point(_
                pan4.Location.X - 10, pan4.Location.Y)
        End If
    End Sub

    Private Sub cmdAuslegerEin_Click( ... ) Handles ...
        If pan3.Width > 25 Then
            pan3.Width = pan3.Width - 10
            pan3.Location = New Point(_
                pan3.Location.X + 10, pan3.Location.Y)
```

```
            pan4.Location = New Point(_
                pan4.Location.X + 10, pan4.Location.Y)
        End If
    End Sub

    Private Sub cmdKranRechts_Click( ... ) Handles ...
        If pan1.Location.X < 215 Then
            pan1.Location = New Point(_
                pan1.Location.X + 10, pan1.Location.Y)
            pan2.Location = New Point(_
                pan2.Location.X + 10, pan2.Location.Y)
            pan3.Location = New Point(_
                pan3.Location.X + 10, pan3.Location.Y)
            pan4.Location = New Point(_
                pan4.Location.X + 10, pan4.Location.Y)
        End If
    End Sub


    Private Sub cmdKranLinks_Click( ... ) Handles ...
        If pan1.Location.X And pan3.Location.X > 15 Then
            pan1.Location = New Point(_
                pan1.Location.X - 10, pan1.Location.Y)
            pan2.Location = New Point(_
                pan2.Location.X - 10, pan2.Location.Y)
            pan3.Location = New Point(_
                pan3.Location.X - 10, pan3.Location.Y)
            pan4.Location = New Point(_
                pan4.Location.X - 10, pan4.Location.Y)
        End If
    End Sub

    Private Sub cmdKranAus_Click( ... ) Handles ...
        If pan2.Location.Y > 15 Then
            pan2.Height = pan2.Height + 10
            pan2.Location = New Point(_
                pan2.Location.X, pan2.Location.Y - 10)
            pan3.Location = New Point(_
                pan3.Location.X, pan3.Location.Y - 10)
            pan4.Location = New Point(_
                pan4.Location.X, pan4.Location.Y - 10)
        End If
    End Sub

    Private Sub cmdKranEin_Click( ... ) Handles ...
```

```
        If pan4.Location.Y + pan4.Height + 5 < _
            pan1.Location.Y Then
          pan2.Height = pan2.Height - 10
          pan2.Location = New Point(_
              pan2.Location.X, pan2.Location.Y + 10)
          pan3.Location = New Point(_
              pan3.Location.X, pan3.Location.Y + 10)
          pan4.Location = New Point(_
              pan4.Location.X, pan4.Location.Y + 10)
        End If
    End Sub
End Class
```

B.2.11 Lösung p0228

Bezeichnungen:

- pan1: **Fundament**
- pan2: **senkrechtes Hauptelement**
- pan3: **waagrechter Ausleger**
- pan4: **senkrechter Haken am Ausleger**

```
Public Class frm0228
    Private Sub cmdStart_Click( ... ) Handles ...
        tim1.Enabled = True
    End Sub

    Private Sub cmdStop_Click( ... ) Handles ...
        tim1.Enabled = False
    End Sub

    Private Sub tim1_Tick( ... ) Handles ...
        If optHakenAus.Checked Then
            If pan4.Location.Y + pan4.Height + 5 < _
                pan1.Location.Y Then
                pan4.Height = pan4.Height + 10
            Else
                tim1.Enabled = False
            End If
        ElseIf optHakenEin.Checked Then
            If pan4.Height > 15 Then
                pan4.Height = pan4.Height - 10
            Else
                tim1.Enabled = False
```

```
            End If
        ElseIf optAuslegerAus.Checked Then
            If pan3.Location.X > 15 Then
                pan3.Width = pan3.Width + 10
                pan3.Location = New Point(_
                    pan3.Location.X - 10, pan3.Location.Y)
                pan4.Location = New Point(_
                    pan4.Location.X - 10, pan4.Location.Y)
            Else
                tim1.Enabled = False
            End If
        ElseIf optAuslegerEin.Checked Then
            If pan3.Width > 25 Then
                pan3.Width = pan3.Width - 10
                pan3.Location = New Point(_
                    pan3.Location.X + 10, pan3.Location.Y)
                pan4.Location = New Point(_
                    pan4.Location.X + 10, pan4.Location.Y)
            Else
                tim1.Enabled = False
            End If
        ElseIf optKranRechts.Checked Then
            If pan1.Location.X < 215 Then
                pan1.Location = New Point(_
                    pan1.Location.X + 10, pan1.Location.Y)
                pan2.Location = New Point(_
                    pan2.Location.X + 10, pan2.Location.Y)
                pan3.Location = New Point(_
                    pan3.Location.X + 10, pan3.Location.Y)
                pan4.Location = New Point(_
                    pan4.Location.X + 10, pan4.Location.Y)
            Else
                tim1.Enabled = False
            End If
        ElseIf optKranLinks.Checked Then
            If pan1.Location.X And _
                pan3.Location.X > 15 Then
                pan1.Location = New Point(_
                    pan1.Location.X - 10, pan1.Location.Y)
                pan2.Location = New Point(_
                    pan2.Location.X - 10, pan2.Location.Y)
                pan3.Location = New Point(_
                    pan3.Location.X - 10, pan3.Location.Y)
                pan4.Location = New Point(_
                    pan4.Location.X - 10, pan4.Location.Y)
```

```
            Else
                tim1.Enabled = False
            End If
        ElseIf optKranAus.Checked Then
            If pan2.Location.Y > 15 Then
                pan2.Height = pan2.Height + 10
                pan2.Location = New Point(_
                    pan2.Location.X, pan2.Location.Y - 10)
                pan3.Location = New Point(_
                    pan3.Location.X, pan3.Location.Y - 10)
                pan4.Location = New Point(_
                    pan4.Location.X, pan4.Location.Y - 10)
            Else
                tim1.Enabled = False
            End If
        ElseIf optKranEin.Checked Then
            If pan4.Location.Y + pan4.Height + 5 < _
                pan1.Location.Y Then
                pan2.Height = pan2.Height - 10
                pan2.Location = New Point(_
                    pan2.Location.X, pan2.Location.Y + 10)
                pan3.Location = New Point(_
                    pan3.Location.X, pan3.Location.Y + 10)
                pan4.Location = New Point(_
                    pan4.Location.X, pan4.Location.Y + 10)
            Else
                tim1.Enabled = False
            End If
        End If
    End Sub
End Class
```

B.2.12 Lösung p0232

```
Public Class frm0232
    Private Sub cmdAnzeigen_Click( ... ) Handles ...
        Dim d As Double
        For d = 35 To 20 Step -2.5
            lblA.Text &= d & vbCrLf
        Next
    End Sub
End Class
```

B.2.13 Lösung p0233

```
Public Class frm0233
    Private Sub cmdAnzeigen_Click( ... ) Handles ...
        Dim d, summe, zähler, mittelwert As Double

        summe = 0
        zähler = 0

        For d = 35 To 20 Step -2.5
            lblA.Text &= d & vbCrLf
            summe += d
            zähler += 1
        Next

        mittelwert = summe / zähler
        lblA.Text &= vbCrLf
        lblA.Text &= "Summe: " & summe & vbCrLf
        lblA.Text &= "Mittelwert: " & mittelwert & vbCrLf
    End Sub
End Class
```

B.2.14 Lösung p0234

```
Public Class frm0234
    Private Sub cmdHalbieren_Click( ... ) Handles ...
        Dim d As Double
        d = Val(txtEingabe.Text)
        lblA.Text = ""
        Do While d > 0.001
            d = d / 2
            lblA.Text &= d & vbCrLf
        Loop
    End Sub
End Class
```

B.2.15 Lösung p0235

```
Public Class frm0235
    Dim zahl As Integer

    Private Sub frm0235_Load( ... ) Handles MyBase.Load
        Randomize()
        zahl = Rnd() * 100 + 1
    End Sub
```

```
    Private Sub cmdPrüfen_Click( ... ) Handles ...
        Dim eingabe As Integer
        eingabe = Val(txtEingabe.Text)
        If eingabe > zahl Then
            lblA.Text = "Die Zahl " & eingabe _
                & " ist zu groß"
        ElseIf eingabe < zahl Then
            lblA.Text = "Die Zahl " & eingabe _
                & " ist zu klein"
        Else
            lblA.Text = eingabe _
                & " ist die richtige Zahl, gratuliere"
        End If
    End Sub
End Class
```

B.2.16 Lösung p0236

```
Public Class frm0236
    Private Sub cmdAnzeigen_Click( ... ) Handles ...
        Dim gehalt As Double
        Dim steuersatz As Double
        Dim steuerbetrag As Double
        Dim netto As Double

        For gehalt = 5000 To 35000 Step 3000
            If gehalt <= 12000 Then
                steuersatz = 0.12
            ElseIf gehalt <= 20000 Then
                steuersatz = 0.15
            ElseIf gehalt <= 30000 Then
                steuersatz = 0.2
            Else
                steuersatz = 0.25
            End If

            steuerbetrag = gehalt * steuersatz
            netto = gehalt - steuerbetrag
            lblA.Text &= gehalt & " €, " & steuersatz _
                & " %, " & steuerbetrag & " €, " & netto _
                & " €" & vbCrLf
        Next
    End Sub
End Class
```

B.2.17 Lösung p0243

```
Public Class frm0243
    Private Sub frm0243_Load( ... ) Handles MyBase.Load
        lstLinks.Items.Add("Malta")
        lstLinks.Items.Add("Zypern")
        lstLinks.Items.Add("Slowenien")
        lstLinks.Items.Add("Estland")
        lstLinks.Items.Add("Rumänien")

        lstRechts.Items.Add("Belgien")
        lstRechts.Items.Add("Spanien")
        lstRechts.Items.Add("Italien")
        lstRechts.Items.Add("Portugal")
        lstRechts.Items.Add("Dänemark")
    End Sub

    Private Sub cmdRechts_Click( ... ) Handles ...
        For i = 0 To lstLinks.SelectedItems.Count - 1
            lstRechts.Items.Add(lstLinks.SelectedItems(i))
        Next
        For i = lstLinks.SelectedItems.Count - 1 _
            To 0 Step -1
            lstLinks.Items.RemoveAt(_
                lstLinks.SelectedIndices(i))
        Next
    End Sub

    Private Sub cmdLinks_Click( ... ) Handles ...
        For i = 0 To lstRechts.SelectedItems.Count - 1
            lstLinks.Items.Add(lstRechts.SelectedItems(i))
        Next
        For i = lstRechts.SelectedItems.Count - 1 _
            To 0 Step -1
            lstRechts.Items.RemoveAt(_
                lstRechts.SelectedIndices(i))
        Next
    End Sub
End Class
```

B.3 Lösungen der Übungsaufgaben aus Kapitel 4

B.3.1 Lösung p0403

```
Public Class frm0403
   Private Sub frm0403_Load( ... ) Handles MyBase.Load
       lstLand.Items.Add("Liechtenstein")
       lstLand.Items.Add("Malta")
       lstLand.Items.Add("Andorra")
       lstLand.Items.Add("San Marino")
       lstLand.Items.Add("Monaco")
   End Sub

   Private Sub lstLand_SelectedIndexChanged( ... ) _
         Handles ...
      If lstLand.SelectedItems.Count > 0 Then
         cmdLöschen.Enabled = True
      Else
         cmdLöschen.Enabled = False
      End If
   End Sub

   Private Sub cmdLöschen_Click( ... ) Handles ...
      lstLand.Items.RemoveAt(lstLand.SelectedIndex)
   End Sub
End Class
```

B.3.2 Lösung p0411

```
Public Class frm0411
   Private Sub frm0411_Load( ... ) Handles MyBase.Load
      Randomize()
   End Sub

   Private Sub cmdMinima_Click( ... ) Handles ...
      Dim T(9) As Integer
      Dim MinWert As Integer
      Dim i As Integer

      ' Feld füllen
      lstZahl.Items.Clear()
      For i = 0 To 9
         T(i) = Rnd() * 10 + 20
         lstZahl.Items.Add(T(i))
      Next i
```

```
      MinWert = T(0)
      For i = 0 To 9
         If T(i) < MinWert Then
            MinWert = T(i)
         End If
      Next i

      lblA.Text = "Minimum: " & MinWert & vbCrLf
      lblA.Text &= "an Position:" & vbCrLf
      For i = 0 To 9
         If T(i) = MinWert Then
            lblA.Text &= i & vbCrLf
         End If
      Next i
   End Sub
End Class
```

B.3.3 Lösung p0412

```
Public Class frm0412
   Private Sub frm0412_Load( ... ) Handles MyBase.Load
      Randomize()
   End Sub

   Private Sub cmdAnzeigen_Click( ... ) Handles ...
      Dim T(5, 2, 3) As Integer
      Dim i, j, k As Integer
      Dim MinWert As Integer

      lblFeld.Text = ""
      For i = 0 To T.GetUpperBound(0)
         For j = 0 To T.GetUpperBound(1)
            lblFeld.Text &= "( "
            For k = 0 To T.GetUpperBound(2)
               T(i, j, k) = Rnd() * 10 + 20
               lblFeld.Text &= T(i, j, k) & " "
            Next
            lblFeld.Text &= ") "
         Next
         lblFeld.Text &= vbCrLf
      Next

      MinWert = T(0, 0, 0)
      For i = 0 To T.GetUpperBound(0)
         For j = 0 To T.GetUpperBound(1)
```

```
                For k = 0 To T.GetUpperBound(2)
                    If T(i, j, k) < MinWert Then
                        MinWert = T(i, j, k)
                    End If
                Next
            Next
        Next

        lblA.Text = "Minimum: " & MinWert & vbCrLf
        lblA.Text &= "an Position:" & vbCrLf
        For i = 0 To T.GetUpperBound(0)
            For j = 0 To T.GetUpperBound(1)
                For k = 0 To T.GetUpperBound(2)
                    If T(i, j, k) = MinWert Then
                        lblA.Text &= _
                            i & ", " & j & ", " & k & vbCrLf
                    End If
                Next
            Next
        Next
    End Sub
End Class
```

B.3.4 Lösung p0425

```
Public Class frm0425
    Private Sub cmdAnzeigen_Click( ... ) Handles ...
        Dim x, y As Double
        x = 5.6
        y = 3.0
        mittelwert(x, y)
    End Sub

    Sub mittelwert(ByVal a As Double, ByVal b As Double)
        Dim c As Double
        c = (a + b) / 2
        lblA.Text = c
    End Sub
End Class
```

B.3.5 Lösung p0426

```
Public Class frm0426
    Private Sub cmdAnzeigen_Click( ... ) Handles ...
        Dim x, y As Double
```

```
            x = 5.6
            y = 3.0
            lblA.Text = mittelwert(x, y)
        End Sub

        Function mittelwert(ByVal a As Double, _
                ByVal b As Double) As Double
            mittelwert = (a + b) / 2
        End Function
    End Class
```

B.4 Lösungen der Übungsaufgaben aus Kapitel 8

B.4.1 Lösung zur Übung »Projektverwaltung«

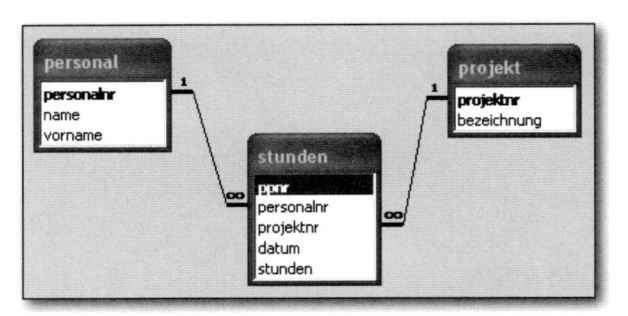

Abbildung B.1 Projektverwaltung, Modell in MS Access

B.4.2 Lösung zur Übung »Mietwagen«

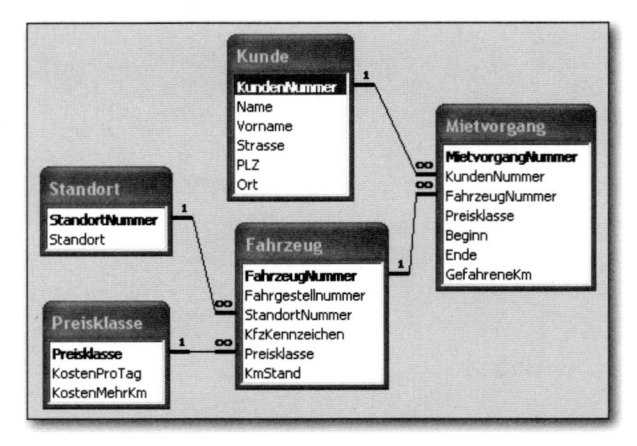

Abbildung B.2 Mietwagen, Modell in MS Access

Index

- (Subtraktion) 46
- 50
% 283
&
  für Tastenkombination 115, 225
  Verkettung 33, 50
&= 50
* (Multiplikation) 46
* (Platzhalter) 48
*= 50
+ 46
+= 50
/ 46
/= 50
: 62
< (SQL) 282
< (VB) 48
<= (SQL) 282
<= (VB) 48
<> (SQL) 282
<> (VB) 48
-= 50
= 50
= (SQL) 282
= (VB) 48
> (SQL) 282
> (VB) 48
>= (SQL) 282
>= (VB) 48
? (Platzhalter) 48
\ 46
^ 46
^= 50
_ (Platzhalter) 283
_ (Zeile fortsetzen) 23
{} (Datenfeld initialisieren) 129
{} (Objekt initialisieren) 358
1:1-Relation 261
1:n-Relation 259, 262

A

Abbrechen 244
Abfrage 267
Abort 244
AbortRetryIgnore 244
Acos() 218
Add()
  ArrayList 290
  Controls 388
  Datum und Uhrzeit 202
  List 368
  Listenfeld 87
AddHandler 169
AddHours() 201
Addition 46
AddMilliseconds() 202
AddMinutes() 202
AddMonths() 202
AddressOf 169
AddSeconds() 202
AddYears() 202
ADO.NET 257
Aktionsabfrage 279
Aktivierungsreihenfolge 114
Alt-Taste 115
And 49
and 282
Anführungszeichen 40
Anonymous Types 359
Anweisung 24
  mehrere 62
  mehrfach 77
Append 206
Arcus Cosinus 218
Arcus Sinus 218
Arcus Tangens 218
Argument 137
  beliebig viele 144
  optional 143
ArgumentOutOfRangeException 193
Array, Klasse 123
ArrayList 288
  füllen 290
  leeren 290
As 40, 141
Asin() 218
asp Calendar 334
asp Label 324
ASP.NET 314

Atan() 218
Aufzählung 43
Ausgabe, mehrzeilig 33
Ausgabe-Dialogfeld 243
Auskommentierung 26
Ausrufezeichen 244
Austauschformat 189
Auswahlabfrage 277
Auswahlliste 329

B

BackColor 34
Basisklasse 173
Basisverzeichnis 316
Bedingung 62
Befehlsschaltfläche 18
Bericht 268
Bezeichnungsfeld 18
Beziehung 257, 259
  erstellen 272
Bild in Zeichnung 352
Bildlaufleiste 57
body-Container 316
Bold 230
Boolean 38
Border Style 21
Breakpoint 107
Browser 313
Brush 343
Button 18
Button-Container 380
ByRef 139
Byte 38
ByVal 138

C

calendar 333
Cancel 244
Cascading Style Sheets 314
Case 65
Case Else 65
Cassini 315
Cassini Web Server Explorer 317
Catch 104
CDate() 293
Ceiling() 218
Char 38, 187

Chars 186
Checkbox 67
Checked 68, 70, 227
CheckedChanged 68, 70
Choose() 66
Class 23, 152
Clear() 290, 349
ClickOnce-Verteilung 411
clientseitige Programmierung 314
Clone() 125, 184
Close() 25, 206, 276
Codeansicht 23
Codezeile
  auskommentieren 26
  editieren 25
  lang 23
Collection 371, 373
Color 34, 254, 255, 349
ColorDialog 254
ComboBox 95, 224
CommandText 277
Common Controls 19
Connection 277
ConnectionString 276
Connector/ODBC 300, 306
Container 52, 316
Content 380
ContextMenuStrip 231
ControlToValidate 329
Copy to Output 378
Cos() 218
Cosinus 218
Count 88, 190, 369
Create 206, 207
CreateGraphics() 343
Critical 244
CSS 314
CSV-Datei 189

D

Data Source 276
Data Source Name 301
DataBind() 336
DataGrid 336
DataSource 336
Date 38
Datei 204
  Änderungszeitpunkt 212

Datei (Forts.)
  Erzeugungszeitpunkt 212
  lesen 204
  schließen 206
  Zugriffszeitpunkt 212
Datei öffnen, Dialog 249
Datei speichern, Dialog 251
Datei-Information 209, 211
Daten speichern 204
Datenbank 257, 394
  erstellen 269
Datenbankdatei 267
Datenbank-Explorer 308, 374
Datenbanksystem 260, 374
Datenfeld 120
  als Parameter 146
  durchsuchen 125
  dynamisch 130
  Grenze 132
  initialisieren 129
  Klasse 123
  kopieren 125
  sortieren 125
Datenkapselung 153, 176
Datensatz 258
  ändern 285
  auswählen 281
  einfügen 286
  löschen 286
  sortieren 284
Datentyp 37
  benutzerdefiniert 133
  Erkennung 355
Datenverbindung 308, 375
DateTime 199
Datum 199
  berechnen 201
  Bestandteil 200
Day 200
DayOfWeek 200
DayOfYear 200
Debugging 106
DecimalPlaces 61
default.aspx 320
DefaultButton 244
Delegate 168
delete 276
delete from 286
desc 284

Description 253
Detailtabelle 262
DialogResult 249
DialogResultOk 251
Dim 40, 121
Directory 211
Display 329
Division 46
Do 80
Doppelklick 24
Doppelpunkt 62
Double 38
DrawEllipse() 348
DrawImage() 352
DrawLine() 345
DrawPolygon() 347
DrawRectangle() 346
DrawString() 351
DropDown 95
DropDownList 95
DropDownStyle 95
DSN 301

E

E 218
Eigenschaft 152
  ändern 17, 31
  statisch 165
Eigenschaftenfenster 17, 20
Eigenschaftsmethode 156, 357
Eingabe 57
Eingabe-Dialogfeld 240
Eingabeformular 324
Eingabekontrolle 327
Einzelschrittverfahren 106
Element, statisch 165
Ellipse 348
Else 62, 64
Enabled 54, 111, 394
End Class 152
End If 64
End Interface 182
End Select 65
End Structure 135
Enumeration 43
Environment 254
Equals() 162, 360

Ereignis 19, 22, 169
    auslösen 169
    definieren 169
    Liste 24
    mehrere 72
    zuordnen 169
Ereignisgesteuerte Programmierung 115
Ereigniskette 116
    endlos 117
Ereignisprozedur 23
Eulersche Zahl 218
Event 169
Exception
    Klasse 104
Exception Handling 101
Exclamation 244
ExecuteNonQuery() 277, 281
ExecuteReader() 277
.exe-Datei 27
Exists() 209, 211
Exit Do 81
Exit For 78
Exit Function 142
Exit Sub 137
Exp() 218
Extensible Application Markup Language 379
Extension Methods 362
Extension() 362

F

F5 26
F8 106
F9 107
Farbe wählen, Dialog 254
Fehler 99
    logische 106
Fehlerkorrektur 99
Feld 120, 258
    durchsuchen 122
    eindimensionales 120
    mehrdimensionales 125
Feldname 258
File 209, 211
FileName 249
FileStream 204
FileSystemEntries() 212
FillEllipse() 348

FillPolygon() 347
FillRectangle() 346
Filter 249
FirstDayOfWeek 45
Fixed Single 21
Floor() 218
Fokus 109
FolderBrowserDialog 253
Font 227, 255
FontDialog 255
FontFamily 230
For 77
For ... Each 370
Form 17
Formatvorlage 314
form-Container 326
Formular 17, 267
    aktivieren 111
    löschen 410
Formular_Activated 111
Formularansicht 23
Formularvorlage 408
Fortschrittsbalken 238
Fragezeichen 244
FromArgb() 34
FromFile() 352
Function 141
Funktion 141
    Lambda 365
    mathematische 217
Funktionsverweis 168

G

Ganzzahl-Division 46
GDI+ 343
gefilterte Liste 367
Generate 317
Get 156
GetCreationTime() 212
GetCurrentDirectory() 212
GetFiles() 212
GetLastAccessTime() 212
GetLastWriteTime() 212
GetUpperBound() 132
gleich 48, 282
Gleichheitszeichen 24, 50
GotFocus 109
Graphics 343

Grid-Container 380
Größer 282
Größer als 48
GroupBox 73
Gültigkeitsbereich 41, 139

H

Häkchen 68
Haltepunkt 107
   deaktivieren 108
   entfernen 108
Handles 72, 169
Hauptmenü 223, 394
Height 30, 380
Hilfslinien 28
Hilfstabelle 260
Hoch 218
Hochkomma 25
Hour 200
HTML 314
HTML-Container 316
HTML-Markierung 316

I

ICloneable 184
id 322
IEnumerable 368
If
   Block 63
   einzeilig 62
Ignore 244
Ignorieren 244
IIf() 66
IIS 315
Image 234, 352
Implementation 181
Implements 183
Import 205
Increment 60
Index 121, 257, 260, 370
   eindeutiger 260
IndexOf() 125, 191
IndexOfAny() 191
inetpub 316
Infer 356
Information 244
Info-Zeichen 244

Inherits 174
InitialDirectory 249
Initialisierung 81
Inkonsistenz 259
input 326
InputBox() 240
insert 276
insert into 286
Insert() 91, 193, 368
Installationsdatei 407
Installationsprogramm 411
Instanz 155
Instanzierung 154
Integer 38
Integrierte Konstante 43
IntelliSense 99, 160, 366
Interface 181, 182
Internet Information Services 315
Internet-Anwendung registrieren 317
Internet-Datenbank 334
   ändern 336
Internetseite
   Daten senden 324
   formatieren 323
Interval 54, 239
InvalidCastException 103
   Klasse 105
IOException 210
Is 65
IsPostBack 326
IsValid 329
Italic 230
Items 87

J

Ja 244
Jahr 200
JavaScript 314

K

Kalender 331
Key 360
Klammer 51
   geschweift 358
Klasse 23
   abgeleitet 173
   anonym 359

Klasse (Forts.)
    erweitern 362
Klassendefinition 152
Klassen-Hierarchie 172, 173
Kleiner 282
Kleiner als 48
Kombinationsfeld 95, 224
Kommentarzeile 25
Konstante 42
Konstruktor 158, 176
Kontextmenü 231
Kontrollkästchen 67, 225
Kontrollstruktur 61
Kreiszahl 218
Kritische Warnung 244

L

Label 18
Lambda-Ausdruck 365
Language 321
Language INtegrated Query 367
LastIndexOf() 191
Laufzeitfehler 101
Length 186
Like 48
like 283
Linie 345
LINQ 367
List 368
ListBox 87
Liste
    nummerierte 368
    transparente 367
Listenfeld 87
Load 81
Local Type Inference 355
localhost 303, 318
Location 30, 52
Log() 218
Log10() 218
Logarithmus 218
lokal 41
Long 38
Loop 80

M

m:n-Relation 263
Makro 268
Margin 382
Markierungssprache 314
Mastertabelle 262
Math 217
Maximum 60, 122, 239
MaxLength 57
MaxSize 255
Me 25
Mehrfachauswahl 28, 64, 94
Menü 223
MenuStrip 223
Message 104
Methode 137, 152
    statisch 165
    überladen 159
Microsoft.Jet.OLEDB.4.0 276
Millisecond 200
Millisekunde 200
Minimum 60, 122, 239
MinSize 255
Minute 200
Mod 46
Modul 268
Modularisierung 77, 136
Modulo 46
modulweit 41
Monat 200
Month 200
MS Access 266
MS SQL Server Compact 3.5 374
MsgBox() 243
MsgBoxResult 244
MsgBoxStyle 243
MultiExtended 94
MultiLine 57
Multiplikation 46
Mustervergleich 48
MyBase 81, 175, 177
MyBase.New() 177
MySQL 300, 307

N

Nachkommastellen 40, 61
Name 20

Index

Namenskonvention 20, 33
Namensraum 172
Namespace 172
Nein 244
New 32, 154, 158
New List 369
New With 360
Next 78
Nicht-Operator 49
No 244
Not 49
not 282
Now 199
NumericUpDown 60, 194

O

Object 38, 162, 237, 355, 360
Object Initializers 356
Objekt
   erzeugen 158
   Schreibweise 84
   vergleichen 162
Objekt-Initialisierung 356
Objektorientierung 151
Objektverweis 155, 161, 178
Odbc 305
OdbcCommand 305, 307
OdbcConnection 305, 307
OdbcDataReader 305, 307
ODBC-Datenquelle 300
ODBC-Treiber 300, 306
Oder-Operator 49
Of 369
Öffnungsmodus 206
Ok 243, 244
OkOnly 243
OleDbCommand 277
OleDbConnection 276
OleDbReader 277
OnSelectionChanged 334
Open 206
Open Database Connectivity 300
Open() 276
OpenFileDialog 249
Operator 46, 282
   arithmetisch 46
   für Berechnungen 46
   logisch 49, 282

Operator (Forts.)
   Priorität 51
   Rangfolge 51
   Vergleich 48
   Zuweisung 50
Option Infer 356
Optional 143
option-Container 331
Optionsschaltfläche 70
   mehrere Gruppen 73
Or 49, 230, 244
or 282
order by 284
OverFlowException
   Klasse 105
OverflowException 102
Overloads 174
Overridable 179
Overrides 180

P

Page 321
Page_Load 321
Page-Direktive 321
Paint-Ereignis 353
PaintEventArgs 354
Panel 52, 388
ParamArray 144
Parameter 137
   beliebig viele 144
   optional 143
PasswordChar 57
Passwort-Abfrage 57
Peek() 206
Pen 343
PI 218
Pinsel 343
   Farbe 349
Pixel 31
Platzhalter 283
Point 32, 347
Polygon 347
Polymorphie 178
Port 317
Potenzierung 46
Pow() 218
Preserve 130
Primärindex 260, 292, 375

Primärschlüssel
  setzen 271
Private 153
Programm
  beenden 26
  starten 26
  testen 27
ProgressBar 238
Projekt
  neues 16
  öffnen 27
  schließen 27
  speichern 22
Projektmappen-Explorer 18
Properties Window 17
Property 156, 357
Protected 176
Provider 276, 305
Prozedur 23, 137
  allgemein 76
Public 153, 176

Q

Question 244

R

Radio Button 70
RaiseEvent 169
Randomize() 81
Read() 279
Reader 277
ReadLine() 206
Rechteck 346
ReDim 130
Redundanz 259
ReferenceEquals() 237
referentielle Integrität 274
Referenztyp 161
Rekursion 148
Relation 259
  erstellen 272
relational 257
Remove() 195, 392
RemoveAt() 91, 368, 402
Replace() 198, 221
RequiredFieldValidator 329
Retry 244

RetryCancel 244
Rnd() 81
RootFolder 253
Round() 218
runat 321
runden 218

S

SaveFileDialog 251
Schalter 68
Schleife 77
Schlüssel-Eigenschaft 360
Schnittstelle 181
Schreibschutz 210
Schrift 227
Schrift auswählen
  Dialog 255
Schriftart 228
Schriftgröße 229
Schriftstil 230
Schrittweite 60, 77
script 321
Scrollbalken 87
ScrollBars 57, 233
Second 200
Sekundärindex 261
Sekunde 200
select 276
select ... from 279, 281
Select Case 64
SelectAll() 119
select-Container 331
SelectedDate 333
SelectedIndex 88, 229
SelectedIndexChanged 89
SelectedIndices 94
SelectedItem 88
SelectedItems 94
SelectedPath 253
SelectionMode 94
Semikolon 189
Sender 237
Separator 224
Serverseitige Programmierung 314
Server-Steuerelement 323, 331
Set 156
SetCurrentDirectory() 211
Setup-Datei 407

Shared 166
Short 38
ShowColor 255
ShowDialog() 249
ShowNewFolderButton 253
Signatur 168
Simple 95
Sin() 218
Single 38
Sinus 218
Size 30, 229
SolidBrush 345
Solution Explorer 18
Sort() 125
SpecialFolder 254
Speicherbedarf 38
Split() 189
SQL 276
SQL-Befehl 367
SqlCe 311, 377
SqlCeCommand 311, 377
SqlCeConnection 311, 377
SqlCeDataReader 311, 377
Sqrt() 218
StackOverFlowException 117
Startformular 410
Startzustand 21
statisch 41
Statusleiste 237
StatusStrip 237
Step 77
Steuerelement
 Abstand einstellen 29
 aktivieren 111
 Aktivierung 54
 allgemein 19
 ausrichten 29
 auswählen 19
 einfügen 18
 Größe 30
 Hintergrundfarbe 34
 Kontextmenü 231
 kopieren 30
 markieren 28
 Position 30, 52
 sichtbar 111
 zur Laufzeit erzeugen 383
 zur Laufzeit löschen 383

Stift 343
 Dicke 349
 Farbe 349
StreamReader 204
StreamWriter 206
Strict 321
String 38, 185
Structure 135
Structured Query Language 276
Struktur 39, 133
Stunde 200
Style 229, 230
Sub 23, 137
submit 327
SubString() 197
Subtraktion 46
Symbolleiste 233
Syntaxfehler 25, 99
Syntax-Hilfe 367
System.Data 336
System.Data.OleDb 336
System.IO 204
System.Runtime.CompilerServices 362
System-DSN 301
SystemModal 244

T

Tabelle 267
Tabellenentwurf 270
TabIndex 114
TabStop 114
Tag der Woche 200
Tag des Jahres 200
Tag des Monats 200
Tan() 218
Tangens 218
Tastaturbedienung 113
Tastenkombination 115
Tetris 383
Text 20, 57, 186
 in Zeichnung 351
 mehrzeilig 57
 umwandeln 58
 verketten 50
TextBox 224
TextChanged 112, 195, 229
Textfeld 57
 alles auswählen 119

Index

Textfeld (Forts.)
 Änderung 112
 koppeln 118
Then 62, 63
TimeOfDay 200
Timer 54, 239, 383
TimeSpan 201, 202
Title 249, 379
To 65, 77
Today 199
TodayDayStyle 334
Toolbox 17
ToolStrip 233
ToString() 201, 333
Trennzeichen 189
Trim() 188
TrimEnd() 188
TrimStart() 188
Truncate() 218
Try 104

U

Übergabe
 per Referenz 139
 per Wert 138
Überladung 159
Überschreiben 179
Überwachungsfenster 108
Uhrzeit 199, 200
 berechnen 201
UltiDev 315
UltiDev Cassini Web Server 315
Und-Operator 49
ungleich 48, 282
Untermenü 223, 224
Unterstrich (Platzhalter) 283
Unterstrich (Zeile fortsetzen) 23
Until 80
update 276
update ... set 280, 285

V

Validate() 329
Validierung 327
Value 60, 239, 326
ValueChanged 61
values 287

Variable 37
 ausblenden 41
 Gültigkeitsbereich 37
 Name 37
Variablenkontrolle 108
VBA 268
vbCrLf 33
Verbindung 276
Vererbung 173
Vergleichsoperator 282
Verknüpfung 259
 erstellen 272
Vertical 233
Verzeichnis
 Datei- und Verzeichnisliste 212
 Dateiliste 212
 ermitteln 212
 Existenz 211
 setzen 211
Verzeichnis wählen, Dialog 253
Verzeichnis-Information 211
Verzweigung 62
 äußere 63
 innere 63
Vieleck 347
Vielgestaltigkeit 178
Visible 111
Visual Basic
 registrieren 408
Visual Basic 2008 Express Edition 15
Vokabel-Lernprogramm 394

W

Wahrheitswert 69
Webserver 314
 Installation 316
 lokaler 315
WeekendDayStyle 334
Werkzeugsammlung 17
Wertebereich 40
Werttyp 161
where 281
While 80
Width 30, 349, 380
Wiederholen 244
Window-Container 379
Windows Presentation Foundation 378

Windows-Formulare
  alle 19
With 84, 136, 358
Wochentag 200
WPF 378
Write() 208
WriteLine() 208
Wurzel 218
wwwroot 316

X

X 30
XAML 379
Xor 49, 231

Y

Y 30
Year 200
Yes 244
YesNo 244
YesNoCancel 244

Z

Zahlenauswahlfeld 60, 194
Zeichen
  einzelnes 186
  prüfen 206
Zeichenkette 185
  durchsuchen 191
  einfügen 193
  ersetzen 198
  Länge 186
  löschen 195
  Teilzeichenkette 197
  trimmen 188
  zerlegen 189
Zeichnen 343
  dauerhaft 353
Zeichnung löschen 349
Zeile lesen 206
Zeit 199
Zeitgeber 54
Zeitintervall 202
Zufallsgenerator 81, 121, 383, 394
Zuweisung 24

Grundlagen, Praxis Referenz

Objektorientierung, Programmiertechniken, Windows-Programmierung

Alle neuen Features von Visual Studio 2008

ca. 1400 S., 3. Auflage, mit 2 DVDs, 49,90 Euro, 82,90 CHF
ISBN 978-3-8362-1171-0, Juni 2008

Visual Basic 2008

www.galileocomputing.de

Andreas Kühnel, Stephan Leibbrandt

Visual Basic 2008

Das ist bereits die 3. Auflage des erfolgreichen VB.NET-Kompendiums zum neuen Visual Studio 2008!
Dieses Buch richtet sich sowohl an Programmiereinsteiger als auch an Umsteiger von anderen Programmiersprachen.

>> www.galileocomputing.de/1746

Grundlagen, Praxis, Referenz

Objektorientierung, Programmiertechniken, Windows-Programmierung

Alle neuen Features von Visual Studio 2008: LINQ, XAML u.a.

ca. 1400 S., 4. Auflage, mit 2 DVDs,
49,90 Euro, 82,90 CHF
ISBN 978-3-8362-1172-7, Juni 2008

Visual C# 2008
www.galileocomputing.de

Andreas Kühnel

Visual C# 2008

Dies ist die 4., vollständig überarbeitete Neuauflage unseres erfolgreichen C#-Kompendiums. Alle Neuerungen des Visual Studio 2008 werden behandelt. Neu hinzugekommen sind Kapitel zu LINQ und XAML.

>> www.galileocomputing.de/1747

Professionelle
GUI-Entwicklung
mit der WPF

Einführung in XAML

Aktuell zu .NET 3.5
und Visual Studio 2008

ca. 1000 S., mit DVD und Poster,
49,90 Euro, 82,90 CHF
ISBN 978-3-8362-1108-6, Juni 2008

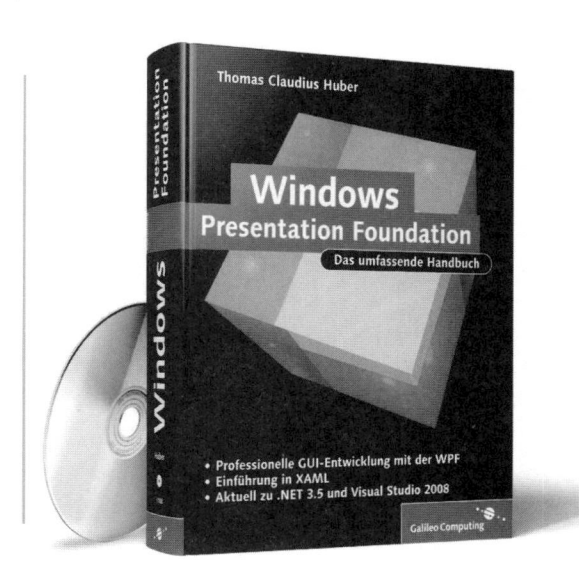

Windows
Presentation Foundation
www.galileocomputing.de

Thomas Claudius Huber

Windows Presentation Foundation

Moderne Benutzeroberflächen
programmieren und gestalten

Nach einem Überblick über die WPF geht das
Buch auf XAML ein und bringt dem Leser die neue
Beschreibungssprache mit vielen Praxisbeispielen
näher. Anschließend werden die neuen Controls der
WPF, insbesondere die neuen Layout-Möglichkeiten
mit Transformationen und Containern/Panels
umfassend dargestellt. Weiter geht es mit neuen
Features wie Dependency Properties, Routed Events
und Commands. Auch professionelle Themen wie
Styles, Templates, Triggers und Data-Binding werden
erläutert, sowie 2D, 3D, Animationen und Audio-/
Video-Unterstützung vollständig beschrieben.

>> www.galileocomputing.de/1615

Für Programmiereinsteiger

Objektorientierung leicht verständlich

Mit zahlreichen Beispielen und Übungen

ca. 500 S., mit DVD, 24,90 Euro, 41,90 CHF
ISBN 978-3-8362-1191-8, Juni 2008

Einstieg in Visual C# 2008

www.galileocomputing.de

Bernhard Volz

Einstieg in Visual C# 2008

Dieses Buch bringt alles mit, was Sie für den sofortigen Start benötigen: Eine Schritt-für-Schritt-Anleitung in die Programmierung von Visual C#, zahlreiche Beispiele und Übungsaufgaben und die Entwicklungsumgebung Visual C# 2008 Express Edition für die komfortable Erstellung von Visual C#-Programmen.

>> www.galileocomputing.de/1783

Ideal für Einsteiger in C++

Aktuell zum Visual Studio 2008:
LINQ, WPF u.v.m

C++/CLI:
alle .NET-Spracherweiterungen

ca. 570 S., 2. Auflage, mit CD, 34,90 Euro, 59,90 CHF
ISBN 978-3-8362-1193-2, Juni 2008

Einstieg in Visual C++ 2008

www.galileocomputing.de

André Willms

Einstieg in Visual C++ 2008

Dieses Buch ist der ideale Einstieg in die Programmierung mit Visual C++ 2008. Auch Einsteiger ohne Vorkenntnisse werden nach dem Durcharbeiten eigenständig erste Anwendungen in VC++ programmieren können.

>> www.galileocomputing.de/1787

Umfassendes Handbuch

Lehr- und Nachschlagewerk

Programmierung mit dem .NET-Framework

ca. 1000 S., 2., aktualisierte und erweiterte Auflage,
59,90 Euro, 96,90 CHF
ISBN 978-3-8362-1069-0, Juni 2007

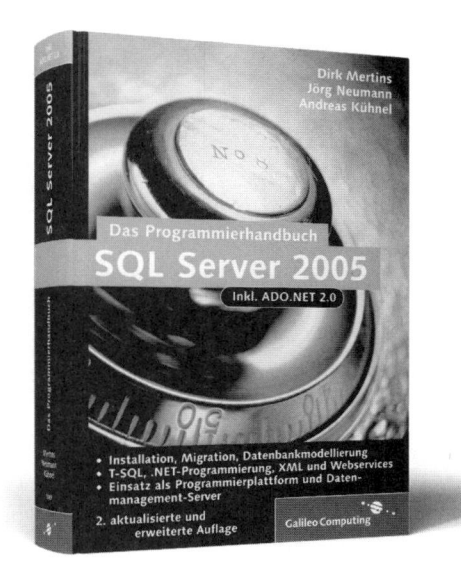

Das Programmierhandbuch SQL Server 2005
www.galileocomputing.de

Dirk Mertins, Andreas Kühnel, Jörg Neumann

Das Programmierhandbuch SQL Server 2005

Inkl. ADO.NET 2.0

Unser Buch wendet sich an alle Entwickler, die die neue Version der Microsoft-Datenbank nutzen wollen. Im Vordergrund steht die Integration des .NET-Frameworks, das die Programmierung mit den .NET-Sprachen ermöglicht. Vom ersten Datenbankentwurf und den SQL-Grundlagen, der Migration von SQL Server 2000 bis hin zu den neuen Features und konkreten Programmierbeispielen beschreiben die Autoren alles Notwendige, um den SQL Server 2005 als Programmier-Plattform und Datenmanagement-Server zu nutzen. In der neuen Auflage wurde das Buch aktualisiert und um viele Themen wie Indizierte Sichten, Partitionierung von Tabellen, Event Notification unter ADO.NET etc erweitert

Einführung in die
Webprogrammierung

MySQL-Grundlagen
und SQLite

Objektorientierung
einfach erklärt

546 S., 4., aktualisierte und erweiterte Auflage 2006,
mit CD, 24,90 Euro
ISBN 3-89842-854-0

Einstieg in PHP 5 und MySQL 5

www.galileocomputing.de

Thomas Theis

Einstieg in PHP 5 und MySQL 5

Leicht verständlich und praxisnah lernen

Dies ist die 4. Auflage des Bestsellers zu PHP 5! Wenn Sie einen praxisnahen und schnellen Einstieg in die Sprache PHP suchen, haben Sie hiermit Ihr passendes Buch gefunden.
Thomas Theis zeigt Ihnen anhand leicht nachvollziehbarer und sofort einsetzbarer Programme, wie Sie die Stärken von PHP 5.1 und MySQL 5 nutzen können. Linux-Anhänger und Microsoft-Spezialisten kommen dabei gleichermaßen auf ihre Kosten.

>> www.galileocomputing.de/1300